REVISTAS Y GUERRA

1936 1939

[CAT. 241] [CAT. 10] [CAT. 146]

[CAT. 261] [FIG. 22] [FIG. 142]

[CAT. 51] [CAT. 317] [CAT. 266]

20 de julio – 2 de septiembre 2007

Museu Valencià de la Il·lustració i de la Modernitat - MuVIM

REVISTAS Y GUERRA 1936 1939

Revistas y Guerra 1936-1939 ha sido organizada por el Museo Nacional Centro de Arte Reina Sofía y su presentación en Valencia se ha llevado a cabo en colaboración con el MuVIM.

PRESENTACIÓN

El Museo Nacional Centro de Arte Reina Sofía presentó hace una década la exposición «Arte Moderno y Revistas Españolas: 1898-1936», en la que se exploraba el desarrollo del pensamiento artístico moderno en España a través de las revistas impresas, haciendo hincapié en el componente estético de la edición, como obra artística en sí misma, y en sus implicaciones en la renovación de las artes plásticas.

Si aquel importante proyecto se cerraba cronológicamente en 1936, debido al cambio brutal que produjo la Guerra Civil, era urgente e ineludible para la historiografía artística ocuparse de las derivas de este formato editorial, suscitadas durante el contexto bélico. Las revistas se constituyeron en auténticos laboratorios de propaganda y en ellas se dieron cita artistas, escritores, militares y políticos que contribuyeron a desarrollar las técnicas de propaganda como poderosa herramienta de lucha durante los años de la guerra.

La exposición «Revistas y Guerra 1936-1939», que ahora presentamos, es la primera ocasión en que se contempla este material impreso como un conjunto específico, determinado por el conflicto bélico y la confrontación ideológica. En ella se traza la cartografía de las publicaciones ilustradas en aquel trágico periodo, prestando especial atención al papel que jugaron las artes visuales y tipográficas en sus páginas y la posición de los artistas en aquellos años difíciles.

Finalmente, quisiera felicitar y agradecer a Jordana Mendelson, especialista en la materia y comisaria de la exposición, por el excelente trabajo realizado. Igualmente a todos los prestadores por su generosidad y colaboración. Y a todo el equipo del Museo por su profesionalidad y entusiasmo. Todos ellos han contribuido a celebrar con éxito esta muestra.

Ana Martínez de Aguilar
Directora del Museo Nacional Centro de Arte Reina Sofía

AGRADECIMIENTOS

El Museo Nacional Centro de Arte Reina Sofía, el Museu Valencià de la Il-lustració i de la Modernitat y Jordana Mendelson, comisaria de la exposición, desean expresar su agradecimiento a Juan José Lahuerta por su apoyo y consejo en la realización de este proyecto y a las siguientes entidades y particulares, sin cuya colaboración esta exposición no hubiera sido posible:

Abraham Lincoln Brigade Archives, Taniment Library, Universidad de Nueva York; Archivo General de la Guerra Civil Española; Archivo Gráfico José Huguet; Arxiu Històric de la Ciutat de Barcelona; Biblioteca Histórica, Universitat de Valencia; Biblioteca Nacional, Madrid; Biblioteca Pavelló de la República (Universitat de Barcelona); Biblioteca Universitaria, Santiago de Compostela; Filmoteca Española, Madrid; Fondo Generalitat de Catalunya (Segona República) de l'Arxiu Nacional de Catalunya; Frances Loeb Library, Harvard Design School; Fundación Pablo Iglesias (Archivo y Biblioteca), Alcalá de Henares; Hemeroteca Municipal de Madrid; Hemeroteca Municipal de Sevilla; IVAM Centro Julio González; Esteban Monreal (Colección Guerra Civil Monreal-Cabrelles); National Gallery of Australia y Residencia de Estudiantes, Madrid.

Manel Aisa Pàmpols; Salvador Albiñana; José Ángel Ascunce Arrieta; Jorge Blasco; Carlos Chocarro; Colección Miriam Basilio; Robert Davidson; Elena Delgado; Estrella de Diego; Brad Epps; Fèlix Fanés; Horacio Fernández; James Fernández; Jonathan Fineberg; Cara Finnegan; Rafael García; Miguel Ángel García Hernández; Paula Gómez; Jo Labanyi; Juan Ángel López Manzanares; Patricia Molins; Antonio Monegal; Sara Munain; Cary Nelson; Carlos Pérez; Javier Pérez Segura; Soledad Pérez Valverde; Anthony Ptak; Carmen Ripollés; Miguel Sarró, "Mutis"; Jeffrey Schnapp y Ana Tallone.

Con la colaboración de Apple Computer España

PRESENTACIÓN

La conmemoración del setenta aniversario del establecimiento en Valencia de la Capitalidad de la República, en pleno confllicto bélico -en aquel ya histórico año de 1937- ha servido para que el programa del Museo de la Ilustración y de la Modernidad acentúe su habitual interés por el ámbito de las relaciones entre las imágenes y las palabras, focalizándolo ahora en esa dramática coyuntura histórica.

De hecho, tal dominio temático se ha convertido ya en uno de los engranajes básicos del MuVIM. De ahí que el estudio y la investigación del diseño gráfico ocupe una buena parte de su actividad. Y, como decimos, esa vertiente se ve reforzada, una vez más, con la destacada muestra que presentamos a nuestro fidelizado público, en colaboración con el Museo Nacional de Arte Reina Sofía: *Revistas y Guerra: 1936-1939*.

Históricamente, la efervescencia cultural de la Segunda Repúblia Española, se vio forzada a transformarse y reconducirse con el estallido de la Guerra Civil. En realidad, la mayor parte de artistas, literatos e intelectuales aportaron su actividad a la nueva situación, colaborando decididamente en la conformación de una cultura de urgencia y de propaganda, funcionalmente sometida a las exigencias de la guerra y a los compromisos políticos. Tal panorama debe proyectarse en ambos bandos, dado que tanto entre los sublevados como entre los que permanecieron leales a la República, las revistas y las publicaciones impresas, de todo tipo, se convirtieron en uno de los medios principales de información y comunicación, al servicio siempre de la respectiva propaganda política.

Justamente la destacada interacción establecida entre fotógrafos, ilustradores, tipógrafos, escritores y artistas plásticos hizo asimismo que no sólo la urgencia y la necesidad bélica, sino también la experimentación y la creatividad artística tuvieran una relevante oportunidad en aquellos intensos y acuciantes momentos. Y, en esa dualidad de vertientes, el MuVIM está altamente interesado, en su acercamiento y profundización en torno al diálogo entre las imágenes y las palabras.

Desde el Área de Cultura de la Diputación de Valencia, repaldando plenamente la gestión del equipo del Museo Valenciano de la Ilustración y de la Modernidad, queremos potenciar las investigaciones y los intercambios que culturalmente se están llevando a cabo en su programa museográfico, muy en concreto en el ámbito del Diseño, de la Tipografía, de la Fotografía y de la Ilustración Gráfica, vertientes todas ellas fundamentales del interesante decurso y consolidación de nuestro museo.

Finalmente, es justo agradecer al Museo Nacional Centro de Arte Reina Sofía su colaboración. Y asimismo queremos enfatizar la tarea desarrollada por la comisaria de la muestra Jordana Mendelson y por quienes, con ella, han colaborado en el proyecto, redactando textos, prestando y seleccionando los materiales a exponer o planificando las fichas técnicas, la bibliografía o el montaje expositivo. Sin esa labor conjunta no se hubiera podido ir más allá de la idea inicial. A todos ellos, pues, nuestro público reconocimiento.

Vicente Ferrer
Vicepresidente y Diputado de Cultura

PRESENTACIÓN

Teniendo en cuenta que el MuVIM ha establecido sus principios museológicos concretamente en el fértil cruce, que se genera con el encuentro entre la historia de las ideas y el desarrollo diacrónico de los medios de comunicación, podrá entenderse fácilmente nuestra satisfacción con la presencia de la muestra *Revistas y Guerra: 1936-1939*.

En realidad, el complejo proyecto nos interesaba como explícita conmemoración -setenta años después de la valenciana Capitalidad de la República- de un momento clave de nuestra propia existencia, como pueblo. No en vano, la historia de las ideas constituye una de las líneas de investigación fundamentales del museo. Pero asimismo el estudio de aquellas manifestaciones artísticas, que han tenido y tienen su desarrollo sobre el soporte del papel, es otra de las vertientes básicas en las que se ha venido ocupando el MuVIM.

Por eso, esta exposición, que recoge las diferentes publicaciones activadas en el periodo de la Guerra Civil Española, se encuadra estricta y plenamente en nuestro punto de mira. ¿No se convirtieron la mayoría de las revistas, sobre todo en ese entramado expresivo donde "la imagen tiene la última palabra", en uno de los mejores laboratorios de propaganda?

Es un hecho que muchos diseñadores gráficos debieron pasar del objetivo de la publicidad a la urgencia de la propaganda política, igual que -*mutatis mutandis*- los escritores debieron aterrizar, de la meta de la ficción creativa, en el plano de la extrema realidad cotidiana, sometida a la violencia bélica. Y otro tanto les ocurrió a los demás profesionales, formados en los plurales dominios de las artes visuales y literarias. Y el resultado global podemos decir que fue, ni más ni menos, este material diversificado y abundante que ahora nos ocupa, cargado de historia y de memoria colectiva. Un material de comunicación visual a veces anónimo y otras firmado por una amplísima gama de autores, que dibujaban, realizaban montajes, fotografiaban o intervenían en el diseño tipográfico, en unas circunstancias y con unos medios que siguen llamando nuestra atención e incluso despiertan nuestra sorpresa.

Precisamente Valencia -junto a Madrid, Barcelona o San Sebastián- fue uno de los núcleos más destacados de edición, en aquella coyuntura bélica. Y es lógico que hayamos planificado, desde el MuVIM, en colaboración con el MNCARS, la llegada de esta exposición, con su magnífico catálogo, convertido en imprescindible documento. Es algo que el público y los estudiosos valencianos del tema merecían.

Ahora que se celebra, además, el centenario del nacimiento de Josep Renau (1907-1982) y los veinticinco años de su fallecimiento, bien está que reflexionemos sobre la conversión de los talleres y las imprentas en laboratorios de experimentación de las técnicas de propaganda política. Supieron, sin duda, aprovechar y reutilizar amplísimas y diversificadas influencias de las artes visuales, haciéndolas suyas y aplicándolas a las nuevas circunstancias que vitalmente les urgían.

¿Qué mejor ocasión para demostrar ese rotundo ensamblaje entre historia y diseño, entre creatividad y lenguaje gráfico, entre arte y comunicación, entre publicidad y propaganda, entre ilustración, fotografía y política que revisar expositivamente -en un museo de las ideas- la contribución de nuestros artistas y el desarrollo experimentado por los medios y las técnicas de impresión y publicación entre 1936 y 1939, a través de las revistas editadas en la Guerra Civil?

De hecho, diseñaban para la supervivencia y desde las necesidades de la vida misma. Y bajo ese postulado trabajaron ilusionadamente aquellos autores que, conviviendo con la guerra, activamente se entregaron a las búsquedas gráficas y expresivas y que fueron capaces, en algunos casos, de alcanzar la maestría comunicativa y artística en el dominio de las artes gráficas y visuales, ámbito éste en el que la precisión conceptual, la claridad expositiva y la capacidad de síntesis se convierten en exigencias básicas e ineludibles.

La profesionalidad de Jordana Mendelson encabezan nuestros agradecimientos, junto a su colaboradora Carmen Ripollés. E igualmente las numerosas instituciones y personas que han prestado materiales para la muestra merecen justo reconocimiento. Asimismo, esta significativa relación ahora abierta con el MNCARS, que ha facilitado este intercambio, se convierte, sin duda, en una magnífica ocasión de cara a futuras colaboraciones.

Romá de la Calle
Director del MuVIM

COMISARIO

POR NUESTRA INDEPENDENCIA: ¡UNIDAD!

ÍNDICE

[CAT. 48]
Comisario, núm. 4, diciembre 1938

LOS LABORATORIOS DE LA PROPAGANDA: ARTISTAS Y REVISTAS DURANTE LA GUERRA CIVIL ESPAÑOLA

GUERRA DI CLASSE
L'ESPAGNE ANTIFASCISTE
LA SPAGNA NEL MONDO
BOLETIN
SOZIALE REVOLUTION
ALBA ROJA
llibertat
ACCIO SINDICAL
¡adelante
PAZ Y TRABAJO
Ideas
Estampas de la Revolución Española 19 Julio de 1936
CULTURA
C.N.T. VIA LIBRE F.A.I.
ORIENTE
Sembrador
HUMANISMO
LETRA CONFEDER
CNT
BUENAVENTURA DURRUTI
19 JULIO 1936 ESPAÑA
mujeres libres
CNT Marítima
¡VICTORIA!
hoy
Castilla Libre
BAKUNIN
MAS VOLUNTARIOS ITALIANOS A ESPAÑA
cnt
EL COMBATE
C.N.T. ORIENTACIONES NUEVAS
Artes Gráficas
EL FRENTE
¡¡CAMPO!!
Juventud Libre
Frente libertario
UNIDAD, UNIDAD
CATALUNYA
cnt del norte
F.I.J.L.
BUTLLETI C.N.T. F.A.I.
IGUALADA
Línea de fuego
adelante
¡ALERTA!
Ruta
GERMINAL
NOSOTROS
La Voz de Menorca
ACRACIA
Proletarios del mundo, UNIOS
Tierra y Libertad
ORGANO DE LA F.A.I.
PLUMA LIBRE
agitación
F.I.J.L.
Fuerza y Cerebro
NUESTRA RESPUESTA
vida nueva
FRAGUA SOCIAL
SEMAFORO
L'INDOMPTABLE
SOLIDARIDAD OBRERA
CONCRECIONES ECONOMICAS
ACCIO SINDICAL
Acracia
CNT
BOLETIN DE INFORMACION

1. INTRODUCCIÓN

Hace casi una década, el Museo Nacional Centro de Arte Reina Sofía (MNCARS) acogió una exposición titulada *Arte Moderno y Revistas Españolas 1898-1936* [FIG. 2]. Al sacar a la luz las revistas de las bibliotecas y los archivos y exhibirlas en el contexto de un museo, los comisarios de la exposición, Eugenio Carmona y Juan José Lahuerta, pretendían llamar la atención sobre la rica complejidad que caracterizaba a la cultura impresa en relación con las propuestas y los desafíos planteados por el arte nuevo. La amplia gama de revistas exhibidas, así como su variedad —desde el tipo de papel y diseño empleados a las ambiciones de sus editores y colaboradores—, resultaron impactantes y demostraban que para lograr una imagen completa de la cultura visual moderna de principios del siglo XX había que mirar más allá de la idea de obra de arte única. Aún más provocadora era la tesis principal de la exposición, según la cual ningún análisis del arte moderno estaría completo sin una consideración de las revistas como nuevo medio creativo, un medio que era, a la vez, la principal vía por la que esta misma novedad se comunicaba a los lectores, tanto en el ámbito local como en el internacional.

En lugar de detenerse en las divisiones entre «alto y bajo», «de élite y de masas», «original y reproducción» o de intentar articular una conclusión globalizadora aplicable a todas las revistas incluidas en la exposición, *Arte Moderno y Revistas Españolas* proponía dejar de lado esas categorías y generalizaciones para considerar la revista en sí misma como un signo (material y visual) complejo —y en ocasiones contradictorio— de la modernidad. La exposición animaba a los visitantes a reimaginar la ubicación del arte moderno no sólo dentro del estudio de un artista o entre las paredes de una galería (aunque éste era el lugar ocupado por las revistas en la exposición), sino como el producto de la colaboración de un consejo editorial o un taller de impresión. La exposición se centraba en las revistas dedicadas principalmente a la literatura y las artes (dirigidas, por tanto, a un público especializado), pero transmitía otro argumento implícito: esas publicaciones con una circulación más limitada formaban parte de una práctica de lectura y visualización más amplia, disponible para la compra o el intercambio en quioscos callejeros o a través de la distribución regular (e irregular) entre amigos (y desconocidos). Los artistas no habían sido, por tanto, ajenos al crecimiento de la prensa literaria e ilustrada, ni

[FIG. 1] «Publicaciones de la A.I.T.», ca. 1936-1937 (Fondo Fotográfico, «Guerra Civil», Carpeta 194, Biblioteca Nacional, Madrid). Laboratorio Fotográfico de la Biblioteca Nacional, Madrid se habían resistido por igual a sus tentaciones en un esfuerzo por conservar la originalidad. Por el contrario, la exposición permitía ver que los artistas habían respondido una y otra vez, si bien de formas radicalmente distintas, a la petición de participar desde las artes gráficas en un nuevo tipo de identidad colectiva. Los artistas modernos entendieron —y con frecuencia sacaron provecho de ello— que el papel impreso había de definir las formas más avanzadas de comunicación política y artística, y que manifiestos de toda índole se estaban abriendo camino hacia una audiencia cada vez más diversificada[1]. Mucho antes de que la interpretación actual de la expresión «en red» tomara cuerpo, las revistas crearon un mundo interconectado en el que la cultura impresa amplió y proporcionó complejidad a las formas en que los artistas podían participar en la cultura pública, concepto éste cada vez más amplio, incluso aunque la extensión y las características demográficas de ese público pudieran verse limitadas por razones materiales o programáticas.

[FIG. 2] Portada, *Arte Moderno y Revistas Españolas 1898-1936*. Madrid: Museo Nacional Centro de Arte Reina Sofía: Ministerio de Educación y Cultura, 1997. © Successió Miró 2006

Tras *Arte Moderno y Revistas Españolas*, el MNCARS organizó la exposición *Fotografía Pública* [FIG. 3], que tal y como explicaba el comisario Horacio Fernández partía de la idea de que «la fotografía fue pública desde el principio»[2]. Como medio público, la fotografía se convirtió en el rasgo distintivo de un nuevo tipo de prensa ilustrada que tomaba imágenes lejanas y las acercaba para permitir su inspección. Como tecnología internacional que artistas y empresarios adoptaron para crear nuevas formas de comunicación y exhibición, la fotografía impulsó los tipos de redes transculturales esbozadas en la exposición anterior del MNCARS. Mediante el estudio de un extenso espectro de cultura impresa, desde las publicaciones técnicas especializadas a los periódicos ilustrados de gran tirada, la exposición desarrollaba el análisis de las revistas y la modernidad para dar cabida a una interpretación más amplia de la relación entre las revistas y otros medios de comunicación. Los carteles y las postales se entendían como facetas del mismo impulso por el cual la fotografía había pasado de imitar la selectiva cultura de salón a abrazar la psicología de la publicidad y adentrarse en el peligroso territorio de la ideología política. Ambas exposiciones contribuyeron decisivamente a la percepción de las revistas como formas dinámicas de

[1] Véase Janet Lyon, *Manifestoes: Provocations of the Modern* (Ithaca, NY: Cornell University Press, 1999) y Mary Ann Caws, ed., *Manifesto: A Century of Isms* (Lincoln: University of Nebraska Press, 2001).

[2] Horacio Fernández, «Introducción», *Fotografía Pública: Photography in Print, 1919-1939* (Madrid: Museo Nacional Centro de Arte Reina Sofía, 1999), 28.

[FIG. 3] Portada, *Fotografía Pública: Photography in Print, 1919-1939*. Madrid: Museo Nacional Centro de Arte Reina Sofía, 1999

diálogo e intercambio artístico. Como entidades visuales y de texto con múltiples capas, las revistas ocupan en la historia de la modernidad un lugar tan importante como el de cualquier obra de arte. Al mostrar las revistas como piezas de museo, se está invitando a los visitantes a considerar las artes visuales dentro de un marco mucho más amplio, que incluye entre otros los aspectos relacionados con la producción, la censura, la mano de obra, la distribución y la alfabetización del público [FIGS. 4 y 5].

En la misma medida en que las revistas están motivadas por proyectos literarios y artísticos, desempeñan también una función social que es a la vez empresarial y política, incluso aunque la postura política de la revista parezca desafiar a la estructura económica de la prensa como institución[3]. En algunos momentos, esta función social, cuando está vinculada a una posición partidista concreta, se ha descrito como «arte al servicio de la política», a pesar de que la relación de las revistas con su contexto social y cultural va mucho más allá de cualquier programa político definido. La cuestión de si el arte debe o no existir dentro o fuera de las presiones políticas resonaba entre los lectores y colaboradores de estas nuevas publicaciones ilustradas. Fuese o no de forma públicamente intencionada, las revistas eran por contexto objetos políticos, aunque sus editores quisieran presentarlas por encima de todo en términos estéticos. En el campo de los estudios literarios, el tema de las revistas culturales minoritarias ha recibido una atención creciente, en gran parte porque ofrecen la oportunidad de reflexionar sobre la modernidad de manera mucho más específica y matizada, y porque como objetos teóricos están a caballo entre lo estético y lo político[4]. Aunque se valoraban por su diseño y su contenido de vanguardia y se produjeron para una élite cultural selecta, estas revistas participaban con frecuencia de las ideas, debates y escándalos procedentes de la cultura de masas. Para los investigadores dedicados al estudio de estas revistas, uno de los temas de mayor interés es no ya si existía una relación entre las revistas minoritarias y las de gran tirada, sino el reto de describir la naturaleza de esa relación. Los artistas, como los demás habitantes de la vida moderna, eran lectores, consumidores y críticos de la prensa de masas. Lo que los diferenciaba de la ma-

[3] Para un excelente debate sobre estos temas en relación con las revistas españolas del siglo XIX, véase el reciente artículo de Lou Charnon-Deutsch: «The Making of Mass Media in Spain», *Nineteenth-Century Prose* 32.1 (Spring 2005): 186-226; y «From Engraving to Photo: Cross-cut Technologies in the Spanish Illustrated Press», *Visualizing Spanish Modernity*, ed. Susan Larson and Eva Woods (Oxford: Berg, 2005), 170-206.

[4] Véase el número especial «Little Magazines and Modernism», ed. Suzanne Churchill y Adam Mckible, *American Periodicals: A Journal of History, Criticism and Bibliography* 15.1 (2005).

[FIG. 4] «Primer día de *Barcelona Gràfica*», 9-4-1930. Autor: Josep Maria Sagarra, CG/ 1930-174, Arxiu Històric de la Ciutat de Barcelona-Arxiu Fotogràfic

[FIG. 5] «Primer día de *Barcelona Gràfica*», 9-4-1930. Autor: Josep Maria Sagarra, CG/ 1930-177, Arxiu Històric de la Ciutat de Barcelona-Arxiu Fotogràfic

yoría de los lectores era su reacción: los artistas que creaban revistas se inspiraban en lo que les rodeaba y, en ese sentido, las revistas de élite eran también lugares desde los que se podía evaluar a la vanguardia como un grupo especial de lectores cuyas propias publicaciones, a su vez, se citaban y reseñaban con frecuencia en la prensa diaria. Las manifestaciones de este diálogo impreso se pueden encontrar en las formas visuales y textuales adoptadas por las revistas.

En *The Public Face of Modernism: Little Magazines, Audiences, and Reception 1905-1920*, Mark Morrisson sostiene que los artistas modernos de principios del siglo XX en América e Inglaterra, antes de la Primera Guerra Mundial y a lo largo de ella, veían la publicidad y el mercado de masas como los medios para remodelar la esfera pública y crear un espacio para la contracultura en las revistas minoritarias de bajo coste. Para Morrisson, la cuestión central es determinar si los artistas modernos vieron la publicidad en el mercado de masas como una situación crítica o como una nueva oportunidad de experimentación artística y literaria. Morrisson postula que mediante la adopción de las lecciones aprendidas del ámbito comercial —en concreto de la publicidad— los autores y editores modernos intentaron crear y distribuir una obra experimental en el marco de la política radical de la prensa alternativa. De esta forma, los artistas y escritores de vanguardia no sólo aplicaban lo aprendido de los negocios y los primeros experimentos comerciales: lo hacían para desafiar a esas mismas instituciones. Además, como las exposiciones del MNCARS e investigadores como Morrisson ponen de manifiesto, tenemos que entender la propia prensa como un campo diversificado en el que coexisten las revistas periódicas alternativas y las mayoritarias junto con un amplio rango de publicaciones de muchos otros tipos. Cómo y en qué medida lograron los artistas e intelectuales articular su discurso político desde dentro o desde fuera del aparato institucional de la prensa indica que la decisión de participar en la cultura de las revistas —como redactor, escritor, ilustrador, fotógrafo de prensa, director, distribuidor o lector— entrañaba grandes riesgos y podía representar un gesto significativo de compromiso político. La relación entre las revistas ilustradas, literarias y artísticas y la política de masas es precisamente la cuestión central de esta nueva exposición organizada por el MNCARS. ¿Qué opciones tienen los artistas cuando participan en un medio escrito que, a veces por circunstancias y a veces por elección, se define a través de su punto de vista político? En las situaciones extremas de la guerra, que van del hastío a la violencia[5], ¿qué papel desempeñan las revistas? ¿Acusan las revistas y su contenido visual las restrictivas

[5] Si bien el tema de la banalidad y la guerra no ha sido suficientemente explorado en el caso del conflicto español, existen varios escritos clásicos sobre este concepto en relación con el nazismo en Alemania y el fascismo en Francia: Hannah Arendt, *Eichman in Jerusalem: A Report on the Banality of Evil* (Nueva York: Viking

condiciones de los contextos bélicos o siguen existiendo (y tal vez incluso prosperan) como espacio para el arte moderno en tiempos de guerra?

Algunas de las últimas revistas incluidas en el catálogo de *Arte Moderno y Revistas Españolas 1898-1936* aparecieron en el verano de 1936. Al repasar las portadas de estas revistas, resulta difícil entender de inmediato cómo las crecientes tensiones políticas y la propia guerra se reflejarían, en caso de hacerlo, en la cultura impresa. De hecho, incluso en plena guerra, muchas revistas se obstinaron en mantener todo conflicto político fuera de sus portadas. La ambigüedad de la modernidad y la dificultad que plantea la cultura impresa a la hora de trazar una línea definida entre el arte y la política parecen especialmente evidentes en este momento histórico en el que la política de masas y la cultura de masas chocaron de forma violenta, aunque no del todo repentina. La exposición dejaba en el aire una pregunta importante y necesaria: ¿cuál fue el papel de los artistas en la producción de revistas durante el estallido de la Guerra Civil en julio de 1936 y posteriormente?[6] *Revistas y Guerra 1936-1939* pretende explorar esta y otras cuestiones mediante la revisión de una selección de los cientos de revistas que se editaron en España entre el verano de 1936 y la primavera de 1939. Algunas de las revistas cuya publicación se había iniciado antes o a lo largo de la Segunda República y que, como *Nueva Cultura* [CAT. 177 p. 39], *A.C.: Documentos de Actividad Contemporánea*, *Isla* y *Mediodía* [CATS. 142, 143 pp. 21, 218, 219], se incluyeron en *Arte Moderno y Revistas Españolas* siguieron apareciendo durante la guerra. Pese a verse sometidas en aquel momento a diversas limitaciones y condiciones, estas revistas renovaron su compromiso con los lectores y a menudo hicieron de su longevidad en medio de la guerra una demostración de rebeldía. Algunas revistas que no formaron parte de la exposición anterior del MNCARS, como la publicación valenciana *Estudios* o la catalana *Tiempos Nuevos* [CAT. 210 p. 42], llegan incluso a tener mayor presencia durante la guerra, ya que convierten el objetivo de llevar de nuevo a sus lectores hacia sus antiguas posturas políticas radicales en un componente destacado de sus editoriales y planes de publicación. Con la inclusión

Press, 1964); y Alice Yaeger Kaplan, *Reproductions of Banality: Fascism, Literature, and French Intellectual Life* (Minneapolis: University of Minnesota Press, 1986).

[6] En un ensayo escrito por mí hace algunos años y dedicado al papel de las artes visuales en las revistas políticas durante la Segunda República española, no quedó tratado el tema de la vitalidad de la prensa ilustrada durante la guerra, pese al hecho de que muchos de los artistas y publicaciones estudiados en dicho ensayo continuaron su actividad de uno u otro modo durante la contienda. Después de estudiar el tema con mayor amplitud, de escribir el ensayo de nuevo ahora revisaría algunas de mis conclusiones sobre ciertos artistas y su importancia en la prensa publicada durante la guerra, especialmente en lo que respecta a la relación entre ideología política y expresión creativa. Véase Jordana Mendelson con Estrella de Diego, «Political Practice and the Arts in Spain», *Art and Journals on the Political Front, 1910-1940*, ed. Virginia Hagelstein Marquardt (Gainesville: University Press of Florida, 1997), 183-214.

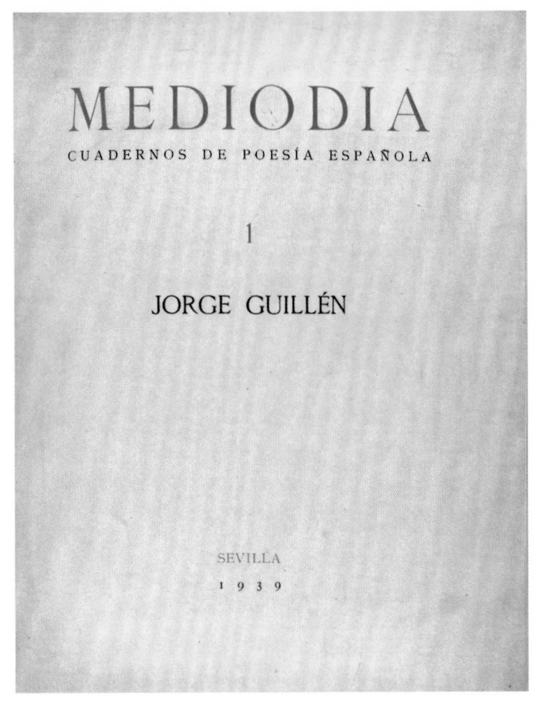

[CAT. 142] *Mediodía,* núm. 1, 1939. Portada y página interior con ilustración de Escassi

de estos y otros títulos en *Revistas y Guerra*, esperamos mostrar como en muchos sentidos la proliferación de revistas, a menudo con filosofías políticas bien definidas, no fue una novedad derivada de la guerra, sino la continuación de una práctica basada en décadas de innovación y dedicación a las artes gráficas por parte de artistas, escritores y técnicos experimentados de toda España. Entender y analizar con una mente abierta los vínculos existentes entre las revistas aparecidas antes, durante y después de la guerra proporciona una visión más completa de las complejas historias, colaboraciones y, en algunos casos, contradicciones que crearon el denso contexto histórico y artístico para la producción que tuvo lugar en los estudios de artistas, en las imprentas y en las redacciones de las revistas recogidas en esta exposición. La función de las identidades de grupo[7], la localización de los lugares desde donde se diseñaba y se editaba en España, la importancia de la publicidad y la psicología, y la influencia de las tendencias y las redes artísticas internacionales son factores relevantes en el estudio de la relación entre las publicaciones de la guerra y aquellas que les precedieron.

[7] Sobre el papel de las identidades de grupo en España a principios del siglo XX, véase Susanna Tavera y Enric Ucelay-Da Cal, «Grupos de afinidad, disciplina bélica y periodismo libertario, 1936-1938», *Historia Contemporánea* 9 (1993): 167-190.

Además de comprender la historia más amplia de estas revistas de principios del siglo XX, es esencial reconocer que con la guerra surgieron también nuevas prácticas y nuevos colaboradores y lectores y, por esta razón, *Revistas y Guerra* se centra principalmente en las revistas ilustradas que nacieron durante la guerra en los dos bandos del conflicto. Esta exposición está protagonizada por revistas que se vieron marcadas por su relación con los acontecimientos, las instituciones y las circunstancias que dominaron la vida cotidiana de las personas en el frente y en la retaguardia. Muchas de estas revistas son objetos hermosos y a la vez violentos. Su elaboración refleja un alto nivel en cuanto a diseño y cultura literaria, incluso en los casos en los que fueron creadas en el frente por autodidactas y artistas-soldados. Algunas se imprimían en papel *couché,* abundaban en ilustraciones y eran declaradamente modernas, otras tenían un aspecto más convencional, sobrio incluso, y otras hicieron de la iconografía tradicional y el diseño conservador una ideología política. Y sin embargo, todas eran producto de la guerra, algo que no se debe olvidar al examinar las condiciones de su producción y el aspecto resultante a través del análisis crítico y el estudio académico. Las revistas publicadas durante la guerra no son objetos neutrales. En muchos casos, quienes participaban en su publicación se enfrentaron a la persecución, durante el conflicto y después de él. Para algunos, las toneladas de papel reunidas tras la guerra constituían un testimonio criminal. Las publicaciones de la guerra que han sobrevivido hasta hoy son vestigios de los sacrificios realizados para que las imágenes e ideas impresas pudieran seguir circulando. La supervivencia de tantas revistas de la guerra —conservadas a menudo con gran peligro para sus propietarios— es un testamento más de la importancia que estos objetos tuvieron en el momento de su producción y mucho tiempo después. Esperamos que esta exposición y el catálogo que la acompaña sirvan como plataforma para el diálogo sobre estas cuestiones y sobre la importancia de los artistas en cualquier análisis del valor y los riesgos de la cultura durante la guerra.

Todas las revistas presentes en esta exposición incorporan las artes visuales de una manera u otra, ya sea en sus portadas, en los artículos o como parte de la misión central de la publicación. Las revistas artísticas y literarias forman un núcleo de publicaciones, como *Hora de España* [CAT. 116 p. 23], *Meridià* [CAT. 144 p. 37] y *Cauces* [CAT. 39 p. 34], pero no son el objeto mayoritario del estudio. El propósito de casi todas las revistas de la guerra, cumplido en muchos casos con gran dificultad, era llegar al mayor número posible de personas: se publicaban principalmente como formas de propaganda. Sin embargo, algunas se dirigían a un público reducido, muchas se centraban en un grupo concreto y un número aún mayor de ellas fueron, por intención o por destino, publicaciones de un solo número o con una vida corta. La dificultad de conseguir

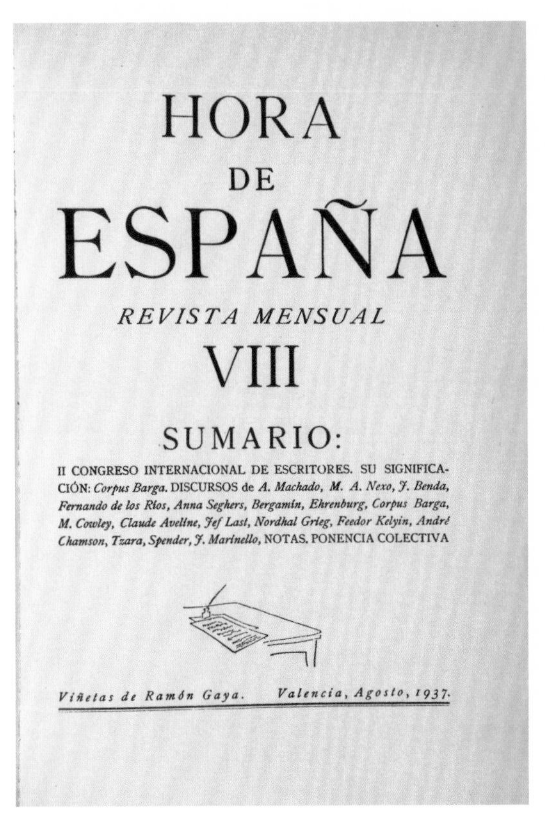

HORA
DE
ESPAÑA
REVISTA MENSUAL
VIII

SUMARIO:

II CONGRESO INTERNACIONAL DE ESCRITORES. SU SIGNIFICACIÓN: *Corpus Barga*. DISCURSOS de *A. Machado, M. A. Nexo, J. Benda, Fernando de los Ríos, Anna Seghers, Bergamín, Ehrenburg, Corpus Barga, M. Cowley, Claude Aveline, Jef Last, Nordhal Grieg, Feedor Kelyin, André Chamson, Tzara, Spender, J. Marinello*, NOTAS. PONENCIA COLECTIVA

Viñetas de Ramón Gaya. Valencia, Agosto, 1937.

[CAT. 116] *Hora de España*, agosto 1937

papel y tinta y de tener acceso a imprentas que funcionaran eran algunos de los principales desafíos a los que se enfrentaba cualquier editor. Y aun así, publicaciones como *Mi Revista* y *Umbral* existieron durante casi toda la guerra. Los principales editores de revistas publicadas en tiempo de guerra fueron organizaciones políticas o culturales, sindicatos, ministerios y divisiones militares. Lo que más sorprende de estas revistas es su gran variedad, la enérgica participación de los artistas en su diseño y el hecho casi inverosímil de que, hasta hace muy poco y salvo en contadas ocasiones, hayan recibido escasa atención como objetos visuales por parte de los expertos. En contraste con el gran número de exposiciones, artículos y libros dedicados a los carteles creados durante la Guerra Civil Española[8], apenas se ha prestado atención a las revistas que durante la guerra podían encontrarse en las trincheras y en los quioscos, que se distribuían por suscripción o estaban disponibles en las bibliotecas.

Hasta la fecha no se han dedicado exposiciones ni estudios monográficos al análisis del contenido visual de las revistas ilustradas de la Guerra Civil Española, pese al elevado número de ellas que se publicaron durante el conflicto. No se trata de un problema de ausencia de documentación histórica, ya que estas revistas se registraron en el momento de su publicación y, en su mayoría, han sido revisadas al menos parcialmente en bibliografías académicas e inventarios. En un artículo publicado en julio de 1938 en *Blanco y Negro*, Juan Fer señala durante una visita a la Hemeroteca Municipal de Madrid que «el catálogo de esta Prensa de guerra suma más de quinientos títulos» [FIG. 6]. Tras recordar la orden del general Miaja por la cual de cada publicación periódica debían depositarse dos copias en la Hemeroteca y reconocer la función de esta colección como «documento histórico», Fer realiza una observación particularmente aguda sobre la importancia de llevar a cabo un seguimiento de las publicaciones de la guerra en el transcurso de su desarrollo: «Nuestro acompañante nos muestra algunas revistas del frente, de las que está archivado desde el primer número. En

[8] Además de los autores mencionados a continuación en el texto, véase también Raymond Conlon, «Loyalist Graphic Art», *The Spanish Civil War and the Visual Arts*, ed., Kathleen Vernon (Ithaca: Center for International Studies, Cornell University Press, 1990), 104-125.

[FIG. 6] «Kiosc *L'Hora*», ca. 1936-1937 (Fondo Fotográfico, «Guerra Civil», Carpeta 194, Biblioteca Nacional, Madrid). Laboratorio Fotográfico de la Biblioteca Nacional, Madrid

ellas se ve el progreso seguido por la publicación desde los primeros números escritos con lápiz hasta los actuales tirados en papel *couchet* [sic], y que constituyen un verdadero alarde de confección» [CATS. 105, 181 pp. 36, 40].

Conscientes de la importancia de la idea de Fer sobre la evolución de las revistas en el curso de la guerra, en la exposición del MNCARS y en su catálogo hemos intentado poner de manifiesto las transformaciones experimentadas por determinadas publicaciones mostrando varios números de una misma cabecera. Por otra parte, aunque Fer parece indicar una evolución progresiva de las revistas del lápiz al couché, durante la contienda coexistieron numerosos formatos, técnicas de diseño y calidades de papel, una realidad de la edición en tiempos de guerra que resulta evidente cuando se consultan los volúmenes de las publicaciones periódicas de la Guerra Civil Española que aún se conservan en la Hemeroteca.

El número total de revistas publicadas durante la guerra es difícil de determinar, no sólo por el desafío que supone definir de forma estricta objetos que con frecuencia parecen desdibujar la diferencia entre revista, periódico y boletín, sino también a causa de la enorme cantidad de publicaciones que aparecieron en España a lo largo de la contienda. En sus *Cuadernos Biblio-*

[FIG. 7] «Completa normalidad en la España liberada. Puesto de periódicos. Burgos, abril 1938» (Fondo Fotográfico, «Guerra Civil», Burgos, Caja 74, Sobre 4, Biblioteca Nacional, Madrid). Laboratorio Fotográfico de la Biblioteca Nacional, Madrid

gráficos de la Guerra de España, Vicente Palacio Atard catalogó «1.346 publicaciones periódicas del tiempo de guerra, la mayor parte editadas en España» y conocía aproximadamente otras cien por referencias[9]. Este catálogo incluía publicaciones de ambos bandos del conflicto y, aunque algunos estudios recientes han proporcionado nuevos títulos y datos, esta temprana recopilación ofrece una base sólida para explorar el campo de las revistas editadas entre 1936 y 1939. En 1988, Julio Aróstegui coordinó *Historia y Memoria de la Guerra Civil. Encuentro en Castilla y León. Salamanca, 24-27 de septiembre de 1986*, que incluía en su tercer volumen un tratamiento exhaustivo de las publicaciones periódicas realizadas durante la guerra en las zonas franquistas [FIG. 7]. Eduardo González Calleja, Fredes Limón Nevado y José Luis Rodríguez Jiménez catalogaron 961 títulos, entre los cuales se incluían periódicos, revistas y otras formas de publicaciones impresas[10]. En 1992, Mirta Núñez Díaz-Balart dedicó un estudio de tres volúmenes a la «prensa de guerra» publicada durante el conflicto en el bando

[9] Vicente Palacio Atard, «La prensa periódica durante la Guerra Civil», *La Guerra Civil Española* (Madrid: Ministerio de Cultura, Dirección General del Patrimonio Artístico, Archivos y Museos, 1980), 56.

republicano. Catalogó 454 publicaciones periódicas y citó otras veintitrés no consultadas[11]. Su estudio no incluye aquellas revistas editadas en las zonas controladas por los republicanos que no estaban explícitamente dedicadas a la propaganda bélica. Nos enfrentamos, por tanto, al hecho de que a lo largo de tres años de contienda se editaron entre 1.500 y 2.000 publicaciones periódicas. Sólo hay que multiplicar esta cifra por el número de apariciones de cada cabecera para tener una idea de la ubicuidad y la importancia de la participación de los artistas en la creación de miles de publicaciones de gran visibilidad y alcance que fueron ampliamente distribuidas durante la guerra.

Además de estos y otros inventarios de prensa que se han organizado según criterios geográficos, cronológicos o de filiación política, existen estudios más específicos que han ayudado a arrojar algo de luz sobre la singular situación de las artes durante la guerra. En los dos volúmenes de *Artistas en Valencia, 1936-1939*, Rafael Pérez Contel incluyó una sección dedicada a las publicaciones periódicas y reprodujo las portadas de varias revistas valencianas. *Arte y política en la Guerra Civil Española: el caso republicano*, de Miguel A. Gamonal Torres, se ha convertido en un texto clave para entender la presencia de las artes en la polémica de la Guerra Civil Española dentro del bando republicano. Como Pérez Contel, Gamonal Torres reprodujo una selección de páginas y portadas de revistas que deberían haber captado más atención por parte de los expertos, dados los claros indicios de que estas revistas, de las que procedía la mayor parte de los textos centrales incluidos en la antología, eran objetos visuales relevantes por derecho propio. De forma similar, los estudios sobre los artistas que trabajaban en la propaganda falangista y franquista demuestran que las revistas se convirtieron en una de las plataformas más importantes para la contribución de los artistas a la propaganda en tiempos de guerra. *Estética del franquismo*, escrito por Alexandre Cirici en 1977 y, más recientemente y de manera más detallada, *Arte e ideología en el franquismo 1936-1951*, de Ángel Llorente, reprodujeron ilustraciones, diseños y portadas que demuestran con claridad el hecho de que las revistas eran un territorio disputado, compartido por artistas de todas las facciones del conflicto.

Al preparar esta exposición, nos hemos beneficiado enormemente de los estudios ya mencionados y de las innovadoras obras de otros autores como José Álvarez Lopera, Alicia Alted Vigil, Manuel Aznar Soler, Ana Isabel Álvarez-Casado, María Campillo,

[10] Eduardo González Calleja, Fredes Limón Nevado y José Luis Rodríguez Jiménez, «Catálogo de las publicaciones periódicas localizadas en la zona franquista durante la Guerra Civil Española», Julio Aróstegui, coord., *Historia y Memoria de la Guerra Civil. Encuentro en Castilla y León. Salamanca, 24-27 de septiembre de 1986. Vol. III. Hemerografías y Bibliografías* (Valladolid: Junta de Castilla y León, 1988), 9-164.

[11] Mirta Núñez Díaz-Balart, *La prensa de guerra en la zona republicana durante la Guerra Civil Española (1936-1939)*, tomo I (Madrid: Ediciones de la Torre, 1992), 15.

[FIG. 8] *ABC. Diario Republicano de Izquierdas*, 27 de diciembre de 1936, página 8. Laboratorio Fotográfico de la Biblioteca Nacional, Madrid

Enric Satué, Andrés Trapiello y Miriam Basilio. Los investigadores procedentes de los campos de las ciencias políticas y la historia militar también han puesto de manifiesto la proliferación de las revistas durante el conflicto y han descrito su relación con ideologías, estrategias militares y políticas sindicales[12] [FIG. 8]. Lamentablemente, incluso los autores interesados en el papel de los artistas durante la guerra han prestado escasa o nula atención a la revista como objeto en sí merecedor de un análisis visual (además de histórico, político y económico). Sólo en los últimos años han comenzado los conservadores y los historiadores del arte a ocuparse de determinados artistas, organismos y lugares que produjeron publicaciones ilustradas durante la guerra [FIG. 9]. Entre los materiales más útiles para esta exposición han estado *San Sebastián, capital cultural (1936-1940)*, de José Ángel Ascunce; *Horacio Ferrer*, de Javier Pérez Segura; así como las exposiciones monográficas sobre cultura impresa y diseño gráfico organizadas por el IVAM y el MNCARS a lo largo de la última década; y la obra *Pinturas de guerra. Dibu-*

[12] Véase, por ejemplo, el artículo de Michael Seidman sobre la resistencia al trabajo en España durante la Guerra Civil; algunos de sus casos de estudio se refieren a los sindicatos que representaban a los trabajadores de las artes gráficas. Michael Seidman, «Individualisms in Madrid during the Spanish Civil War», *The Journal of Modern History* 68.1 (1996): 63-83.

[FIG. 9] Imprenta de *Informaciones* y *Libertad*, Madrid, Foto Mayo. Madrid, Caja 109, Sobre 79, Fotografía, Guerra Civil Española, Biblioteca Nacional, Madrid

jantes antifascistas en la Guerra Civil Española publicada recientemente por Miguel Sarró, que ofrece uno de los indicios más sólidos del alcance de la implicación de los artistas en las publicaciones de la guerra y proclama la acuciante necesidad de reunir información sobre estos artistas, sus vidas y las revistas y los periódicos con los que colaboraron [CATS. 61, 160 pp. 35, 38].

Dada la abrumadora cantidad de documentación que corrobora la importancia de las revistas en la contienda, ¿a qué se debe la falta de atención prestada a unos objetos que, como se puede ver, desempeñaron un papel tan relevante en la política cultural de la Guerra Civil? Podemos encontrar algunas razones en los desafíos logísticos y tecnológicos asociados. Los títulos de muchas revistas de la Guerra Civil Española y sus filiaciones esconden su naturaleza artística tras lo técnico o lo descriptivo. Por ejemplo, ¿quién esperaría encontrar los coloristas montajes e ilustraciones de Boni Naval en las portadas de la revista *Transporte en Guerra. Órgano del Servicio de Tren del Ejército del Centro*? [FIG. 10]. ¿Y por qué iban a pensar los investigadores en buscar el trabajo de Mauricio Amster o José Bardasano, dos de los más prestigiosos diseñadores españoles, en las portadas de *Tierra, Mar y Aire. Revista Militar* [CAT. 212 p. 43] o *Pasionaria. Revista de las mujeres antifascistas de*

[FIG. 10] *Transporte en Guerra. Órgano del Servicio de Tren del Ejército del Centro*, Año II, núm. 22, 10 de febrero de 1938, Portada: Boni Naval, Hemeroteca Municipal, Madrid

Valencia [CAT. 187 p. 41]?[13]. Las revistas de la Guerra Civil no están centralizadas en una ubicación; las recogidas en esta exposición proceden de un gran número de archivos, bibliotecas y colecciones privadas de Madrid, Barcelona, Valencia, La Coruña, Sevilla y Málaga, entre otros lugares. Incluso si un investigador está familiarizado con un texto o una imagen que se ha transcrito o reproducido de una revista de la Guerra Civil, es raro que consulte la publicación original. La mayoría de los expertos ni siquiera saben que la revista de la que se nutre su investigación estaba llena de ilustraciones y de dinámicos elementos de diseño. Ver la revista original proporciona una perspectiva crítica y una nueva comprensión de la presencia material que estas publicaciones tuvieron en el momento de su edición. Y, aun así, pocos investigadores (y muchos menos miembros del público general) logran tener acceso a las revistas con regularidad. La geografía de la historia de la guerra y del diseño gráfico en España ha contribuido a la dificultad de tener una visión lo más amplia posible de estas revistas, de su aspecto y de los detalles de la historia de su publicación. La mayoría de los archivos no conservan series completas. Cuando las hay, lo normal es entregar a los investigadores un microfilm o una versión digital en lugar de los originales (con el fin de evitar un deterioro mayor de la copia). Como resultado de la escasez y la inaccesibilidad de las revistas de la Guerra Civil, el impacto visual que sus dibujos, montajes y diseños podrían haber tenido para los artistas e investigadores hoy en día se ha reducido, si no perdido por completo, en las reproducciones.

Desde el punto de vista metodológico, un estudio de los artistas y las revistas durante la Guerra Civil Española desafía las categorías específicas de las distintas disciplinas. Los investigadores que trabajan en la cultura im-

[13] Además de las mencionadas exposiciones organizadas por el MNCARS dedicadas a las revistas, véanse también las siguientes monografías publicadas como catálogos de exposiciones: Patricia Molins y Carlos Pérez, eds., *Mauricio Amster: Tipógrafo* (Valencia: IVAM, 1997); Juan Manuel Bonet y J. Ramón Escrivá, eds., *Antonio Ballester: Esculturas y Dibujos* (Valencia: IVAM, 2000); Patricia Molins, ed., *Enric Crous-Vidal: De la Publicidad a la Tipografía* (Valencia: IVAM; Lérida: Museu d'Art Jaume Morera, 2000); Patricia Molins, ed., *Los Humoristas del 27* (Madrid: MNCARS, 2002).

presa vienen de una gran variedad de campos y se nutren de conocimientos obtenidos en áreas que con frecuencia están alejadas de su especialización profesional. En el pasado, las revistas eran en gran medida objetos agrupados dentro de las comunicaciones o el periodismo. Las dos áreas ofrecen una perspectiva de la forma de estudiar la cultura impresa en su contexto histórico y de acuerdo con su función retórica (escrita, verbal y visual). Algunos de los trabajos más interesantes que se están realizando sobre las revistas vienen del campo interdisciplinar de los estudios modernos, desarrollados en buena parte por investigadores literarios[14]. Los historiadores de arte rara vez se adentran en el territorio de la cultura impresa en el grado requerido para un examen de la prensa. La fotografía, los grabados y los dibujos son los elementos incluidos normalmente en las historias del arte, e incluso éstos se consideran «artes menores». Como resultado, pocos historiadores de arte han prestado atención al contenido artístico de las revistas (no sólo de las publicaciones culturales minoritarias, sino también de las de gran tirada). Hay excepciones, y los investigadores que trabajan en la historia de las artes gráficas, la fotografía y el diseño han acudido a las revistas y a otras formas de cultura impresa como parte de un campo más amplio que proporcione el marco para comprender la relación entre los medios de comunicación y la cultura[15]. Por esta razón, cuando se presta atención a estas revistas como elementos visuales y se registra el número y la diversidad de los artistas que colaboraron con ellas, es imposible no reevaluar las metodologías necesarias para escribir una historia del arte de la Guerra Civil Española.

Al realizar la selección de obras para *Revistas y Guerra*, nos hemos visto condicionados por problemas de conservación y de espacio, así como por el deseo de organizar el material de una forma que permita a los visitantes de la exposición y a los lectores del catálogo entender las historias cruzadas que este material revela. En bastantes casos, cuando las revistas están encuadernadas en volúmenes o son demasiado frágiles, ha resultado imposible solicitarlas para esta muestra. En otros, hay pocos lugares en los que se conserve un título concreto, por lo que aun siendo esenciales para este tema, algunas revistas no se han podido incluir en la exposición. Esperamos remediar algunas de estas ausencias mediante la reproducción en el catálogo de otras re-

[14] En los congresos anuales de la Modernist Studies Association se vienen presentando regularmente tanto trabajos individuales como sesiones de expertos sobre el tema.

[15] Véase por ejemplo: *Graphic Design in the Mechanical Age: Selections from the Merrill C. Berman Collection*, con artículos de Maud Lavin y Ellen Lupton (Washington, D.C.: Smithsonian Institution, 1998); *Montage and Modern Life, 1919-1942*, ed. Matthew Teitelbaum (Cambridge, M.A.: MIT Press, 1992); *From the Picture Press*, ed. John Szarkowski (Nueva York: Museum of Modern Art, 1973); y la exposición *The Rise of the Picture Press*, celebrada en el International Center of Photography de Nueva York en 2002.

BARCELONA

Sábado 14 noviembre 1936

LA VANGUARDIA

Una bella miliciana, cuyo rostro sereno y grave a la vez, refleja fielmente el espíritu de estos días decisivos para la historia de nuestro país. La mujer española que siempre tuvo exacta conciencia de sus deberes, se ha puesto al servicio de la Revolución. (Foto Tarragó)

[FIG. 11] *La Vanguardia* (Barcelona), 14 de noviembre de 1936. Portada. Colección privada

vistas seleccionadas. Asimismo, aunque hemos intentado mostrar el mayor número y la máxima variedad de revistas posible, el espacio es un factor importante cuando se desea exhibir cientos de revistas, cada una de las cuales es un objeto con varias páginas y diversas entregas. Por cada ejemplar de revista mostrado existen decenas que se podrían haber expuesto en su lugar. No hemos incluido periódicos, aunque muchos de ellos, como *Tierra y Libertad*, *ABC* (editado tanto en Sevilla como en Madrid), *Ahora*, *Mundo Gráfico* y *La Vanguardia* [FIG. 11], contenían ilustraciones y fueron publicaciones importantes durante la guerra. Queremos animar a los visitantes de la exposición y a los lectores de este catálogo a entender nuestra selección como una invitación a seguir explorando el tema por su cuenta, a visitar bibliotecas y archivos y a aprovechar la creciente digitalización de revistas de ese periodo que ahora están disponibles en internet. Durante la exposición, se mostrarán copias digitalizadas de una selección de revistas de la Guerra Civil conservadas en las colecciones del MNCARS y de la biblioteca de la Universidad de Illinois, Urbana-Champaign, que podrán hojearse virtualmente en un monitor disponible en el espacio de la muestra[16]. Este material también se publicará en un sitio en internet para que los investigadores y el público general puedan tener un mayor acceso a la cultura impresa, y efímera, de la Guerra Civil. Con la creación de este archivo digital paralelo, esperamos dar a los visitantes la oportunidad de experimentar las revistas como objetos de varias páginas y habilitar en internet un portal de investigación en el que los ejemplos de revistas de la Guerra Civil y los documentos relacionados reunidos para esta exposición disfruten de una vida más larga y sirvan como estímulo para nuevas investigaciones. Además de estos proyectos caracterizados por el uso de nuevas tecnologías[17], ha existido un interés continuado por la publicación en facsímil de algunas revistas de la Guerra Civil Española; se trata de otro excelente recurso para ampliar nuestros conocimientos y experimentar la complejidad de las revistas como objetos históricos con relevancia visual y material[18].

La organización de este catálogo reproduce aproximadamente la de la exposición, que analiza estas revistas en relación con áreas temáticas amplias, organizaciones editoriales y artistas concretos implicados en la producción. Dado que la muestra estudia la publicación de revistas por parte de las muchas facciones del conflicto —bando leal e insurgente, republicanos y nacionales, anarquistas y comunistas, entre otras—, existe también una clasificación por localización geográfica de las revistas, si bien aproximada. El Gobierno republicano mantuvo el control de Madrid, Barcelona y Valencia durante la mayor parte del transcurso de la guerra. Inicialmente, Bilbao es-

[16] La digitalización de varias revistas escogidas de la Guerra Civil Española, así como la creación del sitio web y de la base de datos para este proyecto han sido posibles gracias, en parte, al Campus Research Board, Office of the Vice Chancellor for Research, Universidad de Illinois, Urbana-Champaign (UIUC), así como al National Center for Supercomputing Applications (NCSA) en la Universidad de Illinois bajo los auspicios del Faculty Fellows Program NCSA/UIUC. La Biblioteca de Libros Raros y Colecciones Especiales (Rare Book and Special Collections Library) y la Escuela de Arte y Diseño (School of Art and Design) de dicha Universidad (UIUC) han proporcionado apoyo adicional. A lo largo del desarrollo del trabajo he recibido los siguientes apoyos económicos, que desde aquí agradezco: una beca William and Flora Hewlitt Summer International Grant, UIUC (2000); una beca del Campus Research Board y una beca de investigación del European Union Center, UIUC; una beca de la fundación National Endowment for the Humanities, y una beca de investigación del Programa de Cooperación Cultural establecido entre el Ministerio de Cultura de España y las universidades norteamericanas (2002), así como una beca de investigación de la Mellon Faculty, UIUC (2003). La redacción de este catálogo se inició en otoño de 2005, siendo miembro de la School of Historical Studies, Institute for Advanced Study, Princeton, New Jersey.

[17] Véase, por ejemplo, *Republica de les Lletres (CD) Quaderns del Literatura, Art i Politica 1937-1938: Números 1 al 8: Valencia 1934-1936* (Valencia: Faximil Edicions Digitals, 2005).

[18] Entre las muchas revistas de la Guerra Civil Española que han sido publicadas en facsímil, véase *Isla (Cádiz & Jerez, 1932-1940)*, ed. facs. (Cádiz: Renacimiento, 2006); *Comisario (Madrid: Comisariado del Grupo de Ejércitos de la Zona Central, 1938-1939)*, ed. facs. (Mérida: Editora Regional de Extremadura, 2003); *Milicia Popular (Madrid: Prensa Española, 1936-1937)*, ed. facs. (Barcelona: Hacer, 1977); y la colección «Biblioteca del 36», de Topos Verlag, que incluye *El Mono Azul*, *Nueva Cultura* y *Hora de España*.

tuvo bajo el control del Gobierno pero cayó ante las tropas de Franco en junio de 1937. La insurgencia militar liderada por el general Francisco Franco se hizo con Sevilla, Burgos, Málaga, Palma de Mallorca, La Coruña, Pamplona, Salamanca y San Sebastián. En éstas y otras muchas poblaciones se editaban revistas. La calidad y la duración de bastantes de ellas dependieron de la infraestructura de edición existente en estas ciudades. Con diferencia, los principales centros de publicación de revistas durante la contienda fueron Madrid, Barcelona, Valencia y San Sebastián. En estas ciudades, los materiales, las fábricas y los talleres de impresión se valieron con frecuencia de los suministros y la experiencia previos a la guerra[19], y crearon líneas de continuidad excepcionales en la publicación de las imágenes o el aspecto de las propias revistas. Aunque no se incluyen en esta exposición ni en el catálogo, un estudio completo del legado de estas publicaciones debería tener en cuenta las historias de los escritores, artistas y editores, y de las propias revistas, en el exilio y en la España franquista durante la posguerra. Del mismo modo, para entender el impacto comparativo de la cultura impresa durante la guerra, sería necesario establecer la relación entre las revistas españolas y las publicadas en el extranjero. Estas últimas incluían imágenes y artículos sobre el conflicto obtenidos a menudo de las fuentes originales en España; en correspondencia, las revistas extranjeras ejercieron una notoria influencia en la cultura gráfica española. Por tanto, el objetivo del siguiente texto es modesto en comparación con lo que se requeriría para comprender en toda su profundidad la historia de las revistas de la Guerra Civil Española. Por medio de una serie de estudios de casos concretos, este catálogo proporcionará una ventana a las interrelaciones entre los artistas, los editores y los lectores que durante la Guerra Civil Española entendieron que las revistas constituían una parte esencial de su actividad diaria y que su aspecto visual era un componente crítico de la producción cultural realizada durante la contienda.

[19] Véase los comentarios de Renau sobre los materiales utilizados para hacer propaganda al principio de la guerra en María Riupérez, «Renau-Fontseré: los carteles de la Guerra Civil», *Tiempo de Historia* 49 (1978): 10-25.

[CAT. 39]
Cauces. Portada: Juan Padilla, 1937

[CAT. 61]
14.ª División. Portada: Horacio Ferrer, septiembre 1938

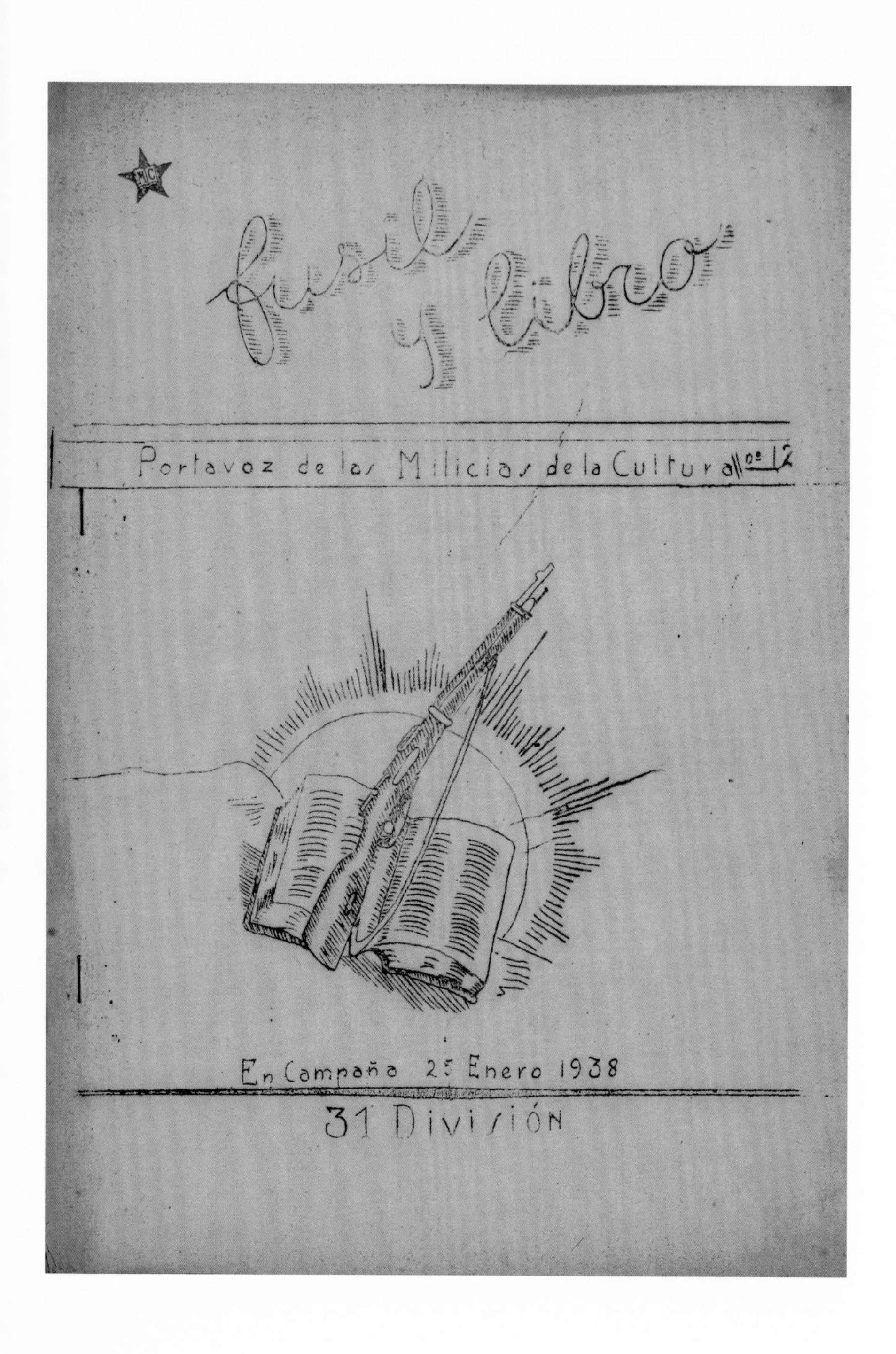

[CAT. 105]
Fusil y Libro, enero 1938

[CAT. 144]
Meridià, enero 1938

Meridià

SETMANARI DE LITERATURA, ART I POLITICA • TRIBUNA DEL FRONT INTEL·LECTUAL ANTIFEIXISTA

Any I. - Núm. 1 | Barcelona, 14 de gener del 1938 | Preu: 50 cèntims

MERIDIA

MERIDIA aspira a marcar el migdia intel·lectual del temps que vivim. No vol ésser anacrònic ni caure en un utopisme delirant.

S'adona que la transformació realitzada des del 19 de juliol és profunda, que ha arribat fins a les entranyes socials. No ha estat una transformació epidèrmica, com venia donant-se durant més d'un segle. MERIDIA vol anar a l'hora en la gran lluita que lliuren les masses populars del nostre país.

Hem fet front al feixisme nacional i internacional gràcies a la unitat d'acció dels sectors antifeixistes. La situació millorarà i la victòria s'albirarà més propera, a mesura que enfortim el Front Popular. MERIDIA, fent-se càrrec de la importància cabdal de la unitat, no vol caure en sectarismes. MERIDIA vol ésser la tribuna dels intel·lectuals antifeixistes.

Davant l'exemple magnífic dels soldats del front, davant llur heroisme, davant la voluntat ferma de seguir endavant malgrat les dificultats de tota mena, vol contribuir a la mobilització de tots els intel·lectuals: escriptors, artistes, professors, científics, tècnics... Urgeix incorporar-los activament a la lluita antifeixista i als febrosos treballs de la nova societat.

MERIDIA, a més de tractar els problemes culturals en les seves columnes, serà un propulsor de tasques renovadores. Organitzarà sessions de cinema, representacions i exposicions. Sobre qüestions importants organitzarà conferències i discussions. Posarà en marxa les edicions d'obres que en aquests moments històrics puguin resultar interessants. Abans de sortir a la llum pública ja ha presentat una exposició i un espectacle de nens. I ha estat preparant l'edició d'unes novel·les d'ambient i personatges de la lluita alliberadora.

La tasca a realitzar és àmplia, i és necessari fer-la aviat. El cinema actual dóna una impressió lamentable, el teatre fa olor a naftalina i a museu, els novel·listes no es decideixen a manipular materials de la guerra i de la revolució popular, els professors no acaben de marxar pel camí que han de seguir en la fase actual, els pintors i escultors van com esmaperduts, els científics i tècnics no donen tots els fruits que poden i han de donar...

Els nostres intel·lectuals estan al costat de la causa antifeixista. Desitgen amb fervor la nostra victòria. Reben amb entusiasme les noves de les victòries de l'Exèrcit Popular. Però no participen amb intensa activitat en la gran lluita.

Volen treballar més, volen contribuir a l'enfortiment del front i de la reraguarda. El que falta és trobar la manera de coordinar els esforços i enquadrar tots els treballadors intel·lectuals en la lluita antifeixista.

MERIDIA es proposa contribuir a aquesta mobilització. La lluita que vivim necessita l'aportació entusiasta de tots. Al costat de la lluita contra el feixisme al front i l'aixafament de les seves bases econòmiques, polítiques i culturals, hem de crear nous valors. Lluitem i treballem per una societat lliure, justa, democràtica, avançada i progressiva. I en aquesta lluita i aquest treball els intel·lectuals no hi poden mancar.

TEROL

Salut, ciutat de Terol
mal perduda i ben guanyada!

Ensems bròfega i suau,
geliua i assolellada,
torreges com un castell
damunt els horts i la plana.
El Túria llisca a tos peus
com serpent ensinistrada
i perfuma el teu aflat
la "Pineda del Rei Jaume".
Si t'empolvora la neu
encara sembles més alta
i ullcluca tota t'ajups
quan bufa la tramuntana.

Salut, ciutat de Terol
mal perduda i ben guanyada!

Tu que antany els sarraïns
combateres amb coratge
i venceres reis i estols
que volien fer-te esclava,
de sobte perds el braó,
la llibertat i la fama.

Et tenien sota peu
una gent deshonorada:
estrangers i renegats
que envilien ta nissaga.
Pubilleta d'Aragó
que lluny que et trobes d'Espanya!

Salut, ciutat de Terol
mal perduda i ben guanyada!

Ve't ací que el teu Nadal
ha estat naixença més alta.
Espanyols i catalans
reconquisten la teva ànima.
Damunt neu i contra vent,
a les fosques i a les clares
han bregat perquè Terol
no desdigui de la raça.
I han caigut els traïdors,
per justícia i per venjança,
en llurs mans sang de germà,
i en llur front segell d'infàmia.

Besa, ciutat de Terol,
la bandera que t'empara!

26 desembre del 1937.

PERE QUART

CAP DE SETMANA

IDEALS

Les lleis que governen la vida dels homes són complexes i imprevisibles. Però són segurament ineluctables, fatals. Per tant, és difícil creure en la llibertat humana, en el sentit filosòfic del mot. Cadascú obra no solament sota una coerció exterior, ans també per una necessitat interior. La consciència d'aquesta veritat és per a nosaltres una font inesgotable de tolerància. La duresa, l'aparent injustícia de la vida no poden admetre's amb serenitat sense aquella convicció, la qual endolceix el sentiment, altrament tan feixuc, de responsabilitat i fa que no prenguem massa seriosament els altres ni, a fi de comptes, nosaltres mateixos. Per aquest camí arribem a una concepció de la vida en la qual l'humor pren un lloc considerable.

Tanmateix, la vida dels homes ha de tenir els seus ideals. N'hi ha —i són comuns a molta gent— que sempre ens han fet somriure amb menyspreu i mai no hem admès com a base d'una moral: riquesa, èxit, luxe, compresos sota el nom genèric de felicitat. El bé, la bellesa, la veritat, ve't aquí els objectius, per bé que inabastables, dignes de refer indefinidament el gust de viure i el coratge dels homes com cal.

No dubtarem a dir que un home de nobles ideals només pot viure i treballar dins una organització social i política fonamentada en els principis democràtics. Cal que la personalitat de cadascú sigui respectada; cal que ningú no sigui idolatrat o temut per ell mateix. Un sistema de coerció, degenera de pressa: la coerció té el singular poder de suscitar homes de moralitat minvada o nul·la; i l'hereu del tirà genial acostuma a ésser un brètol.

Doneu certa estabilitat als caps de govern, perfeccioneu els mètodes de sufragi, i el règim democràtic, que segueix essent insubstituïble, recobrarà el crèdit que ha perdut en no poques contrades del món.

Distribuïu riquesa segons treball, tasca segons aptitud, responsabilitat segons capacitat intel·lectual i dretura moral. Vigileu l'escola, la premsa. Reprimiu l'esponera dels interessos anomenats polítics i dels comercials.

I la terra començarà a ésser un planeta habitable.

Aleshores els homes podran decantar-se vers el costat misteriós de la vida. Experimentar els greus sentiments i el plaer inefable que es troben a les fonts de l'art i de la ciència. Abocar-se al món impenetrable, conèixer en llurs formes més somes les manifestacions de profundes veritats i de belleses esclatants. Sentir l'ordre admirable del món, l'eternitat de la vida. I afanyar-se per abastar l'ínfima i enorme part que a cadascú de nosaltres pertoca d'aquest àpat magnífic.

Ve't ací un resum de les quatre idees socials i polítiques en les quals convenen els més purs pensadors de la nostra època. Nocions conegudes, cent vegades dites, i massa sovint oblidades pels mandataris del poble.

Tanmateix, no ens desanimem. El món, com l'any 1938, tot just comença.

JOAN OLIVER

LLEGIU EN LES PAGINES INTERIORS ARTICLES DE

Pau Balsells	Francesc Trabal
Joan Comorera	A. Rovira Virgili
J. Peiró	R. Tasis i Marca
A. Artís-Gener	Francesc Pujols

[CAT. 160]
Mujer, julio 1937

[CAT. 177]
Nueva Cultura, junio-julio 1937

NUEVA CULTURA

S U M A R I O

INFORMACION, CRITICA Y ORIENTACION INTELECTUAL

No hace muchos días en Valencia, Barcelona y Madrid, se ha celebrado la reunión de las figuras más destacadas de las artes y las letras, en el II Congreso Internacional de Escritores para la defensa de la Cultura.

NUEVA CULTURA, consciente de la importancia que para nosotros tiene que un Congreso como éste sea en España donde se reúna, en momentos tan decisivos para el porvenir de nuestra patria, saluda emocionada a las figuras señeras del pensamiento universal que nos han honrado con su colaboración y con su presencia y quiere, como el mejor homenaje que se puede tributar a los intelectuales de todo el mundo que nos asisten con su cordial simpatía, dejar sentado en estas páginas lo que piensan y sienten los intelectuales españoles encuadrados en las distintas Secciones de nuestra Alianza, sobre lo que para nosotros significa la actual guerra española en orden a la defensa de la cultura universal.

ESPAÑA PROYECTADA EN SU HISTORIA

Si se quiere penetrar hondamente en el sentido heroico de la lucha en defensa de la cultura que actualmente sostiene nuestro pueblo contra el fascismo internacional, no es posible olvidar que sobre España ha pesado, por imperativos geográficos inexorables, un destino histórico glorioso, cargado de enorme responsabilidad: nuestra península ha sido una verdadera encrucijada en las rutas de grandes pueblos, donde se ha ventilado la suerte de las culturas más contradictorias.

Un pueblo que puede presentar ante el mundo semejante ejecutoria histórica, tiene derecho a exigir de todos el respeto más absoluto a la libre determinación de sus propios destinos.

DEDICADA AL CONGRESO

INTERNACIONAL DE ESCRITORES

Publicada mensualmente en Valencia - Junio-Julio, 1937 - Año III - Núms. 4-5

Nuevo ORDEN

REVISTA AL SERVICIO DE LAS FUERZAS ARMADAS

PLUS ULTRA

Sumario

EDITORIAL:
Nuestra policía.

CONTRASTES:
España retrospectiva. Unas escenas de la policía de antaño, al servicio de la burguesía.

LA MAGIA Y LA CIENCIA:
Física oculta policíaca:
F. A.
Terminación de este interesante trabajo.

LO QUE E Y LO QUE DEBE SER UN ARCHIVO POLÍCIACO
J. López de Sagredo.

ARTE Y DELINCUENCIA:
J Biarca

UN REPORTAJE DE GUERRA:
Alma. - Uervio. - Tensión.
Miguel Ripoll.

MEDICINA LEGAL:
El hombre.

GUERRA QUÍMICA
Instrucciones sobre guerra química que deben conocer todo el personal del Cuerpo de Seguridad.
Lorenzo Cuende Martínez. Teniente.

NORMAS:
Mariano Sánchez Roca.
La investigación policíaca ante el Derecho.

REDACCIÓN DE DOCUMENTOS

PENALES Y GUBERNATIVOS:
Vicente Gutiérrez. Agente.

PAGINA CINEMAT GRAFICA
La Batalla del Film

Año I - Barcelona 1.° de Junio 1938 - N.° 4

Administrcción - Nuexa Belen, 11 - Tibidabo

[CAT. 181]
Nuevo Orden, junio 1938

[CAT. 187]
Pasionaria. Portada: Bardasano, agosto 1937

[CAT. 210]
Tiempos Nuevos, febrero 1937

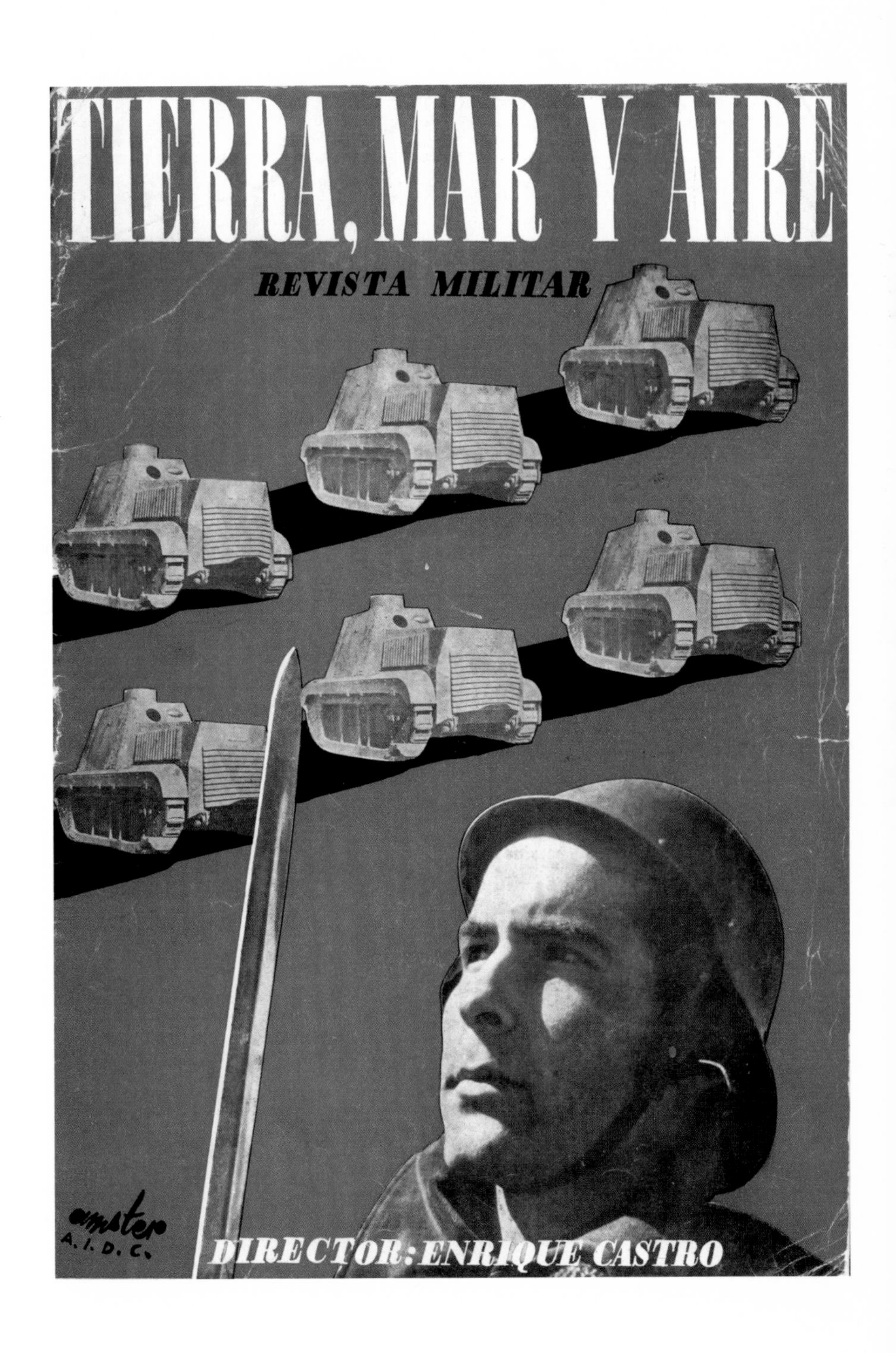

[CAT. 212]
Tierra, Mar y Aire. Portada: Mauricio Amster, 1937

[FIG. 12] «Llegada de la prensa al frente, julio de 1936». Fotógrafo desconocido, CNT: 48.421-6, Arxiu Històric de la Ciutat de Barcelona-Arxiu Fotogràfic

2. DE LA TRINCHERA AL MURO: LAS REVISTAS EN EL FRENTE

Durante la guerra, los órganos de propaganda del Gobierno estuvieron entre los editores de revistas más prolíficos. Su actividad editorial se extendía desde la retaguardia hasta el frente, convirtiendo las trincheras en uno de los puntos de producción y distribución de revistas más activos del conflicto [FIG. 12]. En el bando republicano, la Junta de Defensa de Madrid, el Comissariat de Propaganda de la Generalitat de Catalunya, el Subcomisariado de Propaganda del Comisariado General de Guerra, los Milicianos de Cultura y, más tarde, el Ministerio de Propaganda respaldaron activamente la publicación de revistas durante la guerra. Otras organizaciones relacionadas, como el Altavoz del Frente y la Alianza de Intelectuales Antifascistas para la Defensa de la Cultura, cada una con su propia publicación, contribuyeron también a la producción de revistas y de otras formas de propaganda impresa. Entre las brigadas que luchaban a favor del Gobierno del Frente Popular y especialmente tras la centralización de las fuerzas armadas, con el comisario como principal figura política dentro del ejército popular, el «periódico del frente» fue ganando importancia como vehículo fundamental para levantar la moral, divulgar las nuevas consignas del día y desarrollar uno de los principios centrales del Gobierno: la promoción de la cultura y la educación como armas contra el fascismo.

En el bando insurgente, la Delegación de Prensa y Propaganda del Estado (en Salamanca), la Delegación de Prensa y Propaganda de Falange (en Pamplona) y más tarde el organismo conjunto Delegación Nacional de Prensa y Propaganda de Falange y de las J.O.N.S. trabajaron para establecer una red global de publicaciones periódicas. Los editoriales de las revistas de la Falange *Fotos*, *Vértice* y *La Ametralladora* se jactaban de llegar hasta los soldados que estaban en el frente. La distribución gratuita de las revistas era una estrategia compartida que los dos bandos adoptaron durante la guerra. Las fotografías en las que los soldados aparecían leyendo revistas llenaban la prensa y se usaban a menudo como una forma de promocionar la estrecha relación entre los objetivos declarados y cumplidos de la revista como útil artículo de guerra. Hay, sin embargo, una diferencia clara y cuantificable en el número de publicaciones periódicas producidas por las fuerzas franquistas y republicanas en el frente. Mientras que se tiene constancia de pocos casos de revistas editadas por las fuerzas armadas que luchaban bajo el mando de Franco y sólo *La Ametralladora* [CAT. 12 p. 73] estaba específicamente dirigida a los soldados[20], en el bando republicano el número de boletines, periódicos y revistas publicados en el frente y al servicio de las fuerzas armadas se multiplicó a lo largo de la guerra. Como durante la mayor parte de la contienda las unidades militares desplegadas para defender Madrid se consideraron combatientes de primera línea, muchas de las brigadas estacionadas cerca de la capital tenían acceso a las imprentas existentes y aprovechaban la proximidad a la ciudad para obtener recursos humanos y materiales.

En muchas publicaciones creadas durante la guerra se alababa el papel de las imprentas, consideradas como uno de los principales medios para transmitir y unificar los ideales políticos. En su artículo de febrero de 1938 sobre «Gutenberg en la civilización» para la revista del frente *50 Brigada*, Melitón Ballesteros escribió: «Gutemberg [sic] inventó la imprenta, ese medio maravilloso de difusión de la cultura que hoy conocemos». De acuerdo con la valoración de Ballesteros, fue la imprenta lo que permitió la difusión de la conciencia de clase y la «imposición del imperio de la verdad». Recordaba a los otros soldados que la cultura significaba la unificación de la humanidad y daba a entender que la imprenta era una de las invenciones fundamentales para acelerar este proceso. Ballesteros y otros que escribieron editoriales sobre la prensa durante la guerra celebraban la publicación de un boletín, un periódico o una revista como una gran proeza, un acto de heroísmo y determinación que unos veían como un componente clave para la revolución social y otros como la base de una victoria militar. Dado que estas manifestaciones —sobre la historia de la prensa en general y sobre algunas publicaciones en particular— aparecían en las mismas publicaciones periódicas que elogiaban, los lectores descubren pronto dos de los principales rasgos distintivos de las revistas de la Guerra Civil producidas por y para las trincheras: la autorreferencialidad y la repetición.

La historia de la prensa ilustrada está plagada de ejemplos en los que una revista hace referencia a la propia publicación, a su historia y a la relación que cree tener con sus lectores como parte del contenido editorial. La estrategia se empleaba a menudo para certificar la estabilidad, la fiabilidad y la autoridad de la prensa. En el contexto de la Guerra Civil Española, los editores de las revistas y sus colaboradores usaban esta autorreferencialidad para dotar de cierta legitimidad a publicaciones que, a menudo, acababan de formarse o de colectivizarse. Con frecuencia, la forma de hacerlo era reproducir portadas antiguas en los números actuales, describir el trabajo necesario para llevar un ejemplar hasta la imprenta o celebrar el haber alcanzado un número determinado de apariciones. No sólo se daba protagonismo a la historia de la revista: los riesgos de-

[20] Véase Jerry W. Knudson, «Military Propaganda in the Spanish Civil War», *Mass Communication Review* 16.3 (1989): 21-28.

[21] «Un periódico que se hace en los frentes», *ABC. Diario Republicano de Izquierdas* (21 de octubre de 1936): 16.

Un periódico que se hace en los frentes

Los redactores, tipógrafos e impresores de "Avance", el periódico que se hace totalmente en los frentes.

Un cajista trabajando en el interior del coche-imprenta.

La tirada del periódico en la máquina instalada en el taller ambulante del primer regimiento de Milicias Populares.

Un ejemplar de "Avance", el periódico redactado, compuesto e impreso en los frentes de combate. (Fotos Díaz Casariego.)

[FIG. 13] «Un periódico que se hace en los frentes», *ABC. Diario Republicano de Izquierdas*, 21 de octubre de 1936, página 16. Laboratorio Fotográfico de la Biblioteca Nacional, Madrid

rivados de crear y mantener una publicación en tiempos de guerra eran también parte de la temática habitual. *ABC. Diario Republicano de Izquierdas* (Madrid) [FIG. 13] publicó un reportaje a toda página sobre «un periódico que se hace en los frentes», con fotografías de Díaz Casariego. En él aparecían el equipo editorial, los tipógrafos y el innovador «coche-imprenta» creado por el primer regimiento de las Milicias Populares para confeccionar la revista *Avance*[21]. Los pies de foto subrayaban el hecho de que *Avance* se elaboraba «totalmente en los frentes». Otras revistas garantizaban a los lectores una conexión igualmente auténtica con las realidades de la guerra indicando las ubicaciones a veces cambiantes de su oficina editorial con un muy elocuente «en campaña». Para quienes no estaban en el frente, la revista se convirtió en un referente material de un campo de batalla en cierto modo distante, en algo que acercaba a sus hogares una versión de las realidades de la guerra. Para los que se encontraban en el frente, la revista era el instrumento que daba voz a sus propias inquietudes y experiencias, y así la describían los editores. La revista de las trincheras, como otras publicaciones de la guerra, se editaba con múltiples propósitos, tanto en el frente como en la retaguardia. A lo largo del conflicto, el primer número de casi todas las publicaciones se esmeraba en explicar las razones de su aparición, además de enfatizar los sacrificios realizados para asegurar la relevancia y la contribución de la revista a los objetivos militares de la guerra.

Como la imprenta móvil de la primera línea del frente de las Milicias Populares, otras imprentas controladas por unidades militares y sindicatos destacaban la inventiva y una perseverancia obstinada como las claves de su capacidad para producir material impreso de manera ininterrumpida durante la guerra. *Ímpetu: Revista de Carabineros* (Madrid), que incluía portadas del ilustrador Augusto [CATS. 125, 126 pp. 49, 290] y era una revista de gran formato totalmente ilustrada, publicó en enero de 1939 un número especial en el que se explicaba: «La situación de la Prensa es muy difícil a causa de diversas circunstancias [...] cuyos efectos se notan con frecuencia en las revistas»[22]. Una y otra vez, el editorial subrayaba la relación entre la revista y la guerra, y hacía saber a sus lectores que todo el peso de llevar hasta ellos la publicación recaía sobre los carabineros y que la revista no estaba «alejada de los frentes de combates» ya que «está hecha [...] en medio de las contingencias de la guerra». En un intento de evitar la percepción de la revista como un medio frívolo al servicio exclusivo del diseño, el editorial defendía repetidamente la publicación de crónicas literarias firmadas por los mejores escritores de la capital y de «apuntes fotográficos de intensidad moderna» y señalaba: «Nuestras secciones gráficas, abundantes y exuberantes de perspectivas, no son la luz bonita, sino la luz grande de la Historia contemporánea, para la que vive esta publicación». Pese a que la reiteración de su ambición de ser a la vez bella y actual resultaba especialmente enfática, el alto grado de insistencia por parte de *Ímpetu* en su relevancia para la guerra y su dedicación a elaborar una revista de calidad no era infrecuente.

Para reforzar la hipérbole evidente en la detallada descripción de la misión de la revista realizada en su editorial, el número especial de *Ímpetu* incluía un reportaje a doble página sobre la «imprenta de *Ímpetu*» [CAT. 125 p. 49 y FIG. 14]. Tras un retrato

[22] «Editorial», *Ímpetu*, número extraordinario (1 de enero de 1939): 3.

[CAT. 125]
Ímpetu. Portada: Augusto, febrero 1938

[FIG. 14] «La imprenta de *Ímpetu*», *Ímpetu*, núm. extraordinario (1 de enero de 1939). Páginas 48-49. Laboratorio Fotográfico de la Biblioteca Nacional, Madrid

LA IMPRENTA DE "IMPETU"

Ruinas, escombros, esqueletos de hierros retorcidos en siniestras contorsiones. La lluvia de metralla, al correr del tiempo, ha fructificado en estos lugares de horror y desolación. Y aun a diario, diríase que cada vez con más saña, muerde con voracidad insaciable las entrañas, el corazón mismo de nuestro querido Madrid. Pero esas trágicas dentelladas no son capaces de hacerle variar su pulso, que conserva sin la menor alteración.

Sin actitudes jactanciosas, sin desplantes de altanería burda y chocarrera y sí con un gesto de dignidad recatada y sencilla, nuestro pueblo, en actividad febril —la misma que reclama la guerra para el logro de nuestra victoria cierta sobre el fascismo—, entrégase sin desmayos a un ininterrumpido laborar. El silbido de los proyectiles enemigos se encuentra y entremezcla con la sinfonía múltiple que tornos y máquinas, poleas y motores, marcan en su constante actividad...

Ved, como el más vivo ejemplo que Madrid ofrece de la doble dignificación que ha hecho del trabajo —doble porque añade a sus virtudes la excelsa de un abnegado y auténtico heroísmo—, estas escenas, que tienen como marco los talleres de IMPETU. Escenas que, ciertamente, más nos hablan de paz que de guerra. Cuadros, sí, de ambiente apacible, al parecer, pero que cobran vida en zonas donde la artillería fascista envía ráfagas de destrucción y de muerte.

Contemplad entre estos motivos gráficos, como concreción y refrendo de las escritas palabras, ese camarada, anciano ya, cuyas manos rugosas saltan sobre el teclado de la linotipia. El, por sí solo, resume la gesta de los obreros madrileños. A él, pues, va la ofrenda del homenaje de admiración que debemos a todos los trabajadores de la capital de la República.

— 48 —

— 49 —

de la ciudad transformada por el combate, que arruinaba la arquitectura y perturbaba continuamente las rutinas diarias, el artículo llamaba la atención del lector sobre las fotografías que acompañaban al texto:

> Contemplad entre estos motivos gráficos [...] ese camarada, anciano ya, cuyas manos rugosas saltan sobre el teclado de la linotipia. Él, por sí solo, resume la gesta de los obreros madrileños. A él, pues, va la ofrenda del homenaje de admiración que debemos a todos los trabajadores de la capital de la República[23].

Las fotografías contraponen imágenes de edificios destruidos y del caos generalizado de la guerra con las labores repetitivas de un trabajador de edad avanzada. La yuxtaposición se emplea aquí retóricamente para crear una proximidad implícita entre los dos contextos. Como subraya el editorial, la imprenta de *Ímpetu* servía como marco para el heroísmo de la guerra. Ante escenas de trabajo que podrían en cualquier otro caso parecer banales, se nos recuerda que «cobran vida en zonas donde la artillería fascista envía ráfagas de destrucción y de muerte». Una causa de la desesperación que parece subyacer tras el editorial de *Ímpetu* y su insistente confianza en la fotografía como testimonio puede ser lo tardío de la fecha de su número especial: hacia enero de 1939, la escasez de papel y de tinta y la propia duración de la guerra debían de haberse convertido en cargas especialmente duras para cualquier revista que intentara mantener un calendario regular de apariciones.

Los organismos gubernamentales publicaron numerosos libros y panfletos sobre las revistas creadas durante la guerra y sobre los artistas y escritores implicados en su producción. Estas crónicas publicadas, editadas a menudo en dos o tres idiomas para su distribución en el extranjero, complementaban los elementos de autorreferencialidad presentes en las revistas de las trincheras, que se elaboraban principalmente para la distribución en el frente y a escala nacional. En *Periódicos del frente* [CAT. 317 p. 74], publicado en 1937 por Ediciones Españolas, el texto introductorio (en inglés, francés y español) era breve y permitía que el número y la variedad de los periódicos reproducidos hablaran por sí mismos: «En este cuaderno se recogen algunos ejemplos de lo que estos periódicos son y significan para la formación cultural, política y técnica de nuestros soldados». El panfleto no pretendía ser una antología completa de las publicaciones periódicas de las trincheras, más bien alimentaba la percepción de que los periódicos eran intercambiables: lo importante era el efecto de las publicaciones, conjuntamente y como objetos únicos de la Guerra Civil Española. La portada del panfleto mostraba un montaje fotográfico en el que algunos soldados leían copias de *Octubre: Boletín de*

[23] «La imprenta de *Ímpetu*», *Ímpetu*, número extraordinario (1 de enero de 1939): 48.

la 30 Brigada [CAT. 184 p. 74], una revista en cuyas cubiertas se incluían trabajos de José Bardasano, Rodríguez Luna, Gil Guerra, Hortelano y otros. *Periódicos del frente* parece, sobre todo, transmitir a la comunidad internacional que el acto de publicar periódicos durante la guerra era una actividad importante compartida por artistas, escritores y lectores anónimos y conocidos. Como aclaraba el autor: «No son todos los existentes, ni queremos decir tampoco que sean los más perfectos: pero dejan ver claramente en la suma de su expresión compleja la trascendencia de este servicio cultural».

Similar a *Periódicos del frente*, pero mucho más amplio en cuanto a contenido, era *Propaganda y cultura en los frentes de guerra* [CAT. 318 p. 75], del Ministerio de la Guerra. Concebido como una recopilación de la labor realizada por el Subcomisariado de Propaganda del Comisariado General de Guerra, el libro reunía reproducciones de periódicos y combinaba un resumen de los sucesos de la guerra con documentos de las fuentes originales y dibujos de algunos de los artistas más destacados del Subcomisariado, como Arturo Souto, cuya obra ocupó las portadas de un gran número de periódicos y revistas durante la guerra. En un repaso de las actividades del Subcomisariado, el libro mencionaba la publicación de revistas, las emisiones de radio y el montaje de obras de teatro como algunas de sus iniciativas culturales más importantes. Una de las principales publicaciones del Subcomisariado era *El Comisario*, cuyo primer número —con una tirada de 30.000 ejemplares— se elaboró el 27 de octubre de 1936 en la imprenta que había producido el periódico *Claridad*. Cuando el Subcomisariado se trasladó a Valencia, esta primera versión fue reemplazada por otra revista, *Vanguardia*, que a su vez se rebautizó de nuevo como *El Comisario*, una publicación de pequeño formato con ilustraciones de Souto y fotografías de diversos autores en sus portadas, pero escasamente ilustrada en las páginas interiores. Tras una breve historia de las publicaciones del Subcomisariado, una fotografía reproducida en la página 19 [FIG. 15] muestra un conjunto de casi veinte portadas que ilustran la evolución de *El Comisario*, desde *Vanguardia* hasta su título original. Algunas portadas aparecen superpuestas, mientras que otras se distribuyen por separado en filas y columnas. El efecto acumulativo refuerza el título del panel: «Variedad inicial». La repetición, la variación y la acumulación se exhiben ante el lector como cualidades positivas asociadas a los esfuerzos de propaganda realizados por el Gobierno durante la guerra. Aunque cada número es diferente, el uso repetido del mismo artista (Souto en este caso) y de cabeceras similares crea la ilusión de un mensaje compartido por los distintos números de la misma revista. Como forma de unificación, el Subcomisariado aprovecha aquí la estructura por entregas de la prensa para expresar un mensaje de disciplina, control y productividad.

Aquí, en Valencia, recomenzó la tarea con nuevos bríos. Responsable nuevo, aunque averiado por las balas fascistas, planes coordinados, lo indispensable para trabajar con posibilidad de eficacia.

voluntad de servicio del nuevo organismo, llamada a realizar las más hondas labores en relación con nuestra guerra. Ningún nombre mejor que el que usaba la desaparecida hoja a que vino a sustituir *Vanguardia*. Por lo tanto, con el mismo nombre se designó al nuevo instrumento del Subcomisariado, que en su primer número, y en su primera página, evocó al comisario de *Los marinos de Cronstadt*, síntesis magnífica de capacidad organizadora y de contagioso heroísmo.

19

[FIG. 15] Subcomisariado de Propaganda del Comisariado General de Guerra. *Propaganda y cultura en los frentes de guerra*. Valencia: Ministerio de la Guerra: Comisariado General de Guerra, 1937, página 19. Laboratorio Fotográfico de la Biblioteca Nacional, Madrid [catálogo 318, página 16]

En febrero de 1937, *El Comisario* incluyó el artículo «Los periódicos del frente. Una opinión acerca de ellos», ilustrado con un dibujo firmado por Souto que representaba a dos soldados trabajando en una imprenta [CATS. 46, 304 p. 277]. En este caso, la cita autorreferencial se produce más en el campo visual que en el texto complementario. En su repaso de las ventajas y los inconvenientes de la proliferación de publicaciones de primera línea en relación con los intentos del ejército de centralizar sus consignas y su administración, el autor reconoce el valor de las publicaciones del frente como objetos a los que se debe aspirar. En otras palabras: el deseo de producir material gráfico se reconoce como una cualidad fundamentalmente positiva dentro de las actividades de cualquier unidad militar. No obstante, el autor también señala lo siguiente: «No somos, por principio, como puede verse, muy partidarios de los periódicos del frente, aunque creemos que pueden llegar a realizarse en éste publicaciones de interés si el azar favorable agrupa hombres y circunstancias que consigan cuajar en excepción feliz»[24]. Si una brigada deseaba publicar un periódico, insistía el autor, debían existir al menos unas directrices supervisadas por los comisarios. Tras identificar las cuestiones que más preocupaban a la brigada, el autor sugería seleccionar a las personas adecuadas, que supieran observar y reproducir las inquietudes de los demás soldados. Después de organizar los temas que se iban a tratar (el enemigo, nosotros, el mundo, los acontecimientos, la lucha, las canciones, la geografía local, las armas, la comida, la retaguardia, las consignas, etc.) y de identificar al personal de la brigada capaz de editar el periódico, el mayor desafío sería localizar una imprenta. Deseoso de ofrecer alguna alternativa, el autor indicaba que una solución sencilla sería que el Comisariado General requisara el equipo y los suministros necesarios y asignara a los soldados con experiencia en tipografía la responsabilidad de trabajar en el periódico de la brigada.

El Comisario no fue la única publicación que manifestó su apoyo a las revistas editadas en el frente y su preocupación por su elevado número. Así como se elaboraron durante la contienda inventarios generales del número total de publicaciones periódicas, las revistas directamente relacionadas con el combate fueron también objeto permanente de atención y análisis en ese periodo. Editoriales como el de *El Comisario*, con instrucciones para la elaboración de revistas o críticas de las publicaciones resultantes, llenaban las páginas de las revistas del frente. Y precisamente en las propias revistas encontramos un discurso emergente sobre el trabajo de los soldados como escritores, artistas, editores y fotógrafos. Ernesto Muñoz Chápuli, en un artículo sobre «La Prensa en el Ejército» escrito en septiembre de 1937 para la revista *Tierra, Mar y Aire*, observaba que «se acerca a 200 el número de publicaciones periódicas que quincenal, semanal y aun diariamente, en algunos casos, tratan los problemas específicos de los batallones, brigadas, etc.». Si bien se mostraba más partidario de este fenómeno que el autor del editorial de *El Comisario*, Muñoz Chápuli también ofrecía recomendaciones para un uso eficaz de los periódicos de las brigadas en la creación de un frente unificado contra el fascismo. Opinaba que

[24] «Los periódicos del frente. Una opinión acerca de ellos», *El Comisario* 13 (25 de febrero de 1937): 42.

las unidades menores que las brigadas no debían publicar sus propios periódicos. Asimismo, deseaba que éstos mostraran cierto equilibrio entre las observaciones generales y las dedicadas específicamente a las particularidades de cada grupo. Cuando se revisan las diversas publicaciones editadas en el frente, se constata la aplicación de estas directrices, que se manifiesta en la aparición reiterada de mensajes y tipos de imágenes concretos, a pesar de que las singularidades de los materiales disponibles y los diseños elegidos dejaban espacio para las diferencias dentro de estas convenciones compartidas.

La prominencia de la repetición —libremente entendida aquí como una circulación amplia de imágenes, diseños y convenciones retóricas comunes— en las revistas de la Guerra Civil Española no se consideraba un atributo formal negativo ni un signo de plagio no autorizado. Muy al contrario, la repetición, como representación de la identidad de un grupo plasmada sobre el papel, se convirtió en una cualidad de las publicaciones de la Guerra Civil que a veces se utilizaba de forma creativa y se adaptaba con ingenio, sin perder los signos básicos que podían vincular diversas copias con un mismo objetivo político. Aunque es posible que se trate de un rasgo distintivo de las revistas incluidas en esta exposición, no debe considerarse una característica exclusiva, puesto que la repetición de imágenes y textos impresos es una cualidad inherente al propio medio[25].

Surge así una paradoja cuando se repasan los cientos de revistas publicadas en el frente: una revista tenía que ser reconocible como publicación militar integrada dentro de una organización mayor, pero a la vez, los distintos artistas que trabajaban para una brigada concreta debían dar a esa unidad militar una identidad única que la distinguiera de las otras. Diferencia dentro de la uniformidad, exclusividad en la repetición, y experimentación en medio de las convenciones: éstas son algunas de las posibles descripciones de la variedad de las revistas del frente. Las portadas de *¡Guerra! Portavoz de la Brigada 146* se convirtieron en exaltadas declaraciones antifascistas gracias a las exageradas caricaturas de Bartoli [CAT. 112 p. 79]. Torrado utilizaba el contraste del blanco y el negro para crear yuxtaposiciones esquemáticas cargadas de angustia en las muecas de los soldados y la maquinaria bélica en las portadas de *¡¡En Guardia!! Boletín de la 34 Brigada 3 División* [CAT. 70 p. 279]. Las fotografías se empleaban para crear montajes dinámicos y apremiantes en las portadas de *25 División* [CAT. 222 p. 137], *Balas Rojas: Portavoz de la 75 Brigada Mixta* [CAT. 24 p. 274], *Nuevo Ejército: Órgano de la 47 División* [CAT. 180 p. 82] y *Reconquista: 35 División* [CAT. 196 p. 83]. En todos los casos,

[25] Véase Cara Finnegan, *Picturing Poverty: Print Culture and FSA Photographs* (Washington, D.C.: Smithsonian Books, 2003); y Jordana Mendelson, *Documenting Spain: Artists, Exhibition Culture, and the Modern Nation, 1929-1939* (University Park, P.A.: Penn State University Press, 2005).

[FIG. 16] Foto Walter, Valencia (Fondo Fotográfico, «Guerra Civil», Carpeta 320, Biblioteca Nacional, Madrid). Laboratorio Fotográfico de la Biblioteca Nacional, Madrid

los soldados-artistas de la brigada o división lograban crear para la publicación una identidad que diferenciaba el trabajo de diseño de esa unidad militar del de otras. Aunque puede resultar excesivo describir sus diseños como una especie de imagen de marca, cuanto mayor era la capacidad del artista para concebir una cabecera y una imagen de portada exclusivas, más probable resultaba que una publicación concreta se destacara entre las directrices impuestas por las unidades al mando.

En paralelo al establecimiento de imprentas como las descritas en *Ímpetu* y *El Comisario*, tenía lugar la organización de talleres de artistas para agilizar el diseño y la producción de los materiales relacionados con la guerra. Algunos artistas trabajaban solos, pero la mayoría se repartía entre numerosos «clientes» (organismos gubernamentales, partidos políticos, sindicatos, etc.) y talleres de imprenta. Se improvisaban escuelas en la retaguardia y en el frente para enseñar a aquellos que tenían talento pero escasa formación. Estos estudios de arte de la etapa bélica, bautizados por los cronistas como «laboratorios», se convirtieron en espacios en los que los artistas trataban de encontrar un equilibrio entre la necesidad de adaptarse a las expectativas y convenciones de la guerra y el impulso, compartido por algunos de ellos, de

[FIG. 17] «El taller del notable artista Bardasano en donde sus discípulos realizan una interesante labor de Propaganda», Talleres Bardasano (Fondo Fotográfico, «Guerra Civil», Carpeta 54, Biblioteca Nacional, Madrid). Laboratorio Fotográfico de la Biblioteca Nacional, Madrid

innovar en un contexto condicionado por los altos resultados esperados (en cuanto al volumen de la producción y la diversidad de las tareas) y las limitaciones de los recursos [FIG. 16]. Los artistas que ya tenían una trayectoria antes del estallido de la contienda se consideraban los líderes de este grupo creciente de «artistas-soldados». Muchos de los artistas de estos talleres creaban simultáneamente materiales para carteles, revistas, estampas y postales.

El artista José Bardasano [CAT. 270 p. 78], por ejemplo, dirigió un taller que diseñaba carteles y realizaba trabajos de diseño para varias publicaciones, incluidas revistas del frente como *Choque: Portavoz de la 34 División* [CAT. 57 p. 57] y su propia revista satírica, *No Veas* [CATS. 167, 168 p. 294]. Fotografías de la época procedentes de la colección de la Biblioteca Nacional muestran el taller de Bardasano [FIG. 17]. En ellas, los artistas esbozan diversos carteles y la cabecera de la publicación *Juventud*. El pie de foto reza: «El taller del notable artista Bardasano en donde sus discípulos realizan una interesante labor de Propaganda»[26]. Como explica Miguel Sarró, Bardasano fundó y dirigió el taller La Gallofa, creado por la organización comunista Sección de Artes Plásticas de las JSU (Juventudes Socialistas Unificadas)[27].

[26] Fotografías Guerra Civil, Carpeta 54, Biblioteca Nacional, Madrid.

[27] Miguel Sarró, «Mutis», *Pinturas de guerra: Dibujantes antifascistas en la Guerra Civil española* (Madrid: Queimada Gráficas, 2005), 53-59.

[CAT. 57] *Choque*. Portada: Bardasano, octubre 1938

Entre los artistas que colaboraban con Bardasano y su esposa Juana Francisca se encontraban Desiderio Babiano, Ufano, Peinador y Enrique Martínez de Echevarría (Echea). Todos ellos diseñaban carteles, además de participar en revistas de la Guerra Civil como *Tierra, Mar y Aire* [CAT. 213 p. 84], *Crónica: Revista de la Semana*, *Hierro: Órgano de los Batallones de Enlace*, *Tren: Boletín Oficial de Información del 4 Batallón Local de Transporte Automóvil* [CAT. 218 p. 85], *Milicia Popular* y *Muchachas* [CAT. 159 p. 81].

Además de servir de escaparate para Bardasano y otros artistas populares, las revistas se preocupaban de mostrar el trabajo de otros colaboradores anónimos o menos conocidos. Un artículo sobre «Nuestro taller» publicado en *Fuego: Órgano del III Cuerpo de Ejército* resumía el trabajo de los artistas Serralde, «un muchacho que tiene diecinueve años» y V. Martín, «pintor y dibujante que luchó mucho antes de esta guerra por dar al arte un sentido revolucionario y de clase», junto con el del fotógrafo extranjero Filipo B. Halbig, cuyas imágenes de los dos artistas en plena faena ilustraban el artículo[28]. El tono del autor al describir el trabajo de Martín revela una tensión probablemente extendida entre los talleres de las brigadas, más pequeños, y otros tal vez emplazados en la retaguardia:

> Dibujaba en las trincheras, en lo áspero de la vida de campaña, y hoy no se mueve días enteros de la mesa de dibujo o del caballete. Es poco conocido a pesar de su capacidad artística. Ha querido vivir así durante la guerra y prefirió venir de soldado a las filas en vez de enchufarse en uno de esos talleres de zánganos carteristas, talleres, por desgracia, tan malos como numerosos.

Otros artistas encontraban un hueco en las revistas con las que colaboraban, lo que creaba otra forma de autorreferencialidad en la que la información recibida sobre determinados artistas procede casi exclusivamente de la prensa de la época. *Trinchera: Órgano del 3 Batallón de la 4 Brigada Mixta* escribió que el artista Gumbau, que había participado activamente en el *Altavoz del Frente,* era «un artista surgido del pueblo». El autor pasaba a relatar la biografía del artista, complementada con una entrevista en la que se detallaba el deseo de Gumbau de crear una obra popular y cargada de emoción[29]. El artista Fernando Guijarro (Fergui) fue entrevistado en la revista *Alianza: Semanario de barriada del radio Chamberí del Partido Comunista* acerca de su proceso como artista, a lo que respondió: «Un cartel como los que se ven por la calle se puede hacer en una hora [...] cuando se lleva dentro; los colores salen solos de la mano...»[30].

Los fotógrafos e ilustradores también tenían su espacio en las revistas de la guerra como colaboradores capitales para la producción de la cultura impresa del conflicto. No sólo aquellos que, como Halbig, documentaban los sucesos, sino también los fotógrafos de prensa que disfrutaban de un rápido reconocimiento debido a los riesgos que corrían en el frente con sus cámaras. El mismo autor que describió la relación de Guijarro con la pintura y el color se daba prisa en reconocer la diferencia entre la pintura con caballete y la fo-

[28] «Nuestra propaganda. Taller artístico», *Fuego* 6 (1937): 3.

[29] Velasco, «Un artista surgido del pueblo: Gumbau», *Trinchera: Órgano del 3 Batallón de la 4 Brigada Mixta*, Año II, núm. 22 (31 de julio de 1938): 8-9.

[30] Jotagea, «Tareas anónimas de la retaguardia: Los dibujantes y la Prensa», *Alianza*, Año II, núm. 23 (23 de mayo de 1936): n.p.

tografía. En el segundo artículo de la serie dedicada a las «Tareas anónimas de la retaguardia» publicado en *Alianza*, Jotagea recordaba a sus lectores:

> Cuando ojean la Prensa y contemplan los grabados fotográficos, leen a través suyo la existencia de su autor, en la trinchera más avanzada, audaz y valiente, desafiando el peligro, para encerrar en su cámara el documento que abruma luego por su elocuencia[31].

Como testimonio de los riesgos a los que se enfrentaban los fotógrafos, el artículo estaba acompañado por una imagen de la cámara del fotógrafo Luvalmar, que había saltado en pedazos en las manos de su propietario tras la explosión de un mortero; el autor recordaba a sus lectores que muchos fotógrafos habían perdido la vida en el frente en un intento de registrar los sucesos de la guerra en un idioma «que todo el mundo comprende».

El deseo de llegar más allá de las líneas del frente para crear una forma de cultura impresa que pudiera ser ampliamente aceptada en el frente y en la retaguardia motivó la creación de numerosas revistas como *Centro* [CAT. 43 p. 90], publicada por las Milicias de Cultura en Madrid, y *Cultura Popular* [CAT. 53 p. 77], editada en Valencia, que tenían como meta proporcionar a los soldados formación en cuestiones políticas, culturales y lingüísticas. La fotografía, la ilustración, la poesía y el diseño se combinaban en algunas de las publicaciones visualmente más dinámicas y cada una de ellas ideaba su propia forma de llegar al mayor número posible de lectores. Entre los escritores que colaboraban con *Alianza* estaban Rafael Alberti, José Bergamín y María Teresa León, que también eran colaboradores destacados de *El Mono Azul: Hoja semanal de Intelectuales Antifascistas para la Defensa de la Cultura* [CAT. 156 p. 86], una revista semanal de gran formato que publicaba poesía, ensayos y dibujos creados por los escritores y artistas afiliados a ella. Todos habían tenido diversas experiencias de publicación antes de la guerra (María Teresa León y Rafael Alberti, por ejemplo, habían dirigido *Octubre* y Bergamín había participado en *Cruz y Raya*) y colaboraron de forma activa en una amplia gama de revistas durante el conflicto. León fue la primera directora de *Ayuda: Portavoz de la Solidaridad*, que incluía la obra de los artistas Bartolozzi, Puyol, Garrán YES y Bardasano, y las fotografías de los hermanos Mayo junto con textos de Emilio Prados y Miguel Hernández.

Conscientes de que la cultura impresa abarcaba una gran variedad de prácticas que se podían emplear para cultivar a los lectores y crear un cuerpo fiel de seguidores para sus publicaciones, casi todas las revistas de la Guerra Civil se valieron de los carteles para dar publicidad a sus actividades. Un artículo sobre la Alianza de Intelectuales Antifascistas para la Defensa de la Cultura

[31] Jotagea, «Tareas anónimas de la retaguardia: Los fotógrafos de la Prensa», *Alianza* 30 (11 de mayo de 1937): n.p.

La Alianza de Intelectuales Antifascistas para la Defensa de la Cultura.

La Alianza de Intelectuales Antifascistas para la Defensa de la Cultura fué fundada en el mes de Mayo de este año, como Sección de la Asociación Internacional de los Escritores para la Defensa de la Cultura. García Lorca fué uno de los fundadores. Poco tiempo después estalló la sublevación militar, y entonces la Alianza, abandonando o descuidando de momento algunas de sus actividades y Secciones de tiempo de paz, se puso al servicio de la guerra. Destacadas figuras del pensamiento español se colocaron incondicionalmente junto a las que ya se habían agrupado antes bajo el pabellón de la Alianza, y rápidamente se reformaron algunas Secciones para encaminar todo su rendimiento en el mismo sentido.

El primer contacto de la Alianza con la calle fué *El Mono Azul*. *El Mono Azul* ha llevado a los pueblos el *Romancero de la guerra*, escrito por los nuevos poetas del pueblo: Alberti, Altolaguirre, Cernuda, Aleixandre, Prados... *El Mono Azul* es un semillero de cultura, y las semillas, en forma de hojas impresas, las reparte un equipo de jóvenes entusiastas que parten hacia las aldeas y los frentes de combate con el coche cargado de ejemplares recién salidos de la imprenta. Los responsables de *El Mono Azul* son María Teresa León—que es la secretaria de la Sección de Propaganda—, José Bergamín, Rafael Dieste, Lorenzo Varela, Alberti, Luna, Souto y Salas Viu.

Actualmente, la Alianza está domiciliada en un palacio abandonado por sus antiguos moradores. Huéspedes de ella son los escritores Ludwig Renn y André Maloaux, y se espera a André Gide. La biblioteca es lo de más valor de toda la casa. En ella se guardan varios incunables y libros editados en el año 1400. Hay cerca de dos mil volúmenes, alineados perfectamente. Desde hacía treinta años, la biblioteca estaba cerrada. Ahora se ha instalado en ella la Redacción de *El Mono Azul*.

La labor de la Alianza es tan múltiple como continua. Dan conferencias en salas de espectáculos y agrupaciones. Hacen propaganda de la revolución en el Extranjero, para que sepan fuera a qué atenerse respecto a cuanto está sucediendo en nuestro país. Poseen ya un copioso archivo para la Historia de la Revolución, que habrá de hacerse en su día. Salen a los pueblos y frentes en camiones, y, provistos de altavoces, pronuncian breves discursos y arengas para mantener en los campesinos y en los combatientes el espíritu en tensión.

Varios dibujantes y pintores realizan constantemente gráficos y pasquines, que se fijan en las paredes de los pueblos amenazados, y esta propaganda sirve tanto para las fuerzas leales como para las facciosas, en el caso de que éstas invadan alguno de estos pueblos. Maroto, Miguel Prieto, Juan Antonio Morales, Luna, Souto y otros son quienes tienen a su cargo la Sección de Artes Plásticas, en la que se han hecho también los decorados del Teatro Nueva Escena, que funciona en el Teatro Español, cedido a la Alianza por el Ayuntamiento.

En Nueva Escena trabaja en cooperativa una Compañía controlada por la Alianza. Su repertorio consiste en dramas y farsas en un acto. Se han estrenado ya *La llave*, de Ramón J. Sender; *Al amanecer*, de Rafael Dieste, y *Los salvadores de España*, de Rafael Alberti.

Uno de los trabajos más importantes de la Alianza ha sido la evacuación de todo el tesoro artístico del Monasterio de El Escorial, llevada a cabo de acuerdo con la Junta de Incautaciones. Labor de la Alianza y, concretando más, de su Sección de Artes Plásticas, ha de ser la reforma de las bellas artes, cuyo plan está terminado ya.

La biblioteca del antiguo palacio, convertida en Redacción de «El Mono Azul», hoja semanal de la Alianza de Intelectuales Antifascistas.

El camión, equipado con proyector e imprenta, que la Asociación Internacional de los Escritores para la Defensa de la Cultura ha regalado a sus compañeros de Madrid

Asimismo, Alianza trabaja por la reforma de la enseñanza musical. Su plan suprime los Conservatorios y crea la Escuela Nacional de Música y la Orquesta Nacional. Bacarisse, Carlos Palacio, Espinosa, Casal, Chapí y otros han escrito himnos y canciones revolucionarias, que se han dado a conocer por los campos de combate por medio de Altavoz del Frente. Vicente Salas Viu, el joven y brillante escritor, colabora muy eficazmente en esta sección.

La Alianza ha editado ya dos películas de corto metraje, de propaganda del momento, y está a punto de terminar otra. Estas películas son proyectadas en los frentes, en los cuarteles, en las agrupaciones... En el palacio, la antigua cochera ha sido transformada en sala de cine.

La Alianza de Intelectuales Antifascistas para la Defensa de la Cultura realiza, en suma, una considerable labor de propaganda, que se verá ahora aumentada con la magnífica aportación que acaba de hacer la Asociación Internacional. Se trata de un camión equipado para el cine y la imprenta, igual al que han regalado a los escritores de Barcelona. Puesto en manos de los intelectuales de Alianza el camión, traído por Louis Aragón, su esposa, Elsa Triolet, y el escritor alemán Regler, será el portavoz de la cultura en el frente y suministrará apoyo y distracción a los combatientes, dándoles el apoyo moral que necesitan.

R. M. G.

El poeta Rafael Alberti y su esposa, la escritora María Teresa León, que en la Alianza de Intelectuales están desarrollando una eficaz labor cultural y de propaganda.

(Fots. Videa)

crónica

[FIG. 18] R.M.G., «La Alianza de Intelectuales Antifascistas para la Defensa de la Cultura», *Crónica*, Año VIII, núm. 364 (1 de noviembre de 1936), página 2. Laboratorio Fotográfico de la Biblioteca Nacional, Madrid publicado en *Crónica* en noviembre de 1936 [FIG. 18] esbozaba las diversas facetas de la estrategia propagandística del grupo y describía los esfuerzos realizados para distribuir la publicación: «*El Mono Azul* es una semilla de cultura, y las semillas, en forma de hojas impresas, las reparte un equipo de jóvenes entusiastas que parten hacia las aldeas y los frentes de combate con el coche cargado de ejemplares recién salidos de la imprenta»[32]. Una fotografía de la época, incluida ahora en la Colección Josep Lluís Sert de la Biblioteca Frances Loeb de la Universidad de Harvard [CAT. 305 pp. 88-89], refleja la distribución gratuita de la revista y la animada interacción entre los colaboradores de ésta y sus lectores potenciales. Mientras tanto, la Sección de Artes Plásticas, que aglutinaba a artistas como Miguel Prieto, Rodríguez Luna, Souto y otros, diseñaba carteles para promocionar la revista que servían, por sí solos, como propaganda antifascista. Carteles como el que anunciaba la publicación de *El Mono Azul* [CAT. 279 p. 87] proliferaron en España durante la guerra y son objetos fundamentales para entender la relación entre publicidad y propaganda establecida por todos los bandos durante el conflicto.

Es obligado destacar la proximidad entre el diseño de carteles y el trabajo para las revistas, no sólo porque se trataba de una práctica habitual a principios del siglo XX, sino porque pone también de manifiesto la interacción dinámica entre dos medios impresos que trabajaron conjuntamente con el objeto de crear un mercado para la cultura visual durante la guerra. Fue precisamente en los talleres donde las prácticas relacionadas con dos espacios diferentes —la página y el muro— se encontraron y se impulsaron mutuamente. Las imprentas producían regularmente revistas y carteles, y muchas de las ilustraciones que aparecían primero en los carteles se daban a conocer después mediante su reproducción en las revistas. (De hecho, quizá uno de los recursos más completos y aún sin explotar para fechar y catalogar los carteles sería llevar a cabo un inventario completo de su aparición en la prensa.) Los carteles se usaban a menudo para promocionar las revistas y, como hemos visto, las publicaciones periódicas de la Guerra Civil incluían artículos sobre artistas conocidos por sus diseños para carteles.

Uno de los ejemplos más llamativos de la relación entre la revista y el cartel, la trinchera y el muro, es el de las publicaciones periódicas editadas en el frente y los periódicos murales producidos en el frente y en la retaguardia [FIG. 19]. El periódico mural deja ver en su elaboración el movimiento fluido que existía entre los carteles y las revistas, y revela el importante papel desempeñado por los lectores al convertirse en creadores. Además, en la producción y evaluación de los periódicos murales durante la guerra encontramos el desarrollo de una nueva forma de crítica de arte a través de la valoración de estos perió-

[32] R.M.G., «La Alianza de Intelectuales Antifascistas para la Defensa de la Cultura», *Crónica* 364 (1 de noviembre de 1936): 2.

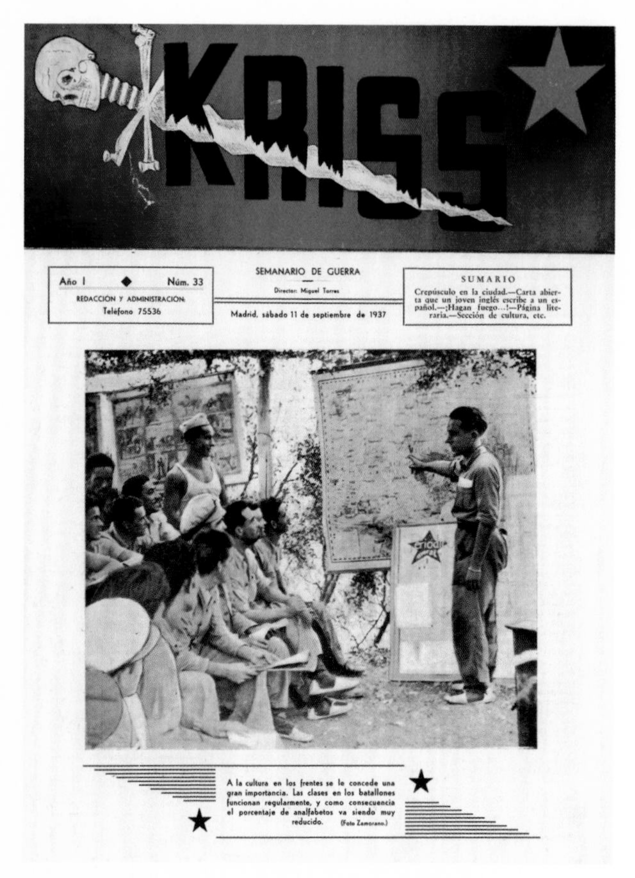
KRISS

Año I ◆ Núm. 33
REDACCIÓN Y ADMINISTRACIÓN
Teléfono 75536

SEMANARIO DE GUERRA
Director: Miguel Torres
Madrid, sábado 11 de septiembre de 1937

SUMARIO
Crepúsculo en la ciudad.—Carta abierta que un joven inglés escribe a un español.—¡Hagan fuego...!—Página literaria.—Sección de cultura, etc.

A la cultura en los frentes se le concede una gran importancia. Las clases en los batallones funcionan regularmente, y como consecuencia el porcentaje de analfabetos va siendo muy reducido. (Foto Zamorano.)

[CAT. 130]
Kriss, septiembre 1937

dicos realizada en exposiciones colectivas y en reseñas de expertos. Entre 1936 y 1939 se publicaron decenas de artículos sobre los periódicos murales, lo que convierte esta forma especial de propaganda en una de las que más atención crítica recibieron [CAT. 217 p. 316]. Ante la pregunta retórica recurrente «¿qué es un periódico mural?» [CAT. 42 p. 91], los autores dan respuestas tan variadas como «la expresión más sencilla de la Prensa»[33], «el verdadero periódico del frente»[34], «es una tabla, un trozo de muro, una parte cualquiera donde exponga el soldado sus pensamientos»[35] y, en su versión tal vez más idealista, «un gimnasio, un campo de entrenamiento intelectual y artístico, donde se manifiestan las actividades culturales de nuestros soldados»[36]. Durante la guerra, miles de periódicos murales fueron producidos por muy diversos colectivos: sindicatos, unidades militares, colonias infantiles y organizaciones internacionales de ayuda participaron en lo que se podría describir como una verdadera fiebre de publicaciones de elaboración «casera».

[33] «El periódico mural, portavoz gráfico de nuestro Ejército popular», *Acero* 1 (12 de mayo de 1937): n.p.

[34] «Nuestros periódicos murales», *Valor: Órgano de la 4 División* 4 (15 de mayo de 1937): n.p.

[35] Bienvenido Melguizo Puente, «¿Qué es el periódico mural?», *Centro* 1 (octubre 1938): n.p.

[36] Jaime Fusté, «El periódico mural», *Tracción*, número extraordinario (enero 1939): n.p.

[FIG. 19] Fotografía sin título, ca. 1937 (Fondo Fotográfico, «Guerra Civil», Carpeta 320, Biblioteca Nacional, Madrid). Laboratorio Fotográfico de la Biblioteca Nacional, Madrid

Críticos y comisarios ofrecían sugerencias para crear periódicos murales de acuerdo con los criterios de producción y valoración, cada vez más estandarizados, que se detallaban en las revistas militares y se divulgaban a través de la prensa de la guerra. Una serie de «tablas de calificación de periódicos murales» conservada en el Archivo de la Brigada Abraham Lincoln de la Biblioteca de Tamiment (Universidad de Nueva York) [CAT. 323 pp. 94-95] detalla las categorías empleadas para valorar las propuestas enviadas a los concursos de periódicos murales: ilustración, equilibrio, aspecto general, originalidad, contenido de los artículos (político, militar, etc.) y número de colaboradores. Las críticas de los periódicos murales reflejan estas categorías y basan su juicio en el grado de colaboración (muchos preferían un número mayor de colaboradores con el fin de garantizar que estos periódicos eran de verdad objetos producidos colectivamente), la reproducción de textos en relación con su resumen, la necesidad de renovar constantemente los periódicos murales expuestos en el frente (para estimular el interés por su contenido), la relación del periódico mural con las inquietudes del ejército y de la propia brigada, y la necesidad de abrir el periódico mural a todos, no sólo a los expertos en arte y literatura.

Un estudio de los periódicos murales permite además apreciar con mayor profundidad hasta qué punto la circulación y la reutilización de las revistas de la guerra llegaron a ser prácticas extendidas, si bien en ocasiones criticadas, en el frente y la retaguardia, puesto que los editores de los periódicos murales combinaban imágenes y textos de fuentes ya publicadas con sus propios añadidos. Incluso con quejas como la aparecida en *Al Ataque* en agosto de 1937, que señalaba que «un periódico mural, compuesto por recortes de revistas gráficas, no tiene efectividad ninguna»[37], la mayoría de los periódicos murales de la época que se han documentado demuestran que, de hecho, el reciclaje de imágenes previamente publicadas en la prensa y transformadas en composiciones valientes y con frecuencia idiosincrásicas fue uno de los métodos más característicos empleados para producir periódicos murales durante la guerra. En el periódico mural creado por los enfermos y heridos que convalecían en el Hospital Militar Clínico de Barcelona [CAT. 273 p. 93], se seleccionaban imágenes de diversas publicaciones para componer yuxtaposiciones muchas veces sorprendentes de estrellas de cine de Hollywood con imágenes agrícolas o de soldados en el frente, propaganda y escenas bélicas y viñetas humorísticas dibujadas o pintadas a mano. La estética del *collage* presente en los periódicos murales artesanales se hacía extensiva a los que se publicaban como carteles de una única hoja. La apropiación y la emulación, como prácticas habituales, son inmediatamente visibles al comparar, por ejemplo, la publicación de una fotografía que documenta la defensa popular de la República durante los primeros momentos de la guerra que

[37] A. A. «Autocrítica. Periódicos murales», *Al Ataque* 26 (9 de agosto de 1937): 6.

[FIG. 20] *Solidaridad. Periódico Mural del Socorro Rojo de España.* [«Resistir era y sigue siendo hoy día abrir paso a la victoria»], 69,5 x 99 cm, PS Cartel-1240/M-15. España. Ministerio de Cultura. Archivo General de la Guerra Civil Española

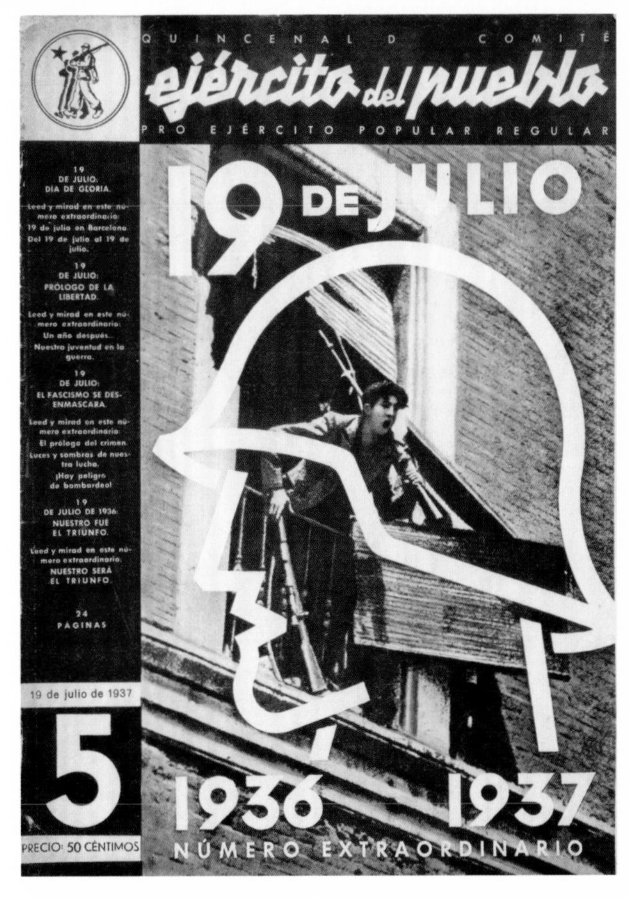

[CAT. 68]
Ejército del Pueblo. Número extraordinario, julio 1937

apareció en la portada del número especial de julio de 1937 de *Ejército del Pueblo* [CAT. 68 p. 65] con su reutilización en *Solidaridad: Periódico Mural del Socorro Rojo de España* [FIG. 20], con formato de cartel, un año más tarde. En los dos formatos, el hecho a mano y el reproducido en serie, el periódico mural se consideraba un instrumento vital para relacionar a escritores, editores y lectores entre ellos y con un público más amplio. Independientemente de que en aquel momento se percibiese o no la línea que separa la pura imagen de la prensa ilustrada, la circulación y reutilización de fotografías, dibujos y textos en múltiples publicaciones y medios impresos fue importantísima. El periódico mural ponía en contacto a sus editores y lectores con una amplia audiencia, haciendo que este instrumento de información pública se destacase por su propia estética. El periódico mural se consideró un medio dialógico que proporcionaba a los particulares la posibilidad de participar en un esfuerzo creativo de grupo, el cual estaba a su vez determinado por ciertos objetivos propios de la situación bélica.

A pesar de las similitudes materiales, visuales y funcionales entre carteles, revistas y periódicos murales (y de la comparación recurrente realizada en la prensa entre los periódicos murales y estas otras formas de propaganda), el crítico de arte Francisco Carreño, en una de las explicaciones más detalladas sobre «Qué es y cómo se hace un periódico mural», disentía:

> El periódico mural es una creación popular y no una obra profesional. Es, en su fondo y en su espíritu, diferente a cualquier otro medio de información y propaganda. No es un periódico impreso ni un cartel, no solamente porque se crea con medios diferentes, sino porque su carácter es particular e independiente[38].

Como persona educada para analizar detenidamente las obras de arte, las intenciones ocultas tras su creación y las complejidades de su producción, se tiene la sensación de que Carreño detectó en el medio el potencial suficiente para ir más allá de las restricciones de su carga política, pese a que el artículo fuera publicado en el número de octubre de 1938 de *Comisario: Revista Mensual* [CAT. 47 p. 76], la publicación por entregas que llenó el vacío dejado cuando *El Comisario* interrumpió su edición hacia el final de 1937 [CAT. 306 p. 92]. Para Carreño, el periódico mural difería tanto de la revista, en la que predominaba el texto, como del cartel, en el que predominaban las imágenes, porque era polivalente y estaba abierto a múltiples estratos de significado simultáneos. Se podría argumentar que las revistas y los carteles son también objetos polivalentes, pero Carreño vio que el periódico mural era único en su complejidad. Parecía sentirse especialmente atraído por las maneras en las que el periódico mural registraba en su formato los puntos de convergencia que

[38] Francisco Carreño, «Qué es y cómo se hace un periódico mural», *Comisario* 2 (octubre 1938): 51.

tenía con otros medios y con su creador. Aunque muchas de las sugerencias de Carreño eran similares a las de otros autores, él prestaba especial atención a los aspectos visuales y materiales del periódico mural y defendía la inclusión en él del «mayor número de dibujantes espontáneos» y dibujos humorísticos. Al tiempo que explicaba sus razones para oponerse al frecuente uso de imágenes y textos de otras revistas, recomendaba el establecimiento de un archivo gráfico en el que el material derivado de otras publicaciones se organizara en carpetas por categorías. Carreño describía a continuación el proceso para crear un periódico mural: 1. Realizar un boceto; 2. Recortar un pedazo de papel del tamaño del periódico mural deseado (si hay escasez de papel, reutilizar la cara no impresa de los carteles); 3. Usar el color para unificar la composición y asegurarse de que las consignas pueden leerse y 4. Incluir una fecha, un título y el nombre de la unidad militar en la parte superior del mural. Tenemos, por tanto, un periódico mural que toma como base un cartel usado, emplea imágenes previamente publicadas en revistas y se ciñe a los estándares museológicos y archivísticos a través del uso tanto de técnicas formales para la creación del mural como de información bibliográfica, con el fin de garantizar su estatus como documento histórico para la posteridad.

Lo paradójico en el periódico mural es, de hecho, lo que comparte con la revista de guerra. Ambos son objetos textuales y visuales con una función estética y política (a pesar de la identificación de la prensa como medio basado en el texto realizada inicialmente por Carreño). Esto puede, en parte, explicar la proliferación de exposiciones dedicadas al periódico mural durante la guerra. Muchos escritores reconocían el valor artístico de los periódicos murales y los describían con palabras que podrían competir con los análisis de otras formas de arte visual. En el número de septiembre de 1937 de *Norte: Órgano de la 2 División*, Mariano García señalaba que «hay que hacer periódicos que tengan movilidad, dinamismo, diversidad de secciones, amenidad, en suma, para que sean agradables a la vista, porque de esta forma lo leerán más fácilmente los soldados»[39]. La creación del periódico mural como objeto con interés visual permitió que desempeñase una función como agente educativo. Un artículo de casi un año más tarde publicado en *Ayuda* esbozaba una conexión aún más estrecha entre las formas de presentación visual y la creación de los periódicos murales. Lamentando el decreto gubernamental que prohibía los carteles en los muros de Madrid, el autor explicaba:

> La capital de España, con la pérdida de sus carteles, da ahora la sensación de una gigantesca Exposición clausurada, al tiempo que una ola de agitación y arte po-

[39] Mariano García, «Nuestros murales», *Norte: Órgano de la 2 División* 6 (15 de septiembre de 1937): 12.

[FIG. 21] *Compañeras Acudid a la Exposición de Periódicos Murales, Cultura Popular*. Madrid, 1937, Fundación Pablo Iglesias, Alcalá de Henares pular ha penetrado en el corazón y las entrañas de Madrid, en las inmensas profundidades de las fábricas y lugares de producción[40].

Lo que se había apoderado de Madrid en ausencia de los carteles era el periódico mural. Y, aunque el autor reconocía que no todos compartían el mismo «valor artístico», de acuerdo con *Ayuda,* el medio funcionaba heroicamente como herramienta creativa que permitía al pueblo participar en la confección de sus propias imágenes y consignas.

Las fotografías de individuos que contemplaban periódicos murales en las calles de la retaguardia y como parte de la vida cotidiana en el frente igualaban a la documentación de las numerosas exposiciones de periódicos murales que se organizaron en toda España durante la guerra. Una y otra vez vemos a los fotógrafos capturar el momento en el que un lector mira absorto el objeto. No se trata simplemente de un momento de contemplación (aunque en las composiciones fotográficas existen semejanzas entre la observación de los periódicos murales y la de una obra de arte), sino que en estas escenas los visitantes desempeñan un papel activo como lectores. Con ocasión de la exposición de periódicos murales de Madrid organizada en Valencia por Cultura Popular, E. Fornet publicó en *Ayuda* una extensa reseña que relataba la historia del periódico mural (y sus raíces en la Revolución Soviética y en los ideales de Vladimir Maiakovsky). Acogía el medio como un híbrido y veía, como Carreño, que su polivalencia abría en el espectador numerosas vías de entrada de información política y artística: «El periódico mural tiene la eficacia rápida del cartel y la trascendencia literaria del libro. Es el libro, en la calle, abierto a todas las miradas [...]. Es, además, algo que está sobre la propaganda, porque es el grito colectivo de afán de saber, de comprender, de afirmar su personalidad de pueblo culto y libre»[41]. Una fotografía de Vidal Corella en la que tres jóvenes miran un periódico mural acompañaba al artículo de Fornet y reflejaba su entusiasmo por estos objetos de producción masiva.

La percepción de que la exposición de Cultura Popular tenía como objetivo llevar el máximo número posible de personas a ver la colección de periódicos murales queda reforzada por los numerosos carteles que el colectivo publicó para anunciar la muestra. Se crearon carteles especiales dirigidos a los distintos grupos de visitantes: mujeres, trabajadores y soldados. Cada uno ofrecía un encuadre distinto del periódico mural en relación con el sujeto. El cartel diseñado para atraer a las mujeres a la exposición presentaba una escena en la que tres figuras diferentes aparecían de perfil mirando los periódicos murales exhibidos [FIG. 21]. El artista, Cantos, rompía la distancia implícita entre el objeto y el es-

[40] «Periódicos murales», *Ayuda* 91 (15 de junio de 1938): 6.

[41] E. Fornet, «Cultura Popular trae a Valencia los periódicos murales de Madrid», *Ayuda* 99 (31 de julio de 1938): 5.

pectador haciendo que la figura de mayor tamaño sujetara entre los dedos una imagen que, al mismo tiempo, parecía adherida al muro. Este sutil salto espacial introducía la posibilidad de que los espectadores fueran también creadores-participantes. Los otros carteles se valían de recursos similares para presentar de formas diferentes los objetos expuestos: los brazos de un trabajador que emergen del paisaje de una fábrica sostienen un periódico mural que destaca sobre la composición [CAT. 281 p. 96], mientras que en el cartel dedicado a los soldados un espacio vacío dentro del periódico mural invita a los espectadores, en este caso soldados, a imaginarse completando el hueco con sus propias imágenes e ideas.

El deseo de los exhibidores de permitir que los visitantes se identificaran con el acto de crear un periódico mural desempeñaba también una función política. Como se trataba de objetos elaborados tanto en la retaguardia como en el frente y requerían una parte reducida del equipamiento especial necesario para imprimir una revista o un periódico, las exposiciones abrían la posibilidad de que los lectores se vieran a sí mismos no como los destinatarios pasivos de las consignas políticas, sino como agentes potenciales capaces de dar voz a sus inquietudes y de implicarse activamente en la producción de la propaganda de la guerra. Como herramienta bélica, el objetivo no podía estar más claro: transmutar a los espectadores en creadores, hacer de las exposiciones oportunidades para la educación cultural y política y convertir las exposiciones de objetos bidimensionales en situaciones de transformación en las que un espectador pasa de observador de la guerra a defensor activo de las metas de la revolución social y la lucha contra el fascismo.

El triángulo formado por la exposición, la revista y el cartel arroja luz sobre algunos de los contextos más interesantes y estimulantes a la hora de entender las innovaciones de la propaganda durante la guerra. Como Cultura Popular, que había organizado la exposición de periódicos murales y publicaba además su propia revista, el 5.º Regimiento de las Milicias Populares se convirtió también en uno de los principales artífices de una estrategia múltiple dirigida a fusionar el trabajo de los soldados con los espacios de exhibición. Entre 1936 y 1937, el 5.º Regimiento publicó la revista *Milicia Popular* [CAT. 150 p. 80]. Tanto María Teresa León como Rafael Alberti formaban parte de un grupo central de artistas, escritores e intelectuales que contribuyeron a la reputación del regimiento como «Batallón del Talento»[42]. En 1937, el regimiento patrocinó una exposición sobre su obra cultural y

[42] Eduardo Comín Colomer, *El 5.º Regimiento de Milicias Populares. Historia de la unidad político-militar que fue cuna del Ejército Popular y del comisariado político* (Madrid: Librería Editorial San Martín, 1973), 222.

editó un libro conmemorativo. La exposición incluía una sección dedicada a las publicaciones [CAT. 307 p. 97]. Y, como en la reproducción de portadas de revistas en *El Comisario* y otras publicaciones, el propósito también era aquí demostrar la trayectoria y la autoridad del regimiento como productor cultural. La página del catálogo [CAT. 308 p. 97] dedicada al periódico mural del regimiento, *Milicia Popular: Periódico Mural de la Exposición del 5.º Regimiento*, es provocadora, ya que reproduce un panel creado expresamente para la exposición que invita sin reservas a la participación y la crítica por parte de los visitantes. Activado en el espacio de la exposición pública, el periódico mural de Milicia Popular refleja el diálogo que emergía entre los artistas —profesionales y aficionados, individuales y colectivos, productores y consumidores— y entre los artistas-soldados y sus espectadores[43].

[43] El recuerdo del impacto de los periódicos murales pervivió incluso después de la guerra. Véase, por ejemplo, la revisión de los periódicos murales publicados en la posguerra bajo el régimen de Franco en «Los periódicos murales del S.E.U.», *Gaceta de la prensa española* 6 (1 de noviembre de 1942): 372.

[CAT. 10]
Altavoz del Frente. Portada: Javier Clavo, 1938

[CAT. 12]
La Ametralladora. Portada: Aróztegui, marzo 1939

Octubre
BOLETIN DE LA 30 BRIGADA
Año II
30 de agosto de 1937
Núm. 29
Con paso firme y seguro...

...caminemos hacia la victoria

[CAT. 184]
Octubre, agosto 1937

[CAT. 317]
Periódicos del frente, 1937

[CAT. 318]
Propaganda y cultura en los frentes de guerra, 1937

[CAT. 47]
Comisario. Portada: Eduardo Vicente, septiembre 1938

[CAT. 53]
Cultura Popular, mayo 1937

BOLETIN Cultura Popular.

EDITADO POR EL COMITÉ TÉCNICO NACIONAL

Año I — VALENCIA - MAYO 1937 — Núm. 1

EDITORIAL

TODA obra es viva, cuando conectada con la realidad responde a sus exigencias. Se convertiría en descabellada y falsa, si situase su acción en frente o de espaldas a los acontecimientos. La realidad, las circunstancias, piden, si se quiere hacer una útil labor, el acomodamiento a sus características, aunque se tenga, en una obra de gran impulso, la pretensión de modificar ese medio en que ha de desenvolverse.

CULTURA POPULAR, *se adapta sin titubeos a las exigencias de la hora y construye coordinando su esfuerzo al del resto de todos los antifascistas que, cada uno desde la esfera que le es peculiar, colaboran en la lucha de liberación que heroicamente sostiene el pueblo español.*

Se desenvuelve, principalmente, nuestra actividad de estos momentos, en aquellos lugares donde se concentran los combatientes. Unas veces, en los lugares de formación (disciplina y heroismo) del Ejército Republicano: los cuarteles. Otras, en los mismos parapetos, en las primeras y segundas líneas de los frentes o en los hospitales de sangre, curando con nuestra acción cultural, padecimientos morales paralelamente a la cicatrización de gloriosas heridas físicas.

Nuestra actividad se encamina decididamente a ser un factor más de la victoria que asegurará un porvenir libre y dichoso a todos los hombres dignos de España.

Por eso nuestra consigna fundamental en estos momentos es esta: **El fusil de hoy, garantiza la cultura de mañana.**

Sabemos, que la formidable sacudida guerrera, ha puesto más al vivo las ansias de saber que latían en el pueblo español y que toda obra dirigida a mitigar, en estos instantes, esa noble sed, es eficaz y loable

Pero la auténtica obra de redención cultural que España necesita, requiere tiempo y paz.

De esta convicción, nace nuestra consigna. Es preciso, a toda costa, con la unión de todos los hombres y fuerzas honradas de España y sin desperdiciar energías, alcanzar la victoria que tan venturoso significado tiene para nosotros.

Lograda ésta, cuando la reconstrucción material y moral comience, también estaremos en la vanguardia, tenso el esfuerzo, dispuestos a todos los sacrificios, para proporcionar al pueblo de tan altas virtudes heroicas y cívicas, un adecuado rango intelectual.

CULTURA POPULAR **es un organismo técnica y políticamente responsable, que al unificar esfuerzos dirigidos al mismo fin, los hace más eficaces.**

[CAT. 270]
Cartel por Bardasano

[CAT. 112]
Guerra! Portada: Bartoli, octubre 1937

[CAT. 150]
Milicia Popular

[CAT. 159]
Muchachas, mayo 1938

[CAT. 180]
Nuevo Ejército, febrero 1938

[CAT. 196]
Reconquista, septiembre 1938

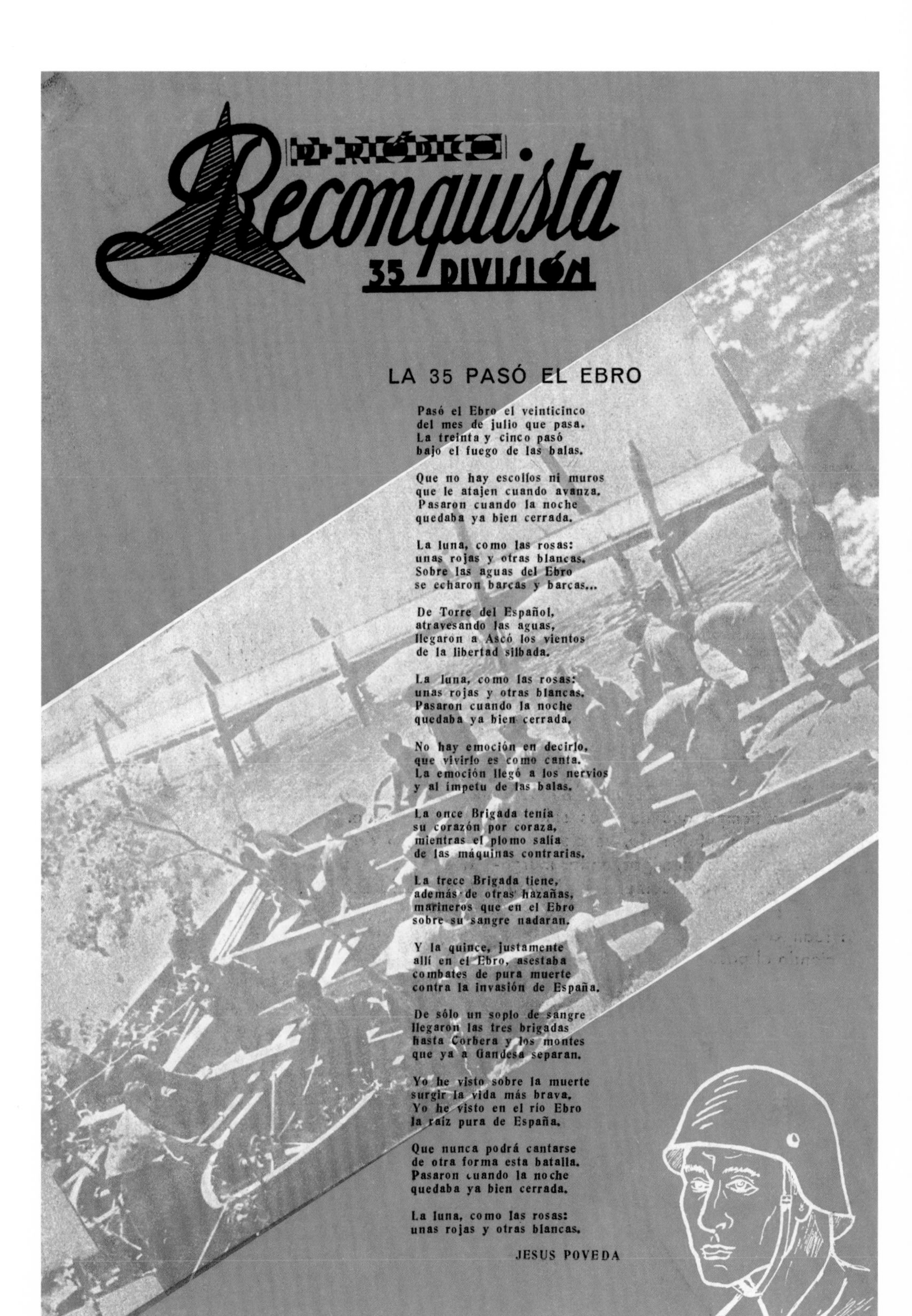

PERIÓDICO Reconquista
35 DIVISIÓN

LA 35 PASÓ EL EBRO

Pasó el Ebro el veinticinco
del mes de julio que pasa.
La treinta y cinco pasó
bajo el fuego de las balas.

Que no hay escollos ni muros
que le atajen cuando avanza.
Pasaron cuando la noche
quedaba ya bien cerrada.

La luna, como las rosas:
unas rojas y otras blancas.
Sobre las aguas del Ebro
se echaron barcas y barcas...

De Torre del Español,
atravesando las aguas,
llegaron a Ascó los vientos
de la libertad silbada.

La luna, como las rosas:
unas rojas y otras blancas.
Pasaron cuando la noche
quedaba ya bien cerrada.

No hay emoción en decirlo,
que vivirlo es como canta.
La emoción llegó a los nervios
y al ímpetu de las balas.

La once Brigada tenía
su corazón por coraza,
mientras el plomo salía
de las máquinas contrarias.

La trece Brigada tiene,
además de otras hazañas,
marineros que en el Ebro
sobre su sangre nadaran.

Y la quince, justamente
allí en el Ebro, asestaba
combates de pura muerte
contra la invasión de España.

De sólo un soplo de sangre
llegaron las tres brigadas
hasta Corbera y los montes
que ya a Gandesa separan.

Yo he visto sobre la muerte
surgir la vida más brava.
Yo he visto en el río Ebro
la raíz pura de España.

Que nunca podrá cantarse
de otra forma esta batalla.
Pasaron cuando la noche
quedaba ya bien cerrada.

La luna, como las rosas:
unas rojas y otras blancas.

JESUS POVEDA

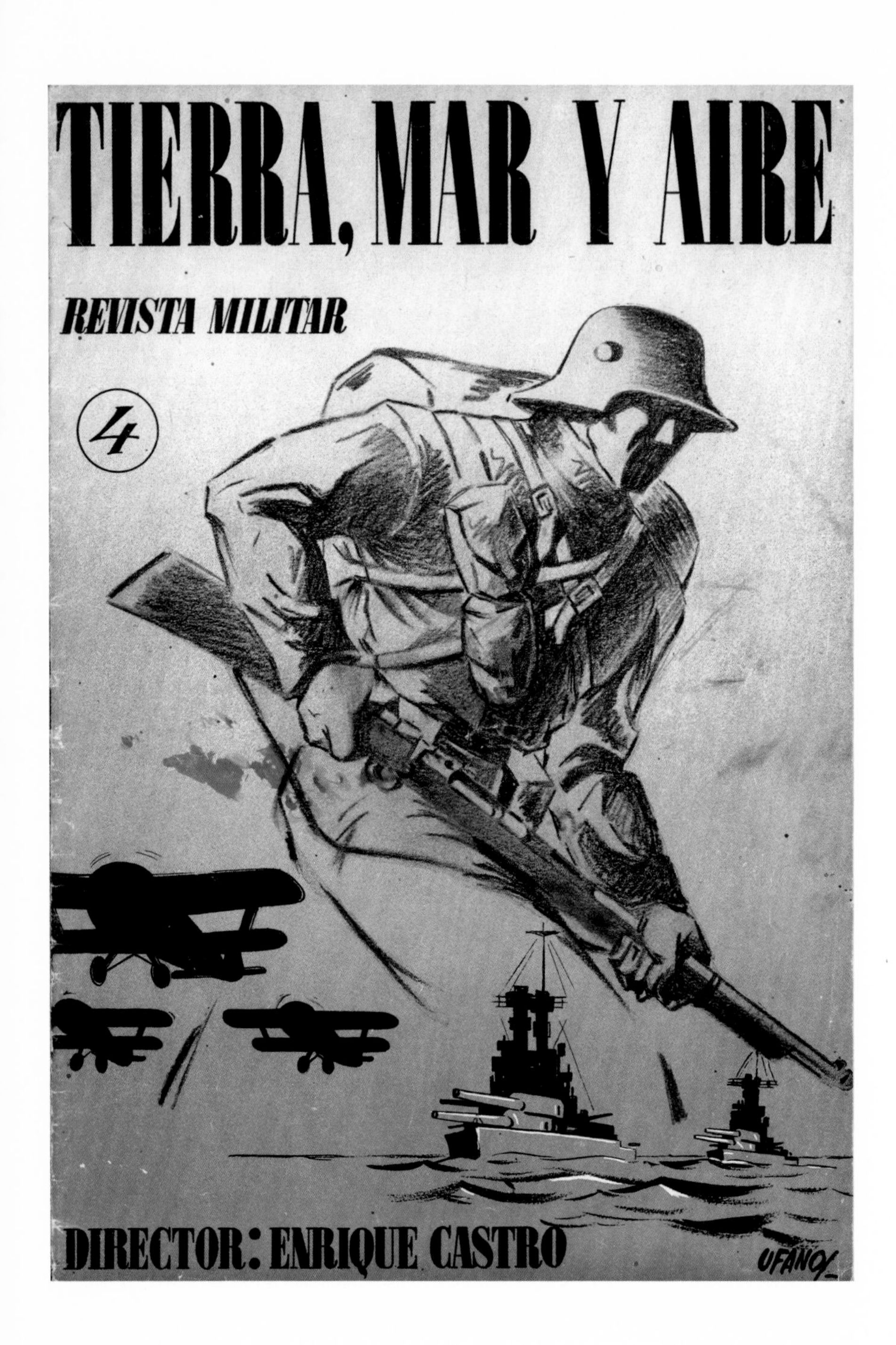

[CAT. 213]
Tierra, Mar y Aire. Portada: Ufano, septiembre 1937

[CAT. 218]
Tren, núm. 6, diciembre 1938

El Mono Azul

AÑO II MADRID, SABADO 1 DE MAYO DE 1937 NUM. 16

1º DE MAYO

Este año celebraremos en la España leal y republicana un Primero de Mayo aún más lleno de entusiasmo y de fe. No será un día de descanso, sino de trabajo. Las batallas no se interrumpirán, ni las fábricas detendrán sus volantes. Los stajanovistas madrileños, por ejemplo, el muchacho que de 500 bombas ha pasado a fabricar 1.100, aquel día, en honor de los trabajadores del mundo, trabajará más intensamente. Las mujeres coserán más a prisa, y una tensión de victoria nos llenará de júbilo. El Primero de Mayo de este Ejército popular, de esta España en guerra, se caracterizará por el agradecimiento nuestro al proletariado internacional, que nos alienta siguiéndonos con la mirada. El proletariado de los demás países, aquellos indios pobres de Centroamérica que yo vi, los negros antillanos que tumban caña de azúcar, los caucheros del Amazonas, los obreros salitreros de Chile, los que en la Argentina tienen que sufrir sobre sus hombros las leyes de opresión a los partidos proletarios, todos ellos, de Sur a Norte de la inmensa América, pensarán en nosotros este día Primero de Mayo. Un profundo movimiento de simpatía y de inquietud sigue los acontecimientos de España. América, tan ligada a nosotros por idioma y sangre, nos da pruebas continuas de solidaridad especial.

En este Primero de Mayo temblarán las plazas y ciudades de Europa, porque el nombre de España será llevado por miles de seres como una bandera. En las manifestaciones que organicen los obreros de Francia, de Bélgica, de Holanda, de Checoslovaquia, nuestra defensa de Madrid será aclamada con respeto, y mientras nosotros firmamos con sangre nuestro compromiso con los otros hombres que quieren ser libres, la canción de la multitud levantará la fe y la confianza.

Por los países sin Primero de Mayo obrero, por las ciudades donde Mussolini, Hitler o Salazar ahogan la primavera en una densa atmósfera de opresión fascista, también muchos camaradas escucharán nuestro «Esperadnos.» Por las calles por donde nuestros compañeros fusilados anduvieron su última agonía, en la España no liberada, millones de seres condenados al silencio oirán nuestro «¡Pasaremos!»

En este día Primero de Mayo, de promesas muy serias, de esas que los hombres hacen en el trance definitivo de la verdad, es el momento de prometer solemnemente al mundo de los hombres de clara conciencia que no regatearemos sacrificio personal ni de organización para conseguir clavar la victoria definitiva. El deseo de victoria debe pasar antes que el orgullo de partido, y quien ha de decidir el triunfo debe llamarse únicamente ciudadano español.

De este modo se siente cuando nos acercamos al Ejército popular, compuesto por campesinos, obreros, estudiantes; todos ellos de composición ideológica variada y, sin embargo, tan uno, tan nuevo, tan heroico. Estos hombres del reciente Ejército celebrarán un Primero de Mayo ejemplar. A lo lejos, las trompetas de la Plaza Roja, los grandes desfiles militares, miles de seres contemplando la marcha triunfal de la Unión Soviética, repetirán los nombres victoriosos de los pequeños pueblos de Guadalajara y de Córdoba, donde por primera vez se dió al mundo la lección del antifascismo en armas. Yo sé con qué entusiasmo ese día nos sentiremos cercanos al pueblo que ha podido hacer su gran fiesta de la vieja conmemoración proletaria a los obreros caídos en Chicago. Sé que ese día una invisible sucesión de corazones cubrirá la tierra en nombre de la paz, de la justicia y de la libertad, y me enorgullezco de vivir en Madrid este Primero de Mayo de 1937.

María TERESA LEON

La Alianza de Intelectuales Antifascistas saluda en el Primero de Mayo al general Miaja, a nuestra salvadora y desáparecida Junta de Defensa, a todos los escritores internacionales que combaten en los frentes de la libertad, a todos los héroes de la defensa de Madrid y de España.

[CAT. 156]
El Mono Azul, mayo 1937

[CAT. 279]
El Mono Azul. Hoja semanal

Páginas siguientes,
[CAT. 305]
Distribución de *El Mono Azul*, ca. 1937

Mono Azul
FRENTE

EQUIPO
CULTURAL CONTRA EL FASCISMO
POP

[CAT. 43]
Centro, febrero 1939

[CAT. 42]
Centro. Página interior, octubre 1938

¿Qué es el periódico mural?

El periódico mural es una tabla, un trozo de muro, una parte cualquiera donde exponga el soldado sus pensamientos. Es muy fácil construirlo. Mira: ¿No te acuerdas del moro que mató Alfonso? ¡Qué puntería!, ¿verdad? Anda, corre y dile a Alfonso que te dé un papel escrito en el que te diga que para matar al enemigo hay que apuntar bien y no gastar municiones en balde; lo coges y lo pegas en el muro.

Después te marchas a ver la Escuela y le preguntas a Cirilo:

—¡Oye, Cirilo! ¿Estás contento? ¿Por qué no me escribes algo sobre lo que haces en la Escuela?

—Sí, hombre.

Y te dará la primera carta que ha escrito a su novia. ¿Verdad que los demás soldados querrán también aprender a leer y escribir? Si pegas en el muro ese papel de Cirilo los demás lo leerán y aumentarán sus deseos de aprendizaje.

Luego coges el periódico y recortas la figura de Azaña y la pegas en el muro.

Si pasas por casualidad por la chabola del comisario, le dices, después de pedir permiso para entrar:

—Oiga, comisario, ¿por qué no me da usted su opinión sobre el porqué de nuestra lucha?

Corriendo vas y lo pones en el mural.

¿No sabes ya qué hacer? Sí, hombre. Mira: ¿No te acuerdas que a Canuto lo han arrestado por sucio? Ponlo en el periódico para que se avergüence y aprendan los demás.

Y cuando quieres darte cuenta no te falta más que recortar la estampa que ha venido en un periódico sobre los crímenes que comete el fascismo, pegarla en la pared, señalando cuáles son nuestras aspiraciones y las suyas, y ya lo tienes hecho.

Esto es el periódico mural: el fiel reflejo del pensamiento del soldado, el compañero que nos anima para la lucha.

Bienvenido MELGUIZO PUENTE

CUANDO ESCRIBAS TU ARTICULO...

Quizá, lector amigo, has intentado alguna vez confiar tus ideas al papel. Alegremente, creyendo que ello era empresa de escasa dificultad, te enfrentaste lápiz en mano con las blancas cuartillas, contento de poder ofrecer, por medio de la palabra escrita, el fruto de tu entendimiento a tus compañeros. Pero, ¡oh fatalidad!, tu empeño resultó vano. No pasaste de las dos primeras líneas. Todas las ideas que bullían en tu cerebro se evaporaron rápidamente, sin dejarse aprisionar por la pluma cuando te disponías a darles forma y realidad.

Es posible que a fuerza de tesón saliesen emborronadas algunas hojas. Emborronadas, repito, y nada más.

Este pequeño fracaso ha sido probablemente causa de que abandonases en adelante el propósito y la ilusión de escribir con destino a los periódicos de tu unidad, y ni siquiera has prestado tu colaboración en el mural. Decisión lamentable y prematura. No es cosa que pueda lograrse sin esfuerzo fijar las concepciones del entendimiento, enlazar los conceptos, construir con ellos un todo homogéneo, comunicarles vida y belleza. A más de las facultades naturales y de la preparación debida, requiérese esfuerzo y constancia. Tus disposiciones y formación no serán de momento para que sobresalgas como literato de primera fila, digno de un sillón en la Academia. Si indudablemente tienes condiciones suficientes para salir airoso en tus primeros ensayos literarios, si no careces de perseverante empeño, procura, en primer lugar, escoger temas sencillos y concretos, de los que poseas clara noción. Será inútil que te afanes en dar transparencia y diafanidad sobre el papel a ideas que estén en tu mente de manera confusa y borrosa.

Haz un guión de las ideas principales que van a ser fundamento de tu escrito y ordénalas de modo natural y lógico. Señalando de antemano el lugar que corresponde a cada concepto adquiere perfil y relieve el conjunto, a cuya vista podrás apreciar los defectos de proporción que es necesario corregir y si la ilación que cabe buscar entre dos ideas inmediatas aparece suficientemente. Alrededor de las ideas básicas, así ordenadas, agrupa luego las ideas sucesorias que explican, llenan, revisten y adornan a las primeras.

Respecto a las frases que han de ser expresión de tus ideas, recuerda que sus elementos principales son sujeto y verbo, los cuales han de ocupar lugares destacados y fácilmente perceptibles, cuidando que el buen gusto y armonía de sonidos presida la distribución de las palabras.

Esmérate en observar las reglas de concordancia en accidentes gramaticales de género, número y persona de las palabras variables que guardan relación entre sí. Son absolutamente inadmisibles en un escrito las incorrecciones de esta clase. (No desconoces el significado de los términos de tecnicismo gramatical que anteceden. Está a tu disposición el Miliciano de la Cultura si tienes alguna duda sobre ellos.)

Sigue con atención las obras de buena literatura que leas. Tanto como la parte anecdótica ha de interesarte la forma de narrar, de describir o de presentar sus ideas el escritor. La frecuente lectura de obras maestras, que no faltan en las bibliotecas que para ti se han creado, al mismo tiempo que ilustrará tu inteligencia aumentará tu vocabulario, te mostrará multitud de giros que desconocías, te facilitará tu expresión y perfeccionará tu gusto literario.

No interesa acabar una cosa pronto: interesa más acabarla bien. Ten constancia en tu formación, en tus primeros pasos en campo tan difícil como el de las letras. La inconstancia constituye generalmente el escollo donde embarrancan y acaban su camino muchos a quienes no faltan dotes para llegar lejos. Ningún esfuerzo bien orientado es estéril. Las cuartillas que has tirado por resultar impresentable su contenido, tienen su eficacia. En tu subconsciencia permanecen en estado de gestación, perfilándose y preparándose para presentarse con más bellas formas los elementos—palabras e ideas—que tan malamente cristalizaron en tus anteriores tentativas. Interesa que insistas una y otra vez cuando haya desaparecido la fatiga, y poco a poco adquirirá agilidad tu pluma al mismo tiempo que alcanzan colorido tus ideas.

Entonces tu escrito será una realidad interesante y luminosa.

María Alameda 17 Mayo 1937

Estimados camaradas: Salud.

Necesitando algunos libros de propaganda de los que tenéis vosotros, yo os rogaría me enviarais alguno pues necesito fotografías sobre la vida de Rusia, para el periódico mural de la compañía.

Un saludo revolucionario. Tuyo y de la causa.

José Asunción

Comisario José Asunción

Señas: 32 Brigada = 1 Batallón = 4 Compañía.

— María Alameda —

= Socio nº 6033.

[CAT. 306]
Documento 18: (María Alameda, 17 mayo 1937) sobre adquisición de materiales para el periódico mural para la 32 Brigada, 1 Batallón, 4 Compañía

[CAT. 273]
Periódico mural. Clínica-Militar núm. 3, 1937

HOSPITAL MILITAR

CLINICA Nº 3

PERIODICO MURAL

(editado por los enfermos y heridos de este hospital)

La disciplina es la base de la victoria

Cataluña cierra el paso al fascismo

Una vida digna de imitarse

Máximo Gorki. Su nombre Alexis Maximovich.

Llegó a Kazán a los 17 años; fue inquieto de temperamento; no sabía de una manera clara lo que quería, por eso había cambiado de oficio varias veces: zapatero, pinche de un barco, arriero y finalmente vendedor de sidra ambulante.

En Kazán entabló conversación con unos estudiantes que expresaban muy bien sus propias inquietudes; así se fue formando. Dejó la venta ambulante. Desapareció la cubeta de su cadera, el vaso, el traje harapiento. Entró a trabajar en una panadería para poder costearse los estudios de la Universidad.

Alexis se interesaba hondamente por dos cosas: política y literatura. Hasta aquel momento no había sabido concretarlo, pero eses eran los dos entusiasmos de su vida.

A los tres años de aquella vida nueva una enfermedad le llevó a la desesperación. Estuvo decidido a suicidarse como buen sentimental. Venció su filosofía, su meditación, que ya tenía una dirección y una pequeña base sólida. Volvió a andar a solas por las carreteras, gran ejercicio para un espíritu atribulado. Tuvo otra vez varios oficios. Este errar continuo le puso frente a Korolenko, escritor ya famoso. Este fué para Alexis lo que los estudiantes de Kazán. El nuevo descubridor de su vocación de aquella genial inquietud.

Al poco, en una revista de Petrogrado, aparecía un cuento de Alexis firmado Gorki, que significa amargo.

Poco después, Máximo Gorki era el escritor ruso más popular, en todo el mundo. El más recio defensor del pueblo, adulado, perseguido... El vendedor ambulante pasó a ser uno de las primeras figuras de su país. Temible para los explotadores, admirable para los humildes.

La Revolución Rusa le rodeó de cuidados. Desde 1917 acá Gorki fué ya el escritor más leído del mundo.

Sus 60 años los celebró el país soviético de manera extraordinaria. Con inauguración de bibliotecas, exposiciones de sus obras y estudios sobre ellas.

Gorki murió hace poco más de un año, cuando escribía dos libros fundamentales: "Una Historia de las fábricas rusas" y otra de la guerra civil.

La U.R.S.S. ha celebrado el aniversario de su muerte de una manera gloriosa. Sin honores. Saben allí muy bien que los hombres como Gorki no mueren: renacen cada día.

Pilar Calés

Gorki — Romain Rolland

Curiosidades

Los sellos es, hace tiempo, además de su finalidad primordial, un excelente material de propaganda. Los Estados utilizan los sellos para su propaganda de ideas e intenciones.

Para el que los examina detenidamente bajo este aspecto, guardan los sellos deducciones muy interesantes, sobre socialismo, paz, democracia en los unos y preparación guerrera destrucción de la Humanidad en los otros.

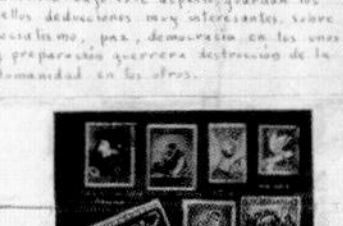

Abnegación de las enfermeras de la República

Estoy en [illegible] Hospital [illegible] [illegible] donde he podido apreciar el trabajo humanitario que llevan las enfermeras.

El herido es tratado con la mayor benevolencia y cariño por todas las enfermeras [illegible]

Para demostraros hasta donde llega el humanismo y la abnegación de estas compañeras, os voy a relatar un hecho vivido, pero contra mi voluntad me veo obligado a suprimir los nombres para no ofender la humildad de las protagonistas.

En un hospital de Barcelona fué llevado un herido del frente de Aragón, un muchacho de unos 23 años, voluntario desde el primer momento, a una sala en que había de enfermera una muchacha amiga de su familia, estaba tan grave que no confiaban en salvarle. Aquella noche la enfermera fué a coger algo del suelo y vió debajo de la cama del herido una mancha de sangre, corrió al quirófano a llamar al médico de guardia, bajó el médico y le hizo una cura de urgencia contra la hemorragia, pero ya no había salvación pues lo que necesitaba era una transfusión de sangre, cosa de la que se carecía en aquel momento; precisaba la enfermera para dar ella misma la sangre, pero el médico dijo que no se salvaría. No contento con esta contestación y se fué a buscar un practicante especializado en transfusiones, y le explicó lo sucedido con el médico. El enfermero la tranquilizó y desobedeciendo al médico hizo la transfusión.

Hace de esto dos meses, hoy ha entrado en la sala un muchacho acompañado de su enfermera... ¡se han casado!

Esto es una prueba vehemente de la abnegación de las enfermeras, prueba que las ensalzará durante siglos y siglos y serán alabadas por toda la humanidad.

Compañeros, hay aun quien perjudica de palabra y de obra a las enfermeras y quien les ponen obstáculos para que no puedan realizar tan humanitaria tarea, esos no son dignos de vivir pues desprecian la más hermosa obra que puede existir.

¡Compañeros ayudad tan humanitaria obra!

¡Viva la República!

¡Viva la Cruz Roja!

Eugenio Lombera

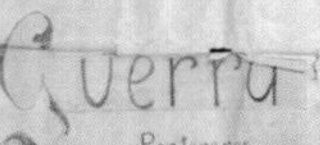

Hay que descubrir a los emboscados

Comentarios

Compañeros y compañeras:

En la retaguardia hay fábricas y talleres que constan como industria de guerra y no trabajan para la guerra al menos directamente.

A estos hombres no debieran valerles subterfugios y debieran ir al frente cuantos más seamos más pronto venceremos.

Los que queden en la retaguardia deben trabajar las horas que sean necesarias ya que los que están en el frente no miran las horas que permanecen combatiendo y por todo reposo duermen al raso.

Por lo que creo que únicamente los especializados en industria de guerra, ingenieros etc. son los que deben quedarse en la retaguardia, los restantes al frente a luchar por la causa. Ej. Los futbolistas que en plena guerra se pasan la vida haciendo partidos así no se ayuda a la causa.

También en otros oficios que hay hombres podrían ocupar fácilmente su lugar las mujeres, como en mutuas (exceptuando los médicos), autobuses, metros etc.

De esta forma pueden ir la mayoría de los hombres que están emboscados en la retaguardia y que no hacen falta al frente de esta manera contribuirían a una victoria más rápida ya que nosotros no podemos continuar en los parapetos por haber dado lo mejor que teníamos. Nuestra sangre, nuestra juventud.

Francisco Brandarín

Joan Crawford es antifascista no podía ser otra cosa.

La revolucionaria de Hollywood

Guerra

Pontoneros

En Zaragoza existía antes un batallón de pontoneros que se sublevó también contra la República, bien pronto se empezó a notar su falta, la aviación y la artillería volaban los puentes y había que salvar a nado las distancias.

Los pontoneros del Ejército Popular tienden un puente.

La pasarela está construida. Los nuevos tiradores muestran sobre ella su entusiasmo.

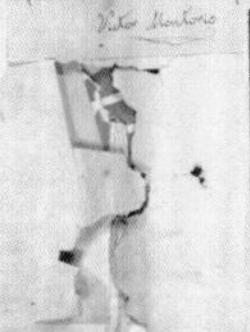

Mientras el hombre lucha la mujer trabaja para que a sus hijos nada les falte, ella es la ayuda más eficaz con que podéis contar en la retaguardia.

Disciplina del soldado hospitalizado

Su primer deber es acudir a las horas de cura para poder volver pronto a luchar contra sus enemigos que lo son los fascistas.

2º no faltar a las horas que marcan en el Hospital y cuando llega entregar el pase de salida al portero y llegar en su sano juicio sin embriagarse para que sus heridas no empeoren como suele suceder con los heridos por arma de doble filo.

Por culpa de ellos hemos salido perdiendo todos, ya que había muchos compañeros que después de cenar tomaban la fresca sin extralimitarse. Ahora no podemos hacerlo, medida que creo se debía aplicar solamente a los que no cumplan.

Víctor Montorio

El deber del hospitalizado es el de ayudar a descubrir y aplastar al agente provocador

A los campesinos

Camaradas: Tenéis que trabajar la tierra con interés, para que los camaradas que están derramando su sangre por los campos de batalla tengan fuerza para luchar para defender la libertad. Vosotros campesinos, trabajáis para nosotros pues también nosotros estamos días y días en los parapetos. Defendiendo la tierra que os pertenece para que no vuelva nunca jamás a manos de vuestros antiguos latifundistas.

Hemos de recordar todas las amarguras sufridas, todas las injusticias que con nosotros se cometieron, el rico disfrutaba de todas las comodidades que le proporcionábamos con el sudor de nuestra frente sacrificándonos. Así pues luchemos unidos para extirpar la mala semilla que solo traidores producen, vosotros campesinos trabajando la tierra, nosotros empuñando las armas.

Pedro Gimeno Fleta

·WALL-PAPER · SCORE · CHART ·

JAN·23·19

AKE-UP.	MAX. RATING	CO. 1	CO. 2	CO. 4	CO. 5	Rec. Co.	N.C.O.	·TOPO. SECT.·	HOSP.	·BASE POLICE·	·INTER-DENCIA.	·ENGIN-EERS.	·MESS HALL·	·MI
STRATION	2 pts	1.75	1.65		1.75	1.75			1.85	1.	1.5	—	—	
NCE	2 pts	1.85	1.75		1.75	1.75			1.3	1.75	1.1	—	—	
eral Appear.	2 pts	1.8	1.4	—	1.75	1.25			1.4	1	1	.5	.5	
NTENT														
INALITY	1 pt.	.75	.75		.65	.75			.75	.85	.65	.2	.2	
R-COMP. ICLES	1 pt.	.5	.4		.65	.6			.5	.1	.3	.2	.4	
A-COMP. ICLES	1 pt.	.85	.75		.85	.5			.8	.9	.4	.3	.35	
T ARTICLES	1 pt	.3	.5		.6	.8			.2	.1	.3	.5	.5	
CAL ARTIC.	1 pt	.7	.75		.75	.75			.5	.85	.75	.3	.3	
ARY ARTIC	1 pt	.5	.6		.75	.6			.65	.3	.5	—	—	
OF CONTRIB.	1 pt	.3	.3		.65	.9			.5	.6	.4	.2	.15	
QUALITY ARTICLES	3 pts	2.0	2.0		2.6	2.25			2.0	1.95	1.9	1.5	1.5	
TAL.														
ISH - LISH BALANCE		Fair	Poor		—	—			Fair	Good	Fair	Poor	Poor	
RAND TAL.		11.00	10.85		12.75	11.90			10.25	8.10	8.80	3.7	3.90	
E'S. TURE. ?		[illegible]												

TE:

I. The maximum score for each item is indicated alongside: Maximum ~~total~~ score =

II. Where units are mixed, but articles are in one language only, deduct 2 pts.

[CAT. 323]
Dos hojas de *Wall-Paper Score Chart*, 1937

·RESULTADO-FINAL·DEL·CONCURSO·PERIODICO·MURALES·

MAX. PUNTOS	Cª·1ª	Cª·2ª	Cª·4ª	Cª·5ª	RECRUITAS	ESCUELA SUB-OFF.	TOPO. SECC.	HOSP.	B. P.	INTENDENCIA	INGINEROS	COM... OR...
I- CONSTRUCCIÓN												
ILLUSTRACIONS ·2·	1	2		1	2					2	0	0
EQUILIBRIO ·2·	2	2		2	2				1	2	0	0
FORMA GENERAL ·2·	2	2		2	2				1	2	0	0
II- CONTENIDO												
ORIGINALIDAD ·1·		1		1	1						0	0
ARTICULOS INTRA-Cª ·1·				1	1						0	0
ARTICULOS EXTRA-Cª ·1·	1			1	1				1		0	0
ARTICULOS POLITICOS ·1·	1	1		1	1				1		0	0
ARTICULOS MILITARES ·1·		1		1	1				1		0	0
NUMERO DE CONTRIBUYENTES ·1·	1			1	1						0	0
III CALIDAD DE LOS ARTICULOS ·3·	2				2				2	1	0	0
TOTAL	10	9		11	14				7	7	0	0
EMPLEO DE INGLES Y ESPAÑOL												
GRAN TOTAL·												
FIRMA DE JUEZ												
[signature]												

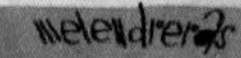

Cultura Popular

OBREROS

ACUDID AL CONCURSO-EXPOSICION DE

PERIODICOS MURALES

LIT. "CROMO" MADRID

TALLER DE DIBUJO DEL SINDICATO DE BELLAS ARTES. U.G.T.

EXPOSICION

DE DOCUMENTOS DEL 5º REGIMIENTO

CATALOGO

PERIÓDICO
MURAL
DE LA

EXPOSICIÓN
DEL
5.º REGIMIENTO

En él expondrán sus opiniones y críticas los que vean esta Exposición.

[CAT. 281]
Cartel por Emeterio Melendreras

[CATS. 307, 308]
Portada y página interior del catálogo
de la Exposición de Documentos del 5.º Regimiento, s.f.

[CAT. 322]
Robert Capa. *Miliciana republicana*. Barcelona, agosto 1936

3. SINDICATOS, REVISTAS DE LA GUERRA CIVIL E INDUSTRIA DEL DISEÑO GRÁFICO

Durante la guerra, en paralelo a las publicaciones periódicas editadas por los militares, aparecieron las revistas populares ilustradas de gran formato, muchas de las cuales eran publicadas por los sindicatos. Estas publicaciones llegaron también al frente, como demuestran los registros documentales que se conservan en el Archivo General de la Guerra Civil Española de Salamanca. La lógica de su elaboración y la variedad de sus contenidos superaban con frecuencia las de los boletines, periódicos y revistas que se publicaban en las líneas del frente. Como en las revistas descritas en la sección anterior, sus páginas estaban llenas de análisis autorreferenciales sobre su aparición y sobre su papel protagonista durante la guerra. Barcelona, Valencia y Madrid, ciudades todas ellas controladas por el bando republicano durante la mayor parte de la guerra, contaban con una larga tradición de diseño gráfico e impresión avanzados. De ellas, Barcelona tenía quizá la variedad más rica de publicaciones ilustradas, con sólidas conexiones con los avances europeos en los campos del arte y del comercio. Lo que las tres ciudades compartían tras el estallido de la guerra era una colectivización a gran escala de las industrias urbanas y rurales que influyó de forma determinante en el tipo de revistas que se publicaban. Al tiempo que las fábricas, las organizaciones profesionales y las fincas se colectivizaban, aparecieron revistas que representaban a los trabajadores de áreas tan diversas como la agricultura [CAT. 45], el transporte, la industria textil, la gastronomía, la radio [CATS. 192, 193 PP. 113, 110], el teatro, la electricidad, el metal o la construcción [CAT. 183 P. 118]. Aunque ya antes de la guerra existían revistas dedicadas a profesiones específicas, la repercusión de esas publicaciones fue muy distinta en el periodo comprendido entre 1936 y 1939 [CAT. 209 P. 119], en gran parte debido a que los campos del periodismo, la publicidad, la ilustración y la tipografía se transformaron también bajo las condiciones de creciente sindicalización y las dificultades cada vez mayores que imponían las privaciones de la retaguardia.

Con el fin de crear portadas distintivas para las revistas de colectivos que eran a menudo de reciente creación, se empleaban dibujos y fotografías, junto con diseños innovadores, que pretendían captar y transmitir la idea esencial del grupo representado. Ése, al menos, parece haber sido el objetivo de la mayoría de las revistas que han constituido el objeto de análisis de esta exposición, en su llamativa muestra del uso de imágenes impactantes. Como ocurre con otras revistas, en el primer número los editores incluían declaraciones sobre el objetivo de la publicación. Se puede observar frecuentemente cierto énfasis en la naturaleza de la revista como medio de difusión principal de las aspiraciones del sindicato, así como de los retos y los avances de la organización. Los temas principales se centraban con frecuencia en instrucciones para cumplir con nuevas directivas, quejas acerca de normas en vigor o recomendaciones sobre prácticas laborales adecuadas. Muchos editoriales llamaban la atención sobre el esfuerzo invertido por el sindicato para crear una revista de calidad, en especial en un periodo de escasez de papel, tinta y empleo.

De forma simbólica, una revista con un diseño y una composición cuidados podía ser una prueba del valor del sindicato en sí mismo. En esos casos —como *Luz y Fuerza* [CAT. 139 p. 117], *Gastronomía* [CAT. 107 p. 115], *Colectivismo* [CAT. 56 p. 116], *Metalurgia* [CAT. 146 p. 121] o *Espectáculo* [CATS. 73-75 p. 111]— existía una clara conexión entre la imagen o el diseño elegidos y el grupo al que se representaba: una estación eléctrica o un camión en el caso de los sectores del agua, el gas y la electricidad; un camarero con una taza de café humeante en el caso de la hostelería; la fotografía de un campesino o de un paisaje rural para la agricultura; una figura en tensión soportando el peso del acero de fundición en el caso de los trabajadores del metal [CATS. 146, 206 pp. 121, 120], o la caricatura de una famosa actriz para el teatro. A pesar del impresionante número de revistas sindicales que se adornaban con portadas de elaborado diseño, sólo unas cuantas, aparte de las que estaban relacionadas con la cultura y el arte, ampliaban el contenido visual más allá de ese punto. Como ocurría con las revistas militares del frente, algunas de las publicaciones sindicales evitaban por completo el contenido visual. En esos casos, las revistas contenían casi en exclusiva texto y funcionaban más como boletines de noticias que como propaganda gráfica.

De las revistas publicadas por colectivos de trabajadores, las más reveladoras en cuanto a los problemas a los que se enfrentaban a la hora de organizar, publicar y distribuir las revistas ilustradas eran obviamente las que estaban relacionadas con el periodismo y el diseño gráfico. Varias de estas revistas existían ya mucho antes del estallido de la guerra. Ése era el caso de *La Gaceta de las Artes Gráficas* [CAT. 106 p. 123], publicada en Barcelona desde 1923 como revista técnica dirigida a los miembros del sector. A través de ella conocemos las dificultades a las que se enfrentaban los editores: escasez de papel, fondos insuficientes y una alta tasa de desempleo. En paralelo con esas preocupaciones materiales, recogían una teorización continua sobre la función de la imprenta en la propaganda en tiempos de guerra. Rafael Bori y Juan Oller, que colaboraron con frecuencia con *La Gaceta de las Artes Gráficas,* se habían labrado carreras exitosas en el mundo de la publicidad y eran famosos en España

[FIG. 22] Rafael Bori y José Gardó, *Tratado completo de publicidad y propaganda* (Barcelona: José Montesó Editor, 1935). Colección privada

como líderes en este campo emergente. Bori escribió junto con José Gardó numerosos libros y artículos sobre la publicidad, incluidos los dos volúmenes del *Manual práctico de publicidad* de 1926 y 1928. En 1936 se publicó la segunda edición de su *Tratado completo de publicidad y propaganda* [FIG. 22], que constituyó una importante referencia, así como una de las fuentes posibles a las que acudían diseñadores y editores en busca de consejo sobre imágenes e ideas publicitarias durante la guerra.

Como objeto de consumo y medio de promoción, *La Gaceta* proporcionó, a través del ejemplo, la justificación de la función de las artes gráficas en la guerra. La portada cambiaba en cada número, convirtiéndose en un medio para mostrar distintas tipografías, diseños y formatos en los quioscos de toda Barcelona. Además, mostraba el abanico de posibilidades que los profesionales de las artes gráficas tenían a su disposición. En lugar de abogar por una concepción conservadora del diseño, los editores de *La Gaceta* fomentaron la innovación y la experimentación. Numerosos artículos en la revista analizaron la relación de las artes gráficas con los demás sectores de la industria en el frente y en la retaguardia. En su artículo de noviembre de 1936 sobre «Los presupuestos en las Artes gráficas», Juan Oller declaraba: «La imprenta no produce artículos de guerra ni artículos de primera necesidad, pero sí artículos que necesitan las empresas comerciales e industriales para su desenvolvimiento. Y es innegable que, a pesar de la guerra, la vida económica de Cataluña, por lo menos en algunas de sus esferas, toma un ritmo activo, y este ritmo exige una serie de impresos que son imprescindibles»[44]. En efecto, Oller argumentaba que el mantenimiento de un sistema de comercio regular y el desarrollo continuado de la industria dependían del uso activo de las artes gráficas. Sin materiales impresos ni publicidad bien diseñados, ¿cómo podía la industria conectar sus productos con los consumidores? Si la industria fallaba, ¿cómo podía continuar el apoyo económico para mantener empleos estables en la retaguardia?

[44] Juan Oller, «Los presupuestos en las Artes gráficas», *La Gaceta de las Artes Gráficas* 7 (noviembre de 1936): 5-6.

Artes Gráficas [CAT. 23 p. 122], publicada como un boletín por el anarquista Sindicat d'Arts Gràfiques, era, como *La Gaceta de las Artes Gráficas*, una publicación especializada dirigida a profesionales. Al frente de cada número aparecían editoriales sobre las preocupaciones económicas y materiales del campo del diseño gráfico, con especial atención a los talleres de impresión y su relación con la cambiante estructura organizativa y la política del sindicato durante la guerra. El asunto de mayor importancia al inicio de la guerra era el proceso de colectivización en sí. ¿Cómo se gestionaría la necesidad de contar con trabajadores experimentados? ¿Qué papel desempeñarían los propietarios anteriores, que con frecuencia eran quienes mejor conocían la imprenta, en la nueva estructura gestionada por los trabajadores?[45]. La revista reflejaba también el estado del propio sindicato, anunciando la creación de la Federación Nacional de la Industria del Papel y de las Artes Gráficas en septiembre de 1937. Con 35.000 miembros afiliados, la revista alababa a la Federación como «la agrupación más potente de trabajadores gráficos en España»[46]. Como este breve resumen demuestra, el boletín no iba dirigido al público en general, ni se utilizaba la revista como escaparate de las nuevas ideas de diseño propias, como ocurría con *La Gaceta*. Los editores, sin embargo, elogiaban las últimas publicaciones de otras agencias, incluida la revista *Economía* [CATS. 65, 66 p. 103] de la Consejería de Economía, de la cual se observaba: «Es una verdadera revista, impresa a varias tintas sobre papel *couché*»[47]. Los editores resaltaban especialmente el formato y la presentación de la revista, así como la gran habilidad técnica y la competencia profesional de quienes trabajaban en ella en el taller de impresión de Seix y Barral, que era responsable de su producción.

La crítica positiva de *Economía* apareció justo un mes después de que se publicara un extenso editorial en la primera página del segundo número de *Artes Gráficas*, que exponía una queja sobre la necesidad de que las industrias de las artes gráficas contaran con su propia revista. El autor de «Por una revista gráfica popular» criticaba la abundancia de periódicos diarios a costa de revistas gráficas de calidad para el público en general, y se preguntaba los motivos por los que Barcelona no contaba con tantas revistas ilustradas como otras ciudades de España. Como señalaba el autor, no faltaba experiencia en la ciudad: «Contamos... con obreros especializados, con artistas,

[45] «Secretaría de Trabajo Colectivo. Informe que la Ponencia designada en cumplimiento del acuerdo recaído en la Asamblea general del día 16 de agosto, sometió a la celebrada el día 18 de octubre», *Artes Gráficas* 1 (10 de noviembre de 1936): 3.

[46] «Ha quedado constituida la Federación Nacional de la Industria del Papel y de las Artes Gráficas», *Artes Gráficas* 15 (1 de septiembre de 1937): 3.

[47] Anónimo [Reseña sobre *Economía*], *Artes Gráficas* 4 (25 de diciembre de 1936): 7.

[CAT. 65] *Economía*, núm. 2. Portada: Moneny, 1937

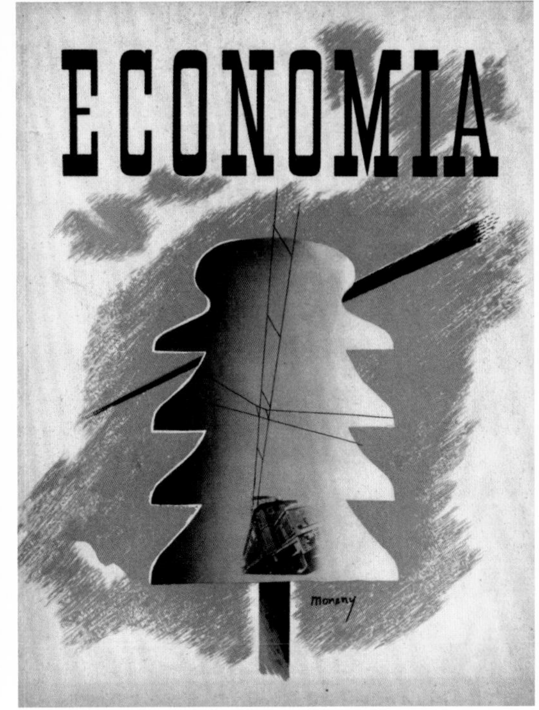

[CAT. 66] *Economía*, núm. 3. Portada: Moneny, 1937

con escritores de valía —catalanes y castellanos—, con una organización administrativa importante»[48]. A pesar de que estas observaciones pueden sorprender, dado que durante la guerra en Barcelona se publicaban tantas, si no más, revistas ilustradas como en cualquier otro lugar de España, permiten conocer la percepción que existía entre algunos profesionales de las artes gráficas de que no se estaba haciendo lo suficiente para asegurar el crecimiento continuo de las revistas populares ilustradas. El editorial sostenía que las nuevas publicaciones de los tiempos de guerra deberían recoger las preocupaciones de la clase trabajadora y «transformar la criminal guerra civil en guerra revolucionaria libertadora».

«Por una revista gráfica popular» sostenía que parte de la tarea revolucionaria del diseño gráfico debía centrarse en romper con las tradiciones y que la innovación debía extenderse a todas las áreas implicadas en la producción de prensa (escritores, pintores, artistas y tipógrafos). El editorial reclamaba que las revistas debían ser tan revolucionarias en su forma como en los temas que cubrían. *Artes Gráficas* proclamaba con confianza: «La Revolución que estamos haciendo debe manifestarse en el arte tipográfico». Como conclusión, el artículo proponía una revista gráfica que sirviera como registro de la participación de las industrias gráficas en los objetivos de la revolución, como parte fundamental de la historia de la Guerra Civil, para «que no pueda decirse mañana, cuando la Guerra Civil haya terminado y afrontemos plenamente la reconstrucción de nuestra economía, que el arte tipográfico no ha contribuido en nuestros días en la

[48] «Por una revista gráfica popular», *Artes Gráficas* 2 (25 de noviembre de 1936): 8.

proporción que debe y puede en beneficio de las masas obreras y del movimiento artístico y cultural en que participamos».

En la línea del citado editorial de *Artes Gráficas* vieron la luz en Barcelona dos revistas ilustradas y de gran tirada, similares entre sí hasta el punto de hacerse mutuamente la competencia. El primer número de *Moments: La Revista del Nostre Temps* [CATS. 153, 154 p. 105], fechado en diciembre de 1936, lo publicó en Barcelona el grupo formado por los sindicatos que representaban a los periodistas, los escritores catalanes, los ilustradores y los profesionales de la publicidad[49]. Dirigida al público en general, con artículos sobre el cine, la moda, la guerra y relatos de interés popular, la revista comenzó su publicación en diciembre de 1936 y apareció de forma irregular hasta 1938. *Moments* costaba una peseta y se publicaba en gran formato con numerosas ilustraciones y atractivas portadas que reflejaban el trabajo de artistas de primera línea, incluidos SIM, Juana Francisca y muchos otros. Al igual que *La Gaceta de las Artes Gráficas* resaltaba la creatividad del diseño mediante el uso de tipografías diversas en la portada, *Moments* defendía, a través de la presentación de un artista distinto con cada número, que el papel de los ilustradores y los pintores durante la guerra era igualmente fundamental para la vida, tanto en la retaguardia como en el frente. Dado que el Sindicat de Dibuixants Professionals era también el productor predominante de carteles en Barcelona durante la guerra, existía una estrecha relación entre lo que se podía ver colgado en los muros de la ciudad y lo que al mismo tiempo se mostraba en los quioscos.

El problema de la propaganda se analizaba repetidamente en *Moments*. Como hemos visto con otras formas de autorreferencialidad, aquí los autores articulaban visiones sobre la propaganda en la guerra que iban en paralelo a la actividad de la revista y los sindicatos a los que representaba. En un artículo de octubre-noviembre de 1937 sobre «La importancia de la propaganda», el autor recuerda a los lectores: *«La propaganda s'imposa com una necessitat dels temps moderns»*[50]. Y continúa proporcionando una interpretación sobre la evolución de la publicidad, explicando que, con su origen en el capitalismo y su uso principal de apoyo al comercio, la propaganda en sí misma se había convertido en una industria con cada esfuerzo invertido en su perfección. A partir de ahí, la propaganda se había desvinculado de su origen comercial para ser adoptada por los Estados nacionales y, desde esa posición, asumir su papel protagonista en la creación de opinión pública acerca de la Guerra Civil. Aunque elogiaba a los artistas y fotógrafos que trabajaban para crear propaganda antifascista, el autor

[49] En la revista figuraban como patrocinadores la Unión General de Trabajadores de España, la Agrupació d'Escriptors Catalans, la Agrupació Professional de Periodistes, la Associació d'Agents Professionals de Publicitat y el Sindicat de Dibuixants Professionals.

[50] «La importancia de la propaganda», *Moments* (octubre–noviembre de 1937): 50.

[CAT. 153] *Moments*. Portada: Sim, diciembre 1936

reconocía que la muestra más eficaz del impacto de la guerra era ser testigo en persona de la destrucción material y humana, y elogiaba la voluntad de hacer propaganda a través de los actos. En otras palabras, el autor defendía que la acción era una forma de propaganda mejor que la imagen, pero que a través de una propaganda escrita y visual efectiva, los individuos podían comprender mejor la destrucción real que estaba teniendo lugar durante la guerra [CAT. 322 p. 98].

A pesar de que *Moments* ofrecía a sus lectores reflexiones sobre el estado de la propaganda y publicaba el trabajo de algunos de los mejores artistas del Sindicat de Dibuixants Professionals, sería *Mi Revista*, del Sindicat d'Arts Gràfiques, que vio la luz en octubre de 1936, la publicación mejor equipada para dar respuesta a la necesidad, manifestada por su propio sindicato, de una revista popular ilustrada[51]. En la temporada de primavera-verano de 1937, *Mi Revista* [CAT. 148 p. 124] publicó un sondeo en el que se preguntaba: «¿Qué es lo que le agrada de *Mi Revista*?». Como otras muchas de la larga serie de encuestas realizadas por las revistas populares y literarias en España[52], ésta también prometía un diálogo entre los editores de la revista y sus lectores [CAT. 291 p. 126-127]. En su mayoría, las respuestas recogían felicitaciones a los editores por su trabajo y elogios a la revista por la cobertura de diversos temas, con un reconocimiento general de su alto valor de producción. *Mi Revista* fue una de las publicaciones populares de mayor trayectoria aparecidas durante la guerra. Tenía un gran formato, estaba totalmente ilustrada e incluía portadas originales creadas para cada número. Con un precio de una peseta (igual que *Moments*), resultaba más cara que un periódico, pero era comparable a otras revistas semanales y quincenales editadas en la capital catalana durante la guerra.

[51] María Campillo compara las trayectorias de *Mi Revista* y *Moments*, así como la posible competencia surgida entre ambas, en su libro *Escriptors Catalans i Compromís Antifeixista (1936-1939)*, 119-121.

[52] Algunas de las encuestas más destacables fueron las aparecidas en *La Gaceta Literaria*, por ejemplo: «Política y literatura: Una encuesta a la juventud española» de 1927; y «Una encuesta sensacional: ¿Qué es la vanguardia?» de 1930. Para más información sobre estas encuestas, véase Carmen Bassolas, *La ideología de los escritores: Literatura y política en* La Gaceta Literaria *(1927-1932)*.

La mayoría de las respuestas a la encuesta que se publicaron estaban tomadas de entrevistas o declaraciones escritas de miembros del Gobierno, celebridades menores y otros escritores, como el Dr. Félix Martí Ibáñez, que, además de escribir artículos para *Mi Revista,* era director de la Conselleria de Sanitat i Asistencia Social (SIAS) de la Generalitat de Catalunya[53]. En la primavera de 1937, coincidiendo con la encuesta de *Mi Revista*, Martí Ibáñez ocupó el puesto de director técnico de la revista del organismo, *SIAS*, cuyo primer número apareció en marzo de 1937 con una portada de SIM (seudónimo de Rey Vila), director artístico y colaborador habitual de la revista[54] [CAT. 205 p. 106]. SIM publicó ampliamente su trabajo durante la guerra y creó portadas para *Mi Revista* y para otras revistas de la retaguardia y el frente. Su libro ilustrado *Estampas de la revolución española. 19 julio de 1936*, editado en 1937 por CNT-FAI, y la carpeta de estampas *12 escenas de guerra*, publicada por el Comissariat de Propaganda, le dieron una popularidad considerable. El artista Arteche, que también creó la ilustración de la portada de *Metalurgia* mostrada en la exposición, firmaba las ilustraciones de la cuarta (y última) portada de *SIAS*[55]. Martí Ibáñez y SIM estaban acompañados en el consejo editorial de *SIAS* por el escritor y crítico de arte José Francés.

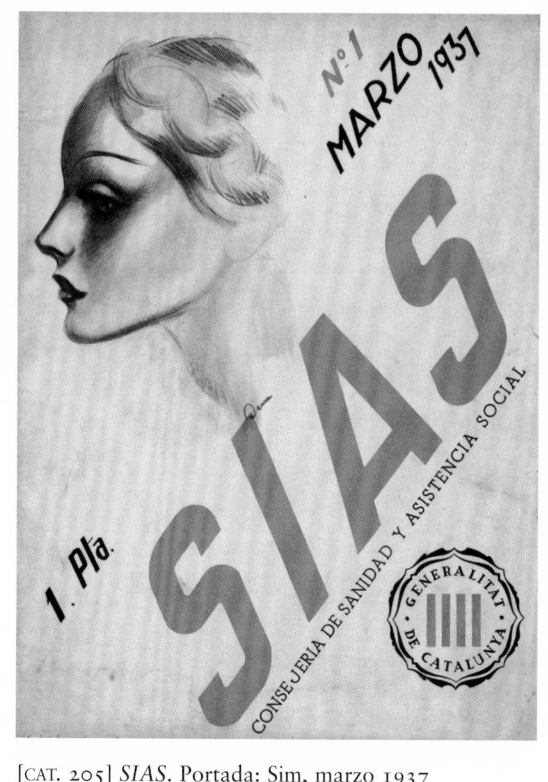

[CAT. 205] *SIAS*. Portada: Sim, marzo 1937

Los conocimientos y la experiencia de Martí Ibáñez en relación con la prensa ilustrada, durante la guerra y antes de ella (había sido colaborador activo de la revista anarquista *Estudios* y de otras a lo largo de los años treinta), se ponen de manifiesto en la defensa de la importancia de una prensa popular ilustrada que se desprende de su respuesta a la encuesta de *Mi Revista*: «La revista de hoy debe contener una visión panóptica, integral, de los nuevos movimientos culturales, las recientes innovaciones técnicas, acoger la voz del artista nuevo —auténtico—, escogiendo del escenario internacional

[53] Richard Cleminson, «Anarchist, Poet and Sex Radical: the *Estudios* writings (1934-1937) of Dr. Félix Martí Ibáñez». *IJIS (International Journal of Iberian Studies)* 12.1 (1999): 17.

[54] SIM fue el autor de tres portadas de la revista, que publicó en total cuatro números.

[55] Entre los artistas colaboradores se encontraban Blanch, Maynadé, Gili y Tusell. La fotografías procedían del Comissariat de Propaganda y del Sindicato de Banca, Bolsa y Ahorro.

[CAT. 278] Dibujo original de Vilá para *Mi Revista*

cuanto signifique adelanto científico o progreso cultural y presentándolo en forma popular [...]»[56]. El formato adecuado para la revista era una preocupación de primer orden para Martí Ibáñez, que afirmaba: «La revista, en la actualidad, no debe ser nunca reproducción fotográfica —escrita o gráfica— de la realidad, aceptándola como buena sea cual fuere. La revista debe ser una obra de arte —creadora, elevada, bella— y no un espejo». En contraste con otras fuentes de información, Martí Ibáñez deseaba que *Mi Revista* fuera el producto de una visión artística, que ofreciera una invención, incluso una fantasía, que los lectores pudieran disfrutar, en lugar de un mero registro de los sucesos diarios de la guerra. Esto podría explicar la razón por la que buena parte del contenido de *Mi Revista* se dedicaba al entretenimiento; artículos sobre las artes, el cine y la moda, entrevistas e historias de interés público llenaban habitualmente las páginas de la revista [CAT. 278 p. 107]. Martí Ibáñez también reconocía algo aún más básico sobre las revistas: son entidades, objetos por derecho propio. Y como tales son el producto de la imaginación de aquellos que las crean: escritores, artistas, diseñadores, editores y lectores [CAT. 147 p. 125]. Que *Mi Revista* compartía el apoyo de Martí Ibáñez a las artes visuales como un aspecto importante de su contenido se evidencia en la creación de ilustraciones originales para muchas de sus portadas.

Como escritor, médico y administrador, Martí Ibáñez era miembro de la élite española, pero también era un participante comprometido en la misión transformadora de la revolución social dirigida por los anarquistas que siguió a la defensa popular de Barcelona durante el estallido de la Guerra Civil[57]. En

[56] «Encuesta *Mi Revista*: ¿Qué es lo que le agrada de *Mi Revista*, qué le sobra o le falta? ¿Qué temas prefiere que contenga una revista ilustrada?» *Mi Revista* 14 (1 de mayo de 1937): n.p.

[57] Algunas de las ponencias en las que he expuesto mi visión sobre el doctor Martí Ibáñez, en particular la presentada en «Disciplining Discourses: Conflict, Conversation and Issues of Authority in Spanish Cultural and Intellectual Life» en Cambridge, Reino Unido, 27-28 de mayo de 2005, han sido claves para poder relacionar las encuestas de *Mi Revista* con la participación de Martí Ibáñez. Deseo agradecer a los organizadores de «Disciplining Discourses», Alison Sinclair y Richard Cleminson, así como a los participantes, por sus sugerencias; en particular agradezco a Thomas Glick haberme animado a consultar la revista médica *MD*, dirigida por Martí Ibáñez y que inició su publicación en Estados Unidos en 1957.

GENERALIDAD DE CATALUÑA

EL DIRECTOR GENERAL
DE SANIDAD Y ASISTENCIA SOCIAL

Jamás en la Historia, asumió la prensa una tan importante misión como en estos momentos, en los cuales el diario y la revista, adquieren prestancia de armas de lucha y herramientas de trabajo. "Mi Revista", significa una valiosa aportación intelectual y gráfica al movimiento revolucionario: la sumisión del fatuoso "cuarto poder" a la táctica y los objetivos proletarios. Celebremos el brillante alborear de esta revista, cuyos primeros destellos, tiñen el paisaje espiritual del instante, de un colorido humanista y creador. Mas como la tonalidad de una revista la dan sus colaboradores, procuremos todos dar a la pluma sobre el papel, la misma agilidad y elevación que aquella tiene, en el ala de la golondrina. Y que su vuelo sobre los cielos blancos de la revista, remonten siempre el movimiento revolucionario a cumbres de fraternidad y de justicia.

J. Martí Ibáñez

19-XII-36.

[CAT. 313] «Jamás en la Historia, asumió la prensa una tan importante misión...». Dr. Félix Martí Ibáñez, Barcelona, 19-12-1936

el momento de la publicación de la encuesta de *Mi Revista*, estaba totalmente involucrado en el proceso de convertir la prensa en una voz destacada de la revolución social, artística y política que consideraba parte de su trabajo dentro del Gobierno, así como la culminación de años de defensa de las cuestiones sociales durante la Segunda República. En una carta [CAT. 313 p. 108] enviada al director de *Mi Revista*, Eduardo Rubio, el 19 de diciembre de 1936, Martí Ibáñez expresaba en términos aún más laudatorios su entusiasmo por la función que la prensa en general y *Mi Revista* en particular estaban llamadas a desempeñar durante la guerra:

> Jamás en la Historia, asumió la prensa una tan importante misión como en estos momentos, en los cuales el diario y la revista adquieren prestancia de armas de lucha y herramientas de trabajo. *Mi Revista*, significa una valiosa aportación intelectual y gráfica al movimiento revolucionario [...]. Celebremos el brillante alborear de esta revista, cuyos primeros destellos tiñen el paisaje espiritual del instante, de un colorido humanista y creador. Mas como la tonalidad de una revista la dan sus colaboradores, procuremos todos dar a la pluma sobre el papel, la misma agilidad y elevación que aquella tiene, en el ala de la golondrina[58].

[58] Carta del Dr. Félix Martí Ibáñez a Eduardo Rubio, director de *Mi Revista* (19-12-36). AHGGC, P.S. Barcelona, C. 1069, hoja 5044.

El poético elogio de Martí Ibáñez a la revista era característico de su participación de una amplia cultura literaria y humanística, que impregnaba sus escritos médicos y sus proyectos de publicación de una versatilidad y una apertura a diversas formas de expresión sorprendentes. En diciembre de 1936 también publicó el artículo «Por un arte revolucionario» en la revista anarquista *Tiempos Nuevos* [CAT. 211 p. 142]. En mayor medida incluso que en sus textos para *Mi Revista*, Martí Ibáñez describe aquí la función del arte en la guerra y propugna el rechazo a un arte burgués independiente y la defensa del «arte puesto al servicio de la Revolución». Sin duda, tenía en mente a artistas como SIM cuando hacía referencia a «algunos álbumes de *estampas* de la Revolución». Describía esta obra como «arte de las barricadas», en la que el lápiz se une al fusil como arma de guerra. Para Martí Ibáñez, estaba al alcance de la prensa ilustrada, y era parte de su misión, transformar la retórica pública sobre las artes en una fuerza impulsora. Esperaba que, mediante la publicación de revistas dinámicas y visualmente interesantes, el mensaje de la revolución social llegara a un público lo más amplio posible, tanto popular como de élite.

Amadeo Vidal, cuya respuesta a la encuesta de *Mi Revista* apareció en el mismo número que la de Martí Ibáñez, llevaba el discurso del sondeo al nivel de la calle: su propio placer y su formación, y la relación de ambos con la economía de la cultura impresa. Vidal, un miliciano, fue entrevistado justo después de comprar un ejemplar de *Mi Revista* en un quiosco. Como Martí Ibáñez, considera las revistas como parte de un proyecto revolucionario, aunque a diferencia de éste, él sitúa el acceso a la cultura impresa por encima, o como mínimo al mismo nivel, de cuestiones como la composición y el aspecto. Exclamaba: «A mí las revistas me gustan, ante todo, que sean baratas, para que estén al alcance de todos. Se debe tender a que lo mismo los libros que los periódicos estén al alcance de las masas y dejen de ser un regalo de las clases privilegiadas». La posibilidad de acceso era la idea central de la respuesta de Vidal: quién puede comprar las revistas y con qué frecuencia. Mientras que para Martí Ibáñez lo prioritario era el proceso inherente a la elaboración de la revista —tanto la selección temática como las decisiones sobre la estética tomadas por los editores—, Vidal ponía la vista en el lector, en él mismo. Lo más importante para él era tener la posibilidad de ir a un quiosco y poder comprar la revista a un precio asequible. En sus manos, tal vez haciendo realidad las esperanzas de Martí Ibáñez, las revistas tenían el potencial de nivelar las diferencias de clase. Tomadas conjuntamente, las respuestas de Martí Ibáñez y Vidal a la encuesta de *Mi Revista* unen dos esferas que durante la guerra se intersecaban en casi todas las revistas españolas, no únicamente en las populares ilustradas: arte y economía política.

RADIO - PVBLICITAT

VOLUM 2
NÚMERO 24
BARCELONA
30 DESEMBRE 1936

Influència

La publicitat és un mitjà poderós d'influència damunt les multituds; gràcies a ella és possible desvetllar l'interès, primer pas per a conseguir l'objectiu final de tota campanya: l'acte voluntari de compra.

Sostrèure's dels efectes de la publicitat, resulta cosa impossible. La publicitat invadeix els diaris, les revistes, els murs —de dia amb cartells i de nit amb una abundor fantàstica de rètols lluminosos—, els altparlants. L'ambient de les grans ciutats està saturat d'anuncis reveladors d'energies de producció i desitjos d'assolir nous mercats i augment de vendes.

En pocs anys, la ràdio, ha sabut col·locar-se en un lloc destacat dins els mitjans d'anunci, caracteritzats per llur tradició i per una llarga experiència. La gran difusió d'aquest nou procediment publicitari al servei de la producció, ha permès eixamplar la base de moltes indústries i ha estat un dels més ferms col·laboradors de l'economia dels pobles.

Aquesta puixança rapidíssima de la publicitat radiada, ha fet també que els elements tècnics de tot arreu, dediquin actualment una atenció especialíssima a l'estudi de les possibilitats d'aquest nou mitjà de publicitat i de difusió, perquè han comprovat pràcticament el seu abast grandiós i la seva enorme influència.

I el gran públic radiooient, ha sentit també aquesta influència, i n'ha donat infinites proves, adaptant, amb una rapidesa vertiginosa, productes i marques que desconeixia, i que, gràcies a les campanyes radiofòniques els ha fet familiars i de consum constant.

Saber aprofitar aquesta influència poderosa, és disposar d'un mitjà infalible per a fomentar la producció.

[CAT. 193]
Radio-Publicitat, diciembre 1936

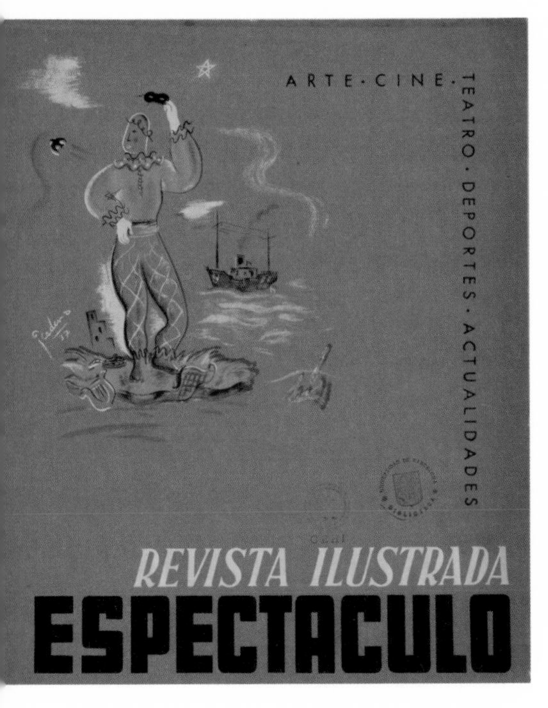

[CAT. 73]
Espectáculo. Núm. 1, 10 de julio de 1937

[CAT. 74]
Espectáculo. Portada: Les, núm. 3, 15 de agosto de 1937

[CAT. 75]
Espectáculo. Núm. 4, 30 de agosto de 1937

[CAT. 191]
Radio Barcelona. Portada: NIV, agosto 1937

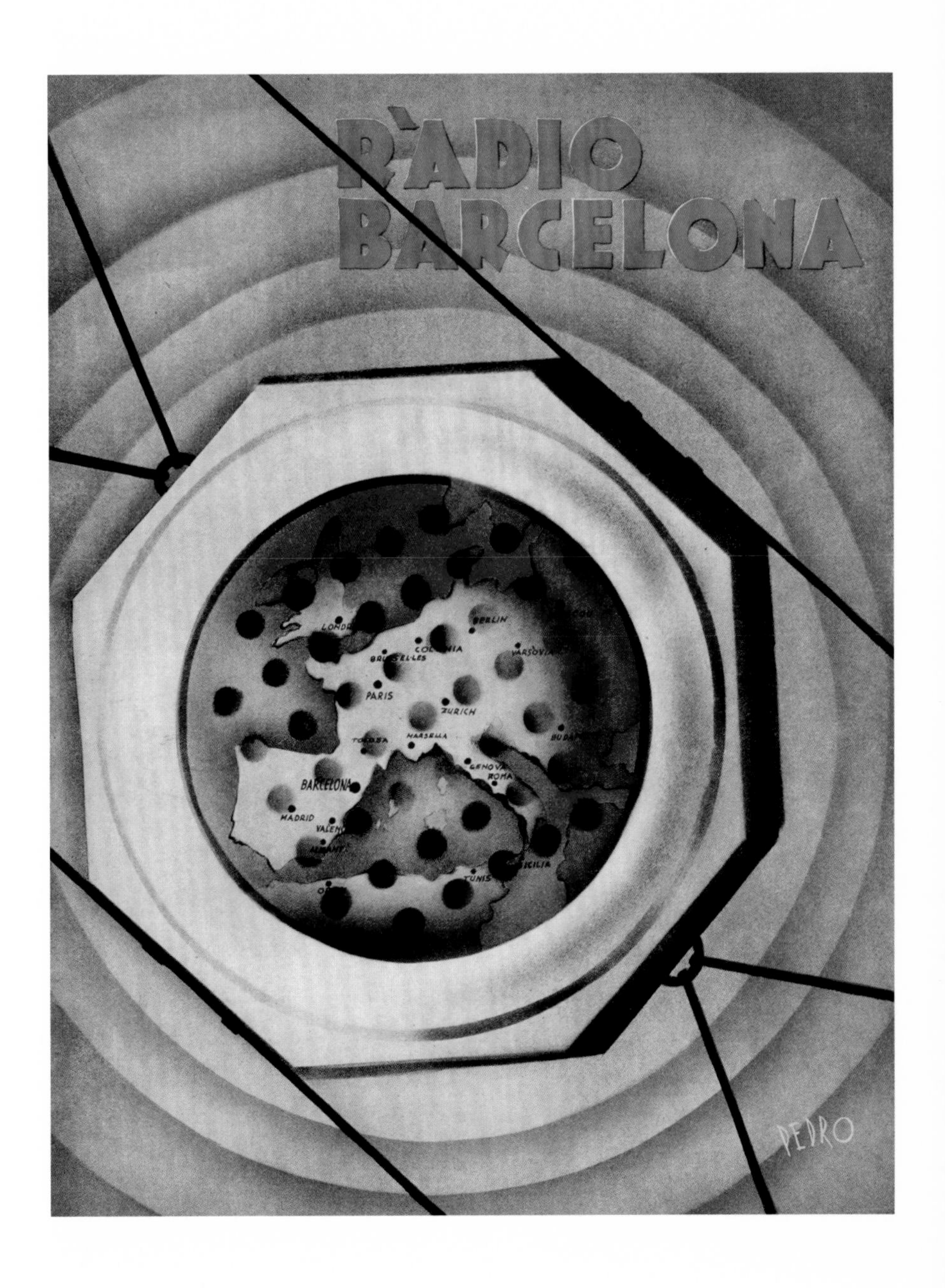

[CAT. 192]
Radio Barcelona. Portada: Pedro, octubre 1937

[CAT. 204]
Semáforo. «Número dedicado a la URSS», núm. 6, enero 1937

[CAT. 107]
Gastronomía, septiembre 1937

[CAT. 56]
Colectivismo. Portada: Huguet, noviembre 1937

[CAT. 139]
Luz y Fuerza, enero 1938

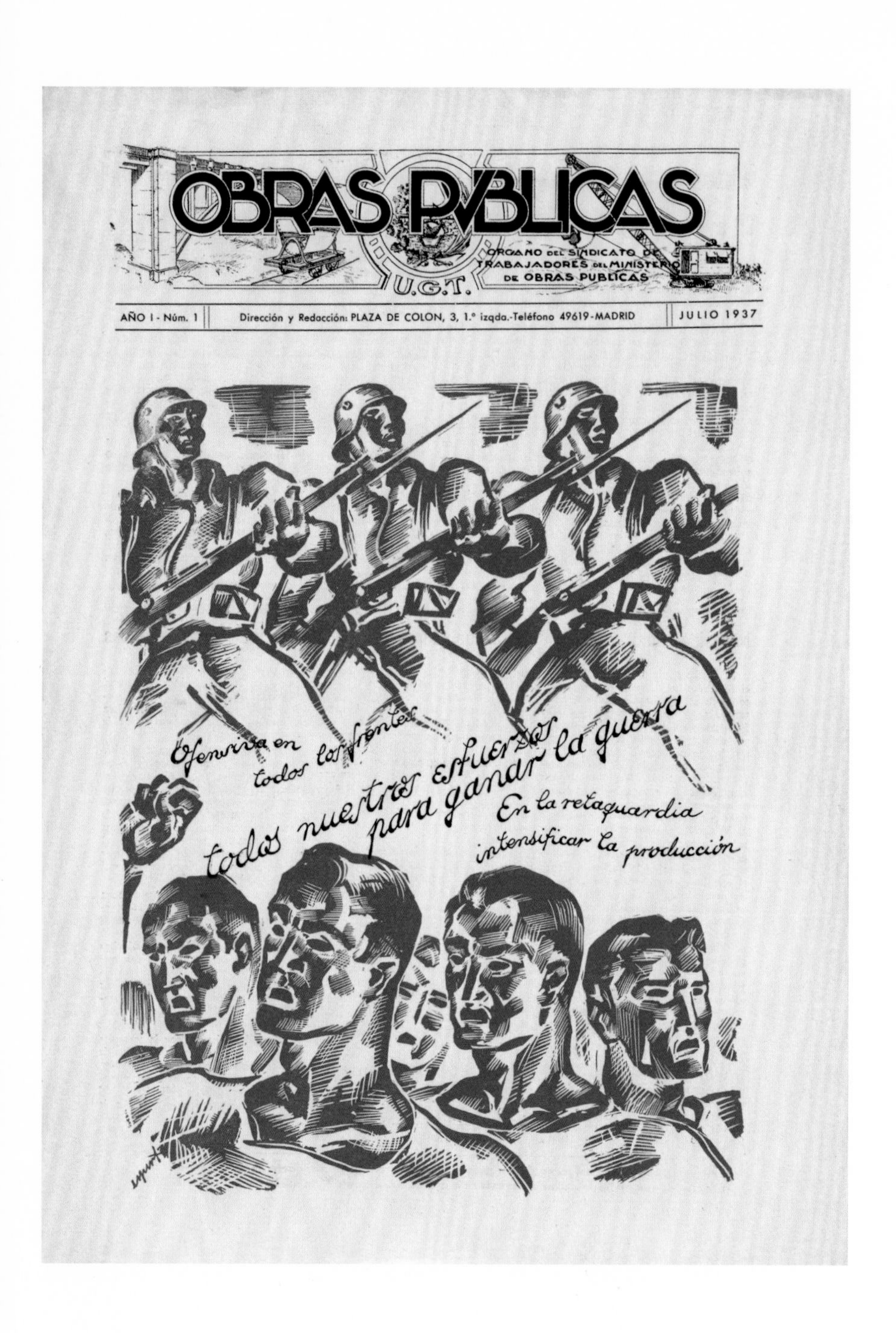

[CAT. 183]
Obras Públicas. Portada: Espert, julio 1937

[CAT. 209]
Técnicos, septiembre 1937

C.N.T **TECNICOS** A.I.T.

PORTAVOZ DE LA ASOCIACION REGIONAL
DE TECNICOS DEL CENTRO

AÑO I — **Madrid, 5 de septiembre de 1937** — Número suelto:

NUM. 7 — REDACCION Y ADMINISTRACION: VILLANUEVA, 18.-TELEFONOS 51496 Y 50125 — 50 céntimos

¡CONSTRUID!

La construcción es fuente de riqueza, porque es vida, es una creación continuada; en ella ha de fomentarse la economía del país. «Cuando la construcción marcha, todo marcha», dice el conocido proverbio francés. La visión dantesca de las fundiciones, el ronco trepidar de los motores, el rechinar de las cadenas de las grúas, todo ello en un canto de paz y trabajo y, por encima de ello, minúsculo, entre las vigas gigantescas de la ciudad que va surgiendo, el Hombre, que en la fuerza titánica de su inteligencia va moldeando la naturaleza bajo su maro, y afirma su superioridad en cada recio golpe de martillo sobre la vigueta de hierro.

[CAT. 206]
Sidero-Metalurgia.
Portada: Helios Gómez, noviembre 1937

[CAT. 146]
Metalurgia.
Portada: Arteche, noviembre 1937

1Pta
1
UGT
METALURGIA
ARTECHE 37

CNT
AIT

Artes Gráficas

BOLETÍN DEL SINDICATO DE LAS ARTES GRÁFICAS

Año I | Barcelona, 10 noviembre 1936 | Núm. 1

AL COMENZAR

Bajo el signo de la unidad

Hacía falta, y se ha hecho. No podíamos estar a conflicto por día. Precisábamos una base segura para que las organizaciones obreras no chocaran en sus actividades proselitistas. Al comenzar una era de profundas transformaciones, en la que el proletariado se lo juega todo de una vez, era imprescindible que halláramos un plano de actuación común formado por una serie de coincidencias substanciales que por su misma significación no permitieran desviaciones ni levantaran obstáculos a las exigencias de la revolución.

Se ha llegado a esto por las dos organizaciones de Cataluña sobre las que recae íntegramente la responsabilidad transformadora: C.N.T. y U.G.T. Nos felicitamos de que nuestros representantes hayan tenido visión del momento en que vivimos; de que sus acuerdos, que los hacemos nuestros íntegramente, hayan por fin posibilitado una actuación revolucionaria eficaz.

Ya era hora...

***

Pero así como han sido trazadas las líneas generales que guiarán el esfuerzo colectivo del proletariado catalán, se ha debido resolver de paso otra cuestión no menos importante para las actividades de cada Sindicato: el de suprimir un crecido número de entidades que, diciendo pertenecer a una Central sindical, duplican o triplican el número de las que ésta tiene en algunas ramas industriales.

Por no haber resuelto esto con anterioridad, se producen rozamientos inútiles. Hubiera sido conveniente que los camaradas de la U. G. T., conociendo los inconvenientes que produce la falta de una orientación concreta por su parte en este asunto, que al convenirse el pacto de cuya conclusión nos sentimos altamente satisfechos, dejaran resuelta cuestión tan importante, no sólo para evitar los rozamientos de que hacemos mención, sí que también para articular mejor las actividades comunes en los otros aspectos de nuestra acción.

Comenzamos, pues, nuestras relaciones periodísticas con los camaradas gráficos bajo los mejores auspicios.

La significación más importante de esta unidad para la obra de la revolución, es la consecuencia que tendrá —que tiene ya— en las filas de combatientes que en los diferentes campos de batalla defienden la libertad y los intereses del proletariado. Así como en la retaguardia vamos salvando las distancias que separaban a los trabajadores, en la línea de fuego nuestros camaradas de todas las tendencias se unen y atienden generosamente al aplastamiento de nuestros enemigos.

Al aparecer el primer número de nuestra publicación profesional bajo el signo de la unidad, enviamos a los camaradas de la vanguardia revolucionaria el testimonio de nuestro reconocimiento por su generoso comportamiento, y a los que en la retaguardia tienen la obligación de aprovechar el tiempo y las energías creadoras de las masas obreras, les decimos esto: Multiplicar vuestro esfuerzo en el taller, en la fábrica, en la dirección del movimiento revolucionario. Es nuestro deber, y no podemos desertar de él como los otros no desertan de las líneas de combate.

Saludo fraternal a nuestros valientes milicianos

Queremos en este primer número de ARTES GRÁFICAS *dedicar un recuerdo a nuestros bravos milicianos, que se baten generosamente en diferentes frentes de lucha. Se lo merecen.*

Desde el primer momento han figurado en los puestos de vanguardia. Cuando hubo que aplastar a la bestia fascista en la ciudad, Cuando hubo que buscarla en su madriguera, escondida y aterrorizada por el fracaso de sus bastardas intenciones. Cuando, liquidado el peligro interior, se formaron las columnas que impidieron al enemigo salido de Zaragoza el poder atacar nuestra región. En los momentos en que la toma de un pueblo requería la audacia de un puñado de valientes, y en aquellos otros en que era preciso sacrificar unos cuantos para librar a los demás.

En todas partes se hallaban los voluntarios de Artes Gráficas. Algunos han perdido la vida heroicamente, como aquel muchachito que cayó en la toma de la Zaida, y como aquellos dos hombres que, después de entrar en Belchite, al retirarse por orden del mando, rindieron su postrer esfuerzo.

Nuestros milicianos luchan actualmente, junto a decenas de miles de camaradas de todas las tendencias, en diferentes frentes de Aragón y de Madrid. Se portan admirablemente. Han resuelto el problema de la vida y de la muerte. Se han entregado íntegramente a la obra gloriosa de abatir a la bestia inmunda.

Enviamos desde estas columnas un saludo emocionado a ellos, que ocupan el lugar de honor. Y les aseguramos que la retaguardia será digna de la hora que vive.

10 cts.

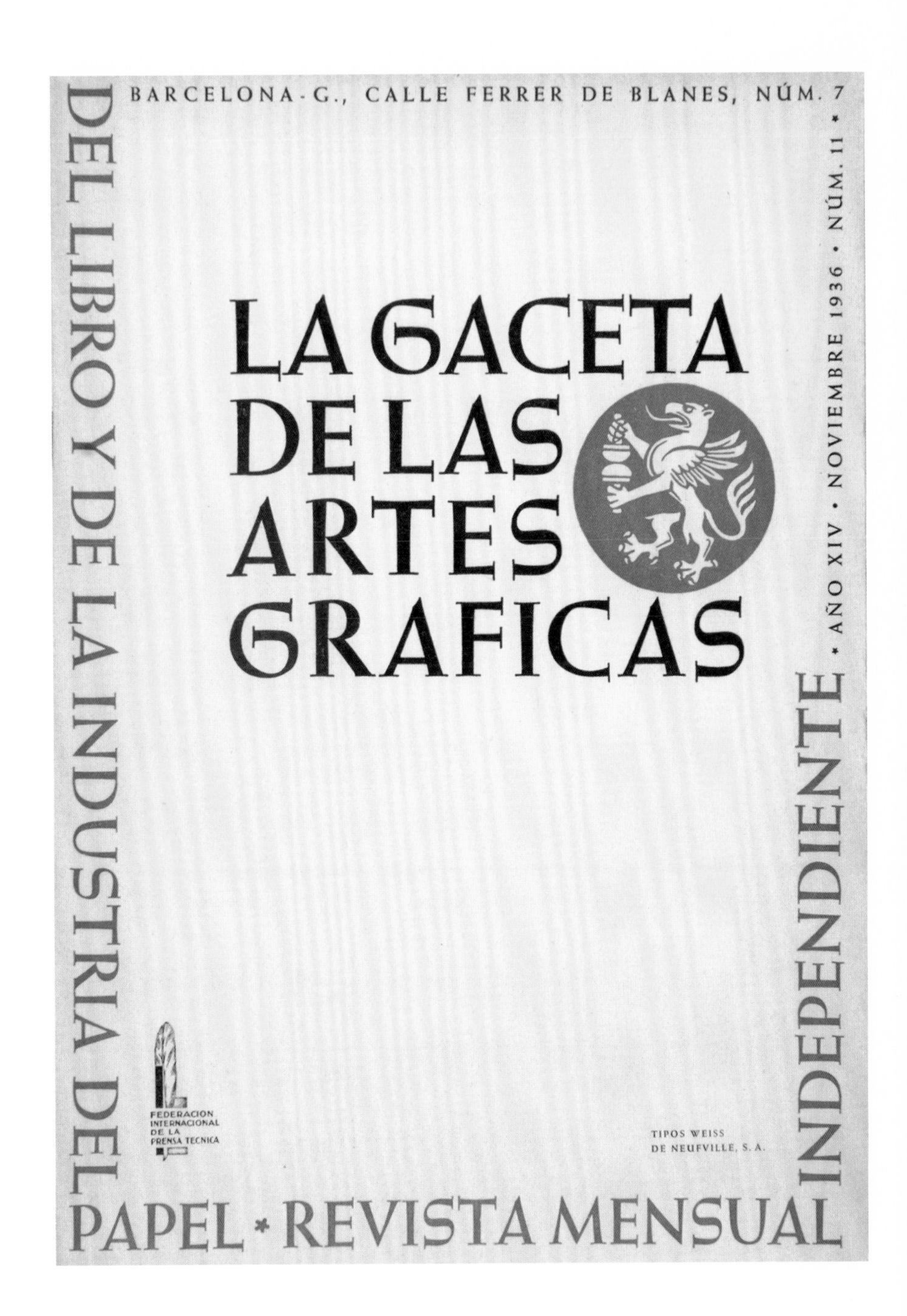

BARCELONA-G., CALLE FERRER DE BLANES, NÚM. 7
• AÑO XIV • NOVIEMBRE 1936 • NÚM. 11 •
LA GACETA
DE LAS
ARTES
GRAFICAS
DEL LIBRO Y DE LA INDUSTRIA DEL
PAPEL • REVISTA MENSUAL
INDEPENDIENTE
FEDERACION
INTERNACIONAL
DE LA
PRENSA TECNICA
TIPOS WEISS
DE NEUFVILLE, S. A.

[CAT. 23]
Artes Gráficas, noviembre 1937

[CAT. 106]
La Gaceta de las Artes Gráficas del Libro y de la Industria del Papel, noviembre 1936

[CAT. 148]
Mi Revista, núm. 11, 15 de marzo de 1937

[CAT. 147]
Mi Revista, núm. 10. Portada: Sainz de Morales, 1 de marzo de 1937

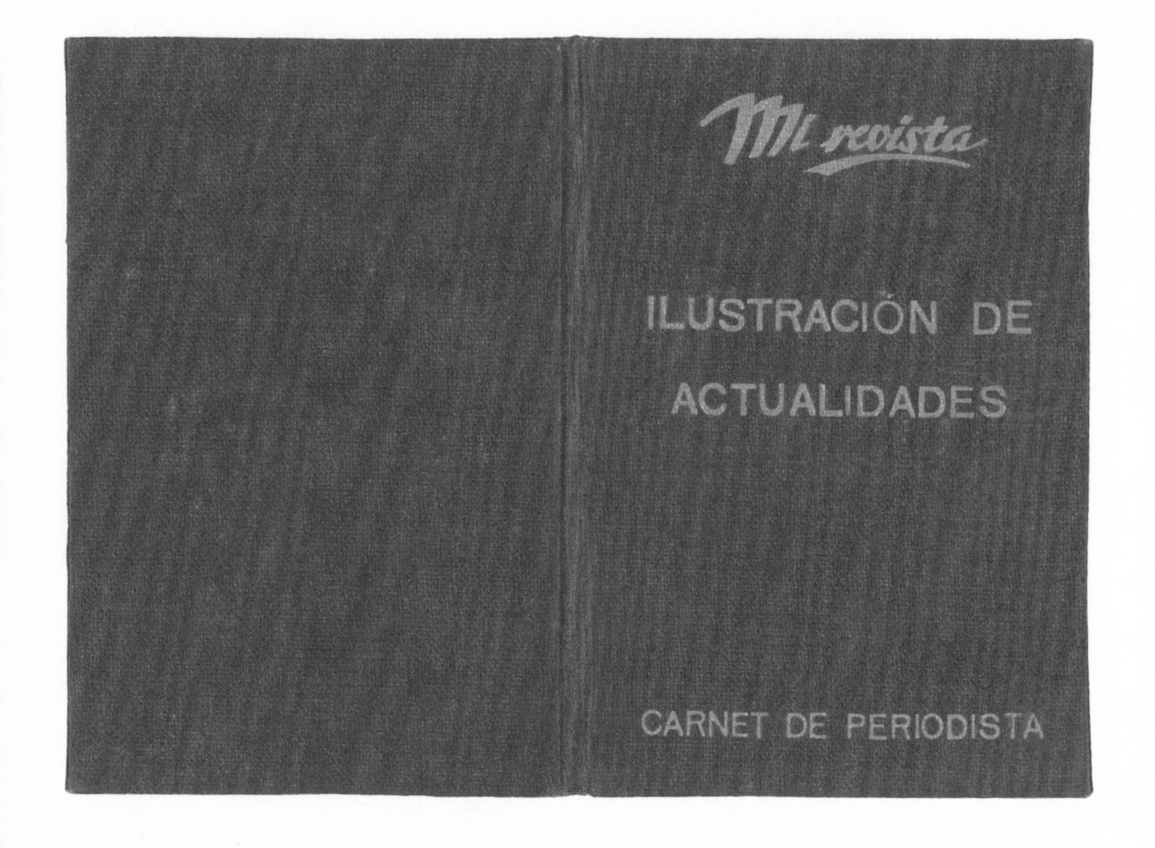

[CAT. 291]
Carné de periodista de *Mi Revista*

CARNET IDENTIDAD

Título de colobaradora
a favor de Etheria Garcia
"Artay". de «MI REVISTA»,
Ilustración de actualidades.
Barcelona 5 Marzo 1937

El gerente,

Visado
El director,

Firma del interesado,

SINDICATO DE PROFESIONES LIBERALES
Sección Periodistas

Agrupació Professional de Periodistes
U. G. T.
- BARCELONA -

Visado en la Comissaria General d'Ordre Públic de Barcelona

Barcelona ....

Umbral

nº 17

6 de noviembre de 1937

DIRECTOR:
A. Fernández Escobés

4. EL CASO DE *UMBRAL*

En Valencia, como en Barcelona, los anarquistas fueron responsables de algunos de los usos más dinámicos de las artes visuales impresas, mientras que, a la vez, la crítica de arte de esas mismas revistas volvía con frecuencia a un canon artístico más tradicional. *Tiempos Nuevos* [CAT. 284 p. 143] y *Estudios* eran revistas anarquistas que habían nacido mucho antes del estallido de la Guerra Civil y que continuaron sus actividades editoriales tras él. Muchos de los artistas aparecían en las distintas revistas y los artículos dedicados al arte y la propaganda publicados en ellas durante la contienda fueron numerosos y, sin duda, merecen una revisión crítica. Otras revistas anarquistas aparecieron en Madrid, por ejemplo *Revolución: Semanario de la Federación Local de Juventudes Libertarias de Madrid* [CATS. 201, 202, 295 pp. 157, 156], y también en ciudades menores, como La Seo de Urgel, donde se publicaba *Cultura y Porvenir* [CAT. 56 p. 159], o Gijón, sede de *Liberación: Revista Mensual de Orientación Sindicalista* [CAT. 131 p. 144]. Sin embargo, entre las revistas anarquistas publicadas en Valencia a lo largo del conflicto, destaca una surgida durante la guerra que fue única en su dedicación a los artistas que participaban en la prensa ilustrada. *Umbral: Semanario de la Nueva Era* era una revista semanal producida con papel y tinta de periódico, pero con un valor de diseño excepcionalmente alto [CAT. 220 p. 128]. Se publicó entre 1937 y 1939. En el saludo a los lectores del primer número de *Umbral*, editado el 10 de julio de 1937, su director, Antonio Fernández Escobés, consideraba la revista una oportunidad y una victoria: «El mero hecho del nacimiento de *Umbral* en esta hora difícil constituye la prueba fehaciente de nuestro optimismo, nuestro sentido de continuidad, nuestra fe en los destinos de las clases productoras [...]. Nace, pues, *Umbral* sano y alegre. Y nace para ser, a un tiempo pantalla y micrófono de nuestra España de hoy».

Umbral llevaba su mensaje hasta un amplio público por medio de la edición de materiales promocionales, como los carteles, que incluían el trabajo de varios de sus diseñadores. En un cartel, una zona gráfica complementa al texto y lo refuerza: la revista, dirigida al proletariado urbano, al agricultor rural y al soldado, es para «todos los antifascistas» [FIG. 23]. Las fotografías, colocadas unas junto a otras, forman una flecha que apunta al título de la revista. El anuncio es efectivo, conciso, legible y dinámico. Otro cartel muestra un

[CAT. 220]
Umbral. Portada: Monleón, noviembre 1937

Páginas siguientes,
[FIG. 23] Lucía Sánchez Saornil, «Se lee mucho más que antes de la guerra», *Umbral*, 31 de julio de 1937, páginas 8-9. Laboratorio Fotográfico de la Biblioteca Nacional, Madrid

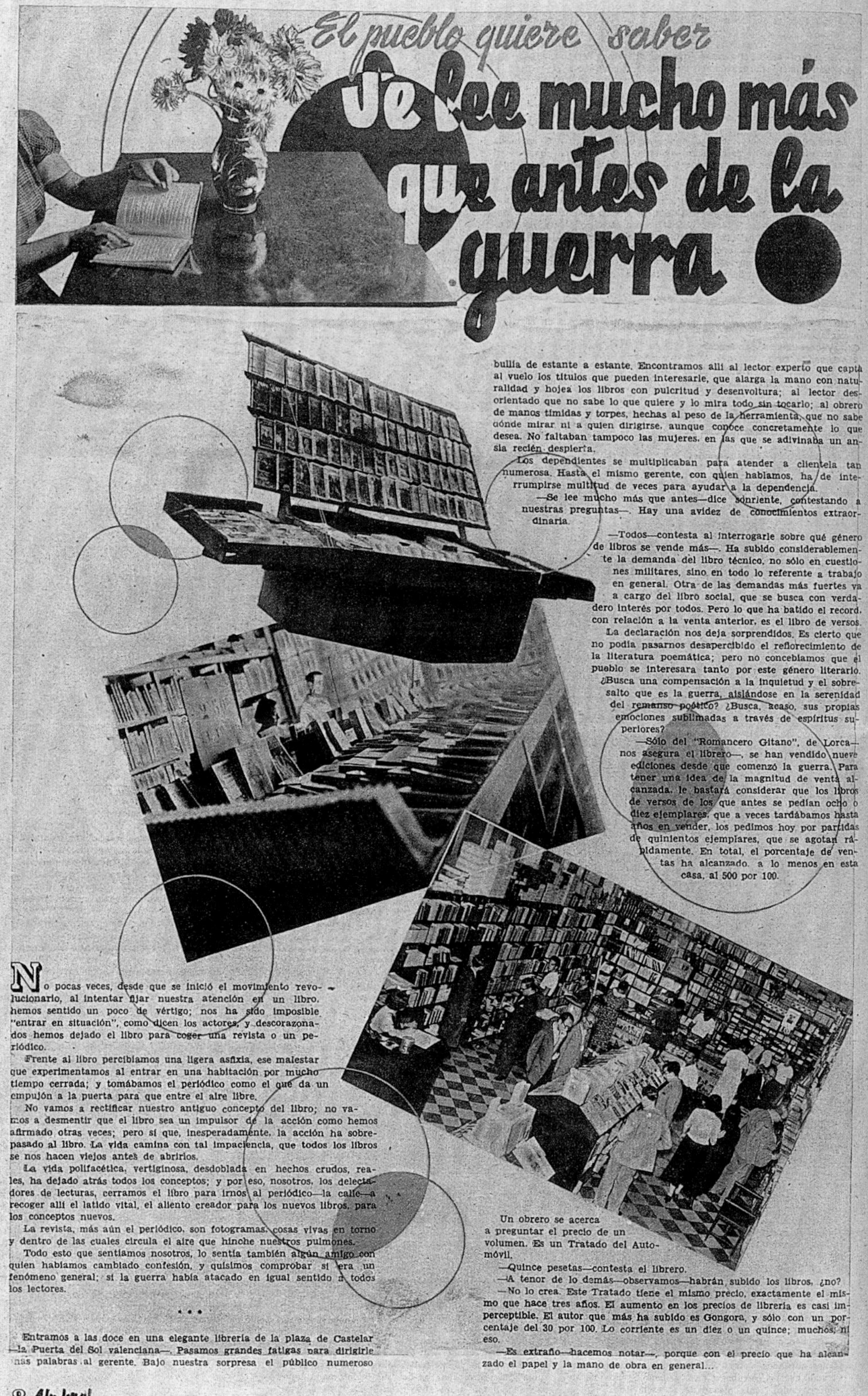

El pueblo quiere saber

Se lee mucho más que antes de la guerra

No pocas veces, desde que se inició el movimiento revolucionario, al intentar fijar nuestra atención en un libro, hemos sentido un poco de vértigo; nos ha sido imposible "entrar en situación", como dicen los actores, y descorazonados hemos dejado el libro para coger una revista o un periódico.

Frente al libro percibíamos una ligera asfixia, ese malestar que experimentamos al entrar en una habitación por mucho tiempo cerrada; y tomábamos el periódico como el que da un empujón a la puerta para que entre el aire libre.

No vamos a rectificar nuestro antiguo concepto del libro; no vamos a desmentir que el libro sea un impulsor de la acción como hemos afirmado otras veces; pero sí que, inesperadamente, la acción ha sobrepasado al libro. La vida camina con tal impaciencia, que todos los libros se nos hacen viejos antes de abrirlos.

La vida polifacética, vertiginosa, desdoblada en hechos crudos, reales, ha dejado atrás todos los conceptos; y por eso, nosotros, los delectadores de lecturas, cerramos el libro para irnos al periódico—la calle—a recoger allí el latido vital, el aliento creador para los nuevos libros, para los conceptos nuevos.

La revista, más aún el periódico, son fotogramas, cosas vivas en torno y dentro de las cuales circula el aire que hinche nuestros pulmones.

Todo esto que sentíamos nosotros, lo sentía también algún amigo con quien habíamos cambiado confesión, y quisimos comprobar si era un fenómeno general; si la guerra había atacado en igual sentido a todos los lectores.

* * *

Entramos a las doce en una elegante librería de la plaza de Castelar —la Puerta del Sol valenciana—. Pasamos grandes fatigas para dirigirle unas palabras al gerente. Bajo nuestra sorpresa el público numeroso bullía de estante a estante. Encontramos allí al lector experto que capta al vuelo los títulos que pueden interesarle, que alarga la mano con naturalidad y hojea los libros con pulcritud y desenvoltura; al lector desorientado que no sabe lo que quiere y lo mira todo sin tocarlo; al obrero de manos tímidas y torpes, hechas al peso de la herramienta, que no sabe dónde mirar ni a quien dirigirse, aunque conoce concretamente lo que desea. No faltaban tampoco las mujeres, en las que se adivinaba un ansia recién despierta.

Los dependientes se multiplicaban para atender a clientela tan numerosa. Hasta el mismo gerente, con quien hablamos, ha de interrumpirse multitud de veces para ayudar a la dependencia.

—Se lee mucho más que antes—dice sonriente, contestando a nuestras preguntas—. Hay una avidez de conocimientos extraordinaria.

—Todos—contesta al interrogarle sobre qué género de libros se vende más—. Ha subido considerablemente la demanda del libro técnico, no sólo en cuestiones militares, sino en todo lo referente a trabajo en general. Otra de las demandas más fuertes va a cargo del libro social, que se busca con verdadero interés por todos. Pero lo que ha batido el record, con relación a la venta anterior, es el libro de versos.

La declaración nos deja sorprendidos. Es cierto que no podía pasarnos desapercibido el reflorecimiento de la literatura poemática; pero no concebíamos que el pueblo se interesara tanto por este género literario. ¿Busca una compensación a la inquietud y el sobresalto que es la guerra, aislándose en la serenidad del remanso poético? ¿Busca, acaso, sus propias emociones sublimadas a través de espíritus superiores?

—Sólo del "Romancero Gitano", de Lorca—nos asegura el librero—, se han vendido nueve ediciones desde que comenzó la guerra. Para tener una idea de la magnitud de venta alcanzada, le bastará considerar que los libros de versos de los que antes se pedían ocho o diez ejemplares, que a veces tardábamos hasta años en vender, los pedimos hoy por partidas de quinientos ejemplares, que se agotan rápidamente. En total, el porcentaje de ventas ha alcanzado, a lo menos en esta casa, al 500 por 100.

Un obrero se acerca a preguntar el precio de un volumen. Es un Tratado del Automóvil.

—Quince pesetas—contesta el librero.

—A tenor de lo demás—observamos—habrán subido los libros, ¿no?

—No lo crea. Este Tratado tiene el mismo precio, exactamente el mismo que hace tres años. El aumento en los precios de librería es casi imperceptible. El autor que más ha subido es Gongora, y sólo con un porcentaje del 30 por 100. Lo corriente es un diez o un quince; muchos, ni eso.

—Es extraño—hacemos notar—, porque con el precio que ha alcanzado el papel y la mano de obra en general...

—Bien. Pero es que no se edita, apenas.
—¡Ah, ya! (Nos parecía raro este rasgo en el comerciante de los comerciantes, que es librero).
—Es seguro—acaba el gerente—que si pudiéramos servir todos los pedidos, aún aumentaría el volumen de ventas otro 200 ó 300 por 100.

* * *

De la elegante librería de la plaza de Castelar, saltamos a la calle de la Lonja.
Es un establecimiento modesto, donde los expertos suelen ir en busca de algún raro ejemplar de ediciones agotadas y los bolsillos angostos en pos de alguna economía, aun a trueque de pasar los dedos sobre las huellas digitales de otro lector, de manos no siempre limpias.
—Aventuras—nos dice el vendedor—; en estas casas es lo que más se vendía y sigue vendiéndose. Otras literaturas han sido casi desterradas; de novelas, apenas algún tomo de Galdós, de Blasco Ibáñez. Muchos vienen en busca de libros de técnica militar o industrial, que rara vez tenemos. Y como novedad, dentro del género de estos establecimientos, el libro social. Esto, en grandes proporciones.
Le preguntamos si, en términos generales, ha aumentado la venta.
—Enormemente; vendemos cuatro veces más que antes de la guerra.

* * *

Otra vez estamos en la plaza de Castelar. Ahora frente a un carrito de venta ambulante.
—¿Vendes mucho, camarada?
—Sí vendo, sí.
—¿Qué libros tienen más salida?
—Mira, yo no llevo más que libros sociales.
Echamos una mirada a la carretilla y, en efecto, leemos nombres de autores: Marx, Kropotkin, Rosa Luxemburgo...
—¿Y de entre todos éstos cuáles son los más pedidos?
—Los de tendencia anarquista. Vendo muchos Reclús, Urales, Kropotkin.

—¿Y en relación con la venta anterior a la guerra?
—Antes de la guerra yo no vendía estos libros. Verás, yo soy evangelista y vendía la Biblia por los pueblos. He pasado verdaderas calamidades; me han insultado, me han apedreado. Dirás que por qué te cuento estas cosas, pero tengo mi objeto. Hoy llevo la Biblia también, mírala; nadie se mete conmigo. ¿Tú no crees que esto se debe a la desaparición de los curas? La gente se va lavando de mugre católica con una naturalidad encantadora. Yo estoy orgulloso de nuestro pueblo y creo que España está llamada a un gran destino.
El vendedor ha dicho esto con una unción verdaderamente evangélica.
—¿Tú sabes si han aumentado los vendedores ambulantes en Valencia?
—¡Yo lo creo! Antes de la guerra sólo había un par de carritos; hoy somos cinco o seis, y, ya ves, yo vivo exclusivamente del libro social.

* * *

También nos hemos acercado a los quioscos de periódicos.
—¿Se venden muchos periódicos?
—Como siempre.
—Pero más que antes del movimiento, ¿no?
—Poco más o menos. Que ayer se vendía más el periódico neutro y hoy la gente busca el periódico de ideas.
—Y de éstos, ¿cual es el que más?
—"Fragua Social" y "Frente Rojo"; más del primero que del segundo.
—Pero, ¿es verdad que no ha aumentado mucho la venta después de comenzada la guerra?
—Si tenemos en cuenta el aumento de población, bien podemos decir que el promedio de venta es aproximadamente el mismo.

* * *

Nos hemos vuelto a casa un poco pensativos.
Quisimos buscar en los demás la explicación a un fenómeno anímico propio, y hemos descubierto otro fenómeno de signo contrario.
La guerra ha despertado en el pueblo, en los más, un ansia de leer, pero no de leer por leer, sino de saber, de conocer.
Esta conmoción social, sin duda, ha pillado desprevenidos a muchos, y mientras nosotros, de vuelta de los libros, hemos clavado la cuchilla de nuestra atención en los hechos, en la realidad viva, los más, sorprendidos en su desconocimiento, corren a buscar la explicación en los libros, apresuradamente, como si quisieran ganar el tiempo perdido.
Un pueblo que en medio del fragor de la lucha es capaz de hacer ésto es un pueblo que tiene asegurada la vida. Que lo aprendan bien nuestros enemigos.

LUCIA SANCHEZ SAORNIL

Fotos "Finezas"

montaje de fotografías contenidas en el perfil de la cara boquiabierta de un soldado con un casco [CAT. 286 p. 141], mientras que un tercero informa de la inclusión en la revista de «16 grandes páginas en huecograbado» y se ilustra con la fotografía de un soldado seguro de sí mismo cuya mirada parece saludar el anuncio de *Umbral* como una «revista del pueblo».

Muchas de las portadas de *Umbral*, en especial aquellas en las que aparecían fotomontajes complejos, fueron diseñadas por el artista valenciano Manuel Monleón. Mientras diseñaba para *Umbral*, Monleón creó también portadas para los libros y la revista editados por el colectivo Estudios, responsable además de la revista del mismo nombre, cuya publicación se había iniciado en 1929. Las portadas de Monleón, junto con las creadas por el artista valenciano Josep Renau, hicieron de *Estudios* una de las revistas visualmente más dinámicas de la época. En la mayoría de sus portadas para *Estudios*, Monleón empleaba colores intensos para destacar la yuxtaposición de un número reducido de elementos fotográficos y gráficos que generalmente creaban una relación entre una imagen del «antes» y otra del «después». En la portada del número especial de *Estudios* de enero de 1937 [CAT. 84 p. 145], el artista yuxtapuso una fotografía de una joven madre y su hijo con una representación de la estatua decapitada de un torso femenino. La representación icónica de una bomba que cae en medio de llamas de diversos colores con el rótulo «cultura fascista» proporciona un agente claro para la transformación de una imagen maternal en una ruina sin cabeza. La portada del mes siguiente [CAT. 85 p. 145] ofrece una interpretación similar del destino violento que el respaldo nazi a la insurgencia traería consigo: delante de la imagen recortada de una madre que amamanta a su hijo aparece un niño algo mayor crucificado en una esvástica como un sacrificio de la guerra. En *Umbral*, Monleón también empleó las fotografías de niños para crear narrativas visuales tanto de utopías esperanzadoras como de aterradoras escenas de guerra.

Tanto *Umbral* como *Estudios* podrían haber coincidido en los quioscos, las dos se editaban e imprimían en Valencia y las dos trabajaban con el mismo artista. ¿Qué impacto tuvo la simultaneidad de su publicación en su posición dentro del panorama de las revistas editadas durante la guerra? ¿En qué medida puede la participación de Monleón en ambas revistas haber garantizado su éxito? Se me ocurren al menos dos formas de enfocar estas preguntas. Consideremos en primer lugar la reputación de Monleón como artista. ¿Resultaba atractiva para los lectores la idea de poseer un ejemplar de los diseños de Monleón? ¿Daba su larga trayectoria de participación en la cultura impresa valenciana una mayor importancia a su obra, destacándose así las revistas de cuyas portadas era autor? En segundo lugar y de forma más

Las otras armas: EL FOTOMONTAJE Monleón

Monleón? ¿Monleón? Sí, me suena...

—¿Pero usted no ha vivido los medios artísticos? ¿No ha vagabundeado, con más o menos derechos, por los caminos del "arte"? En ese caso tiene que conocerle.

—Pues sí, amigo, ya voy recordando. ¿Decía usted que fabricaba muñecos de cartón piedra y pintaba abanicos? ¿Cómo? ¿Que cultivó la miniatura e hizo una notable exposición en Valencia, con gran éxito "moral"? No me diga, ya sé quién es. Vea cómo mi autenticidad "artística" queda demostrada.

—Ya veo, ya veo. ¿Pero no recuerda usted más sobre Monleón?

—¡Hombre, sí! Escuche. En cierta velada de café me contó su breve historia. De niño, apenas contaba doce años, fué vendedor de periódicos. Después, justamente, pintor industrial. Más tarde, ¡claro, claro!, los mil oficios a que obliga la bohemia forzosa de los artistas: pintura comercial, restauración de abanicos antiguos, dibujos para periódicos, ilustraciones, portadas de libros. Y todo esto dentro de una amable picaresca que perfuma nuestras horas de juventud. Vea usted, compañero reportero. Yo también me emociono, y solamente era comparsa. Aquellas horas de sueño y empeño, de juventud perecedera. ¡Ay!

—Vaya, Ruipérez, no se emocione, que me tiene que informar sobre la vida y obra de nuestro amigo Monleón.

—Bien, pregunte. Yo he hablado mucho con él. Ya sabe... Las tareas de café. Las noches de café... Y no es que el compañero fuese muy aficionado al ocio. Sin embargo..., ¿quién puede librarse de la droga cafeteril?

—Entonces, como usted dialogó tanto con el camarada Monleón, me va a transmitir sus opiniones sobre distintos puntos. ¿Recuerda si le dijo por qué vino a consagrarse al fotomontaje?

—Pues, sí. Recuerdo que un día le hice esa pregunta. Natural. ¿Cómo no interesarnos por la profesión y pasión artística de un amigo? Vino a responderme con estas o parecidas palabras: "No es que me haya consagrado al fotomontaje. Pero seguramente la circunstancia de ser uno de los pocos que en España inició esta nueva manifestación revolucionaria en el arte ha hecho que se me hicieran muchos encargos para realizarlos en esta técnica, y esto me ha facilitado y estimulado grandemente, hasta el punto de tener un verdadero cariño a este arte. Desde luego yo no soy su creador e ignoro quién lo fué, ciertamente. La mayor cantidad de trabajos de esta técnica los vimos en carteles soviéticos de los primeros tiempos de la Revolución. Esta técnica es asimilada rápidamente por los alemanes y los franceses, aun cuando se apartan de su origen, y cobran un sentido comercial en su mayor parte. Los montajes de John Heartfiel, publicados en la revista revolucionaria alemana "A I Z", nos marcaron una ruta firme en el objetivo revolucionario del arte. Técnicamente, podemos decir que dominamos el fotomontaje, y nuestra mayor preocupación es su contenido.

—Y dígame, compañero: ¿Preguntó acaso a Monleón en qué estriba el secreto de su fotomontaje o si en sí tiene secreto?

—Monleón no cree que el trabajo en sí tenga secretos. Sólo requiere el dominio de una técnica. Luego viene lo otro: el artista poeta. Este es quien, con mayor o menor profundidad, siente los problemas inmediatos de las masas trabajadoras. Vivir nuestro tiempo desde el pasado, y con el puño creador en el futuro. Actitud clásica. Y romántica también. Pensar el sentimiento. Sentir el pensamiento. Pero ya es el poeta. Recuerdo que nuestro camarada decía: "Vivir el ambiente que nos rodea, sumergirnos en él con pasión. Si sabemos sentirlo y plasmarlo y el ambiente es revolucionario, nuestra obra de arte será una obra revolucionaria."

—Bien, amigo, bien. Me está sacando de un apuro. ¡Ya ve si le estaré agradecido con lo pesado que resultan las entrevistas! Me resulta en el diálogo, ayudado de su buena memoria, como si fuese el mismo interviuvado. Tanto, que ya voy a dirigirme a usted cual si fuese el propio Monleón: ¿Crees que nuestra lucha ha creado nuevas manifestaciones artísticas?

—Nuevas manifestaciones artísticas, no. Se han acusado aquellas manifestaciones que ya existían. ¿Nuevos valores? Si te parece, vamos a esperar más tiempo. Observar, ver si, efectivamente, han surgido los nuevos valores que necesita la Revolución... El arte en general, a través de esta guerra no se ha colocado aun a la altura que debe...

—¡Magnífico, amigo; magnífico! Pues gracias y ¡salud!

—¡Salud! Y ya sabe dónde tiene un amigo: Monleón.

—¡Ja, ja! ¡Pero si usted no es Monleón, sino un amigo que sabe cosas de Monleón!

—¡Claro, es verdad! Yo soy un amigo de Monleón que...

Nuestro interlocutor desaparece. El amigo de los artistas se ha bebido siete vermouths y ya no sabe si es o no es Monleón. ¡Tiene gracia!

JAES

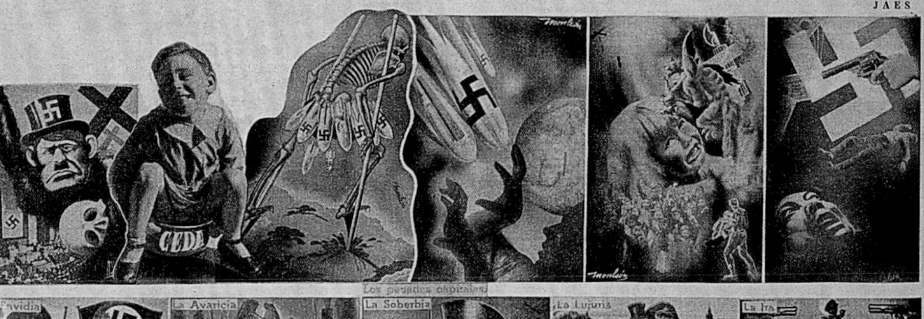

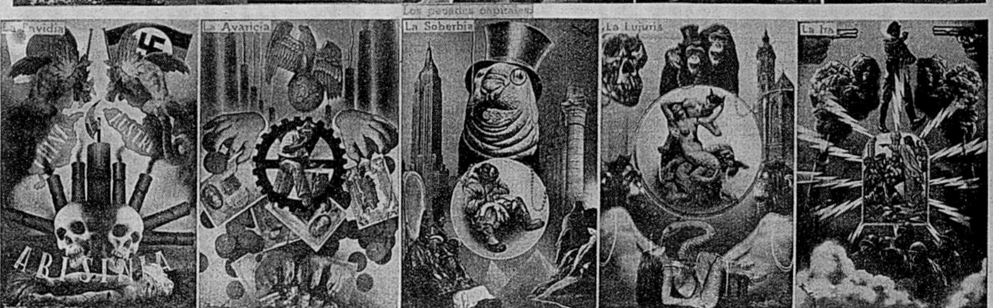

12 Umbral

[FIG. 24] JAES, «Las otras armas: el fotomontaje: Monleón». *Umbral* 8 (4 de septiembre de 1937): 12. Laboratorio Fotográfico de la Biblioteca Nacional, Madrid global, podríamos tener en cuenta la función general de las artes en *Umbral*. ¿Tuvo el respaldo de la revista a las artes visuales como elemento de diseño y como parte de su contenido editorial algún impacto en su capacidad de comercializarse como revista ilustrada con un amplio atractivo? Este segundo enfoque hace necesaria una metodología centrada en la historia de la publicación de la revista, en sus decisiones editoriales y en su capacidad de motivar a los artistas para que participaran en ella[59]. Por otro lado, la existencia continuada de una revista con tal riqueza de ilustraciones durante la guerra estaba condicionada, al menos en parte, por los ingresos derivados de las suscripciones, que a su vez dependían de una distribución eficaz que lograra llevar cada ejemplar hasta sus lectores a lo largo de un periodo de dos años.

Umbral creó una cultura de revista que giraba en torno a las artes visuales. Utilizaba sus artículos para promocionar a artistas, como Monleón, que colaboraban no sólo con *Umbral*, sino también con otras revistas de la época y, además de difundir sus obras a través de la cultura impresa, impulsaba sus trayectorias fomentando su presencia en exposiciones. En otoño de 1937, *Umbral* publicó una serie de artículos titulados «Las otras armas», con historias sobre artistas que publicaban en la prensa y que en su mayoría eran a la vez ilustradores (o al menos realizaban diseños para las portadas de las revistas) y escritores satíricos (creaban tiras cómicas y dibujos satíricos para los periódicos y las revistas). Uno de los primeros artículos, dedicado a Monleón y titulado «Las otras armas: el fotomontaje» [FIG. 24], fue una entrevista que hacía referencia al artista y a su biografía, pero revelaba pocos detalles aparte de que había vendido periódicos de niño, que había desempeñado diversos oficios para mantenerse como artista y que en sus montajes estaba influido por los carteles soviéticos y por las portadas diseñadas por John Heartfield para *A.I.Z*[60]. Otro artista incluido en la serie fue Ángel Lescar, *Les,* quien también usaba a veces la fotografía en los montajes que realizaba para la revista del frente *25 División*. El artículo, escrito por Carrasco de la Rubia, destacaba las otras publicaciones con las que colaboraba Les (*Tierra y Libertad*, *Popular Film*, *Solidaridad Obrera* y *Tiempos Nuevos*). Se atribuía al artista una gran capacidad para influir en la opinión de los lectores: «En sus manos [el lápiz] es cañón, tanque y ametralladora que perfora los cerebros,

[59] Para un estudio en profundidad de la revista *Estudios* y un análisis del estilo de gestión de sus editores (que seguían un modelo comercial capitalista a pesar de tratarse de una revista anarquista), así como un debate sobre la popularidad de la revista más allá de su público anarquista, véase Francesc Xavier Navarro Navarro, *El paraíso de la razón. La revista Estudios (1928-1937) y el mundo cultural anarquista* (Valencia: Edicions Alfons el Magnànim: Institució Valenciana d'Estudis i Investigació: Generalitat Valenciana, 1997).

[60] JAES, «Las otras armas: el fotomontaje: Monleón», *Umbral* 8 (4 de septiembre de 1937): 12.

que, al ver claro lo repugnante del fascismo, caen vencidos ante las verdades gráficas de 'Les'»[61] [FIG. 25].

Otra serie de artículos de *Umbral* estuvo dedicada a los pintores y, al igual que los de la serie «Las otras armas», los de ésta también pretendían establecer una conexión entre la obra de los artistas contemporáneos y los sucesos de la guerra. En enero de 1938, uno de los artículos de la serie, firmado por el autor JAES [FIG. 26], versó sobre el trabajo del joven artista Joan Borrás Casanova. En la entrevista, el autor describe la obra del artista como «un laboratorio en constante experimentación». Señala también que Borrás Casanova llevaba puestas «botas militares», a lo que el artista responde: «Sí, botas de militar. Tengo veintiocho años y estoy movilizado. Espero salir pronto a luchar por la revolución. Llevaré un fusil y unos ojos abiertos para 'ver' la vida»[62]. El artista, se nos explica, estudió pintura en Valencia y más tarde en Madrid. Inició su trayectoria como retratista, pero pronto se dio cuenta de que para ganarse la vida tendría que alterarse artísticamente con el fin de adaptarse a los gustos de sus clientes: «Entonces hube de comprender que la libertad artística va unida a la libertad política y económica de los trabajadores [...]. Es decir, para liberarme de los retratos de 'familia' necesitaba de la revolución. Y sentí la revolución como hombre y artista». Es la historia de un despertar a la conciencia política. En lugar de servir a los intereses de clase de la burguesía, Borrás reconocía que el único camino hacia la libertad artística era la identificación con la clase trabajadora. Esa transformación quedaba documentada en primera persona para los lectores de *Umbral*. El artista contaba su propia historia, con la revista como plataforma directa de comunicación entre el artista y el lector. De acuerdo con las aspiraciones expresadas en el primer número de la revista, *Umbral* era un micrófono para el artista y una pantalla para la proyección de su obra. Ambas cosas llegaban al lector: el testimonio (documento histórico) y la creatividad (la presentación del «laboratorio» del artista).

En abril de 1938, Borrás Casanova exhibió sus pinturas en las oficinas del colectivo anarquista valenciano Libre-Studio, que también publicó una revista homónima entre 1937 y 1938 [CATS. 133-137 pp. 139, 146-149]. Como *Umbral*, *Libre-Studio* fue un escaparate para el trabajo de numerosos artistas y sus portadas presentan una amplia variedad de técnicas y estilos artísticos. La artista húngara Kati Horna, amiga de Borrás Casanova, José María Escrivá y Miguel Marín (que también tenían un hueco en la prensa anarquista valenciana y catalana), publicó sus reportajes fotográficos en *Umbral* y en la revista barcelonesa *Mujeres Libres* [CATS. 161, 162, 280, 289, 315 pp. 150-155], mientras que su

[61] Carrasco de la Rubia, «Las otras armas: el lápiz: Les», *Umbral* 15 (23 de octubre de 1937): 13.

[62] JAES, «Pintura: J. Borrás Casanova», *Umbral* 22 (15 de enero de 1938): 14.

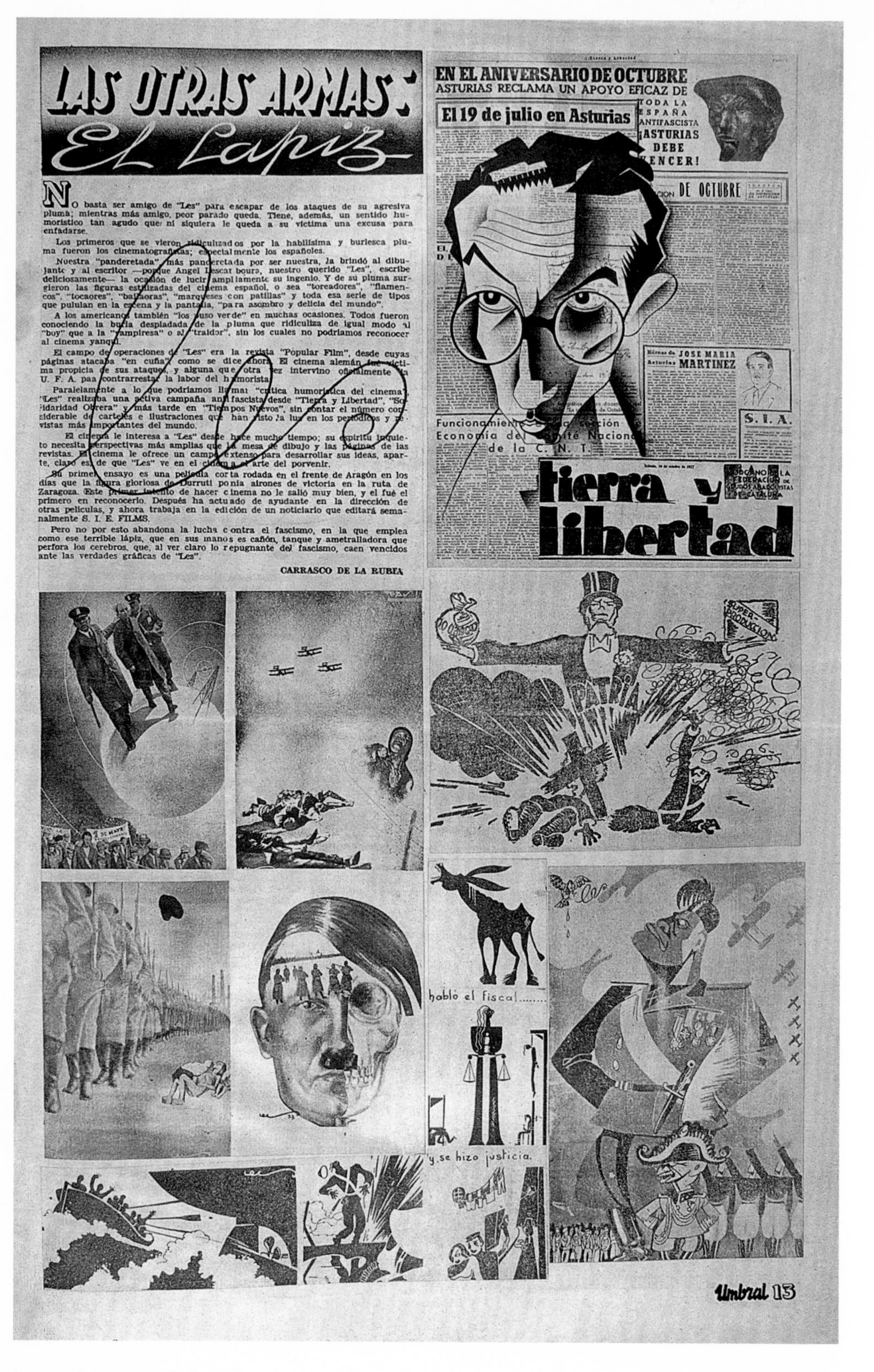

LAS OTRAS ARMAS: El Lapiz

NO basta ser amigo de "Les" para escapar de los ataques de su agresiva pluma; mientras más amigo, peor parado queda. Tiene, además, un sentido humorístico tan agudo que ni siquiera le queda a su víctima una excusa para enfadarse.

Los primeros que se vieron ridiculizados por la habilísima y burlesca pluma fueron los cinematografistas; especialmente los españoles.

Nuestra "panderetada", más panderetada por ser nuestra, la brindó al dibujante y al escritor —porque Angel Lescarboura, nuestro querido "Les", escribe deliciosamente— la ocasión de lucir ampliamente su ingenio. Y de su pluma surgieron las figuras estilizadas del cinema español, o sea "toreadores", "flamencos", "tocaores", "bailaoras", "marqueses con patillas" y toda esa serie de tipos que pululan en la escena y la pantalla, "para asombro y delicia del mundo".

A los americanos también "los puso verde" en muchas ocasiones. Todos fueron conociendo la burla despiadada de la pluma que ridiculiza de igual modo al "boy" que a la "vampiresa" o al "traidor", sin los cuales no podríamos reconocer al cinema yanqui.

El campo de operaciones de "Les" era la revista "Popular Film", desde cuyas páginas atacaba "en cuña", como se dice ahora. El cinema alemán fué víctima propicia de sus ataques, y alguna que otra vez intervino oficialmente la U. F. A. paa contrarrestar la labor del humorista.

Paralelamente a lo que podríamos llamar "crítica humorística del cinema", "Les" realizaba una activa campaña antifascista desde "Tierra y Libertad", "Solidaridad Obrera" y más tarde en "Tiempos Nuevos", sin contar el número considerable de carteles e ilustraciones que han visto la luz en los periódicos y revistas más importantes del mundo.

El cinema le interesa a "Les" desde hace mucho tiempo; su espíritu inquieto necesita perspectivas más amplias que la mesa de dibujo y las páginas de las revistas. El cinema le ofrece un campo extenso para desarrollar sus ideas, aparte, claro es, de que "Les" ve en el cinema el arte del porvenir.

Su primer ensayo es una película corta rodada en el frente de Aragón en los días que la figura gloriosa de Durruti ponía airones de victoria en la ruta de Zaragoza. Este primer intento de hacer cinema no le salió muy bien, y el fué el primero en reconocerlo. Después ha actuado de ayudante en la dirección de otras películas, y ahora trabaja en la edición de un noticiario que editará semanalmente S. I. E. FILMS.

Pero no por esto abandona la lucha contra el fascismo, en la que emplea como ese terrible lápiz, que en sus manos es cañón, tanque y ametralladora que perfora los cerebros, que, al ver claro lo repugnante del fascismo, caen vencidos ante las verdades gráficas de "Les".

CARRASCO DE LA RUBIA

[FIG. 25] Carrasco de la Rubia, «Las otras armas: el lápiz: Les». *Umbral* 15 (23 de octubre de 1937): 13. Laboratorio Fotográfico de la Biblioteca Nacional, Madrid

montaje *La catedral de Barcelona* se reprodujo en *Libre-Studio*[63]. En la reseña publicada en *Umbral* con motivo de la exposición de Borrás Casanova se percibe un ligero cambio en la descripción de la función de su arte en la contienda. Se nos recuerda la biografía del pintor, que parte a la guerra para experimentar la vida y la revolución con los ojos abiertos como hombre y como artista. Además de considerarla agente de una revelación personal de la conciencia de clase del artista, el autor del catálogo de la exposición, citado en *Umbral*,

[CAT. 222] 25 *División*, Portada: Les, noviembre 1937

[63] Manuel García (Entrevista con Kati Horna), *Lápiz*, vol. 20, núm. 173 (mayo de 2001): 66-71.

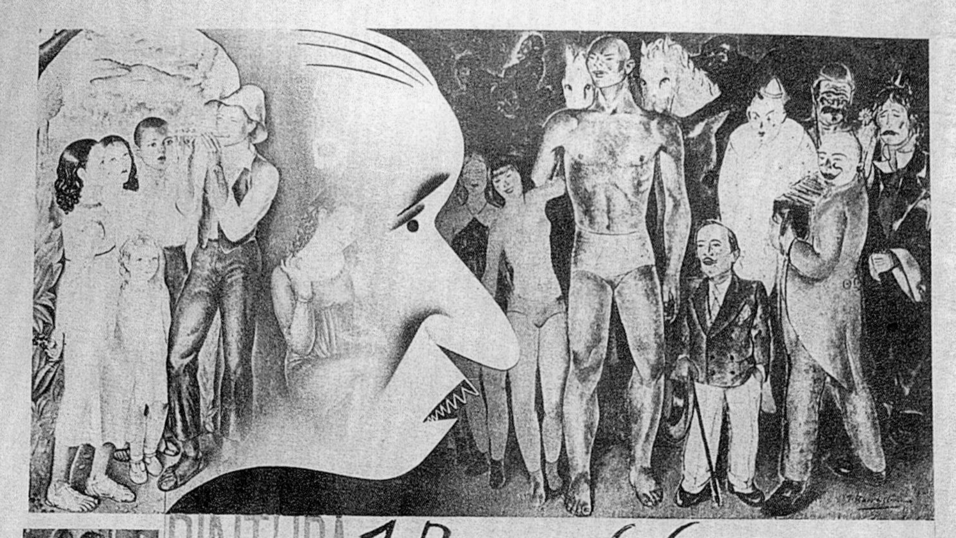

PINTURA J. Borrás Casanova

Dentro de la pintura valenciana podemos afirmar que Borrás Casanova representa la inquietud. No necesitamos recordar a Pedro Sánchez, Jenard Lahuerta y aquel otro pintor de cuyo nombre no nos acordamos.

Borrás Casanova se nos ofrece como un laboratorio en constante experimentación. Su pintura ofrece lo mejor del decoralivismo y un sentimiento poético de buena calidad.

Pero ya está él aquí, delante de nosotros, con su rostro impávido de niño chino.

A nuestra pregunta nos responde presto:

—Sí, botas de militar. Tengo veintiocho años y estoy movilizado. Espero salir pronto a luchar por la revolución. Llevaré un fusil y unos ojos abiertos para "ver" la vida.

—¿Cuándo comienzas a pintar?

Oculta los ojos tras la mampara de la recordación. Luego, sonríe:

—¡En verdad, en verdad, no lo sé! Pues... no lo sé. Tengo una vaga idea de que mi madre me hacía objeto de grandes responsabilidades domésticas. Los muros blancos de mi casa siempre estaban rayados por mis lápices de niño. Sólo recuerdo esto, que era una verdadera preocupación en el hogar. En fin, no te puedo decir nada fijo sobre los inicios de mi vocación artística.

—¿Y luego?

—Luego, aquí en Valencia, mi pueblo, voy con una carpeta bastante grande a la Academia de Artes y Oficios. Aprendo esas cosas que apenas sirven, si no es para asombro de la familia, en las fiestas "familiares". Después transcurre algún tiempo, quizá mucho, quizá poco, y un buen día me presento en Madrid. Es la adolescencia. Ya sabes lo que son los sueños artísticos de un adolescente. Y los problemas ingenuos, dentro de la casa paterna. "Yo seré pintor—piensas— y ganaré lo suficiente para vivir una vida independiente". Lo de todos los artistas. Y llegas a Madrid, suficiente mundo, aunque pequeño, para luchar y estar a punto de ser devorado.

—¡Sí, sí! ¿Qué hiciste allí?

—Pues retratos por una parte para subsistir; por otra, ejercicios en el "Casón" y en el Museo. Aprender. Copias de los grandes pintores que me encargan algunos clientes. Aprender. Siempre aprender grandes secretos técnicos en los grandes maestros. También vivo, leo, sufro. En fin, no está mal esta etapa de mi carrera. A ello debo lo poco que soy.

—Bien, dejemos esto. Cuéntame alguna anécdota de tu época de retratista.

—¡Verás, yo estaba ya lejos de la Academia. Y pensaba —soñaba— que los retratos debieran ser como yo los veía. Pues la "familia" que me encargaba un retrato opinaba de modo bien distinto. Y, claro, la catástrofe. Entonces me sacrificaba, es decir, cumplía la palabra empeñada con mi patrona, y era aquello del parecido y la flor y lo que quisiera tan "buena" gente. Fué cuando empecé a plantearme un problema: el de la libertad del artista. Porque luego era *el* concurso oficial, donde se llevaban los premios los pintores de "buena familia" artística..., ¿me comprendes?

Y claro, buscándole los pies al gato, de aquella situación vine a comprender que se necesitaba libertad económica para el arte libre. Comprendí que los que disponían del dinero estaban deformados artísticamente. Y que el pueblo, sensibilidad abierta, no tiene recursos. Entonces hube de comprender que la libertad artística va unida a la libertad política y económica de los trabajadores. De aquí a la revolución hay una consecuencia. Es decir, para liberarme de los retratos de "familia" necesitaba de la revolución. Y sentí la revolución como hombre y artista.

—Fué cuando fundé, con Serní, Horacio Ferrer, Hidalgo de Caviedes, Rosario de Velasco y otros compañeros, un grupo de acción. Celebramos algunas Exposiciones con "Suceso" e incorporamos un movimiento fructífero.

—Y dime, ¿qué efecto obró el Museo en ti?

—El Museo vino a facilitar mi vuelo poético, dentro de la norma mejor, del secreto técnico que me otorgaba.

—¿Qué disposición llevas al frente?

—Voy como hombre y me acompaña el pintor. Y no sé, no sé. Estoy emocionado...

JAES

14 Umbral

[FIG. 26] JAES, «Las otras armas: pintura: J. Borrás Casanova». *Umbral* 22 (15 de enero de 1938): 14. Laboratorio Fotográfico de la Biblioteca Nacional, Madrid

[CAT. 134] *Libre-Studio*, núm. 7. Página interior de J. Borrás Casanova, octubre 1937

describe la obra de Borrás Casanova como un sedante frente a la perturbadora experiencia de la guerra y un medio para elevar, a través de la exhibición pública del «profundo temperamento creativo» del artista, la moral de las personas. Tanto *Umbral* como *Libre-Studio* defendían que, por medio de la exhibición pública, el arte tenía el potencial de transformar al individuo y a la sociedad. Por ello, estas revistas de guerra —argumentaban los autores—, gracias a la publicación de obras de arte tenían también el potencial de convertirse en agentes del cambio.

diario confederal

teléfonos: redacción, 35901
administración, 35918

guzmán el bueno, 11
madrid, 6 de Mayo de 1937.

Compañero Mariano R. Vazquez.
COMITE NACIONAL

Compañero, salud.

Recibí tu atta. carta fecha 28 del p.p. en la que requerias mi colaboracion para la revista semanal "UMBRAL", próxima a salir a la luz.

En primer lugar tengo que agradecerte tu atención a mis modestos trabajos gráficos.

Paso a explicarte mi situación en "cnt" para que tu te dés perfecta cuenta de que me és de todo punto imposible acceder a las pretensiones que en tu carta expones.

Colabora en el órgano confederal como redactor gráfico, por lo que percibo un sueldo, fijado en nómina.

Por consiguiente mi dignidad de confederado, no me permite cobrar de dos sitios. Unica y exclusivamente puedo colaborar en la revista "UMBRAL" desinteresadamente, pudiendo contar vosotros con que por mi parte pondré todo el interes que esté a mi alcance, ya que se trata de otro medio de difusión de nuestras ideas.

Tomo nota de la forma de enviar las fotografias, por las que no percibiré cantidad alguna.

Respecto a lo que en tu carta expresas para que mis fotos fueran exclusivas (en caso de interesaros) para "UMBRAL", tengo que deciros que no entra en mis cálculos el exclusivismo y además es imposible por lo que anteriormente os detallo.

No dudando te sabrás hacer cargo de las consideraciones que te hago queda fraternalmente tuyo y de la Causa Libertaria

Joaquin Fernandez
Firmado

Joaquin FERNANDEZ VEGA

[CAT. 297]
Carta de Joaquín Fernández Vega (6-5-37) a *Umbral.*

[CAT. 286]
Umbral. Semanario Gráfico en Huecograbado

Umbral
SEMANARIO GRAFICO
EN HUECOGRABADO
16 PAGINAS
GUERRA
POLITICA
LITERATURA
CINEMA
TEATRO
ACTUALIDADES

[CAT. 211]
Tiempos Nuevos, abril 1937

[CAT. 284]
Tiempos Nuevos. Número extraordinario, julio 1936-1938

E. Vicente
Tiempos
NUEVOS
numero
extraordinario
19 de JULIO 1936·1938
LA MAS ALTA EXPRESION DEL
PENSAMIENTO ANARQUISTA

[CAT. 131]
Liberación, mayo 1937

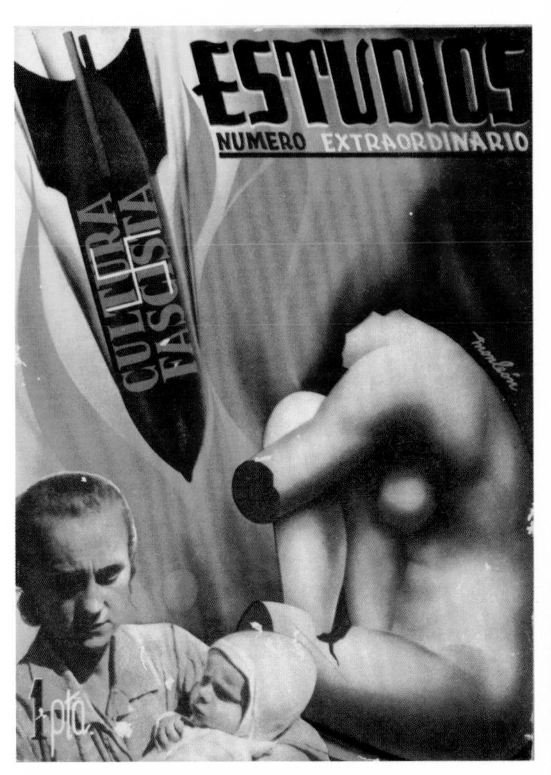

[CAT. 84]
Estudios, núm. 160. Portada: Monleón, enero 1937

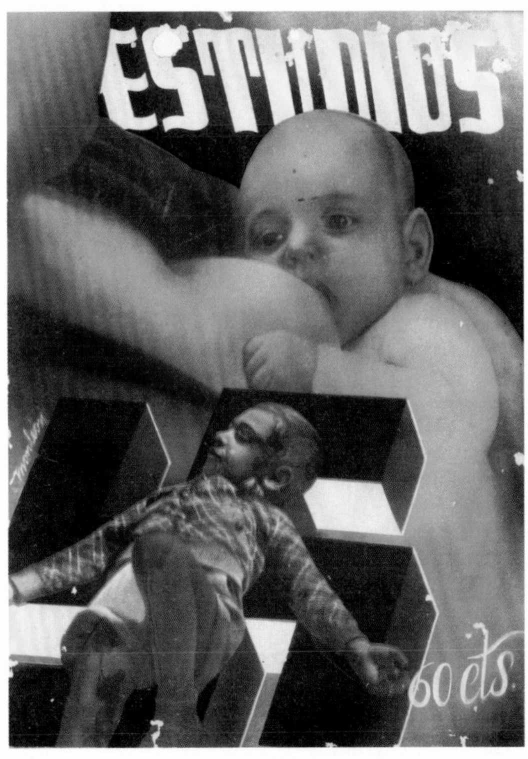

[CAT. 85]
Estudios, núm. 161. Portada: Monleón, febrero 1937

[CAT. 86]
Estudios, núm. 163. Portada: Monleón, abril 1937

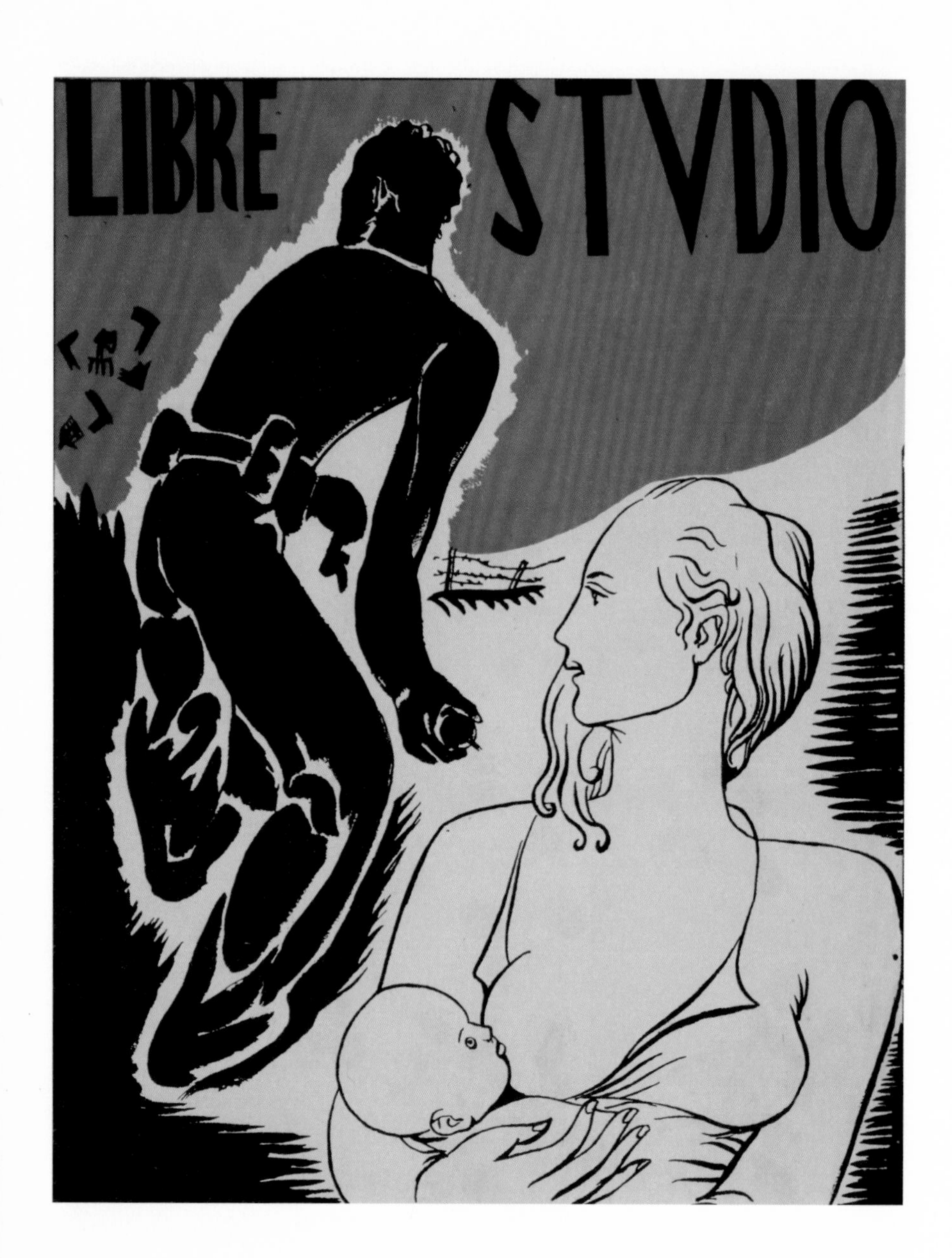

[CAT. 133]
Libre-Studio, núm. 5, abril 1937

[CAT. 137]
Libre-Studio, núm. 12, noviembre 1938

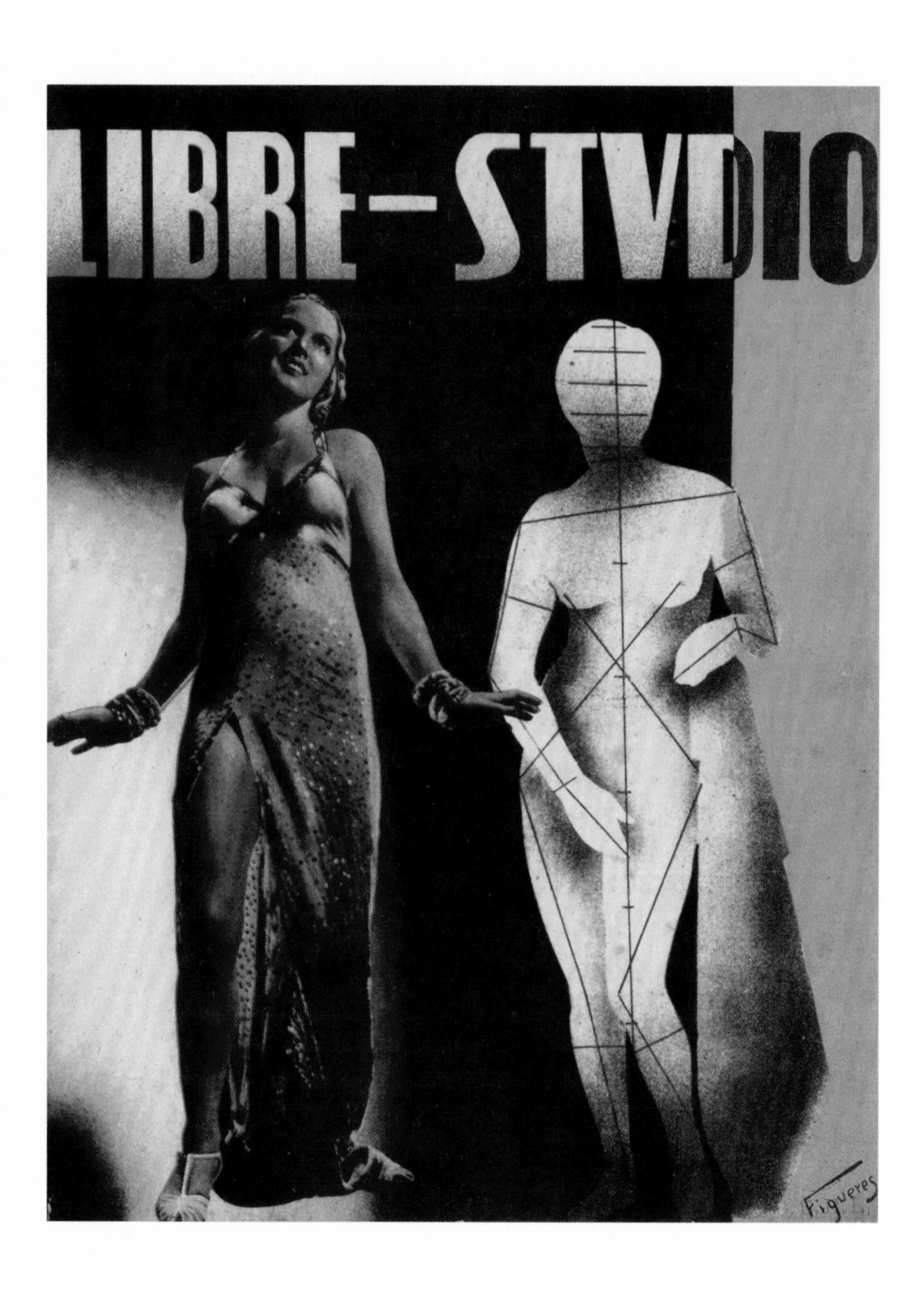

[CAT. 135]
Libre-Studio, núm. 8.
Portada: Figueres, enero 1938

[CAT. 136]
Libre-Studio, núm. 9.
Página interior: fotomontaje de Kati Horna, mayo 1938

LA MUJER ESPAÑOLA ANTES DE LA REVOLUCIÓN
COMPOSICION FOTOGRÁFICA DE KATI

[CAT. 289]
Actividades de la Federación Mujeres Libres, 1936

[CAT. 315]
Mujeres Libres, Cómo organizar una agrupación, ¿1937?

[CAT. 161]
Mujeres Libres, núm. 11, 1937

Páginas siguientes,
[CAT. 280]
Portada y contraportada de *Mujeres Libres*, 1937

mujeres
libres

No todos los héroes de nuestra guerra pisan tierra firme. La marinería leal puede dar fe. Su gesto rebelde de los primeros días se ha transformado en lucha constante y heroica. Contra ellos, todo: el avión negro, el navío pirata, la mina submarina, el torpedo traidor. Estos hombres del mar combaten y caen en el más profundo de los silencios. Son estímulo y ejemplo de los hombres que luchan en tierra. Su alta moral combativa les marca el sitio preferente de los héroes.

¡Viva la marinería leal!

REDACCIÓN

Lucía Sánchez-Saornil
Mercedes Comaposada Guillén
Amparo Poch y Gascón

¡Pueblos de España! Conocéis la obra negra. Os han arrancado la vida íntima y sencilla de vuestros humildes hogares. Os han destruido el tesoro arquitectónico, único y maravilloso. Y os han convertido vuestros campos fructíferos y alegres o serenos en campos de muerte. Las pocas paredes que os viven en pie han amparado a vuestros hijos hasta el momento más despiadado de los asesinatos en masa.

Sois la auténtica víctima, ¡pueblos de España! Por eso vuestra alma llora justicia.

Os debemos una España libre. ¡Pueblecitos nuestros! Todo espíritu sinceramente revolucionario siente este querer.

Os daremos una España libre y grande, ¡pueblos de España!

Administración

Plaza Cataluña, 4. - Teléfono 22050

BARCELONA

PRECIO:

30 cts.

mujeres libres

La unidad de los trabajadores es la victoria

La guerra que sostenemos no es una guerra capitalista; no nos mueve a defenderla un territorio, una corona. Luchamos dos clases y dos ideologías: trabajo contra privilegio, libertad amplia y positivamente constructiva contra dictadura. Nuestra guerra es una guerra revolucionaria. La unidad de los trabajadores la ganará.

XI mes de la Revolución

Nº 9

«AVANT» - CORTES 719 - BARNA.

[CAT. 162]
Mujeres Libres, núm. 10. Portada, 1937

[CAT. 162]
Mujeres Libres, núm. 10. Contraportada, 1937

Al compañero A. Fernandez Escobés
Director de " UMBRAL "
VALENCIA

Estimado compañero:La carencia absoluta de papel para tirar "REVOLUCION" nos obliga a suspenderle temporalmente,lo que me permite disponer de tiempo para dedicarloa colaboraciones.
Quiere ello decir que si interesa a " UMBRAL",puedo enviarte algunas cronicas de Madrid y frentes cercanos con informacion grafica de nuestro fotografo Tejero,un buen reportero grafico. Cada foto creo que las cobra a 8 pesetas.
De aqui pueden hacerse varios reportajes interesantes.
Si la propuesta te interesa,escribeme a mi nombre en " REVOLUCION" Lagasca,95,Madrid.

Tuyo y de la causa
El Director de"REVOLUCION"

Eugenio Jiménez Calderón

Hoy 5/7/37

[CAT. 295]
Carta a *Umbral* del director de *Revolución* (5-7-37) sobre la suspensión temporal de la revista y su posible colaboración con *Umbral*.

[CAT. 201]
Revolución, núm. 15, 1937

[CAT. 202]
Revolución, núm. 13, junio 1937

CVLTVRA Y PORVENIR

Clarín anarquista nacido del movimiento español

AÑO I EPOCA I — Seo de Urgel 21 de Marzo de 1937 — N.º 12

FAI

Argucias del Estado

El Estado no es más brutal que cauto. Cuando por medio de la fuerza no puede lograr sus objetivos de opresión sutiliza lo indecible para poder lograr por cálculo maquiavélico lo que no seria posible de otra forma. Así vemos surgir el Estado flotando por encima de todos los desastres, de todos los cracs políticos, de todas las crisis profundas de valores. El Estado surgió ileso de la hoguera de la gran revolución francesa porque aquella revolución se caracterizó por su orientación política y de mero tanteo en el terreno de las realizaciones integralistas. La Comuna de París no contó con una extensión lo suficiente ámplia ni estaban debidamente sazonados los ideales socialistas. Los paises eslavos pasaron quizá con demasiada precipitación del despotismo imperialista a la revolución popular sin ese intermedio de capacitación de la masa que tanto acrece el espíritu de superación del pueblo. El pueblo Ruso se encontró con una revolución en las manos y sin la suficiente agilidad mental para poder sacar de ella las consecuencias necesarias. Rusia que tantos pensadores y hombres de acción proporcionó a los paises de Occidente no pudo aprovechar para si estas élites ni de sus influencias directas. Bakunin y Kropotkin pertenecen a la galería revolucionaria de los paises propiamente europeos. Cuando los bolcheviques alegan ante los turistas en misión, que no se conoce en Rusia otra figura revolucionaria que Lenin, expresan el sentido de que Lenin fué de la galería revolucionaria eslava la figura que consiguió llegar al pueblo en virtud de haber triunfado su partido. Antes de la revolución Lenin no era más conocido que Kropotkin y el mismo Bakunin. Por lo que respecta a Tolstoy, sus teorias, al parecer inofensivas, fueron consideradas como una de tantas sectas religiosas variantes del puritanismo cristiano.

Venció en Rusia el marxismo por el simplismo en sí de la solución autoritaria. No porque el marxismo fuera ni más ni menos conocido que el anarquismo. La autoridad tiene teoricamente—no prácticamente—soluciones más simples. Con nombrar jefes y decir que estos jefes van a velar por la seguridad y la felicidad social, el problema está pranto resuelto. El pueblo, máxime uns curtido en experiencias sociales como el eslavo, adolece del prejuicio de inclinación por el menor esfuerzo. El menor esfuerzo es abdicar ante la autoridad toda la confianza, y todavía con más razón cuando esta autoridad tiene la facultad de los autotombos y la no menos de la autosuficiencia.

En Rusia la autoridad fue cauta para ser después brutal. La misma masa popular, las organizaciones obreras, se encargaron de infiltrar en los trabajadores el prejuicio estatal cosa que no hubiera logrado realizar directa ni completamente ningún gobierno. Y es ahí donde conviene llamar la atención. Cuando las organizaciones ayer revolucionarias se comprometen en la responsabilidad del gobierno, surge automáticamente una revolución del Estado y de la Autoridad. Y todas las reacciones profundas que registra la historia se producen cuando los caudillos de la rebeldía claudican ante unas representaciones políticas y la masa popular, ayer díscola a la autoridad, cree ahora en ella a través de estos revolucionarios renegados, como cree siempre una madre en la virginidad de su hija desflorada.

En España estamos propensos a reproducir este caso histórico. Todos sabemos en virtud de que procedimiento ha podido levantarse el socialismo de Casas Viejas y el «esquerrismo» de Badía. Todos sabemos con que facilidad, después de los sucesos de Julio último, los políticos de todos los matices, principales causantes de la envestida fascista, han podido levantar cabeza, y lo que es más grave, y es ya se creen—los ayer automizados por el desprestigio—con fuerzas y arrogancia para echársenos al cuello. La intervención confederal ha revalorizado al Estado y a los estadistas. Y como no se puede ser anarquista y estar a la vez en un gobierno, vemos con rapidez se desmoronan todas las conquistas de la revolución cifradas, en la destrucción del militarismo y en el pueblo armado en la retaguardia. El Estado por si mismo no hubiera podido imponer ciertos decretos ultrarreaccionarios entre lo reaccionario que hay siempre en todo decreto. Había necesidad de un medio, coraza o fiador que se prestase a dorar la píldora. Y tengamos la franqueza de proclamarlo: este papel lo ha podido hacer la CNT. Ya discutiremos en otra ocasión sobre esa sofística de las circunstancias con tanta frondosidad sacadas a colación.

J. Peirats

> La Iglesia y el Estado constituye una banda asociada; forman una vasta asociación de malechores; están unidos en el crimen y en la impostura. El proyecto de separarlo es vano; el de oponerles el uno al otro para romper el pacto que, secreta o abiertamente, les liga; tiene demasiados intereses comunes para combatirse.
>
> Asociados y cómplices lo són; y permanecerán cómplices y asociados en tanto que existan. Una montaña de cadáveres les une para siempre. Juntos viven; juntos sucumbirán.
>
> Su consigna contra el proletariado es: «miséria y servidumbre». La consigna del proletariado contra ellos es: «bienestar y libertad».
>
> SEBASTIAN FAURE

Brotan suspiros desgarradores, de esa infancia que vislumbra la tragedia de la guerra.
Esta es la obra cristiana, a través de sus veinte siglos de predominio y martirio.
He aqui la infancia redimida, presentada por una religión arcaica y oscurantista.
¡Hambre, miseris, dolor! Esta es la estampa que resalta de los barrios obreros.
Cuando debiera ser para ellos, un campo de amor, un sueño de dulzura, un vergel de placer, la metralla les destroza la felicidad entregándolos a la muerte.
Edificios destrozados; maestros asesinados: madres escarnecidas...
En esta esfinge macabra la política tambien tiene su ingerencia descarada. Producto de la Religión. Alma de la política. Nervio capitalista.
Ya lo sabemos son los mismos de siempre.
Religión, Estado y Capital. Civilizadión fascista...

[CAT. 55]
Cultura y Porvenir. Portada: fotomontaje de Josep Renau, marzo 1937

CVLTVRA y PORVENIR

Clarín anarquista nacido del movimiento español

AÑO I EPOCA I — Seo de Urgel 11 de Abril de 1937 — N.° 15

FAI

RIERA

Con las ideas y con las armas, defenderemos los revolucionarios la libertad del pueblo

[CAT. 56]
Cultura y Porvenir. Portada: Riera, abril 1937

UNA PÁGINA MAESTRA

De la propaganda

Bertrand Russell

La propaganda puede ser definida como todo intento que trata, por medio de persuasión, de alcanzar adhesiones a un partido o a una polémica. Se distingue de la persecución por los métodos empleados, que suponen eliminación de la fuerza, y la creación de un sentimiento de partido. Puede diferir de la instrucción sólo en los móviles, puesto que puede consistir (aunque ello sea lo excepcional) en procurar la exactitud de la información. Pero, aun en este caso, la propaganda tiende a excluir las tendencias contrarias a aquellas que divulga. El elogio y la invectiva, opuestos al análisis psicológico o científico caben en la propaganda, aunque la mayor parte de los hombres tengan virtudes y defectos bastantes como para perdonarse mutuamente la falsedad. De este modo se hace posible escribir, v. gr., la historia de un país desde un punto de vista amistoso u hostil, ocultando las verdades que no convenga comunicar. La impresión comunicada al lector es incorrecta, pero sólo en cuanto a las omisiones.

En toda educación la propaganda juega su parte. Nadie puede evitar la expresión de sus aversiones y de sus preferencias, y desde el momento que así sucede, se está haciendo propaganda entre los alumnos. La cuestión, pues, no es la de si en el educador hay o no propaganda, sino en qué medida, en qué dirección, como también si en algún período de la educación se hace lo posible para librar a la juventud de la influencia de la propaganda enseñándole métodos para llegar a la formación de juicios imparciales.

La parte que la propaganda tiene en la educación ha crecido desde la Reforma. Los primeros en perfeccionar la técnica de la propaganda fueron los jesuítas, que, consiguiendo el control de la educación, consolidaron las conquistas a través de la Contrarreforma. Pero los protestantes no se quedaron atrás, utilizando para sus fines la Inquisición española, los fuegos de Smithfield o las conspiraciones de Gunpowder. El siglo XVIII, en contraste con el XVII, fué una excelente ocasión para la libre propaganda bajo la Revolución francesa. Las guerras del siglo XVIII, tan temibles al estallar, no fueron muy feroces ni impidieron que los combatientes se guardaran mutuos respetos. Pero el jacobinismo imprimió un espíritu más severo en Europa, y mientras en la larga lucha contra Napoleón, Inglaterra se hizo muy insular, los alemanes se sintieron muy patriotas. Desde entonces acá el conflicto entre el progreso y la reacción ha sido más enconado, y el nacionalismo ha jugado un papel creciente en la vida ordinaria. Hoy las naciones, y hasta los grupos políticos entre sí, dentro de una nación, están completamente divorciados no sólo por sus creencias, sino por lo que saben y lo que no saben, por las opiniones de los hombres preeminentes y por sus esperanzas y temores respecto del futuro.

La propaganda es, primero, un efecto, y después, una causa de las divisiones que existen en el mundo moderno. Antes de la Reforma había una cierta unidad en Europa. Los heréticos fueron perseguidos, y la propaganda, en el sentido actual, no era necesaria. Durante las guerras religiosas, por el contrario, la victoria o la derrota se debía al poder de las ideas. La victoria de Francia en las guerras revolucionarias se debió a la energía y entusiasmo generados por la propaganda jacobina. El socialismo y el comunismo se han edificado enteramente por la propaganda...

● ●

5. OBJETOS DE DESEO O EL PODER DE LA PROPAGANDA

«La propaganda es, primero, un efecto, y después la causa de las divisiones que existen en el mundo moderno»[64]. Bertrand Russell, «De la propaganda», *Estudios*, septiembre 1936 [FIG. 27]

Trazar el mapa de los principales centros de producción de revistas ilustradas durante la guerra desvela tanto las verdades como las ficciones acerca de los organismos centrales que editaban propaganda durante la guerra. Como hemos visto, las geografías del diseño dictaban que, para crear y distribuir revistas de calidad, era necesario disponer de imprentas, obreros y suministros. Sin embargo, también hemos visto que, durante la guerra, prácticamente todos los grupos producían revistas y lo hacían casi en todas partes, desde las trincheras hasta las fábricas, y tanto en formatos hechos a mano como producidos industrialmente. Seguir la trayectoria de los cargos institucionales de los directores de estas revistas, así como los antecedentes de las propias revistas, puede resultar desconcertante, porque los organismos, los editores y las redes de distribución se renegociaban constantemente. La nomenclatura asignada a los ministerios, así como a los individuos a cargo de dirigir las campañas de propaganda de ambos bandos, tampoco ayuda a dilucidar estas cuestiones. La estratificación burocrática, los desacuerdos políticos y las jerarquías de mando dificultan enormemente la elaboración de una descripción organizativa de la producción de cultura impresa y la convierten en uno de los mayores desafíos a la hora de descifrar la relación entre los artistas, la política gubernamental y la aparición de las revistas ilustradas durante la guerra.

Lo que parece estar claro es que dos de las principales ubicaciones de producción de las revistas ilustradas más señaladas y visiblemente modernas de la guerra fueron Barcelona y San Sebastián. Los principales organismos asociados con estas dos ciudades eran, respectivamente, el Comissariat de Propaganda de la Generalitat de Catalunya [CAT. 271 p. 188] y la Delegación Nacional de Prensa y Propaganda de Falange (que se convertiría en la Dirección General de Propaganda durante el régimen franquista) [CAT. 287 p. 224]. Mientras que Barcelona constituía tanto la sede del Gobierno catalán como la principal ubicación de las imprentas, los recursos materiales y los artistas, en San Sebastián la situación era mucho más compleja. Como José Ángel Ascunce ha explicado, desde un

[FIG. 27] Bertrand Russell, «De la propaganda». *Estudios: Revista Ecléctica* 156 (septiembre 1936): 48. Laboratorio Fotográfico de la Biblioteca Nacional, Madrid

[64] Bertrand Russell, «De la propaganda», *Estudios* 156 (septiembre 1936): 48.

punto de vista burocrático los principales centros culturales y políticos de las zonas controladas por el bando franquista eran Burgos (como centro de gobierno), Salamanca (como sede de la Delegación de Prensa y Propaganda del Estado) y Pamplona (como centro de la Delegación de Prensa y Propaganda de Falange). Sin embargo, el principal centro de producción de publicaciones ilustradas —y por tanto el lugar con más recursos artísticos y culturales— del bando insurgente era San Sebastián[65]. Así las cosas, tenemos dos modelos organizativos muy distintos, cada uno de los cuales generó una cultura de las revistas distinta, si bien ambos fueron icónicos durante la guerra por la publicación de sendas revistas de gran formato y profusamente ilustradas.

Ambas organizaciones, el Comissariat y la Falange, pusieron todo su esfuerzo en la creación de una serie de publicaciones periódicas para un público diversificado distribuidas tanto en España como en el extranjero. En este sentido, trabajaron duro para dar prestigio a sus revistas, que para muchos representaban las realidades de la guerra transmitidas a través del modelo de una publicación de gran formato y magníficamente diseñada. Ambas organizaciones utilizaban carteles y publicidad en otras revistas para ganarse a su público, y ambas empleaban a artistas destacados, muchos de los cuales procedían de las corrientes artísticas y de diseño más avanzadas anteriores a la guerra (tanto las denominadas vanguardistas como las comerciales). También existen diferencias significativas entre las revistas bandera de ambas organizaciones: *Nova Iberia* [CATS. 173, 174, 175 p. 189] era publicada por el Comissariat como una de las revistas con mayor valor de producción y aparecía en varios idiomas; de ella sólo llegaron a ver la luz tres números. Estaba diseñada, principalmente, como un objeto de propaganda orientado a poner de relieve el papel del Comissariat y a fomentar la lucha internacional contra el fascismo. Los artículos de la revista giraban en torno a las iniciativas del Gobierno. No se trataba tanto de una revista periódica popular como de una embajadora, cuidadosamente compuesta, de la cultura catalana y de las reformas educativas, agrícolas y políticas llevadas a cabo por el Gobierno desde la guerra (con algunos artículos acerca de los programas de la época republicana anterior a la guerra). La revista falangista *Vértice* [CATS. 224, 229 p. 163] se publicaba en castellano, aunque se distribuía en otros países e incluía resúmenes de contenido en francés, alemán, italiano e inglés. Se publicó ininterrumpidamente entre 1937 y 1946. También estaba concebida como una herra-

[65] José Ángel Ascunce, «San Sebastián y *Vértice*, sede y expresión ideológico-cultural de la primera época franquista», *Estudios sobre Historia del Pensamiento Español (Actas de las III Jornadas de Hispanismo Filosófico)*, ed. Antonio Jiménez García (Santander: Asociación de Hispanismo Filosófico, Fundación Histórica Tavera, Sociedad Menéndez Pelayo, 1998), 321.

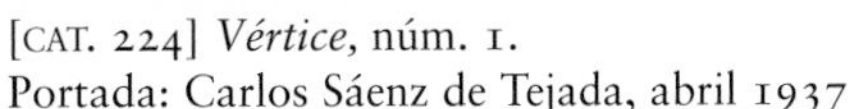
[CAT. 224] *Vértice*, núm. 1.
Portada: Carlos Sáenz de Tejada, abril 1937

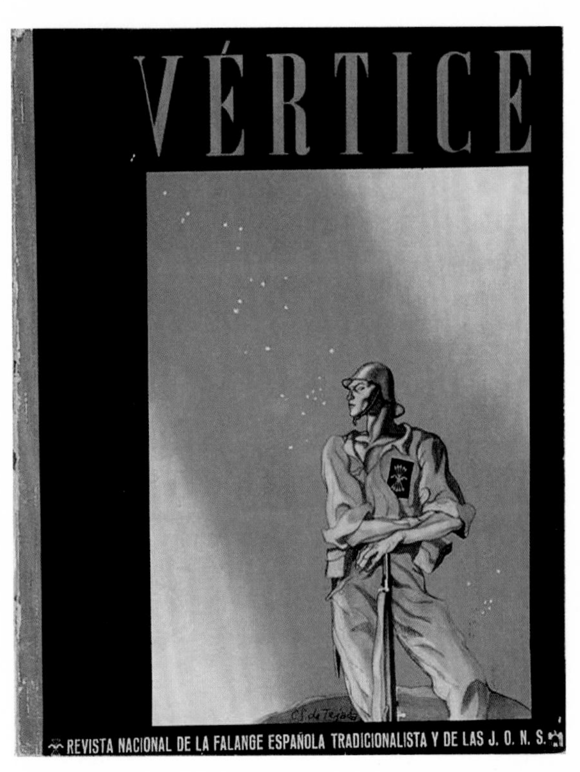

[CAT. 229] *Vértice*, núm. 6
Portada: Carlos Sáenz de Tejada, noviembre 1937

mienta de propaganda, y declaraba sin tapujos los lazos políticos de la Falange con Alemania, Italia y Japón. Era una revista cara (oscilando entre las tres pesetas que costaba al inicio de la guerra y las nueve de los números especiales)[66], dirigida, como ha señalado José Carlos Mainer, a un lector de clase media, con artículos que abarcaban un extenso abanico de temas, desde la moda, la decoración de interiores y el humor a los mítines políticos y los programas de servicios sociales. Ambas revistas contaban con la colaboración de los escritores, los artistas y los diseñadores más destacados de la nación y se elaboraban como escaparate de sus respectivos organismos, una suerte de imagen idealizada que templaba la cobertura de la guerra con una falsa ilusión de prosperidad.

Si bien ambas revistas se han convertido en representaciones icónicas de la cultura impresa de la Guerra Civil y en piezas testimoniales de las iniciativas de propaganda de sus respectivos organismos, a ninguna de las dos se las ha identificado principalmente con sus editores (Pere Català-Pic como director de publicaciones del Comissariat y Manuel Halcón como primer director de *Vértice*). En su lugar, tanto en aquel momento como posteriormente, se las ha asociado a los directores de las organizaciones que pusieron en marcha las

[66] Ibíd., 327.

iniciativas de propaganda mayores (como fue el caso de Jaume Miravitlles en Barcelona) o habían sido designados durante el último año de la guerra (como es el caso de Dionisio Ridruejo, que fue director de Propaganda bajo el régimen franquista desde febrero de 1938 hasta 1940). Tanto Miravitlles como Ridruejo publicaron memorias después de la guerra, y a los dos se los conoce por su enérgico apoyo a la cultura impresa, especialmente en el ámbito de las revistas literarias y artísticas. Como directores de sendos principales organismos de propaganda, ambos asumieron un activo papel de apoyo a otros artistas y escritores durante la guerra, a la par que publicaban sus propios artículos en prensa.

Durante la guerra, la Falange prestó atención a la propaganda producida por el bando leal, y el Comissariat fue pronto objeto de un artículo en la revista fotográfica ilustrada *Fotos* [CAT. 101 p. 216]. El artículo, fechado en abril de 1937, se centraba específicamente en el trabajo del Comissariat y describía la propaganda de los «rojos» como una farsa criminal que había puesto patas arriba los roles sociales y las normas literarias. Estaba ilustrado con fotografías de las publicaciones del propio Comissariat, incluidas las de Agustí Centelles, que tuvieron una amplia difusión tanto a través de la revista del Comissariat *Visions de Guerra i de Reraguarda* [CATS. 255, 256 pp. 196, 197] como en publicaciones extranjeras durante toda la guerra. En el artículo, Ramón de Sanchis arremetía directamente contra Miravitlles: «Al frente del Comisariado está el ex-vendedor de periódicos y libelos comunistas Jaume Miravitlles, un individuo que la única pasión que ha tenido en su vida, ha sido la de vivir sin trabajar...»[67]. Tras darles un repaso a los colaboradores del Comissariat y a lo que él describía, con las típicas formas propagandísticas, como la historia de corrupción de la organización, De Sanchis hacía una observación astuta: «Uno de los aspectos de la propaganda más empleados [por el Comissariat] es la gráfica, tanto en periódicos como en pasquines callejeros». Del tono del resto de sus comentarios se deduce que De Sanchis atribuía al uso de demasiadas imágenes un valor peyorativo y lo interpretaba como una prueba más de la desconexión del Comissariat (y por tanto de Miravitlles) de las realidades de la guerra, a pesar del hecho de que los editores de las propias revistas de cabecera de la Falange (incluida *Fotos*) se jactaban de su capacidad para publicar revistas repletas de ilustraciones.

En contraste con el cinismo de De Sanchis estaba la propia valoración que Ridruejo hacía del Comissariat, publicada en *Casi unas memorias*. Ridruejo expresa abiertamente su admiración por Miravitlles y los logros de los organismos de propaganda del bando leal. Evocando su entrada en el despa-

[67] Ramón de Sanchis, «Estampas de Barcelona en barbarie: El comisario de prensa y propaganda de la Generalidad», *Fotos* 9 (24 de abril de 1937), n.p.

[FIG. 28] «Burgos, noviembre de 1938, Sección Plástica de Propaganda» (Fondo Fotográfico, «Guerra Civil», Caja 74-bis, Sobre 16, Biblioteca Nacional, Madrid). Laboratorio Fotográfico de la Biblioteca Nacional, Madrid

cho de Miravitlles a su llegada a Barcelona durante la primavera de 1939 con el ejército de Franco, escribió:

> Encontré, perfectamente ordenadas, todas las publicaciones catalanas y castellanas producidas durante la guerra, incluidas las revistas de mayor relieve, como *Hora de España*. A simple vista se veía que los medios de propaganda republicana habían sido muy superiores a los nuestros y su asistencia intelectual mucho más extensa, valiosa y organizada[68].

La valoración de Ridruejo era acertada. Como hemos visto, el bando republicano había puesto mucho más énfasis en la producción de propaganda en todos los niveles —desde las trincheras del frente hasta las organizaciones culturales más elitistas— y veía la cultura (especialmente la literatura y las artes plásticas) como una poderosa herramienta para luchar contra lo que entendía que era la tiranía del fascismo. Desde el punto de vista organizativo, el Comissariat también era una de las organizaciones más eficientes en la creación y la difusión de sus publicaciones, gracias en gran parte a la extensa red de contactos de Miravitlles, particularmente en Francia. Mientras que en el bando insurgente los distintos centros de autoridad estaban diseminados por todo el país, con la producción gráfica radicada en su mayor parte en San Sebastián, pero el poder político y la administración de la propaganda localizados en otros lugares, el bando leal contaba con unidades de publicación centralizadas y órdenes administrativas para coordinar, consolidar y conservar la propaganda durante la guerra.

[68] Dionisio Ridruejo, *Casi unas memorias* (Barcelona: Planeta, 1976), 167.

Si bien en la jerarquía militar de la Falange y en el Gobierno de Franco había quien creía que el trabajo de creación de una cultura plástica [FIG. 28] que realizaban los artistas tenía menos valor para el Movimiento que el «verdadero» trabajo de la guerra[69], Ridruejo concedía una gran prioridad a la literatura y a la cultura como formas de propaganda, razón por la cual quedó tan impresionado por lo que vio en Barcelona. Este parecer lo compartían también Fermín Yzurdiaga Lorda (director de la revista *Jerarquía: Revista Negra de la Falange* y director de la Delegación Nacional de Prensa y Propaganda), Pedro Laín Entralgo (jefe del Departamento de Publicaciones y secretario de la revista *F.E.*) [CATS. 87-92 p. 212], Eugenio d'Ors (que más tarde asumiría el cargo de jefe de Bellas Artes bajo Franco), Juan Cabanas (artista vasco influido por la estética del fascismo italiano[70] y jefe del Departamento de Plástica) [FIG. 29], Joan Ramón Masoliver (a quien Ridruejo encomendó la gestión de la oficina de Burgos del Departamento de Propaganda), el especialista en publicidad Antonio Rivière y el fotógrafo J. Compte [CATS. 242, 243, 250, 252, 312 pp. 230-233] (a los que Ridruejo caracterizó como «curiosa pareja catalana» en sus memorias) y Ernesto Giménez Caballero (que había publicado las revistas *Gaceta Literaria* y *Robinson Literario* y el libro *Arte y Estado* antes de la guerra, y escribió textos clave sobre estética para *Vértice* y otras revistas de guerra, si bien bajo el régimen de Franco se convirtió, en palabras de Douglas Foard, en «el falangista olvidado»[71]).

Los desafíos a los que se enfrentaban los insurgentes para crear una eficaz propaganda ilustrada fueron documentados por varios de los individuos implicados en lo que podría denominarse la prehistoria del Servicio Nacional de Propaganda, que Ridruejo dirigiría a partir de 1938. En su relato sobre la fundación de la Jefatura Nacional de Prensa y Propaganda de las J.O.N.S., Vicente Cadenas y Vicent explicaba que la clave para sacar las primeras revistas ilustradas de la Falange había sido su capacidad para convencer a Manuel Hedilla (director de la Falange en Burgos hasta la unificación de la F.E.T. y las J.O.N.S. bajo el liderazgo de Franco en abril de 1937) de que San Sebastián era la única ubicación de producción viable para la propaganda. Como evocaba en 1975:

> Un breve recorrido por toda la zona Norte, desde Zaragoza hasta La Coruña, me hizo pensar que únicamente en un punto cercano a la frontera [con Francia] se

[69] El desequilibrio en la elaboración de un discurso artístico durante la guerra por parte de las organizaciones políticas de izquierda y de derecha ha sido tratado en el libro de Ángel Llorente *Arte e ideología en el franquismo (1936-1951)* (Madrid: Visor, 1995), 26-32.

[70] Entrevista con Cabanas publicada en el diario donostiarra *Unidad* el 14 de diciembre de 1936. Citada en Miriam Basilio, «Genealogies for a New State: Painting and Propaganda in Franco's Spain (1936-1940)», *Discourse* 24.3 (Otoño 2002): 80.

[71] Douglas W. Foard, «The Forgotten Falangist: Ernesto Giménez Caballero», *Journal of Contemporary History*, vol. 10, no. 1 (enero de 1975): 3-18.

[FIG. 29] Juan Cabanas, *Ya presentimos el amanecer en la alegría de nuestras entrañas*, 96,5 x 68 cm, PS Carteles-1974. España. Ministerio de Cultura. Archivo General de la Guerra Civil Española

debía montar la Jefatura Nacional de Prensa y Propaganda, pues éste era el único sistema de recibir noticias continuas y organizar una serie de actividades de las que estaba tan necesitada la Prensa de Falange[72].

Cadenas y Vicent explicaba además que San Sebastián era única entre las zonas dominadas por los insurgentes, debido a la infraestructura de publicación existente y a la posibilidad, gracias a su proximidad con la frontera, de obtener material —papel, zinc para los fotograbados, tinta y piezas de recambio para las imprentas— al que la Falange no podía acceder desde las áreas ocupadas. La mayoría de las fábricas de material relacionado con la imprenta estaban ubicadas en los territorios dominados por el bando republicano, e incluso con el equipo y los talleres que existían en San Sebastián, Cadenas y Vicent recordaba que para poner en marcha una cadena de imprentas, equiparlas adecuadamente y reunir a obreros cualificados tuvo que recurrir a los recursos existentes en muy diversas ubicaciones, tanto de San Sebastián como de fuera.

En la reedición de 1975 de las *Actas* de la última reunión de la Falange Española de las J.O.N.S. y del *Plan Nacional de Prensa* de 1937, Cadenas y Vicent reconoció que sus ideas sobre la creación de la Jefatura Nacional de Prensa y Propaganda estaban inspiradas en el Ministerio de Propaganda alemán. De acuerdo con el Plan, el organismo supervisaría la publicación de «periódicos diarios, semanarios y revistas de diferentes aspectos, agencias de difusión y colaboración»[73]. Relató que con el respaldo de Hedilla y el establecimiento de las imprentas en San Sebastián, en cuestión de meses empezó a publicarse *Vértice*, a la que él comparó con «la *Ilustración* francesa en cuanto a tamaño»[74], y *Fotos* [CAT. 103 p. 216], «cuya importancia es enorme, ya que, de tipo análogo al de *Estampa* y *Crónica*, y por lo tanto de gran po-

[72] Vicente Cadenas y Vicent, *Actas del último consejo nacional de Falange Española de las J.O.N.S. (Salamanca, 18-19-4-1937) y algunas noticias referentes a la Jefatura Nacional de Prensa y Propaganda* (Madrid, 1975), 12.

[73] Ibíd., 19.

[74] Ibíd., 30.

REVISTA
PARA LA MUJER
SPAÑA
JUNIO 1938
PRECIO:
DOS PTAS.

[CAT. 261] *Y*, núm. 5. Portada: Pedro Pruna, junio 1938

pularidad entre las clases humildes, podrá ejercer una gran influencia desde el punto de vista de nuestra doctrina»[75]. El *Plan* también anunciaba la futura publicación de las revistas *Flecha* [CATS. 96, 97 p. 209] y *FE*, un periódico matutino, un periódico oficial de la tarde, un boletín oficial de la Falange, una revista de humor semanal, un semanal deportivo, una revista quincenal para mujeres [CAT. 160 p. 38], una revista literaria y filosófica mensual, una revista agrícola mensual y una revista artística mensual «sin palabra nin-

[75] Ibíd. *Estampas* y *Crónica* eran publicaciones ilustradas que existían antes de la guerra y continuaron publicándose en Madrid durante la contienda.

¡Ha salido Y!

. Una camarada nacionalsindicalista vocea la nueva revista "Y".

MARIA de la Mora, Delegada Nacional de Prensa y Propaganda, ha conseguido que, en plena guerra, España ofrezca al mundo entero un ejemplo magnífico de la organización de la retaguardia. Porque "Y" llevará a todas las naciones la terminante demostración de los trabajos de la mujer en la guerra, en las obras sociales, de la profundidad de nuestros ideales.

Norteamérica, al recibir "Y", creada enteramente por mujeres españolas, comprenderá que el tipo aquel de puñal en la boca y pandereta en las manos, que durante tanto tiempo ha alimentado, lanzándo, por medio del cine, a todos los países, es un burdo engaño. Que la mujer de España es tan culta e inteligente como la norteamericana, y que tras la mesa de una oficina puede producir revistas tan buenas y bellas como las de ellos.

Inglaterra y Francia, naciones que menospreciaron a nuestra nación y recogieron las mentiras que la Propaganda roja les enviaba contándoles la frivolidad de la fascista y su crueldad para con el pobre, verá desfilar por las páginas de nuestra revista mujeres que, con camisa azul, yugo y flechas, acuden al hospital a cuidar al herido; al campo para ayudar al campesino y a las obras

paciencia de los demás cuando... no podíamos contener la nuestra.

Por fin, el camarada Mauricio, el gran y "grande" administrador de la Revista, nos anunció que 600 números de "Y" se hallaban en San Sebastián y que el sábado, día 26, empezaríamos a venderlos.

Llamé a las parejas que forman el personal de propaganda y les di la noticia de la próxima venta.

¡Convertirnos en vendedoras por dos días?

¡Maravilloso! Contestaron todas con gran en-

En pocas horas quedó agotada la edición de la revista.

[FIG. 30] Mercedes Sáenz-Alonso, «¡Ha salido Y!». *Fotos*, Año II, núm. 55 (12 de marzo de 1938), páginas 14-15. Laboratorio Fotográfico de la Biblioteca Nacional, Madrid

guna». Lo que resulta sorprendente del *Plan* es que las labores de publicación en San Sebastián de las revistas en proyecto se iniciaron muy rápido y se tradujeron, poco después, en la aparición de *Y: Revista de la Mujer* [CATS. 258-266 p. 168, 235 y FIG. 30], *La Ametralladora: Semanario de los Soldados* y la revista deportiva *Marca*.

Aunque San Sebastián fuese para Cadenas y Vicent el único centro viable para la Jefatura, así como la ciudad en la que se publicaron las revistas ilustradas más significativas de la Falange —aspecto que tanto José Carlos Mainer como José Ángel Ascunce han estudiado en profundidad—, en otras ubicaciones geográficas emergieron durante la guerra otras publicaciones que formaban parte de un amplio grupo de revistas literarias y doctrinales, incluidas *Isla* [CAT. 128 p. 220] y *Cauces* en Jerez de la Frontera (Cádiz), *Cartel* en Vigo [CAT. 35 p. 207], *Dardo* en Málaga, *FE* en Pamplona, *España*, *Horizonte* [CAT. 117 p. 210] y *Mediodía* en Sevilla, *Renacer* en Zaragoza, *Haz* en Bilbao, *Aquí Estamos* en Mallorca [CAT. 16 p. 206] y *Mundo Ilustrado* y *Radio y*

[CAT. 197] *Renacer,* núm. 1, diciembre 1937

[CAT. 198] *Renacer,* núm. 2. Página interior: retrato de Franco por Jalón Ángel, enero-febrero 1938

Cinema en La Coruña. La correspondencia entre Ridruejo y sus colegas, conservada en el Archivo General de la Guerra Civil Española de Salamanca, deja claro que todos los directores y colaboradores de estas revistas deseaban contar con el apoyo de Ridruejo, o al menos tenerlo al corriente de sus constantes esfuerzos para publicar revistas de calidad durante la guerra. Pedro Pérez Clotet, director de *Isla* (una revista de poesía que había empezado a publicarse antes de la guerra), envió a Ridruejo los tres números que se habían publicado durante la guerra y lo animó a colaborar con la revista, manifestándole: «Tendré una verdadera satisfacción en unir tu nombre a los que escriben en ella»[76] [CAT. 299 p. 221]. Pedro Laín Entralgo escribió a Ridruejo en el otoño de 1937 para animarlo a colaborar con *FE,* y lo recomendó como la única persona capaz de dirigir el recién fundado Servicio Nacional de Propaganda, en

[76] Carta de Pedro Pérez Clotet desde Jerez de la Frontera a Dionisio Ridruejo, fechada el 1 de mayo de 1938. Fondo Dionisio Ridruejo 5/1 (45), Archivo General de la Guerra Civil, Salamanca.

[77] Carta de Pedro Laín Entralgo a Dionisio Ridruejo, fechada el 25 de octubre de 1937, desde Pamplona. Fondo Dionisio Ridruejo 4/25 (17), Archivo General de la Guerra Civil, Salamanca; Pedro Laín Entralgo, *Descargo de conciencia (1930-1960)* (Barcelona: Barral Editores, 1976), 222.

HORIZONTE
¡Atención...! ¡Atención...!
¡Aquí Moscu...! (Interpretación
simbólica del Madrid rojo.)
Collage de ADRIANO DEL VALLE

[FIG. 31] Adriano del Valle en *Horizonte* («Homenaje a Madrid»), 1 de agosto de 1939. Laboratorio Fotográfico de la Biblioteca Nacional, Madrid

respuesta a la consulta del ministro de Interior franquista, Ramón Serrano Suñer[77] [CAT. 298 p. 213].

A pesar del alto nivel de las revistas publicadas en San Sebastián, debido en gran parte a la colaboración de artistas como Tono (director artístico) [CAT. 240 p. 228], Escassi, Cabanas, Compte, José Caballero, Carlos Sáenz de Tejada y Teodoro Delgado (colaboradores) en *Vértice* [CAT. 247], Kemer en *Fotos* y Tono y Aróztegui en *La Ametralladora* [CAT. 11 p. 208], también se publicaron numerosas revistas menores en otros lugares, muchas de las cuales se adhirieron directamente a la Falange y el «Nuevo Estado» de Franco.

También eran, en su mayor parte, más idiosincrásicas, contaban con un mayor abanico de artistas y quizá podían considerarse como lo que Cadena y Vicent había denominado «poco ortodoxas» refiriéndose a la necesidad de dar coherencia y orden a la propaganda falangista. Entre los artistas que colaboraban con las sevillanas *Mediodía* y *Horizonte* se encontraban Caballero, Escassi, Delgado [CAT. 246 p. 228] y Adriano del Valle. *Cauces* incluía ilustraciones de Juan Padilla y las fotografías tanto de artistas muy conocidos, como Cecilio Paniagua [CAT. 41 p. 218], como de otros como Margara Muntaner [CAT. 40], que remitía al director de la revista sus fotografías de monumentos arquitectónicos desde Italia. En La Coruña, *Radio y Cinema* se publicaba con portadas de Valdés, Stefan Frank [CATS. 194, 225 pp. 227, 226] —también colaborador de *Vértice*— y otros. El estudio de estas revistas pone de manifiesto que existía un eje entre San Sebastián y el resto de la España dominada por los insurgentes. Los artistas que participaban en los principales diarios de la Falange también enviaban su trabajo a otras revistas y sus editores. La poesía de Adriano del Valle se publicaba en *Mediodía*, *Horizonte* [FIG. 31], *Isla* y *Vértice*. Los grabados y los dibujos de Carlos Sáenz de Tejada [CAT. 282 p. 234] se publicaban en *Vértice* e *Y: Revista de la Mujer* [CAT. 262], así como en *Yugo* [CAT. 267 p. 212], publicada en Manila, y en *Dardo*, de Málaga. De la misma forma, las obras del fotógrafo Jalón Ángel [CAT. 309 p. 214], radicado en Zaragoza y que comercializaba sus propias carpetas de fotografías y sus postales de Franco y sus generales [CATS. 319-321 p. 215], se publicaban en toda la España nacionalista, desde *Renacer* [CATS. 197, 198 p. 170] y *Vértice* hasta *Hogar Español*.

Esta lista podría dar la impresión de que las revistas del bando insurgente empezaron a publicarse de forma inmediata y con gran éxito tras el golpe militar que condujo a la Guerra Civil. Sin embargo, la mayoría de estas revistas no empezaron a publicarse hasta 1937 o más tarde. En todo el territorio insurgente aparecieron periódicos. Sirva como ejemplo el bien conocido caso del *ABC* de Sevilla. Los insurgentes sólo podían hacer frente al tipo de propaganda que el bando leal había iniciado desde el primer momento de la guerra mediante la consolidación de imprentas en ciudades como San Sebastián y otros lugares, y el reclutamiento de artistas y escritores que colaboraran tanto en las publicaciones periódicas existentes como en las nuevas. De las dificultades a las que debían hacer frente los individuos y los organismos responsables de la prensa ilustrada dan fe tanto fuentes publicadas como inéditas y son numerosos los testimonios de la importancia que Ridruejo concedía a los artistas para las iniciativas de propaganda del Gobierno de Franco (tanto si se identificaban o no como franquistas). José Caballero rememora:

[FIG. 32] Alfredo R. Antigüedad, «Fotos cumple hoy 100 números». *Fotos* (28 de enero de 1939): páginas 21-22. Laboratorio Fotográfico de la Biblioteca Nacional, Madrid

En la zona franquista no estaban muy sobrados de artistas plásticos. Alguien le habló de mí a Dionisio, que sabía perfectamente tanto de mi amistad con Lorca y de mi poca adhesión o entusiasmo, a las ideas del Movimiento. Sin embargo, me brindó generosamente su amistad y me defendió contra algunas denuncias anónimas...
Hice algunos dibujos y portadas para libros, tratando de evitar los que tenían un significado político. También hice algunas ilustraciones para revistas y algunas portadas para *Vértice*, la revista de aquel momento, en las que trataba de envolver en el surrealismo cualquier intencionalidad en simbolismos más o menos convencionales[78]. [CATS. 143, 230, 232 pp. 219, 228]

En el otoño de 1937, el historiador de arte catalán Javier de Salas [CAT. 294 p. 223] escribió desde Burgos a Ridruejo en Salamanca con una solicitud espe-

[78] Manuscrito de José Caballero (16 de enero de 1991). Reimpreso en *José Caballero. Exposición Antológica 1931-1991* (Madrid: Ayuntamiento de Madrid, Centro Cultural de la Villa, 1992), 395.

cial: ¿podría Ridruejo ayudar a su amigo el pintor Pedro Pruna —«un gran espíritu y muy *Action Française*»[79]— a encontrar trabajo en la retaguardia? Pruna era un destacado artista catalán cuyas pinturas y dibujos se habían expuesto con frecuencia en los años anteriores a la guerra. De Salas imploraba: «No sé si con los sucesos te puedes ocupar o no de Pruna, el pintor. Se va al frente hoy. Tiene muchos más de treinta años y su puesto no está ahí; cuando aquí no tenemos casi cartelistas, ni pintores decoradores, ni tramoyistas»[80]. [CAT. 261 p. 168]

El esfuerzo necesario para poner en marcha las imprentas en el momento en que se publicaron *Vértice*, *Fotos* e *Y* en San Sebastián fue ingente, y en los editoriales que acompañaban a los primeros números se hacía mención de las dificultades de hacer llegar estas revistas al público. A este respecto, la autorreferencialidad que se observaba en las revistas del bando leal era muy similar a la de las publicaciones de los insurgentes. El primer número de *Vértice* comenzaba con una disculpa: «Ofrecemos a nuestros lectores españoles, y aun a los del extranjero, una Revista que no es ni con mucho lo que nosotros pensábamos hacer»[81], tras la cual los editores daban cuenta en detalle de la procedencia de cada uno de los recursos empleados en la producción de la revista (desde la tinta y el papel hasta los trabajadores y la maquinaria). Aún más discursiva en sus anuncios de sus propios índices de referencia y los de otras publicaciones, *Fotos* ofrecía reiteradamente a sus lectores información sobre el coste, la tirada y el número de lectores de las publicaciones periódicas insurgentes. Por encima de todo, los editores hacían hincapié en que *Fotos* —y revistas como *Y*— se estaban convirtiendo en superventas y en que el progreso de las revistas ilustradas de la Falange seguía los pasos de las campañas militares franquistas. En su crónica de la entrada de las tropas de Franco en Santander, *Fotos* recogía: «El semanario gráfico de la Falange puede decirse, sin hipérbole, que inundó materialmente, en brevísimos instantes las calles recién liberadas»[82]. Con motivo de la celebración de la salida de su número 100, el 28 de enero de 1939, *Fotos* proclamó: «De una regla y un lápiz surgió la revista más popular de España»[83]. El artículo iba acompañado de una ilustración gráfica que daba cuenta de los recursos que se habían utilizado para fabricar los cien números: 840 toneladas de papel, 45.000 kilogramos de tinta, 11.000.000 de ejemplares de la revista publicados y más de 10.000 fotografías recibidas, de las cuales se habían publicado 3.500 [FIG. 32].

[79] Carta de Javier de Salas a Dionisio Ridruejo, fechada el 7 de octubre de 1937. Fondo Dionisio Ridruejo 4/25 (14), Archivo General de la Guerra Civil, Salamanca.

[80] Carta de Javier de Salas a Dionisio Ridruejo, fechada el 23 de octubre de 1937. Fondo Dionisio Ridruejo 4/25 (15), Archivo General de la Guerra Civil, Salamanca.

[81] «A nuestros lectores», *Vértice*, núm. 1 (abril 1937), n.p.

[82] «*Fotos* en Santander», *Fotos* 28 (1 de septiembre de 1937), n.p.

[83] Alfredo R. Antigüedad, «*Fotos* cumple hoy 100 números», *Fotos* (28 de enero de 1939): 21.

[CAT. 58] *Dardo*, junio 1937

[CAT. 59] *Dardo*. Portada: Guillermo González, 1937

En contraste con la ambición de *Vértice*, *Fotos* e *Y* para llegar al máximo número de lectores posible y alcanzar un nivel de producción que suscitase la admiración de sus lectores tanto en España como en el extranjero, *Jerarquía*, de Pamplona, o *Dardo*, de Málaga, producían tipos de revistas muy distintos de los que surgían en San Sebastián. *Jerarquía*, que no estaba ilustrada, se erigía sin embargo como una obra de diseño intencionadamente monumental [CAT. 129 p. 212]. Como José Carlos Mainer explicó sucintamente en su estudio sobre *Falange y literatura*: «La revista presentaba unos bellos volúmenes negros, impresos a cuatro tintas y en los que se repetían varios *mottos* invariables»[84]. En la propia revista, Ángel María Pascual alababa el arte de la tipografía en términos morales, equiparando la belleza de un libro bien diseñado a la realización del ideal sindicalista nacional de la unificación del trabajo del artesano con el del intelectual[85]. Mientras que la estética de *Jerarquía* estaba encomendada a encarnar en su forma una verdad doctrinal, la de *Dardo* traicionaba la historia del taller de impresión que la

[84] José Carlos Mainer, *Falange y literatura* (Barcelona: Labor, 1971), 40.

[85] Ángel María Pascual, «Tipografía y virtud de los oficios», *Jerarquía* 2 (1937): 170-177.

producía y los lazos que quedaban entre la principal revista falangista de Málaga y la publicación de revistas literarias experimentales antes de la guerra. *Dardo* no se puede comparar con el resto de las publicaciones falangistas más «ortodoxas», aunque tal vez sí sea similar a los primeros números de *Vértice* por su recurso a una gran diversidad de estilos y técnicas artísticos, desde ilustraciones de Sáenz de Tejada, retratos fotográficos de José Antonio y textos doctrinales, hasta usos más experimentales de la tipografía y el diseño. Es, francamente, una revista inusual, idiosincrásica e impredecible, que los académicos que se han centrado únicamente en otros centros de publicación han pasado por alto [CATS. 58-60 pp. 175, 210]. Se producía en la Imprenta Sur —fundada en 1925 por Manuel Altolaguirre y Emilio Prados—, que posteriormente se llamó Imprenta Dardo. La revista salió del mismo taller que en los años veinte había producido la revista malagueña de vanguardia *Litoral*. Hojeando *Dardo*, se tiene la impresión de que su director fundador, José María Amado, y su director artístico, Guillermo González —un dominicano titulado en Arquitectura por la Universidad de Yale— aprovecharon las sobras de papel de colores, tipos modernos y clichés fotográficos para componer cada ejemplar con una portada distinta complementada por la igualmente sorprendente variedad de imágenes y elementos de diseño, incluidos los fotomontajes que parecen encargados específicamente para la revista.

[FIG. 33] *D'Ací i d'Allà* (primavera de 1932). Portada de Josep Sala. Colección privada

En contraste con la publicación de las últimas revistas ilustradas de la Falange y la dificultad de Ridruejo para encontrar artistas, en Barcelona la organización del Comissariat era relativamente sencilla, recibía amplia cobertura en la prensa y contaba con la colaboración de muchos de los artistas, escritores y diseñadores más destacados de la ciudad. Tras su creación en octubre de 1936, Miravitlles alardeó en una entrevista publicada en *Mi Revista*: «Me cabe la satisfacción de poder afirmar que la Comisaría de Propaganda de la Generalidad de Cataluña ha sido la primera institución oficial de propaganda de la España leal»[86]. Miravitlles definió un ambicioso programa para el Comissariat, que resumió como sigue en el artículo de *Mi Revista*:

[86] Juan M. Soler, «La Comisaría de Propaganda de la Generalidad», *Mi Revista* (1 de mayo de 1937): n.p.

[FIG. 34] *Publicidad y Ventas*, Año II, núm. 7 (abril de 1936), portada de Pere Català-Pic. Laboratorio Fotográfico de la Biblioteca Nacional, Madrid

Prensa nacional; Prensa extranjera; «Catalans d'América»; Ficheros, completísimos; Sección de imprenta con modernísima maquinaria para la litografía «Offset»; Ediciones, Exposiciones; Laboratorio fotográfico para reproducciones; Sección de cine, con una excelente máquina de proyectar y un salón para la exhibición de películas; Archivo; Sección artística; Sección religiosa y la de distribución, que ocupa toda la planta baja del edificio, que consta de seis pisos.

La modernidad y el alcance de los esfuerzos propagandísticos del Comissariat están en boca de todos. Además de *Nova Iberia* [CATS. 173-175 p. 189], el Comissariat publicó boletines (entre los que se encuentra el *Boletín de Información Religiosa*) [CAT. 31 p. 195], postales, panfletos, carteles (aunque no muchos) y otras revistas ilustradas, carpetas de obra gráfica y libros [CAT. 13 p. 194]. Los álbumes fotográficos del Comissariat, en los que se catalogaban las imágenes utilizadas en sus publicaciones —actualmente depositados en el Arxiu Nacional de Catalunya en Sant Cugat—, están llenos de fotografías de eventos de la época, de la vida en la retaguardia y de fotografías publicitarias de la propia propaganda del Comissariat (asunto este que reviste especial interés en este debate) [CATS. 300-303 pp. 190-193]. Estas fotografías ponen de manifiesto que el Comissariat concedía más importancia al márketing que cualquier otro organismo de propaganda en España durante la guerra. En algunas de las fotografías, las revistas aparecen retratadas como naturalezas muertas, con una iluminación inmaculada y «cosechadas» con esmero. Los talleres, las imprentas, las oficinas y los expositores para muestras temporales del Comissariat en toda la ciudad (especialmente con ocasión de la Feria del Libro y de la recolecta de libros y revistas para el frente) también están documentados en álbumes. Miravitlles entendía que el Comissariat estaba haciendo historia. Los artistas y los escritores a los que empleó también eran conscientes de la importancia no sólo de producir propaganda, sino de publicitar el propio Comissariat como una institución con conciencia cultural, responsabilidad política y lazos internacionales [CATS. 76, 314 pp. 199, 198].

[CAT. 151] *Mirbal*, 1937

[CAT. 152] *Mirbal*. Portada, 1937

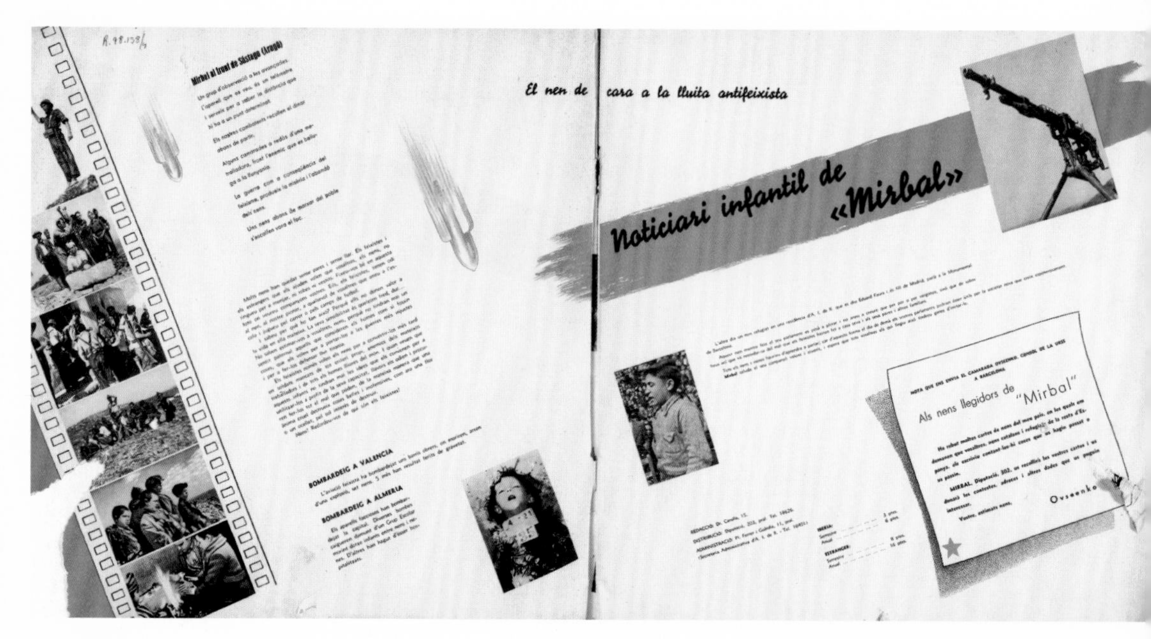

[CAT. 152]
Mirbal. Páginas interiores, 1937

[FIG. 35] «Sala de Lectura, Casa Ardiaca, Barcelona, 30 de diciembre de 1936», CG/1936-1145, Fotografía de Pérez de Rozas, Arxiu Històric de la Ciutat de Barcelona-Arxiu Fotogràfic

La trayectoria de los artistas que trabajaban para el Comissariat estaba enraizada en algunas de las publicaciones más avanzadas de la década de 1930, incluida la revista ilustrada popular *D'Ací i d'Allà* [FIG. 33], que se había convertido en un hito de la modernidad plástica impresa bajo la dirección artística de Josep Sala, que diseñaba carteles y hacía fotografías para las publicaciones del Comissariat. Pere Català-Pic, al que Miravitlles había seleccionado como director de publicaciones, era uno de los más destacados teóricos y ejercientes de la fotografía moderna de la ciudad, además de haber desempeñado un papel principal en las revistas *Publi-Cinema*, *Publicidad y Ventas* [FIG. 34] y *Claror* antes de la guerra. Gabriel Casas, que se había labrado su fama con la publicación de reportajes fotográficos para la efímera *Imatges*, creó complejos fotomontajes para el *Butlletí Trimestral* de las Conselleria de Economía de la Generalitat [CATS. 33, 34 p. 200]. Agustí Centelles, pionero del periodismo gráfico, también colaboraba regularmente con las revistas del Comissariat, especialmente con *Visions de Guerra i de Rera-*

guarda, que se publicó en dos series, «retrospectiva» y «actual». Los ilustradores y pintores que empleaba el Comissariat tan pronto diseñaban portadas para revistas como publicaban carpetas de grabados de edición limitada. Lo que resulta más sorprendente al revisar las publicaciones del Comissariat es la diversidad de estilos, además del alcance de sus contenidos. Mientras que *Nova Iberia* era un gran formato con un diseño interior exquisito, *Visions de Guerra i de Reraguarda* era una revista fotográfica de pequeño formato dirigida principalmente al público local (en sus portadas aparecían interpretaciones esquemáticas de la guerra y se publicaba en un papel más basto que *Nova Iberia*). El *Boletín de Información Religiosa* estaba encomendado a ser un boletín, si se le podía llamar así, cuyo contenido artístico quedaba relegado a la portada. Miravitlles y Català-Pic, que entendía que no toda la propaganda era adecuada para todos los públicos, adoptaron la estrategia —sorprendentemente moderna— de dirigirse a nichos de mercado tanto en España como en el extranjero.

El impacto del Comissariat sobre el resto de los individuos que trabajaban en la propaganda en Barcelona debe de haber sido considerable. En tanto que fuerza motriz y fuente de empleo para los artistas y escritores más destacados de la ciudad, el Comissariat, con Miravitlles al frente, elevó enormemente el listón de calidad del material impreso durante la guerra. Parece que otros artistas y organismos siguieron el ejemplo tanto del Comissariat como de los sindicatos, producto de lo cual, durante toda la guerra, los quioscos de Barcelona rebosaban de revistas con un gran valor de producción. *Aire* [CATS. 4, 6-8 p. 205] e *Ímpetu* [CATS. 123, 124, 126 pp. 202, 290] eran revistas ilustradas con encuadernación de espiral que imitaban claramente el modelo de *D'Ací i d'Allà*[87]. El anterior repaso a las publicaciones sindicalistas de Barcelona demuestra que a pesar de que existía una serie de organizaciones de propaganda que se hacían la competencia y operaban a la vez, todas compartían un compromiso con el diseño, independientemente del bando que las auspiciase, que cumplían tanto en las publicaciones periódicas más humildes hechas a mano como en las revistas de mayor formato, de tamaño mural. En Barcelona, y dentro del propio Comissariat, también convivieron revistas con largas trayectorias y otras que sólo llegaron a publicar el primer número; mientras que *Catalans! El Magazine Popular* [CAT. 36, 37 p. 276] tuvo más de treinta apariciones, *Inten* [CAT. 127 p. 203] sólo se publicó en una ocasión.

[87] El artista Salvador Ortiga, que había experimentado con *collages* en los años treinta, era el director de arte y diseñador de *Aire*. Ortiga tenía amistad con el artista surrealista Antoni García Lamolla, quien realizó varios dibujos para la revista *Espectáculo* durante la guerra. Ambos habían participado activamente en el grupo de artistas modernos ADLAN (Amics de l'Art Nou) durante la Segunda República española.

LA PROPAGANDA DE PARTIDO Y LA PROPAGANDA DE ESTADO

POR JOSÉ PRAT

La época de la propaganda.

Nuestro tiempo conoce el más colosal esfuerzo de propaganda que probablemente se ha dado en la Historia. Los poderosos medios de difusión que el progreso técnico ha proporcionado, se han puesto al máximo rendimiento propagandista. La prensa, la radio, el cine, el arte, la ciencia misma, la palabra hablada y tantos otros medios abruman y confunden al hombre de la calle, que habituado ya a este espectáculo, se encuentra, no obstante, sometido a su influencia deformadora. Se prestaría un interesante servicio a la futura investigación histórica creando un gran museo de la propaganda, que conservara para las generaciones futuras el recuerdo documentado de tan enorme esfuerzo.

El racionalismo del Siglo XVIII.

Esta propaganda, de tal suerte hoy desmesurada, nace, sin embargo, de una de las épocas de más honradez intelectual; el racionalismo del Siglo XVIII, lleno de buena fe, de optimismo, de creencia incondicionada en el poder persuasivo de la razón. En el orden político, como en el orden ético, es la razón la legisladora de la convivencia humana y es tal su fuerza lógica que su expresión basta para convertir en prosélitos a los hombres de recta razón: he aquí cómo la propaganda política surge, plena de rectitud y de sinceridad, toda vez que quien se halla en posesión de verdades puede y debe hacerlas llegar a sus semejantes para su progreso y perfección.

De esta suerte, el último tercio del Siglo XVIII y la primera mitad del siglo XIX contemplan la propaganda de las doctrinas liberales y de las del Socialismo utópico que salen a la plaza pública confiadas en su propio valor persuasivo, en tanto, excéntrica a estas propagandas, pero derivada del mismo principio racionalista, surge esporádica y violenta la propaganda por el hecho.

De la propaganda política a la propaganda mercantil.

La libre concurrencia y el extraordinario desenvolvimiento de la economía individualista, recogen la propaganda del campo político y despotenciándola del sentido de honradez y de noble pasión que la caracterizaban, la convierten en ingenioso instrumento de acrecentar los rendimientos de empresa para captar al consumidor y elevar la capacidad de los mercados. Desaparece ya aquél sentido de sinceridad y de lealtad a la verdad que era característica de la propaganda política.

A medida que el progreso técnico facilita más importantes medios de relación entre los hombres, mayor es la fuerza de la propaganda mercantil. A medida que la libre concurrencia es más fuerte, mayor es el sentido picaresco de esta propaganda. A medida que la era industrial avanza más y se conforma el hombre de la calle al tipo genérico que crea, mayor es la eficacia de la propaganda misma. Lo que era en un principio un modo de hacer llegar la verdad al conocimiento de los hombres, se convierte en el único móvil de que éstos se decidan a la adquisición de un producto o a la realización de una acción determinada. Aquella primera necesidad de los sujetos sometidos a la propaganda de juzgar por sí mismos lo que hubiera de exacto en lo que las propagandas les decían, desaparece para aceptar sin crítica la propaganda misma. Un específico es recomendado por un desconocido que asegura remediar todos los males: ello basta para que se adquiera con la mayor fe curativa.

Influencia de la propaganda mercantil en la propaganda política.

Es resultado de la propaganda mercantil el acostumbrar al hombre del Siglo XX a olvidar el uso de su juicio. Impresiones exteriores, recursos efectistas, etc., lo van acostumbrando a castrar su crítica, para aceptar como bueno lo que más lo deslumbra. Se consignan así adeptos más incondicionados que por una propaganda honrada que suscite el sentido crítico del lector o del oyente. Naturalmente, el hombre captado por estos procedimientos que le constituyen en masa inerte, es más útil para cualquier organismo director de cualquier clase que sea, toda vez que puede dirigirlo y moldearlo a su gusto. No era, pues, extraño que, captada así la masa por la propaganda mercantil, pudiera interesar a la propaganda política una captación semejante.

La propaganda en la post-guerra europea.

Este fenómeno de adaptación de la propaganda política a la mercantil, puede apreciarse claro, nacido quizá por las necesidades de la Guerra europea en las naciones que intervinieron en ella, de modo muy particular y marcado en la post-guerra.

La lucha de doctrinas y de partidos se agudiza con caracteres de tanta violencia que fuerza a formar con la mayor solidez a los grupos combatientes y se estima que la libre discusión de una propaganda de tipo crítico debilita interiormente las fuerzas en lucha. Surge, pues, la técnica del más desaforado dogmatismo, de los más ingeniosos recursos. Pero la limitación ética se va borrando y en algunos casos desaparece.

Una excepción.

La circunstancia de celebrarse ahora el cincuentenario de la fundación del Partido Socialista Español, con ese examen de conducta pasada que estas conmemoraciones llevan consigo, permite observar cómo en nuestro país, no se ha dejado influir de la técnica de propaganda totalitaria el Partido Socialista. Ha sido su propaganda lenta y persuasiva de una notable ejemplaridad ética. «Las ideas» se hacían llegar a todos por la vía de la persuasión y de la educación. Se ha buscado vencer y no deslumbrar y deformar. Y se hacía la propaganda no sólo por medios llenos de honrada sinceridad, sino con el ejemplo —de enorme valor de convicción— de la conducta de los propagandistas. Nuestro pueblo a veces es convencido, más que por las ideas, por los hombres y una conducta seria es siempre de un enorme valor persuasivo.

La propaganda de los Estados totalitarios.

No deja de ser una paradoja curiosa que los Estados totalitarios basados internamente en la más desenfrenada violencia coactiva, hayan acudido a la propaganda en proporciones inimaginables, tanto, que en definitiva puede quizá decirse de ellos que son pura propaganda. Porque aunque desviada de su principio la propaganda nació para convencer, y no parece que dentro de su propio país un Estado totalitario necesite convencer a nadie. Claro es, que tal propaganda es, por su técnica, un instrumento más de presión.

Lo cierto es que la actividad propagandística de los Estados totalitarios, dentro y fuera de ellos, lo llena todo y sin límite moral ninguno; acude a todos los procedimientos. Fuerza es reconocer que no sin eficacia, pues actúa sobre sujetos que por razones de tipo económico y por una deformación que los últimos veinte años les ha hecho objeto, presentan especial capacidad para recibirla. Consecuencia es que el sentido de libre examen, de fe en la razón, que tantos siglos ha costado conquistar para la Humanidad, se encuentran de manera moral y material desconocidos.

Perspectivas.

Los abusos indudables a que una orientación semejante de la propaganda totalitaria de Estados y Partidos ha conducido, no llevan trazas de concluirse, pero no es posible creer que no ha de renacer jamás el sentido de libre examen característico de la dignidad humana. El ejemplo actual de nuestro país, en el que la austera propaganda de cincuenta años de Socialismo, tanto influye en su resistencia heroica, abre perspectivas más dignas y elevadas. Y este ejemplo, dure lo que dure la actual regresión totalitaria, ha de prevalecer en definitiva.

NORTE 28 NORTE 29

[FIG. 36] José Prat, «La propaganda de partido y la propaganda de Estado». *Norte. Revista Teórica Socialista* 1 (agosto 1938) páginas: 28-29. Laboratorio Fotográfico de la Biblioteca Nacional, Madrid

Si bien en el terreno político los comunistas y los anarquistas de Barcelona luchaban cruentamente para hacerse con el control de la ciudad, en lo que se refiere a la inversión en cultura plástica aunaban fuerzas y, a veces, compartían literalmente artistas cuyas obras figuraban en las publicaciones de ambos bandos, como es el caso de Eduardo Vicente y Josep Renau. Aunque tanto las revistas comunistas como las anarquistas se beneficiaron de la larga historia de diseño gráfico y la abundancia y calidad de los recursos de la ciudad, en lo referente a la imagen y los objetivos de sus respectivas publicaciones surgieron acusadas diferencias. La revista para niños *Mirbal*, de corta trayectoria, que en uno de sus primeros números incluyó las por aquel entonces famosas fotografías del Comissariat de niños asesinados por las bombas del bando insurgente, fue objeto tanto de elogio como de crítica en la prensa catalana [CAT. 152 p. 178]. *La Gaceta de las Artes Gráficas* comentaba: «*Mirbal* podría ser la perfecta revista infantil en este momento... El formato de *Mirbal* es espléndido. Deliciosas las ilustraciones; todas»[88]. De *Mirbal* se habían publicado dos números [CATS. 151, 152 p. 178], de modo que es posible que este crítico respondiera al primero, que no incluía las fotografías de niños asesinados del Comissariat. Mientras que el crítico de *La Gaceta* se mostraba comprensivo con el intento de la revista de fomentar la conciencia «internacionalista» de los niños, Ramón Calopa, en la revista anarquista *Ideas,* atacaba a los editores de *Mirbal* por crear confusión entre el mundo de los niños y el de los adultos[89] [FIG. 35]. En lugar de una revista rebosante de ideología comunista (algo que Calopa veía no sólo en los textos de la revista sino también en sus ilustraciones), la crítica abogaba por una revista infantil que fuese espontánea, humana y suprimiese el diseño intencionado de los editores inspirados en el régimen soviético.

Entre la proliferación de publicaciones anarquistas y comunistas, en agosto de 1938 se publicó en Barcelona el único número de *Norte: Revista Teórica Socialista* [CAT. 169 p. 186]. El debate que condujo a su publicación se remontaba al menos a un año antes en Madrid. Las actas de una reunión del Partido Socialista celebrada entre el 17 y el 21 de julio dan a entender que la creación y difusión de propaganda había sido un punto crucial de debate. Un miembro observó: «La propaganda hay que hacerla; un Partido sin propaganda no podrá ser nada. Es indispensable para que las cosas entren por los ojos de la gente»[90]. Después de lo cual hacía una atrevida sugerencia: «Yo me permitiría proponer lo siguiente, que para algunos es una tremenda monstruosidad: gastar el dinero de esa suscripción [para ayudar a las víctimas del fascismo] en crear la Secretaría de Propaganda... porque a mi juicio sería vergonzoso que un Partido tuviese en caja 293 mil pesetas y no contase con órganos de opinión que expusiesen lo que el Partido piensa»[91]. Además, afirmaba que un partido político moderno tenía que organizarse para «editar folletos, publicar hojas sueltas con artículos interesantes y hacer revistas gráficas» [CAT. 290 p. 185].

Norte es una bella revista que lleva la marca de la manufactura barcelonesa en la portada: su tipografía llamativa y su diseño geométrico enmarcaban una fotografía de las masas. No es muy diferente del último número de la revista de arquitectura *A.C.: Documentos de Actividad Contemporánea* [CAT. 1 p. 187], que se publicó justo antes del final de la guerra y sólo se distribuyó parcialmente. En contraste con su modernidad estridente y llamativa, la bienvenida editorial que presentaba la publicación a los lectores destacaba

[88] «Nuevas publicaciones en Cataluña», *La Gaceta de las Artes Gráficas* 5 (mayo de 1937): 11.

[89] Ramón Calopa, «Mirbal o las publicaciones comunistas para los niños», *Ideas* 30 (11 de agosto de 1937): 3.

[90] Fundación Pablo Iglesias, AH-III-4 (PSOE-CN/ACTAS. Actas del CN del Partido Socialista Obrero Español, 17-21 de julio de 1937, 186, ISIH), página 104.

[91] Ibíd., página 105.

la simplicidad de la revista: «La guerra sólo nos dejó tiempo para publicar lo indispensable... Desde hoy nos tomamos una pequeña licencia para alumbrar esta Revista»[92]. Y los editores declaraban a sus lectores: «Publicamos una revista sin pretensiones». En comparación con el precio de otras revistas de la Guerra Civil publicadas en la España del bando leal, *Norte* era cara. El único número que se puso a la venta costaba tres pesetas. La correspondencia entre los editores y los suscriptores de *Norte* conservada en el Archivo General de la Guerra Civil Española de Salamanca indica que estaba prevista la publicación de un segundo número que, finalmente, no llegó a aparecer. Las dificultades de la guerra a las que se alude en las cartas eran de diversa índole: desde la falta de financiación y papel hasta la escasez de personal. En enero de 1939, los editores seguían prometiendo a sus lectores un segundo número, aunque por aquel entonces ya habían empezado a devolver el dinero a los suscriptores, quizá reconociendo su premonición de que «esa licencia puede caducar por imperativos de lucha». Poco después, la revista pasó a la historia casi sin rendir cuenta alguna, un destino que José Prat ya parecía haber predicho en su ensayo para *Norte* «La propaganda de partido y la propaganda de Estado» [FIG. 36], en el que hacía la siguiente reflexión: «Se prestaría un interesante servicio a la futura investigación histórica creando un gran museo de la propaganda, que conservara para las generaciones futuras el recuerdo documentado de tan enorme esfuerzo»[93]. Irónicamente, los fondos del «museo» en el que se conservan los archivos de *Norte* fueron en origen recopilados por el ejército de Franco como parte de la Delegación del Estado para la Recuperación de Documentos. Esto indica que, si bien ambos bandos reconocían el valor de la propaganda como un instrumento de persuasión capaz de crear opinión pública durante la guerra, bajo el régimen franquista esas mismas publicaciones se convirtieron en pruebas inculpatorias en contra de aquellos que habían participado en su producción[94].

[92] «Saludo», *Norte* 1 (agosto de 1938): 1.

[93] José Prat, «La propaganda de partido y la propaganda de Estado», *Norte* 1 (agosto de 1938): 28.

[94] Véase por ejemplo, Josep Cruanyes, *Els papers de Salamanca. L'espoliació del patrimoni documental de Catalunya* (Barcelona: Edicions 62, 2003).

"Norte"

Revista Teórica Socialista

P. S. O. E.

ADMINISTRACIÓN

CAMARADAS:

"NORTE": tal es el título de la importante revista teórica que va a editar mensualmente el Partido Socialista Obrero Español. Ante la próxima salida de su primer número, esta Administración considera de imprescindible necesidad establecer estrecho contacto con las Secciones y afiliados, al objeto de que el anuncio de su publicación adquiera la debida resonancia entre los militantes socialistas y clase trabajadora en general, habida cuenta que los principales móviles de su creación tiene estas dos motivaciones: EDUCAR y ORIENTAR.

De dar cima a este sentido anhelo propagador se encargarán, con todo entusiasmo, las Agrupaciones y compañeros, poniendo especial empeño en que "NORTE" llegue hasta el último rincón de la retaguardia. Y en cuanto se refiere a los frentes de lucha, donde actualmente se encuentran importantísimos núcleos de nuestra mejor militancia, se cuidará, con exquisito esmero, la venta de "NORTE", toda vez que parte de sus páginas se consagrarán a recoger las palpitaciones y episodios más acusados de nuestra ingente epopeya bélica.

Poseemos fundados testimonios para confiar plenamente en la diligencia y fervor de nuestras Secciones y camaradas, en orden a la práctica propulsora de empresas de esta índole; pero, en el caso presente, tenemos derecho a esperar superaciones de aquella noble confianza, dado lo importante de la obra a realizar, sobre todo en unos momentos de confusas y perturbadoras propagandas, en que la demagogia y el equívoco parece absorberlo todo.

Con el fin de coordinar los trabajos preliminares por que ha de regirse la venta y difusión de la revista "NORTE", insertamos al dorso las indicaciones pertinentes:

Las Agrupaciones, recibidas las hojas de pedido, que a todas ellas se enviarán, harán constar en las mismas el número de ejemplares del primer número que deseen adquirir. Dicha hoja de pedido se cursará a la Administracion antes del 30 de cada mes, especificando la cuantia de ejemplares para el siguiente número.

Las liquidaciones se harán mensualmente; es decir, junto a la hoja de pedido de ejemplares, acompañando el impreso de liquidación por duplicado que se enviará, el cual será devuelto al corresponsal como justificante a los efectos contables.

En tanto se establecen las corresponsalias en todas las demarcaciones de la retaguardia y en los frentes, pueden adquirir libremente nuestra Revista todos aquellos que lo deseen, haciéndose al efecto suscriptores directos, para lo cual lo solicitarán por carta, acompañando el importe de la suscripción (trimestral, semestral o anual), o bien llenando una de las hojas de suscripción que, protusamente, se repartirán por todas partes, acompañando el importe correspondiente de la suscripción que se solicite.

Las Agrupaciones designarán corresponsal administrativo, que será qnien, a todos estos efectos, se entenderá con la Administración de la Revista.

Los precios de suscripción que se establecen son los siguientes:

TRIMESTRE . .	ptas.	**9**
SEMESTRE . .	—	**18**
AÑO	—	**36**

Para todo cuanto queda expuesto y todos los efectos administrativos relacionados con la Revista, debe dirigirse la correspondencia a nombre de

EULALIO FERRER
Administrador de **"NORTE"**
Avenida del 14 de Abril, 413, pral.
BARCELONA

Pagó

Amancio Muñoz Bafa Ribas
Sanatorio de Nuria (Gerona)
Para un año.

[CAT. 290]
Impreso de *Norte* anunciando la publicación de la revista

[CAT. 169]
Norte, núm. 1, agosto 1938

[CAT. I]
A.C.: Documentos de Actividad Contemporánea, 1931-1937

[CAT. 271]
Ciutadà... llegeix la revista mensual *Nova Iberia*. R. Fábregas, 1937

[CAT. 173]
Nova Iberia, núm. 1, enero 1937

[CAT. 174]
Nova Iberia, núm. 2, febrero 1937

[CAT. 175]
Nova Iberia, núms. 3-4, ¿marzo-abril 1937?

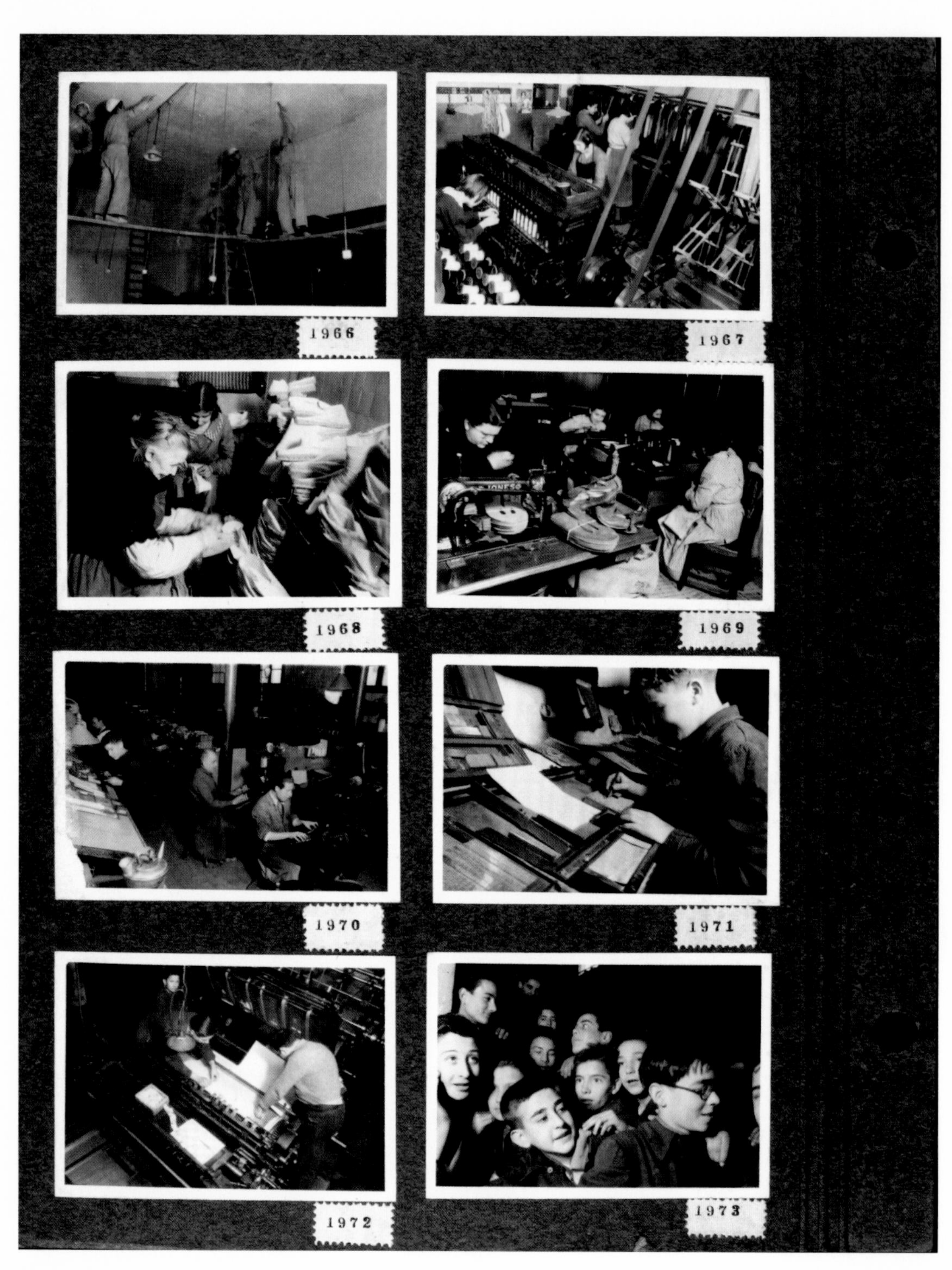

[CAT. 301]
Comissariat de Propaganda, Álbum 3, página 55

[CAT. 300]
Comissariat de Propaganda, Álbum 15, página 5

[CAT. 302]
Comissariat de Propaganda, Álbum 7, página 8

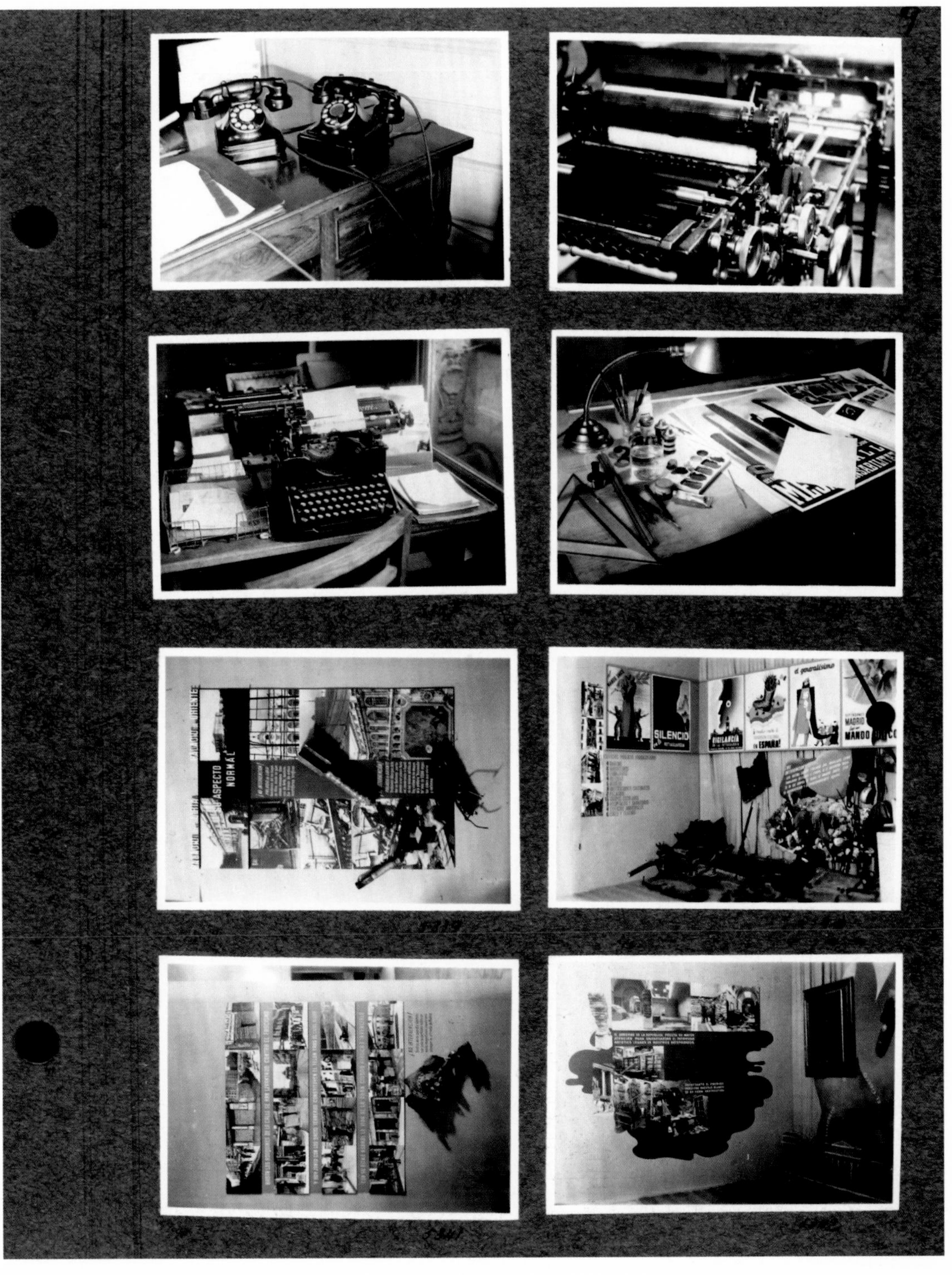

[CAT. 303]
Comissariat de Propaganda, Álbum 7, página 9

AMIC

Publicació quinzenal per a esplai del soldat català de l'Exèrcit de la República
editada pels Serveis de Cultura al Front del Departament de Cultura de la Generalitat

·EDITORIAL·

Aquest periòdic, soldat català de l'Exèrcit de la República, és la primera expressió que t'arriba a les mans de les activitats dels "Serveis de Cultura al Front".

Aquest organisme, creat per al teu servei per la Conselleria de Cultura del Govern de la Generalitat, ve a realitzar vora teu una missió essencial en la lluita que venim sostenint No és que aquesta missió hagués estat fins ara negligida; des que empunyares les armes en els dies ja llunyans del juliol memorable, fins avui, la Conselleria de Cultura ha vingut treballant perquè no et manquessin els mitjans d'esplai digne i de cultiu espiritual a què tenies dret, un dels drets que defensaves amb l'arma al braç i amb l'esperit tens d'emoció. Avui, creat aquest Exèrcit formidable i exemplar, restava facilitada l'organització regular d'uns serveis que, en la improvització dels primers temps no podia arribar a una coordinació adequada. Els "Serveis de Cultura al Front" han vingut a coordinar aquelles iniciatives disperses que fins avui s'havien realitzat, a crear-ne moltes d'altres de noves i a donar una unitat al seu funcionament.

El periòdic era un nexe insubstituïble per a tots els serveis, i a la vegada un mitjà de comunicació i un enllaç directe entre tu i l'organisme propulsor. D'aci a molt pocs dies ja rebràs altres mostres de la nostra activitat. Diversos llibres, realitzats expressament per a tu, d'acord amb l'hora que estem vivint, vindran a fer-te companyia en aquestes terres on deixes la teva suor i el teu esforç. Però, entretant, a través d'aquest primer full, ja hauràs tingut ocasió de conèixer els nostres propòsits i de contribuir a la seva realització amb el teu ajut. Perquè encara que l'organisme que et parla des d'aquest periòdic hagi estat creat exclusivament per al teu servei, per a millor realitzar la seva missió necessita també del teu ajut. En aquest periòdic hi hem de conviure tots; vosaltres i nosaltres. I de vosaltres, tant els que lluiteu a Aragó com a l'Alcàrria, a Madrid com a Andalusia.

El títol que hem escollit per al periòdic ha de tenir per a tu un ressò molt significatiu. Volem que arribis a considerar-lo com un amic, com un enllaç directe amb la teva terra, que et dugui la mateixa emoció que deuen dur-te les cartes dels teus amics i dels teus familiars.

Els "Serveis de Cultura al Front" venen prop teu a recordar-te constantment la veritable naturalesa d'aquesta guerra; és una lluita de la cultura que es defensa contra l'opressió, una lluita de l'esperit, que vol ésser lliure, contra els que pretenen privar-li la volada. Que al final, a l'hora de la victòria, al costat de la victòria de les armes i de les idees collectives, puguis proclamar també aquella altra victòria individual del teu esperit; la victòria damunt tu mateix. Que cada pam de terreny conquistat a l'enemic per les teves armes dugui parallela la conquesta d'una major llum en la teva intelligència. Sense aquestes petites victòries individuals, la gran victòria de l'Exèrcit de la República perdria el millor dels seus sentits.

Els "Serveis de Cultura al Front" venen a contribuir, a primer rengle, a què es realitzin l'una i l'altra.

ELEGIA

a tots els soldats catalans morts en defensa de les llibertats

Dia dels Morts, grisor de la matèria
sota la llum que ja pressent l'hivern!
Cremen en pau, al port del cementiri,
totes les llànties, plany etern
del repòs vacillant, de la carn morta
que no accepta del tot el negre oblit,
perquè sap que els estels vetllen en l'aire
i els sentinelles en la nit...
Oh, vides rectes, joventuts caigudes
per amor a l'honor dels catalans!
Quina suprema voluntat defensa
l'amor cordial entre germans?
Més enllà d'aquests límits de carn viva
patiu encar pel jurament d'enyor,
i les despulles sota flors conserven
el sagrament del vell dolor...
Noms esborrats, cadàvers dintre l'ombra,
vetllen la flama del silenci pur.
Oh, forces mudes que forgeu per sempre
la Catalunya del futur!

A. ESCLASANS.

OBEIR

Pocs seran els soldats de l'Exèrcit de la República que uns anys enrera haurien cregut que l'atzar de la seva vida els destinaria a les funcions militars. Les seves idees i sentiments, la pròpia formació professional no els encarrilava cap a les activitats bèlliques. Es per això que són molts els que senten una profunda sorpresa en veure's convertits en soldats, en formar part d'aquest gran organisme disciplinat que és un Exèrcit.

Voldríem dir amb senzilles paraules a aquests amics, com poden sentir l'íntim i noble orgull, —ells, homes lliures— de servir com a soldats.

No és l'afany de domini, ni l'ambició rencorosa, ni la crueltat venjativa, que els han fet prendre les armes, i lluitar amb coratge fins el darrer sacrifici. Es precisament l'exigència superior de defensar la dignitat de l'home lliure, la que els obliga com un suprem imperatiu moral, a obeir. La voluntat humana no pot prendre una major altesa que en aquesta aparent paradoxa de servir per a la llibertat. Per a conservar el dret d'ésser lliures com a catalans, com a espanyols, com a homes, els soldats de l'Exèrcit de la República, lluiten i obeeixen amb la disciplina de soldats.

Necessitat i orgull de la República ha estat la formació de l'Exèrcit regular. Necessitat, perquè es veié obligada a defensar-se d'altres Exèrcits que l'atacaven, oposant enquadrament, organització i disciplina a la dels enemics. Orgull, perquè ha pogut organitzar amb esforç voluntariós un Exèrcit cada cop tècnicament més perfecte, en el qual l'obediència no és deguda a l'automatisme passiu o a la servitud imposada, sinó a la conformitat en el propòsit i en la intenció voluntàriament consentida.

No podia ésser d'altra manera en homes de pensament i de cor, que comprenen el sentit de la lluita i saben com ha estat inexorablement forçós defensar-se dels que volien apagar aquella sagrada flama íntima de la llibertat de l'home, en la qual es conté tota la dignitat de l'ànima i la mateixa raó de l'existència. Saben, els soldats que lluiten, com és dolorosament necessari defensar Espanya —l'Espanya que els enemics es posen als llavis mentre la destrueixen i enrunen— de l'allau de tropes mercenàries i extrangeres, que amb la seva invasió han convertit la lluita en guerra d'independència. I saben, com a catalans, que en defensar la Llibertat, la República i Espanya, defenen la terra i l'ànima de Catalunya.

Perquè comprenen l'exigència indeclinable de la guerra, practiquen l'alta virtut militar d'obeir. D'obeir, amb una disciplina conscient, que superi tots els impulsos, reaccions i sofriments. I aquell que més senti els anhels de llibertat, més meritori i exemplar és que els subjecti i els refreni, que comprengui que servint és com millor els serveix. Han d'ésser sobretot els que tenen l'ànima tivant d'ideals oberts i generoses rebellies, els que senten la profunda dignitat de l'home lliure, aquells que per a defensar-los s'han de sotmetre voluntàriament a una disciplina més abnegada i més severa. Perquè avui, el primer deure dels que estimen la llibertat és el d'obeir.

BOLETÍN DE INFORMACIÓN RELIGIOSA

Avenida 14 Abril, 442 bis BARCELONA (España)

EDICION ESPAÑOLA Nº.18. 1 de Febrero de 1938

CONTESTACIÓN PRÁCTICA DADA EN BARCELONA POR LA AVIACIÓN FASCISTA, A LA NOTA DEL MINISTERIO DE DEFENSA NACIONAL DE LA REPÚBLICA.

[CAT. 13]
Amic, enero 1938

[CAT. 31]
Boletín de Información Religiosa, febrero 1938

[CAT. 255]
Visions de Guerra i de Reraguarda, Serie B. Actualitats, núm. 1, 17 de abril de 1937

[CAT. 256]
Visions de Guerra i de Reraguarda, Serie A. Retrospectiva, núm. 1, 24 de abril de 1937

[CAT. 256]
Página interior: Fotografía de Agustí Centelles, abril 1937

EDITORIAL «FORJA» · Ronda Fermín Salvochea, 3 · Telèfon 24647 · LLIBRERIA CATALÒNIA · BARCELONA

VISIONS de Guerra i de Reraguarda

Sèrie A
RETROSPECTIVA

HISTÒRIA GRÀFICA DE LA REVOLUCIÓ

GUÀRDIES D'ASSALT PARAPETATS EN CAVALLS DE L'EXÈRCIT (CARRER DIPUTACIÓ XAMFRÀ LLÚRIA).

La Guàrdia d'Asalt de la Generalitat contribuí en gran manera a la victòria del poble. Tres valents, emparant-se en llurs cavalls morts, hostilitzen inlassablement l'enemic.

La Guardia de Asalto de la Generalidad contribuyó grandemente a la victoria popular. Tres valientes hostilizan sin descanso al enemigo, parapetados tras los cadáveres de sus cabalgaduras.

[CAT. 314]
El més petit de tots. Lola Anglada.
Comissariat de Propaganda de la Generalitat, 1937

[CAT. 76]
L'Esquel·la de la Torratxa. Portada: Nyerra, julio 1937

[CAT. 33]
Butlletí Trimestral, núm. 1, octubre 1936

[CAT. 34]
Butlletí Trimestral, núm. 3. Portada y página interior con un fotomontaje de Gabriel Casas, abril-mayo-junio 1937

[CAT. 64]
Economía, núm. 1, septiembre 1937

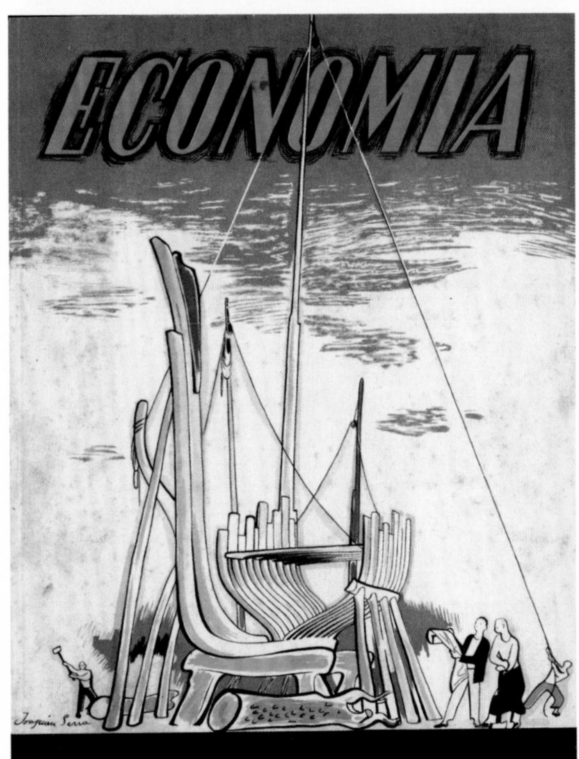

[CAT. 67]
Economía, núm. 4. Portada: Joaquín Serra, septiembre 1937

[CATS. 123, 124]
Ímpetu, núm. 1. Portada y páginas interiores, octubre 1938

EL VERDUGO y los niños

Hace tiempo, mucho tiempo, desde el brumoso despertar de la Humanidad, el verdugo ha tenido que ver con los niños. El rosal de la infancia se ha estremecido incesantemente con el roce frío de la cuchilla del terrible tajador de agraces humanos. Pero siempre que esto ha ocurrido, los hombres se hallaban encendidos de pasión, y, con terror o con goce, desgranaban los tiernos botones, soñando con reinos opulentos, caldeados de luz y de bienaventuranza, más acá o más allá de las indecisas fronteras que separan el conocimiento y el deseo real del fantástico: física y metafísica carminadas de sangre inocente. Unas veces con sentido y fin propios, otras, sin más razón que la fatalidad que bambolea los movimientos humanos, los hombres en potencia, las tiernas esperanzas de hombres, han caído bajo el empuje brutal de los hombres acabados, que no han aprendido aún a curarse de ese loco exterminio.

Y así han sido tronchados ¿cuántas cifras de vértigo? en aras de sentimientos para ellos inéditos. El Honor, la Gloria, la Cultura, la Historia... Cosas todas por las que murieron sin que su voluntad quisiera tener en ellas parte. Dentro y fuera de las murallas que los esclavos levantaron suspirando por la libertad. En medio de los campos abiertos, donde galopaba veloz el azote cruel de la conquista. Sobre los altares de los sacrificios donde se impetraba el desagravio o a gracia de los dioses, ceñudos y sangrientos. En la fría iniquidad del

[CAT. 127]
Inten, núm. 1, septiembre 1938

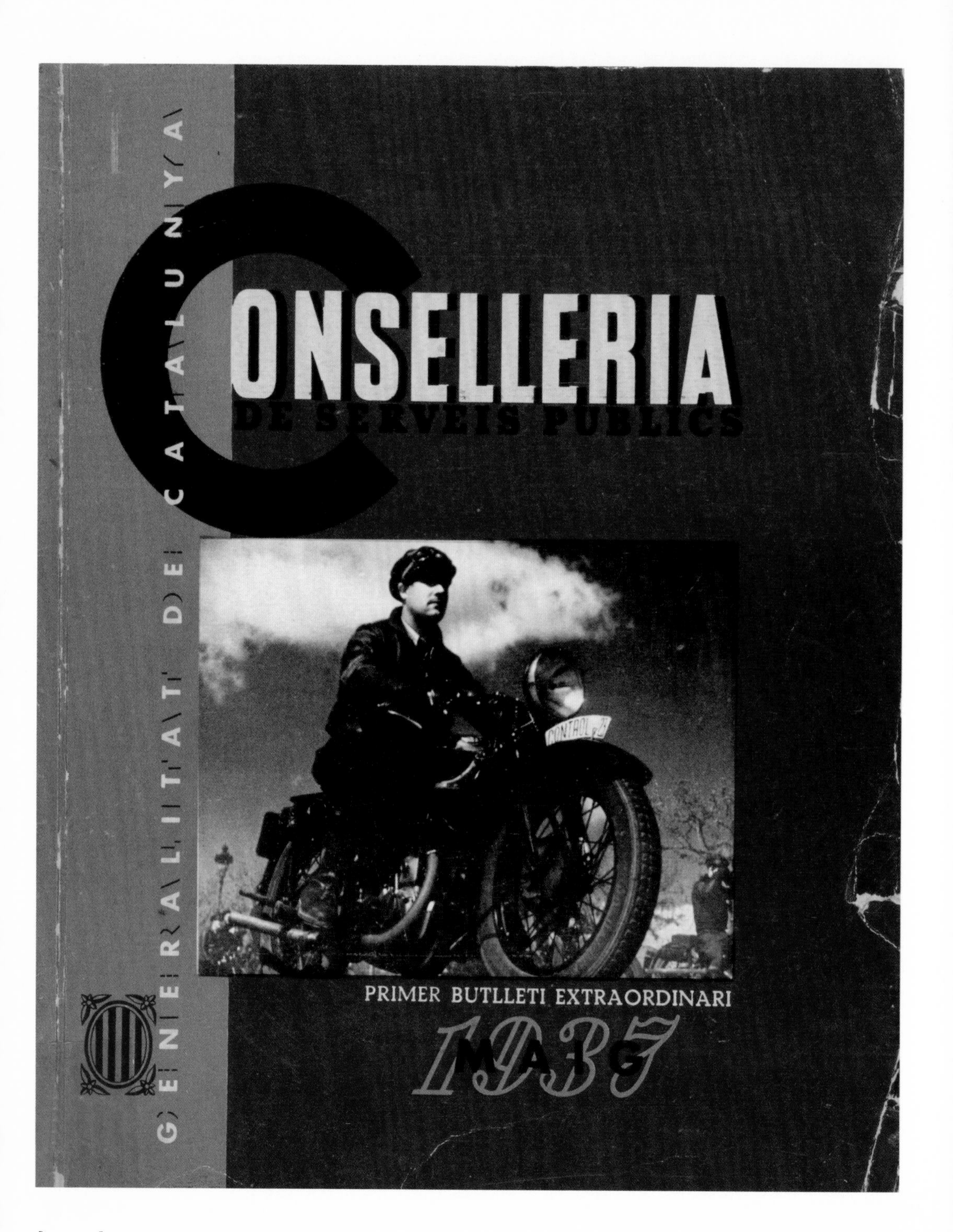

[CAT. 52]
Conselleria de Serveis Publics Generalitat de Catalunya.
Primer Butlletí Extraordinari, mayo 1937

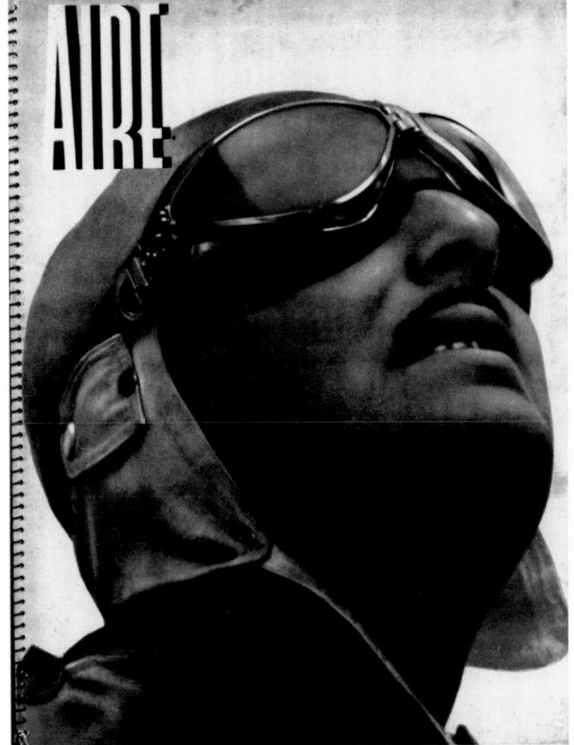

[CAT. 4]
Aire, núm. 1. Portada: Salvador Ortiga, junio 1937

[CAT. 7]
Aire, núm. 3. Portada: Salvador Ortiga, diciembre 1937

[CAT. 6]
Aire, núm. 2. Portada: Salvador Ortiga, septiembre 1937

[CAT. 8]
Aire, núm. 4. Portada: Salvador Ortiga, primavera 1938

AQUI ESTAMOS

PALMA DE MALLORCA
Abril - 1.er año triunfal
Número 27 - Año II

50 Cts.

¡Viva España!

sumario

Franco ha hablado • Con las cinco Flechas en el yugo, por F. Yzurdiaga • Sóller • Saludo a Hitler • Lopez Bassa • ¡Paso a la vieja guardia! • Premio a Manuel Halcón El Jefe en Campos • Aspiraciones de Mallorca por Juan de Sanauda • Miguel Fleta

•

Doce páginas de información gráfica nacional y extranjera

¡Arriba España!

Con el Jefe, por los pueblos de Mallorca. La concentración de Campos, estampa Imperial de la Nueva España. Nuestro camarada Marqués de Zayas rodeado de la Jefe local y plana mayor de Falange, recibe unas flores que él mismo depositó sobre el altar en que se rezó la Santa Misa, primer solemne acto de la brillantísima jornada azul.

[CAT. 16]
Aquí Estamos, abril 1937

[CAT. 35]
Cartel, núm. 3. Portada: Alberto Olivella, marzo-abril 1937

[CAT. 11]
La Ametralladora. Portada: Tono, agosto 1937

28 DE FEBRERO DE 1937

Flecha

Año I

arriba españa

Núm. 6

Redacción y Administración Provisional: Avenida, 25 Teléfono 12520

25 cts

Semanario Nacional Infantil

Editado por la Jefatura Nacional de Prensa y Propaganda. San Sebastián.

ARÓZTEGUI

Porque las palabras de luz del ELEGIDO desgarraron para siempre las tinieblas de nuestra indiferencia; porque fué capaz de aunar nuestras fuerzas, nuestra voluntad y nuestro entusiasmo; porque nos enseñó a mirar a España con los dos ojos, entera y de frente; porque supo inculcarnos el espíritu de lucha, de renunciación y de sacrificio; porque nos hizo sentir que no hay más dialéctica que la de los puños y de las pistolas cuando se ofende a la justicia o a la Patria, la Falange, en su más altiva intemperie de los campos de batalla, conquista, palmo a palmo, el suelo imperial de nuestra España profanada.

[CAT. 96]
Flecha, núm. 6, febrero 1937

1 DE AGOSTO DE 1937

Flecha

Año I

arriba españa

Núm. 28

Editado por la Delegación Nacional de Prensa y Propaganda de F. E. T. y de las J. O. N. S.

25 cts

Semanario Nacional Infantil

Redacción y Administración Provisional: Elcano, 8 Teléfono 12520

Y hubo necesidad de lanzarse por las rutas del mar, buscando aguas que hasta entonces habían permanecido quietas; sin proas de buques guerreros. Y nuestros colores fueron contemplados por horizontes que hacía tiempo los habían olvidado.....

[CAT. 97]
Flecha, núm. 28, agosto 1937

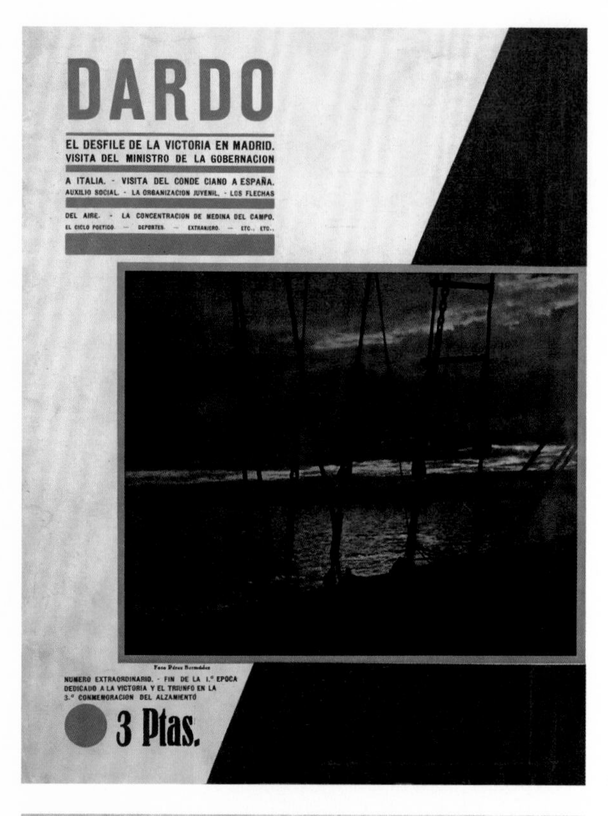

[CAT. 60]
Dardo, 1939

[CAT. 117]
Horizonte. Portada: Teodoro Delgado, agosto 1938

[CAT. 114]
Haz, núm. 5, noviembre 1938

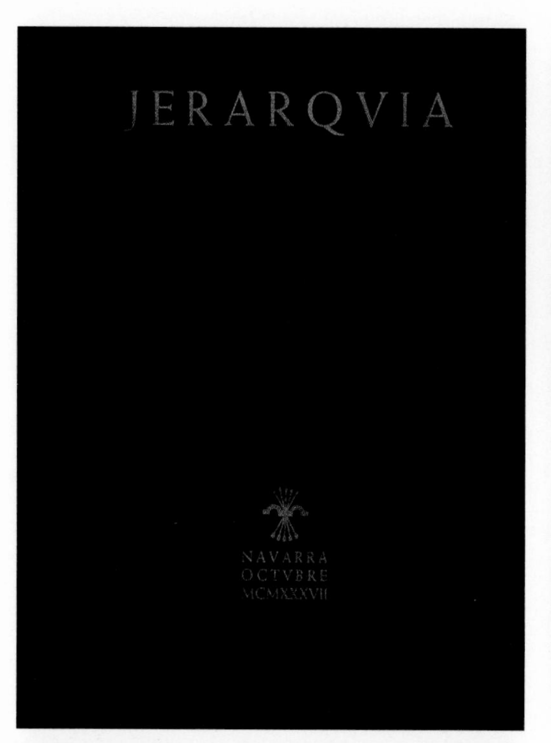

[CAT. 129]
Jerarquía, núm. 2, octubre 1937

[CAT. 267]
Yugo, núm. 1, 1938

[CAT. 87]
FE, 1937

FE

DOCTRINA DEL ESTADO NACIONALSINDICALISTA

AVENIDA DE FRANCO, 18

PAMPLONA

Pamplona, 25 de Octubre de 1937. II Año Triunfal.

Camarada Dionisio Ridruejo

SALAMANCA

Camarada y amigo Ridruejo:

Por fín, espero que dentro de pocos días aparezca la Revista FE, totalmente reformada. No se si sabes que es Director de ella Alfonso García Valdecasas. Yo soy Secretario. Una de las secciones de la Revista lleva por título VIDA DE ESPAÑA, y he pensado que de su dirección y orientación podrías encargarte tu. Claro que esto te exigiría escribir una crónica todos los meses, puesto que la Revista va a ser mensual, y esto no sé si se halla de acuerdo con tus disponibilidades de tiempo y tal vez con tus ganas de escribir. En bien de la Falange creo, sin embargo, que debes aceptar la tarea. En todo caso podrías escribir un comentario o juicio sobre lo ocurrido en España durante el mes en cuestión, y ya nos ocuparíamos de completar la sección con noticias. En fin, tu decidirás. Claro que aparte de esto, tienes el deber perentorio de escribir para la revista algún artículo doctrinal, lo más largo y serio posible (es preciso huir de lo que antes sucedía, porque en la Revista se daban más artículos propios de periódico que otra cosa). Recuerda que esto mismo me lo prometiste en Burgos.

Al margen de tus relaciones con la Delegación, y, por lo tanto, de toda cuestión atañente a personas, lo que nos importa como nacionalsindicalistas es que las obras sigan. Una de estas obras, en cuyo medro todos hemos de tener interés máximo, es la Revista FE. No eres tu el que menos puede contribuir a su lucimiento. Piénsalo y obra en consecuencia: esto es, trabaja. Y basta ya de epístola moral, porque tú de ella sólo necesitas pocas líneas.

Espero tus trabajos. Los cuales, han de comenzar por uno, el cual espero todavía más pronto. Recibe mi enhorabuena por tu nombramiento de Consejero. Y un saludo brazo en alto de tu amigo y camarada,

P. Laín

Firmado: PEDRO LAIN

SALUDO A FRANCO

¡ARRIBA JOSE ANTONIO!

¡ARRIBA ESPAÑA!

[CAT. 298]

Carta de Pedro Laín sobre *FE* a Dionisio Ridruejo, 25-10-1937

[CAT. 309]
Forjadores de Imperio. Portafolio de grabados: Jalón Ángel. Cubierta y retrato del Caudillo

[CAT. 319]
Folleto de publicidad, Jalón Ángel

SERIE F

1

2

3

RETRATOS SALÓN. — En sepia, 21 × 15 cm., pegados sobre cartulina de lujo, tamaño 40 × 28 cm. Poses 1, 2, 3. Con autógrafo de S. E. el Generalísimo. 5 Ptas.

Fotografías de arte "JALON ANGEL"

Lámina Huecograbado en sepia

De ejecución primorosa, es propia para el Hogar, Vitrinas, Cuerpos del Arma de Caballería, Círculos, etc.

Tamaño interior, 25 × 34 cm.

Id. exterior, 14 × 49 íd.

SERIE K 3'50 PTAS.

[CAT. 101]
Fotos, núm. 102, febrero 1939

[CAT. 103]
Fotos, núm. 109, abril 1939

[CAT. 274]
Cartel ¡Franco! Caudillo de España, 1939

[CAT. 275]
Cartel G.M., Arriba España, 1939

ARRIBA ESPAÑA

[CAT. 41]
Cauces, núm. 19, 1938

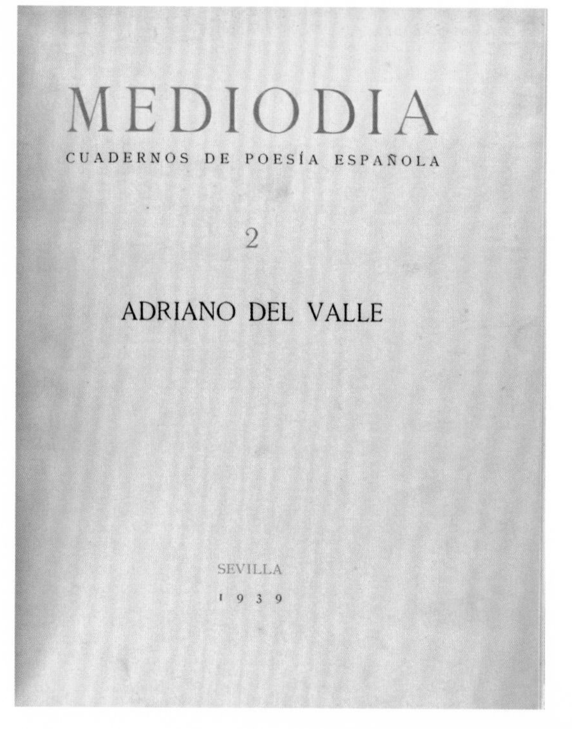
MEDIODIA
CUADERNOS DE POESÍA ESPAÑOLA
2
ADRIANO DEL VALLE
SEVILLA
1939

[CAT. 143]
Mediodía, núm. 2, 1939

[CAT. 143]
Mediodía, núm. 2. Página interior: José Caballero, 1939

DEPÓSITO LEGAL

ISLA

VERSO Y PROSA
(2.ª época)

1937 **10** II Año Triunfal

A LA LUNA

¡Oh, tú, graciosa luna, yo me acuerdo
de que, hace ya un año, a esta colina
vine lleno de angustia a contemplarte!
Y tú te alzabas sobre aquella selva,
como ahora, que toda la iluminas.
Mas nebulosa y trémula, del llanto
que vertían mis ojos, a mi vista
se mostraba tu faz; que trabajosa
mi vida era, y no ha cambiado en nada,
oh dulcísima luna. Pero gozo
al recordar y enumerar las horas
de mi dolor. ¡Qué grato es en el tiempo
juvenil, cuando es larga la carrera
de la esperanza y breve la memoria,
recordar el pasado, aunque sea triste
y aunque el afán en nuestro pecho dure!

GIACOMO LEOPARDI
† 1837

Trad. de M. Romero Martínez

PEDRO PÉREZ CLOTET

Jerez de la Frontera, 10 de mayo de 1938
II Año Triunfal

Camarada Dionisio Ridruejo

Tengo mucho en enviarte con esta fecha los tres números aparecidos en esta segunda época de guerra victoriosa, de mi revista ISLA. Supongo la conocerías antes. Y te ruego tu colaboración. Tendré una verdadera satisfacción en unir tu nombre a los que escriben en ella.

Brazo en alto te saluda tu camarada, que queda a tus órdenes

P. Pérez Clotet

T/C Plaza de Domecq, 48

[CAT. 128]
Isla. Verso y Prosa, núm. 10, 1937

[CAT. 299]
Carta de Pedro Pérez Clotet a Dionisio Ridruejo, 10-V-1938

Jefatura Territorial de Cataluña

Delegación de San Sebastián

Servicio de Prensa y Propaganda

"Destino"

San Sebastian 21-IX-37.

Camarada Dionisio Ridruejo.
Salamanca.

Querido Ridruejo.

Añado esta segunda carta a la de ayer. Que vayn en el mismo sobre.

Ayer se presento'en esta Delegacion Pedro Pruna, aquel pintor catalan recien llegado del que te hable'en Salamanca antesdeayer.

Quiere de todas maneras colaborar. Es evidentemente uno de los mejores pintores que en esta zona tenemos. Quizas uno de los mejorres y ciertamente el mas habli.

Quire colaborar. Yo le dije te escribiera. Y que te mandára su carta por correo urgente, pues los de la Delegacion Nacional de Ana ya le van tambien detras. Es gran pintor e inclusive pintor de decoracions. de teatro

Quire colaborar y que se le proporcione una manera de defenderse economicamente mientras estas circunstancias duran. Tu mismo veras lo que le podeis ofrecer. Era hombre que ganaba horrores.

Con todo afecto, mis saludos

Javier.

[CAT. 293]
Carta a Dionisio Ridruejo de Javier de Salas sobre Pedro Pruna, 21-9-1937

[CAT. 294]
Carta a Dionisio Ridruejo de Javier de Salas sobre Pedro Pruna, 7-10-1937

Falange Española Tradicionalista y de las J. O. N. S.

JEFATURA TERRITORIAL DE CATALUÑA

Núm. S. 55.

Burgos, 7 de Octubre de 1.937.
II AÑO TRIUNFAL.

Camarada, DIONISIO RIDRUEJO.-
Delegación Nacional de P. y P.
Trilingüe.
SALAMANCA.-

Camarada; RIDRUEJO, buen poeta y amigo;

Un asunto casi familiar vaya lo primero.-Ayer hable con el Dr. Blanco-Soler.-Nada sabe desde hace tres semanas de Samuel, y sus cartas últimas, dice, no hacian creer ni remotamente en una próxima salida de Chile.-Al contrario, decia que no sabia ni cuando ni como podria salir de - ahí.-

Mas, hablé tambien con PEDRO PRUNA, ~~un~~ con gran espíritu y muy Action Francaise; las dos cosas a un tiempo.-Me pidió se le activase su adscripción.-Que no quiere vivir en San Sebastian; que no quiere estar en aquel medio; que quiere trabajar.-Está como caballo de sangre que estuviera trabado.-

Sácalo de ahí.-Haz que trabaje.-No os arrepentireis.-Es el mejor pintor de la zona y un hombre inteligente.-Escríbele y escríbeme.-

Abrazos, y un Arriba España,

[illegible]

Ah! Haz el favor de interesarte porque el pasaporte que hemos pedido para mí se tramite en breve — lo más pronto que se pueda. [illegible]

Saludo a FRANCO
ARRIBA ESPAÑA.

EDITADA POR FALANGE ESPAÑOLA

LA GRAN REVISTA NACIONAL

• TALLERES OFFSET • SAN SEBASTIAN •

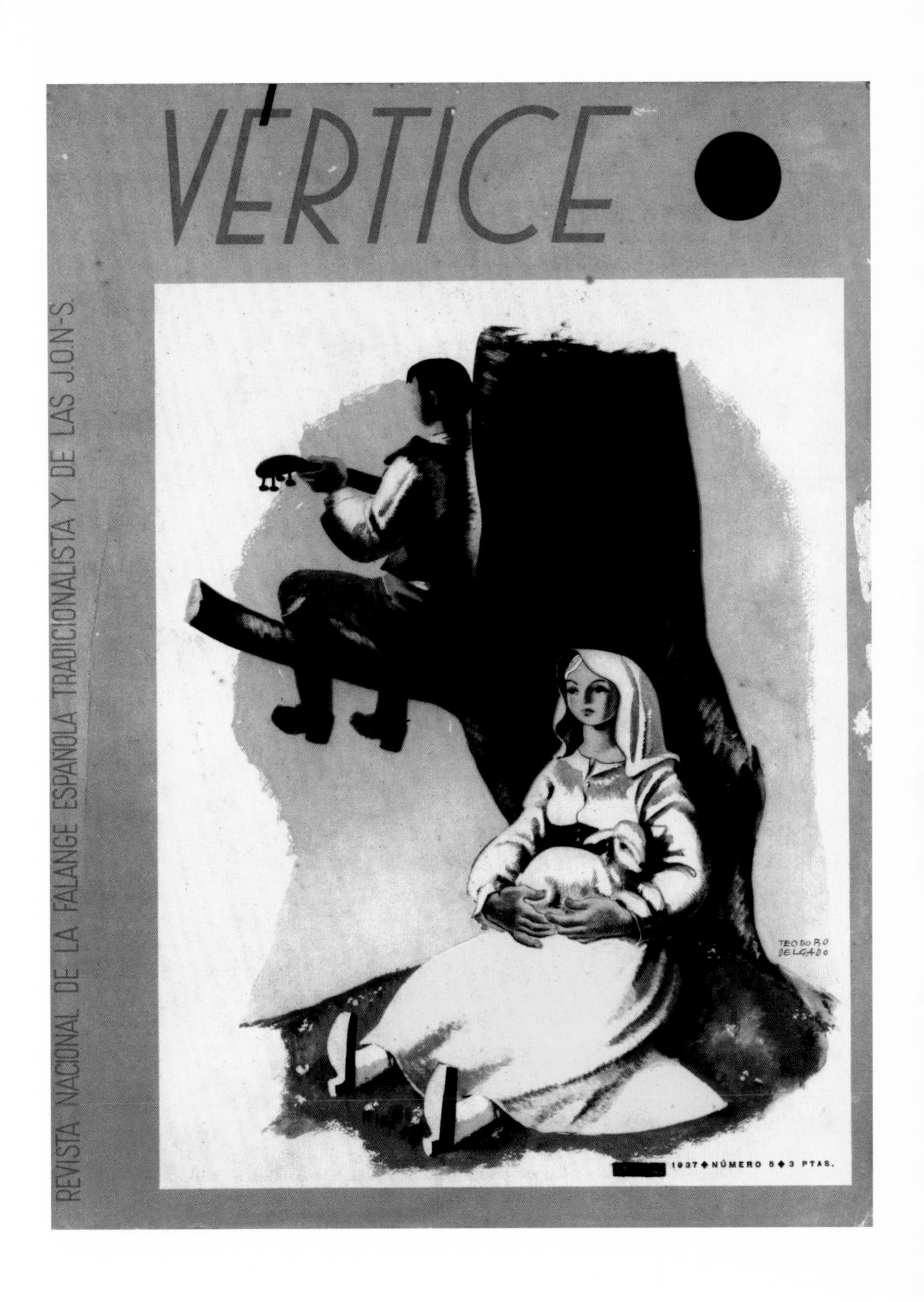

[CAT. 287]
Cartel de *Vértice*, 1937

[CAT. 228]
Vértice, núm. 5. Portada: Teodoro Delgado, septiembre-octubre 1937

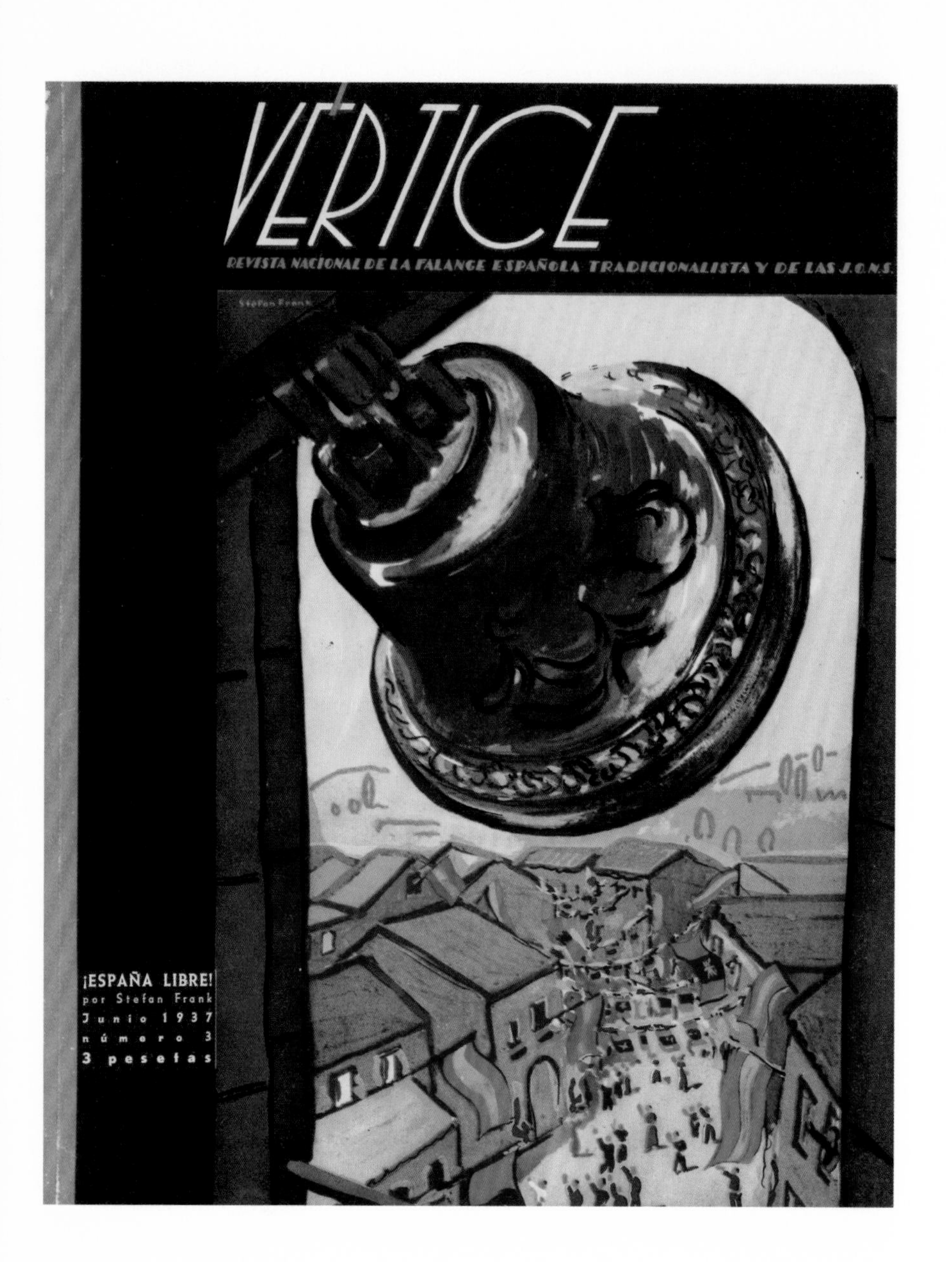

[CAT. 225]
Vértice, núm. 3. Portada: Stefan Frank, junio 1937

[CAT. 194]
Radio y Cinema, núm. 1. Portada: Stefan Frank, marzo 1938

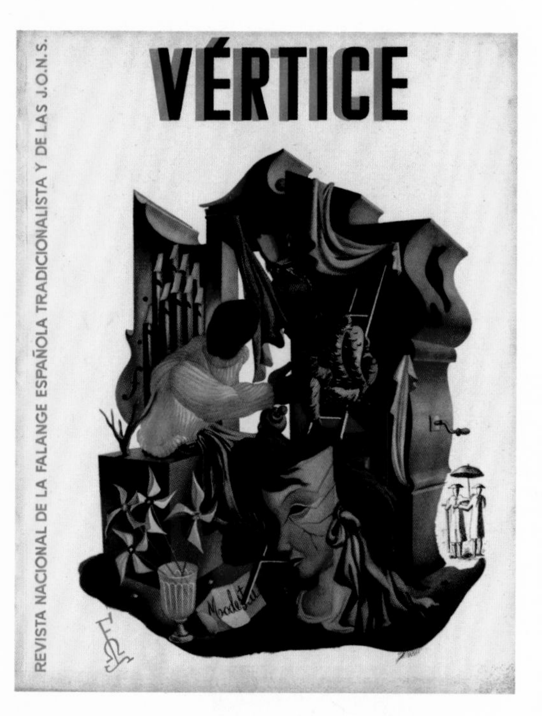

[CAT. 232]
Vértice, núm. 9. Portada: José Caballero, abril 1938

[CAT. 246]
Vértice, núm. 16. Portada: Teodoro Delgado, noviembre 1938

[CAT. 240]
Vértice, núm. 13. Portada: Tono, agosto 1938

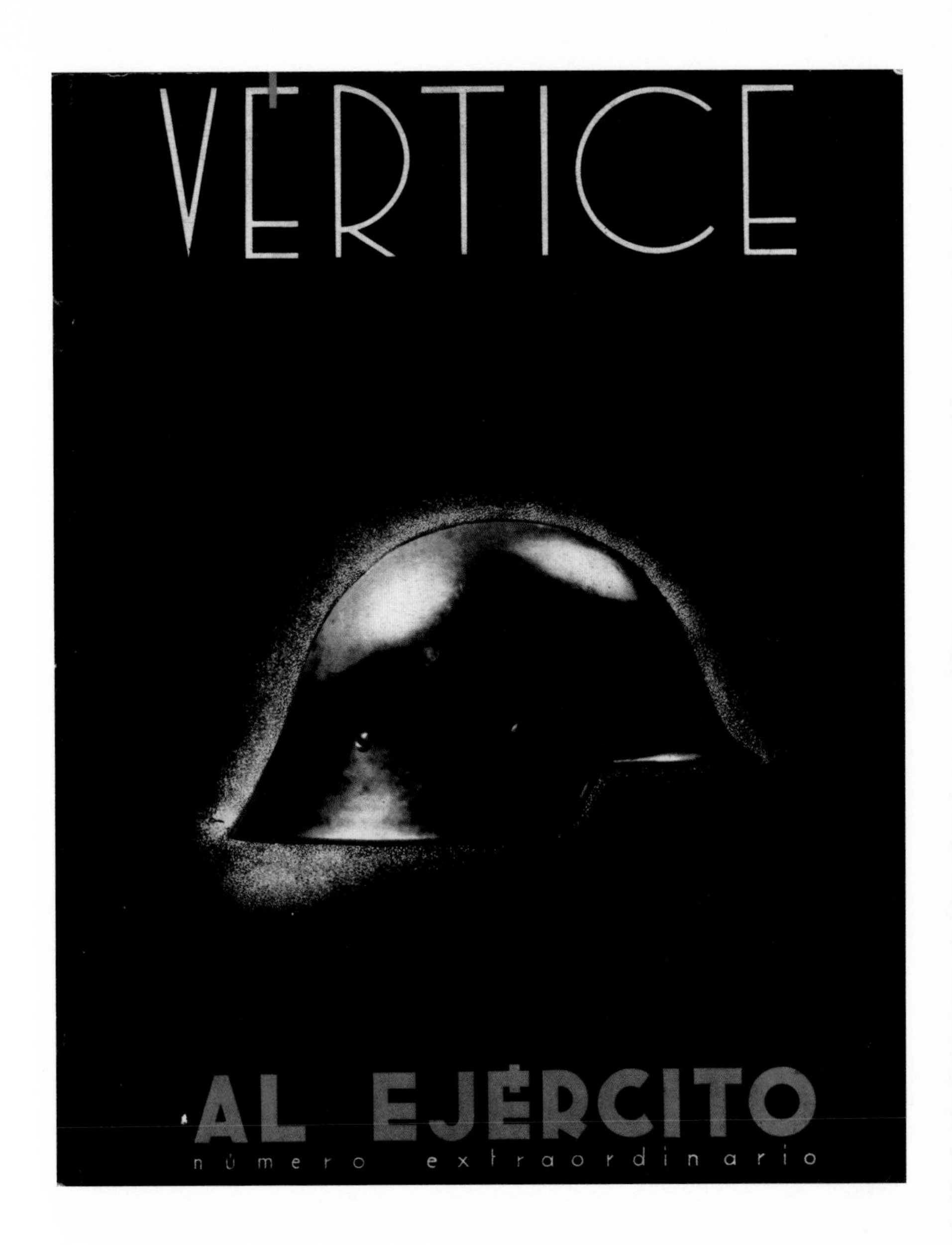

[CAT. 226]
Vértice, número extraordinario, julio-agosto 1937

PLASTICA

Foto José Compt

LA BELLEZA FOTOGRAFICA

[CAT. 242]
Vértice, núm 14. Página interior: La belleza fotográfica (J. Compte), septiembre 1938

[CAT. 250]
Vértice, núm. 18. Portada: J. Compte, enero 1939

[CAT. 252]
Vértice, núm. 19. Portada: J. Compte, febrero 1939

[CAT. 312]
Hermandad de la Ciudad y del Campo (Sección Femenina)
Tarjetas postales de J. Compte

MUCHACHAS DE FALANGE
MADRES DEL MAÑANA

EL AUXILIO SOCIAL, SUPREMO
DEBER DE LA MUJER ESPAÑOLA

PARA CUÁNDO ELLOS REGRESEN...

CUMPLIENDO CON GRACIA
FEMENINA LA RUDA TAREA

HACIA NUEVOS HORIZONTES...

VANGUARDIA DE LA PAZ...

POR ESPAÑA, ADELANTE...

ARRIBA ESPAÑA

POR LA MADRE
Y EL HIJO
POR UNA
ESPAÑA
MEJOR
Auxilio Social
C. Sáenz de Tejada
LIT. AFRODISIO AGUADO.

[CAT. 282]
Cartel *Por la madre y el hijo por una España mejor*
Carlos Sáenz de Tejada

[CAT. 266]
Y, núm. 13, febrero 1939

6. LA POLÍTICA Y LAS REPERCUSIONES DE LA FOTOGRAFÍA Y EL MONTAJE: PERE CATALÀ-PIC Y JOSEP RENAU

Al revisar las revistas estudiadas hasta este punto, queda claro que la fotografía desempeñó un papel esencial en la elaboración de propaganda en toda España, sin distinción de partidos políticos o sindicatos [CATS. 269, 272 pp. 236, 250-251]. Aunque los grados de sofisticación y frecuencia variaban, el uso de fotografías manipuladas como elemento compositivo en cabeceras, imágenes a toda página o enmarcadas como ilustraciones independientes era una técnica compartida por los artistas tanto del bando leal como del insurgente, con intenciones y públicos radicalmente distintos, desde las portadas de Tolosa [CATS. 17, 166 p. 266] para la revista anarquista valenciana *Argos* hasta los diseños fotográficos de varias páginas de Compte para *Vértice*, la revista ilustrada de la Falange. Al igual que los artistas que utilizaban el lápiz, la tinta u otros procesos de impresión, en los años treinta el fotomontaje era una técnica utilizada por artistas de todo el mundo y en contextos que iban desde las exposiciones internacionales hasta los periódicos de mayor tirada [CAT. 165 p. 267]. Antes de la guerra, el fotomontaje ya tenía presencia en los diseños de carteles, las revistas y las sobrecubiertas de libros, y durante la contienda los artistas españoles siguieron en contacto con otros artistas internacionales que utilizaban la fotografía [CAT. 55 p. 158], a través del material impreso en circulación procedente de la Unión Soviética, Francia, Alemania e Italia.

A lo largo de los años treinta, los dos factores que mayor influencia tuvieron en la adopción del fotomontaje y el fotocollage por parte de los artistas españoles fueron la publicidad, por un lado, y el arte políticamente comprometido —principalmente soviético y alemán— por otro. Aunque se podría asumir que estos dos contextos eran diametralmente opuestos, a principios del siglo XX eran ya muchos los artistas vanguardistas que entendían la publicidad como una herramienta revolucionaria que se podía utilizar tanto en la práctica comercial como con fines más experimentales[95]. En España, estos ámbitos tampoco estaban enteramente separados. Muchos de los artistas que diseñaban carteles y revistas durante la guerra se habían formado en la publicidad, y varios de los que habían participado en la elaboración de algunos de los ejemplos de propaganda política más notables durante la guerra siguieron

[CAT. 269] Pere Català-Pic, 1937

[95] Maud Lavin, «Advertising Utopia: Schwitters as Commercial Designer», *Art in America* LXXIII. 10 (octubre de 1985): 134-9.

trabajando en el diseño gráfico comercial bajo el régimen franquista o en el exilio[96].

De los artistas que en la década de 1930 se dedicaron a la fotografía y la publicidad, fueron Pere Català-Pic y Josep Renau los que de una forma más significativa marcaron el camino entre el diseño comercial y la propaganda política. Renau trabajó principalmente desde Valencia y Madrid. Fue miembro fundador del Partido Comunista de Valencia y en los años treinta desempeñó un papel destacado al expresar una postura polémica sobre lo que él creía que era la práctica necesaria, y esencialmente consciente, de utilizar el diseño para promover la conexión entre los ideales políticos y las decisiones artísticas. Además de las obras que realizó por encargo, desde carteles para promover el turismo valenciano hasta montajes fotográficos y dibujos para las revistas anarquistas *Orto* y *Estudios*, Renau también fue director de la revista antifascista ilustrada *Nueva Cultura* hasta 1937. Por su parte, Català-Pic inició su andadura como fotógrafo de estudio en Valls, ciudad de la provincia de Tarragona situada unos cien kilómetros al sur de Barcelona. Tras establecerse prósperamente como profesional, se trasladó a Barcelona y pronto se ganó la reputación de ser uno de los primeros integrantes de la comunidad artística catalana en adoptar las técnicas de la fotografía moderna. Adoptó el uso racional de prácticas experimentales en su trabajo de diseño y apoyó la aplicación del campo de la *psicotécnica* (el uso de la psicología para estudiar el trabajo, la tecnología y la percepción) en el desarrollo de la publicidad. En tanto que teórico y fotógrafo comercial, a Català-Pic le interesaba menos la cuestión del papel social del artista (el principal interés de Renau) que explorar y poner en práctica la idea del «foto-técnico» que aplica la psicología y la experimentación fotográfica a la publicidad.

Barcelona contaba con más publicaciones dedicadas a la publicidad —tanto libros como revistas— que cualquier otra ciudad de España[97]. Era la ciudad de los primeros programas nacionales patrocinados por el Gobierno, así como el lugar de residencia temporal o permanente de los profesionales y los teóricos más destacados del país, incluidos Juan Aubeyzon, Rafael Bori,

[96] Bardasano, como otros artistas, había trabajado para agencias publicitarias antes del estallido de la guerra; Emeterio Melendreras, uno de los más destacados cartelistas del bando republicano, dirigió después de la guerra la revista *Arte Comercial*. Para conocer más detalles sobre muchos de los artistas mencionados en esta exposición y sobre su obra en el campo del diseño gráfico, tanto antes como después de la guerra, véase Enric Satué, *El diseño gráfico en España. Historia de una forma comunicativa nueva* (Madrid: Alianza, 1997).

[97] Véase Raúl Eguizábal Maza y M.ª Luisa García-Ochoa Roldán, *La publicidad y los libros 1920-1972* (Madrid: Biblioteca Universidad Complutense, 2001).

José Gardó y Pedro Prat-Gaballí. El director del Institut d'Orientació Professional (posteriormente rebautizado como Institut Psicotècnic) del Gobierno catalán era el destacado psicólogo Dr. Emili Mira i López, quien presentó a Català-Pic a Jaume Miravitlles[98].

En sus colaboraciones con el *Butlletí del Seminari de Publicitat* del Institut, Català-Pic expuso sus teorías sobre la publicidad y guió a los lectores acerca de la aplicación práctica de la fotografía en la publicidad. Entre las distintas técnicas que introdujo, incluido el uso del fotograma como método clave para aumentar la abstracción del diseño, dedicó la mayor parte de su atención al fotomontaje. Uno de los artículos más extensos de Català-Pic sobre la técnica fotográfica en la década de 1930 fue «Técnica de la fotografía publicitaria», publicado en 1933 en el *Butlletí* del Institut. El ensayo comienza dando un repaso a lo que se supone que los lectores sabían acerca de la publicidad y las técnicas asociadas con ella: el dibujo y la pintura. Tras presentar la fotografía en relación con estos medios, mencionaba el valor de la fotografía en la publicidad debido a su capacidad para representar los objetos con todo detalle. No obstante, por encima del uso de la fotografía como medio para registrar la realidad, Català-Pic insistía en su potencial para estimular la respuesta emocional del receptor a través de la distorsión. Si bien la mayoría de los lectores ya estaban familiarizados con el valor de la fotografía como medio objetivo, él sostenía que la fotografía era más útil para los publicistas en sus otras aplicaciones más experimentales. Describía como con la fotografía se habían podido crear imágenes inesperadas gracias a la capacidad de la cámara para transformar la realidad a través de procesos como la abstracción, la exposición múltiple y la impresión combinada. Català-Pic defendía que, lejos de distraer al receptor de la función prevista del objeto, estas transformaciones despertarían su respuesta, lo cual convertía a la fotografía en un medio ideal para la propaganda.

Català-Pic repitió muchas de las ideas centrales de este ensayo en otras publicaciones y conferencias, lo cual da prueba del interés que tenía en popularizar sus ideas acerca de la fotografía publicitaria tanto entre el público general como entre el especializado. En cada texto hacía hincapié en que la fotografía debía superar sus comienzos como dispositivo de grabación objetivo: era labor del profesional transformar el medio en una herramienta útil para comunicar algo más que la mera materialidad de los objetos. El «fototécnico» tenía que hacer real algo mucho menos tangible —los estados de

[98] Para más información sobre la relación entre psicología y publicidad en Barcelona durante la Segunda República, y su influencia en la obra de Català-Pic, véase Jordana Mendelson, «Desire at the Kiosk: Publicity and Barcelona in the 1930s», *Catalan Review* 18.1-2 (2004): 191-207.

emoción subjetivos— a través de la producción de imágenes irreales que, no obstante, se pudiesen adquirir. Por lo tanto, en su ensayo «Fotografía publicitaria», publicado en *Mirador* en 1932, explicaba: «Nosotros concedemos a la fotografía no sólo un valor documental, objetivo, sino también un valor subjetivo capaz de comunicar un estado psicológico»[99]. En el mismo ensayo, Català-Pic infería lo que más tarde, durante la guerra, se convertiría en una idea fundamental: que los estados emocionales individuales eran parte del componente psicológico más amplio de la esfera social, y que al alterar la respuesta de un individuo también se lograba intervenir en los estados psicológicos colectivos. Articulaba esta idea al cierre del ensayo, proponiendo que el Gobierno catalán creara un archivo de carteles publicitarios, que debía prestar especial atención a la conservación de la fotografía publicitaria: «No tenemos que olvidar que la publicidad también revela, y en gran manera, el grado de civilización de un pueblo».

Mientras estuvo trabajando para el Comissariat, Català-Pic publicó artículos sobre arte y cultura en la revista *Meridià* (el título que recibió la revista de arte y literatura *Mirador* durante la guerra, tras su colectivización). Su trabajo como crítico, sumado al puesto que ocupaba en el Comissariat, le dejaba poco tiempo para componer carteles, con la excepción de *Aixafem el feixisme*, que se convirtió en uno de los eslóganes visuales más famosos y memorables de la guerra: un pie calzando una modesta alpargata catalana se dispone a aplastar una esvástica. Sin necesidad de palabras, el mensaje está claro: la revolución popular tiene el poder de derrotar al fascismo.

En el artículo escrito por Català-Pic para *Nova Iberia* en 1937 titulado «Estructuración de una nueva propaganda» [FIG. 37], el autor defendía la importancia central de la publicidad en las tareas económicas y políticas del país. Si bien hasta entonces se había centrado principalmente en el papel del fotógrafo en el desarrollo de la publicidad, lo que le preocupaba ahora era demostrar la relación crítica entre una propaganda bien planificada y la salvación de vidas humanas. Se daba cuenta de que durante la guerra la política había cobrado primacía sobre la promoción del comercio, y señalaba que, aunque el proceso pudiera ser el mismo (en términos de diseño y de estudio de la emoción humana), lo que estaba en juego era, por supuesto, mucho mayor: ahora, el éxito de una campaña publicitaria debía evaluarse en relación con el coste de una vida humana. Para Català-Pic, la avalancha de actividad creativa que acompañaba a la revolución en «defensa de la causa» auguraba el comienzo de la producción de «una propaganda de grandes proporciones y de grandes perspectivas».

[FIG. 37] Pere Català-Pic, «Estructuració d'una nova propaganda», *Nova Iberia* 1 (enero 1937): s.p. Colección privada.

[99] Pere Català-Pic, «Fotografía publicitaria», *Mirador* 196 (1932), n.p.

Estructuración de una nueva propaganda

¡PROPAGANDA! He aquí la palabra mágica y poderosa que determina ya el éxito, ya el fracaso, no tan sólo de una marca, de un artículo o de un prestigio, sino, también, el porvenir esplendoroso o la rápida decadencia de un movimiento político.

La gran masa ciudadana considera la Propaganda como una actividad empírica, hija del capricho o de la ingeniosidad, y no comprende, casi nunca, el alcance científico que la genera ni la técnica que la dirige y orienta.

Esta técnica tiene sus raíces en el conocimiento psicosomático del individuo y de las colectividades. Freud y Adler, así como Jung, Watson, Munstenberg y otros muchos, nos han indicado la tónica a seguir en la exploración del campo reaccional de los individuos y de las colectividades, exploración que debe ampliarse – siempre en progresión científica ascendente – con las experiencias del constitucionalismo psicosomático indiscriminable de Stern y con los descubrimientos de los neuroendocrinólogos rusos.

Por todo ello, abogamos por la implantación de la carrera o licenciatura de Psicotecnólogo publicitario, en la nueva Iberia que se está estructurando. Estos estudios se basarían en el conocimiento del hombre, en las posibilidades técnicas de los medios de propaganda y en la determinación especializada de las diversas necesidades publicitarias, pues no es lo mismo, ni mucho menos, estructurar un plan de propaganda comercial que otro de propaganda estatal o pedagógica, por por ejemplo. Sólo de esta suerte podemos confiar en el máximo rendimiento de los esfuerzos, ni ligeros ni económicos, ciertamente, que reclama el desenvolvimiento de la publicidad, esfuerzos que, por otra parte, se ven sobradamente compensados si una suficiente capacidad domina en los medios antedichos.

El movimiento revolucionario de Cataluña se ha manifestado ya favorable a este sentido evolucionista del criterio publicitario, con la creación – por Decreto de la Generalidad de Cataluña, fecha 6 de Octubre del presente año – del Comisariado de Propaganda. Recientemente, el Gobierno español ha creado, también, el ministerio de Propaganda, con cuya innovación nos incorpora al movimiento orgánico requerido por las nuevas necesidades estatales.

También la Escuela Nueva Unificada estudia algunos proyectos de organización docente publicitaria y el Instituto de Estudios Comerciales comenzará, en breve, su curso a cargo de un prestigioso especialista en la materia. Todo ello permite esperar una nueva orentación, hija de la moderna idea que de la publicidad tiene nuestro país.

En el momento presente, toda la humanidad está ojo avizor al desarrollo revolucionario de España y a las operaciones bélicas que en ella se realizan. Es de todo punto necesario que permanezcamos atentos a las reacciones que pueda determinar la propaganda de uno y otro combatiente, ya que si los militantes de ambos sectores – renovador y tradicionalista – tienen bien afianzadas sus posiciones respectivas, debemos pensar en la masa ciudadana, muy considerable, que situada en la posición del péndulo – susceptible de ascenso o descenso a impulsos de un estimulante reaccional – escapa, con mucha frecuencia, a la sagacidad, más o menos aguzada, de cualquier dirigente publicitario.

Sabemos que, a fin de cuentas, el valor hombre, y no el valor capital, ha de alcanzar su posición definitiva, pero debemos saber, también, que un error publicitario o una oportuna estratagema pueden retrasar un éxito capaz de ahorrarnos muchas vidas humanas.

El hecho de la revolución ha dado lugar al despliegue laborioso de los artistas; ellos han invertido su potencial dinámico en la defensa de la causa, pintando vehículos, ferrocarriles, muros y enormes cartelones, con retratos de hombres ilustres, en las fachadas, empezando así – con alguna timidez, todavía – la propaganda de grandes proporciones y de grandes perspectivas.

Y es tal el convencimiento que existe actualmente en nuestro país de la conveniencia publicitaria, que todas las organizaciones políticas y sindicales; U. G. T. - C. N. T. - Socorro Rojo Internacional - P. S. U. C. - C. E. N. U. - P. O. U. M. etc. Consejería de Economía, de Agricultura, Sanidad, etc. se han preocupado de la publicación de carteles, folletos y actos de propaganda con buen gusto y distinción. Ya hablaremos sobre esto en otra oportunidad.

P. CATALÀ

En Madrid, Renau fue nombrado director general de Bellas Artes y supervisó las iniciativas del Gobierno para salvaguardar el patrimonio artístico de la nación durante la guerra. Se implicó activamente en el pabellón español de la Exposition Internationale des Arts et Techniques dans la Vie Moderne de París de 1937, coordinando los murales fotográficos que lo recubrían y ayudando a recopilar otros materiales para los diversos expositores sobre la cultura, la industria y la guerra españolas[100]. Creó carteles para el Partido Comunista y el ejército popular [CATS. 310, 316 pp. 254, 255], como *El comisario, nervio de nuestro ejército popular*, en el que a través de unos pocos elementos fotográficos sencillos comunicaba la centralización de las fuerzas armadas bajo el modelo soviético del *comissar*. En 1938, cuando el Gobierno se trasladó a Barcelona, el primer ministro Juan Negrín nombró a Renau director de Propaganda Gráfica para el Comisariado General del Estado Mayor Central. Supervisó también la publicación de revistas como el *Boletín de Información Cultural del Ministerio de Instrucción Pública y Sanidad* [CAT. 27 p. 256], que compartía con los carteles de Renau un interés por las fotografías de figuras militares monumentalizadas. Durante el último año de la guerra, Renau creó los que algunos han considerado sus fotomontajes más dinámicos para ilustrar los *13 Puntos de la Victoria* de Negrín[101]. La serie recibió amplia cobertura en las revistas del bando leal y extranjeras, desde *Ímpetu* en Madrid y *Meridià* [CAT. 145 p. 253] en Barcelona hasta *Levante* en Valencia [CAT. 277 p. 252].

Mientras que en los escritos de Català-Pic se aprecia la evolución de un diseñador que pasó de ser fotógrafo de estudio a «foto-técnico», y de defensor de la fotografía publicitaria a iniciador de la propaganda política, en el caso de Renau sus escritos revelan una conexión mucho más constante entre su obra como artista y sus ideas acerca del arte como arma política. Como quiera que sea, al igual que Català-Pic, Renau extrajo ideas sobre el montaje tanto de la investigación en la publicidad como de la vanguardia internacional. Dicho esto, es importante apuntar que mientras Català-Pic apoyaba el trabajo de fotógrafos como Man Ray y Henri Cartier-Bresson, Renau se inclinaba hacia los experimentos con mayor carga política realizados por artistas alemanes y soviéticos. Sus propios escritos ofrecían incluso una crónica y una crítica tanto del desarrollo del cartel publicitario como de su relación con lo que él consideraba las prácticas «abstractas» del arte contemporáneo. Por tanto, es importante comprender cómo Renau conectaba con el discurso en torno a la publicidad y el montaje político reinante durante la guerra y a la vez se diferenciaba de él.

Durante la Segunda República, Renau fue colaborador habitual de muchas revistas artísticas de clara

[100] Véase Mendelson, J., *Documenting Spain*, 125-172.

[101] Forment, Albert, *Josep Renau. Història d'un fotomuntador* (Catarroja, Valencia: Afers, 1997), 160-161.

[FIG. 38] *Octubre*, núm. 4-5 (octubre-noviembre 1933). Portada: Josep Renau. Hemeroteca Municipal, Madrid

tendencia política. Las portadas de *Octubre*, la revista madrileña del poeta y activista Rafael Alberti, incluían los montajes constructivistas de Renau [FIG. 38], que tienen una clara conexión con los diseños propagandísticos de los artistas soviéticos Gustav Klucis y El Lissitzky. Al mismo tiempo, Renau seguía haciendo diseños para las publicaciones valencianas anarquistas *Orto* y *Estudios*, dos revistas de gran tirada que, como *Octubre*, se hicieron muy conocidas por sus llamativas portadas. En su trabajo para todas estas publicaciones, Renau mezclaba imágenes de publicaciones internacionales con otras tomadas directamente de fuentes españolas. A lo largo de estos años, su estilo de montaje varió y alcanzó su máxima plenitud bajo la forma de la publicación por entregas a lo largo del periodo en el que dirigió *Nueva Cultura*, para la que diseñaba las portadas y las páginas interiores como una obra unitaria, utilizando a menudo la doble página para crear un complejo montaje de imágenes y texto [CAT. 171 p. 257]. Durante la guerra, el compromiso político de Renau con el comunismo soviético lo hizo entrar en contacto con las revistas culturales prosoviéticas [CAT. 285 p. 264] que se publicaban en España, como *Rusia de Hoy* [CAT. 283 pp. 262-263], *AUS* [CAT. 2 p. 261], y *Cultura Soviética* [CAT. 54 p. 260], y con las revistas militares *Mundo Obrero* [CAT. 164 p. 258] o *Nuestra Bandera* [CAT. 176 p. 259]. Durante su estadía en Barcelona, es probable que también llegase a ver la revista *Companya* [CATS. 49, 50, 51 p. 265] y sus portadas con montajes de inspiración soviética.

No debería sorprender, por tanto, que Renau utilizase las revistas como foro para iniciar un debate acerca del papel del cartelista durante la guerra. A partir de las conferencias que impartió en la Universidad de Valencia en 1936, Renau publicó un ensayo en varias entregas sobre la «Función social del cartel publicitario» [CAT. 311 p. 245] que poco después Nueva Cultura editó en forma de libro. Este texto se ha convertido en una obra de referencia en la historia de la cultura plástica en España y se reimprimió junto con otros textos de Renau en 1976 bajo el título de *Función social del cartel*. En 1978, Renau también publicó *La batalla per una nova cultura*, una antolo-

gía de sus escritos recientes y textos más tempranos desde la década de 1930. En 1980 Renau publicó *Arte en peligro 1936-1939* —el tercero de esta serie de ensayos y reflexiones autobiográficas vueltos a publicar—, un libro donde narra sus experiencias para salvaguardar el patrimonio artístico de la nación durante la guerra.

El ensayo «Función social del cartel publicitario» publicado en *Nueva Cultura* constituye tanto un repaso de la historia del cartelismo como una reivindicación de la importancia del cartel en la situación política de España en aquel momento. En el curso de su debate acerca del desarrollo del cartel —desde servir a las necesidades de la cultura capitalista hasta ser transformado en un arma política por los artistas soviéticos que utilizaban la fotografía—, Renau no olvida señalar el lugar que ocupan los artistas españoles en este contexto internacional. En cada una de las diez secciones del ensayo, Renau aborda un elemento específico de la evolución del cartel, desde una argumentación sobre la diferencia entre la pintura y el cartel, titulada «Cuadro, cartel y público» hasta el concluyente «Nuestro cartel político debe desarrollar la herencia del realismo español». El comentario que elabora acerca de la relación entre la publicidad, la psicología nacional, el capitalismo, las prácticas de las artes plásticas y la actitud del público hacia el arte es tan intrincado como ambicioso. No es casual que Renau decidiese presentar este texto en primer lugar en las páginas de su revista *Nueva Cultura*, porque esto permitía extender el análisis del cartel a los campos más generales del diseño gráfico y la cultura impresa.

Según Renau, la función social del cartel seguía un modelo soviético, especialmente en el caso del cartel fotográfico, sobre el que afirmó que era «una pura creación de la Rusia bolchevique». Admitía que a pesar de su origen soviético, el uso de la fotografía en los carteles se había perfeccionado en los países capitalistas debido a la existencia de medios tecnológicos más sofisticados. Observaba que, una vez perfeccionada, la técnica originada en Rusia (y aquí Renau también alude sin duda al fotomontaje) se estaba usando en la Alemania nazi y la Italia fascista. Renau era consciente de cómo fuerzas políticas de distinto signo se apropiaban del montaje, lo cual demuestra que también comprendía que el montaje como forma no estaba limitado a una ideología política concreta, sino que era más bien una técnica versátil que, una vez introducida, estaba a disposición de todos y se podía emplear tanto en carteles políticos como publicitarios.

En su análisis del caso de España y su descripción de la transformación a la que se habían visto sometidos los artistas ante la urgente tarea de crear carteles durante la guerra, Renau describía la situación desde la perspectiva de una persona cuyos com-

[CAT. 311] Josep Renau. *Función social del cartel publicitario*, 1937

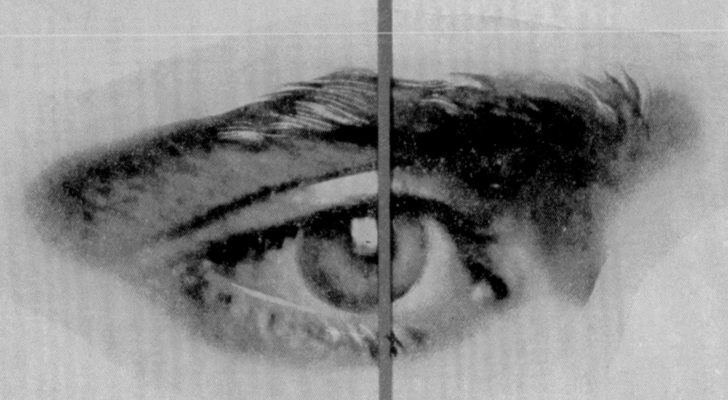
JOSE RENAU
FUNCION SOCIAL DEL
CARTEL
PUBLICITARIO
NUEVA CULTURA

promisos políticos ya habían transformado su conexión con las preocupaciones sociales públicas en parte de su vida cotidiana; para otros artistas, entre los que Renau podría haber incluido a Català-Pic, esta experiencia resultaba a la vez escandalosa y violenta:

> El 18 de julio de 1936 sorprendió a la mayoría de los artistas, como vulgarmente suele decirse, en camiseta. El cartelista se encuentra, de pronto, ante nuevos motivos que, rompiendo la vacía rutina de la publicidad burguesa, trastornan esencialmente su función profesional. Ya no se trata, indudablemente, de anunciar un específico [medicamento] o un licor. La guerra no es una marca de automóviles[102].

Dando fe de la respuesta inmediata de los artistas a sus nuevas situaciones, Renau reconocía la «fácil adaptación a los motivos de la revolución y la guerra» de las fórmulas publicitarias y advertía de que aún no había habido una resolución apropiada en forma de cartel a la «realidad en cuyo nombre [el cartelista] pretende hablar».

Renau elaboró su forma de entender la fotografía en el contexto de la guerra y su insistencia en el compromiso del artista para responder a las nuevas situaciones creadas por la guerra utilizando los modos de comunicación más eficaces (que para Renau eran la fotografía y el fotomontaje) a lo largo de una serie de intercambios públicos con otros artistas. La correspondencia con el artista Ramón Gaya publicada en *Hora de España* revela la naturaleza contenciosa del fotomontaje como una forma expresiva y propagandística durante la guerra[103]. Gaya sostenía que el montaje era demasiado utilitario, demasiado brutal para el público español, y que era más adecuado para la propaganda extranjera (donde mostrar las atrocidades de la guerra podía servir para atraer apoyo político y económico para la República). Insistía en que los artistas tenían la responsabilidad de preservar un espacio lejos de la guerra y de comunicar su visión al público de manera creativa como una forma de resistencia. Renau replicaba que esto era meramente una insistencia en el arte «puro» y que el artista tenía la responsabilidad social de ofrecer imágenes que documentasen y reflejasen las condiciones de la guerra, condiciones que el artista compartía con su público.

En su ensayo «Entre la vida y la muerte», publicado en 1938 en el periódico barcelonés *La Vanguardia*, Renau reconocía que la práctica del mon-

[102] Josep Renau, «Función social del cartel publicitario. II. Hacia un nuevo realismo», *Nueva Cultura. Información. Crítica y Orientación Intelectual* 3 (mayo de 1937): 9.

[103] Miguel Ángel Gamonal Torres, *Arte y política en la Guerra Civil Española. El caso republicano* (Granada: Diputación Provincial de Granada, 1987), 174-180.

taje había evolucionado de la yuxtaposición cáustica de los dadaístas alemanes hasta un mayor recurso al realismo documental del arte soviético. Renau argüía que la descripción literal de la realidad era un arma potente; en lugar de la disyunción y la fragmentación, Renau abogaba en este texto tardío por la fotografía periodística. El público, defendía Renau, necesitaba tanto la prueba de su lucha como imágenes positivas de esperanza. Incluso su propio estilo narrativo abandona aquí la valoración condenatoria del compromiso del artista con el público —evidente en sus ensayos de 1937 en *Nueva Cultura*— por una reflexión comprensiva sobre la dificultad que tenían los artistas para hacer frente a la violencia: ¿cómo deben los artistas, pregunta Renau, tratar el tema de la presencia de la muerte en la vida? Como respuesta parcial a esa pregunta apremiante, esta exposición propone que una de las formas en que los artistas se enfrentaban a los desafíos de la guerra y a la «presencia de la muerte en la vida» era centrando su atención en esas otras armas que tenían a su alcance: las de la prensa ilustrada.

> *Modern memory is above all archival. It relies entirely on the materiality of the trace, the immediacy of the recording, the visibility of the image.* Pierre Nora, «Between Memory and History: Les Lieux de Mémoire»[104]

Esta exposición ha pretendido trasladar de los archivos al museo diversas revistas publicadas durante la Guerra Civil Española, que hasta el momento apenas habían sido tenidas en cuenta en los discursos de la historiografía del arte sobre la guerra. Las revistas son objetos complejos, multifacéticos. Los artistas que colaboraron en ellas eran de lo más diverso, tanto como su grado de compromiso político o su nivel de experiencia previa en las artes gráficas, que iba de la maestría al desconocimiento. Del mismo modo en que durante la contienda surgieron diferentes formatos de revistas —desde las publicaciones convencionales con una larga trayectoria hasta las apariciones únicas

[FIG. 39] Fotografía sin título (Fondo Fotográfico, «Guerra Civil», Caja 9, sobre 1, Biblioteca Nacional, Madrid). Laboratorio Fotográfico de la Biblioteca Nacional, Madrid

[FIG. 40] Fotografía sin título (Fondo Fotográfico, «Guerra Civil», Caja-38, Biblioteca Nacional, Madrid). Laboratorio Fotográfico de la Biblioteca Nacional, Madrid

de periódicos murales hechos a mano—, también lo hicieron diferentes discursos sobre su producción, distribución y recepción. Revisando las historias coincidentes de los artistas colaboradores, los directores, los impresores, los distribuidores, los suscriptores, los lectores y los coleccionistas, descubrimos que la naturaleza dual de las revistas —inmediatas y efímeras, presentes e históricas, seriadas y únicas— es un excelente punto de partida para rastrear en las historias de la Guerra Civil Española la frágil violencia y el ameno placer que proporciona la prensa ilustrada.

[104] «La memoria moderna es fundamentalmente archivística. Se basa enteramente en la materialidad del vestigio, en la inmediatez de la grabación, en la visibilidad de la imagen». Pierre Nora, «Between Memory and History: Les Lieux de Mémoire», *Representations* 26 (Primavera 1989): 8.

[CAT. 272] Cartel por Josep Renau, 1936

renau 36
nuestro ejército popular

[CAT. 277]
Levante, enero 1939

[CAT. 145]
Meridià. Página 4: Josep Renau, septiembre 1938

ART POPULAR

JOSEP RENAU HA DIBUIXAT ELS TRETZE PUNTS DE LA VICTORIA

Perquè els llegís tothom, sense excepció de cap mena, foren escrits els tretze punts, que són alhora programa de Govern i raó definida de la nostra lluita ferrenya.

Perquè tothom els llegís i per alguna cosa més, naturalment, perquè els sentís tothom, perquè tots aquells que som envaïts fins i tot els que ho són per culpa seva, reflexionin i sospesin l'abast del nostre propòsit alliberador, reunit, unificat i coordinat, sota la consciència responsable d'una capacitat directiva, que mena la nostra resistència cap a l'atac.

Per això la gent en diu ja els tretze punts de la Victòria.

Ara, Josep Renau els ha dibuixat perquè tothom els vegi.

¿Per a aquells que diuen com Sant Tomàs: Si no ho veig no ho crec?

No!

No esdevé pas això precisament amb els tretze punts, car una vegada llegits, després de pressentir-los entre la joia i el dolor, els han copsat fins els equivocats de l'altra banda, que, sàviament i amb senzilla grandesa no han estat exclosos dels camins cordials i gloriosos de l'esdevenidor.

Ara Renau els ha plasmat perquè tothom els conegui de vista i encara els aprengui convertits en imatges tangibles al record i a la reflexió presents.

Però no és el nostre propòsit remarcar ací la significació política de l'obra de Renau, això fóra negar força de persuasió a la lletra i a la paraula i suposar que els nostres lectors no han paït la transcendència oportuna i precursora dels famosos i ja històrics tretze punts de la Victòria.

Nosaltres volem analitzar l'art excellent que Josep Renau ha creat sota la inspiració política del tema.

Apressem-nos a dir, encetant des d'ara l'anàlisi, que volem aquilitar l'art específic que més aviat manca voluntàriament en l'obra de prodigiosa orientació que són aquestes tretze estampes que Renau ha pintat (?).

Potser és només un dir dir que les hagi pintades; fóra més just dir que les ha fet o millor encara creat.

No són cartells ni quadros ni dibuixos, ni escultures ben bé. Són els tretze punts.

Renau ha desposat intelligentment, tota possibilitat classificadora o crítica a ultrança, malgrat fos afalagdora, a profit de l'eficiència del propòsit.

Ell podrà fer-ho, pensarà el crític, sobre la garantia del seu nom acreditat i lloat a

JOSEP RENAU

través d'una obra vasta i extraordinàriament dotada de capacitat d'ofici.

Però n'hi ha d'altres que tanmateix podien fer-ho, per aquest mateix motiu i no pas per cap altre, com per exemple, pel motiu, gens negligible, de saber-ho fer.

Per això no ho fan.

Per això ho ha fet precisament Renau.

Hom també diu a vegades que Picasso fa de Picasso, perquè també sap fer de Velàzquez.

Fins i tot hi ha qui gosa dir que és per això que li deixen fer.

Però el cert és que Velàzquez no hauria fet de Picasso ni que el matessin.

Ja no hi eren, o encara no hi eren, aquells que l'haurien hagut de matar, perquè tal cosa fés.

Ara vegi!

Podria ben bé succeir que jo, entestat a palesar la virtuosa claredat de Renau em fés atapeït, conceptuós i intelligible.

Faré marxa enrera.

Nosaltres, els dibuixants, sabem (també ho sap altra gent encara que no tant) que hi ha dibuixants de dues menes clarament diferenciades i definides, a saber: Aquells que dibuixen allò que volen i aquells altres que volen (o fan estimar) allò que dibuixen.

Els primers abunden menys que els altres i ens apressem a declarar que no són millors ni pitjors.

Ultra que és pueril deduir les valors en art per comparació, cal aclarir que els dibuixants de la mena dels que només volen el que dibuixen, són gairebé tots i no diem tots del tot per no dir mentides.

Per exemple, Renau és dels altres.

Es d'aquells escadussers, diem-ne privilegiats, per distingir-los d'alguna manera, que dibuixen allò que els dóna la gana.

En tots, hi ha la intenció i sempre que aquesta és assolida amb ella va aparellada la qualitat. En els altres, com en Renau, hi ha la plenitud que és continent i conté la qualitat si us plau per força. De vegades, no poques vegades, sobre la plenitud, plana per tot la qualitat més pura, aquella que va del propòsit a la facilitat i de la facilitat als despropòsits de tota una ètica, sistema de perfeccions inalienables.

Això és Josep Renau.

Sempre?

Diem la veritat. Alguna vegada l'excés d'ofici l'ha abocat a una laboriositat industrialitzada i, de tan profusa, intranscendent. (Alguns sabem que prou desinteressada.)

Es el pecat original?

Potser és la penitència.

Ara, però, parlem de les tretze estampes, dels tretze punts de Josep Renau.

En elles, l'artista, amb tossuderia persistent, en el sistema inconcret, o massa concret, de realitzar a costa de tots els mitjans, vessant tots els motllos més classificats i classicistes.

Ell va fent.

Cartell? Dibuixos?

Ell crea, plasma els tretze punts. Després vindran els que opinen, els que classifiquen i critiquen en el millor sentit de la paraula.

Renau ni s'atura ni els espera, ni tan sols esguarda el camí pensant, preocupat o complimentós. Ja vénen!

No.

Ell ha illustrat els tretze punts, per tal que el poble que els pressentia i els sent i els sap seus els vegi i els conegui.

Sentint-se plenament dotat, Renau ha bolcat en ells, a dojo, la claredat i la plenitud.

A les tretze estampes de Renau, que semblen retalls d'una sola, ampla com un horitzó i fonda com un pensament, hi és tot.

La mar, el cel i la sang.

El passat, el present i l'esdevenidor de la nostra obstinació heroica i eterna, enrogallada als pits joves i a les arrels dels arbres vells.

Hi ha l'angoixa i l'esperança als núvols altius i als sòcols calents de la terra llaurada.

Eternitat de pedres clàssiques i anhels de carn esculpida.

Hi ha el ferro del cor de les muntanyes i la brisa de les banderes del món. La tremolor de l'aigua salada i el calfred de l'acer esmolat.

Hi ha la frisança de l'arma i la veu del martell.

La guerra i la pau.

Hi ha fins i tot allò que no sembla condensable, la certitud de l'esperança i l'estímul del coratge i del perdó.

—No es pot demanar més, dirà la gent, a la qual s'adreça el propòsit objectiu d'aquesta manera de fer de Renau, generosament simplista. Ep! no d'una simplicitat tècnica sinó qualitativa, que ell empra, tossut, gairebé sempre i ara amb més raó que mai.

No és això per ventura art popular?

Ernest GUASP

La tècnica com a factor primordial de qualitat

La conveniència de no ultrapassar el límit normal de tres articles, va fer que, en el tercer de la sèrie que vàrem dedicar, fa algunes setmanes, a la qualitat com a punt neuràlgic de la conceptuació de la pintura dels nostres temps, quedés, no sols poc arrodonit, sinó que, de fet, va restar en l'aire el que potser representa la base essencial de la qualitat en pintura: l'estudi de la qualitat referida a la tècnica pictòrica, i que, degut a aquesta falla, restés sense precisar el que pròpiament entenem per qualitat en aquesta manifestació de les arts plàstiques.

Per altra part, atenent que la tècnica es troba intimament lligada amb les idees de concepció o d'interpretació que cada artista posa en joc en realitzar la seva obra, i què, donada la gran varietat de matisos que, per la personalitat de cada pintor, ofereix la pintura moderna, d'aquí que ens haguem decidit a complementar aquella sèrie de tres articles amb altres dos que pensem dedicar a aquests caires concrets de la pintura dels nostres dies, tot i referint-nos particularment a l'obra d'alguna de les més destacades signatures corresponents a les promocions de darrera hora.

Referir-se a la qualitat com a tècnica pictòrica, imposa la conveniència d'estudiar el color com a matèria i fer les degudes consideracions, no sols sobre la manera com aquesta és emprada: tècnica com a procediment, sinó també, d'una manera quantitativa, segons l'abundor amb què és aplicada per l'artista.

Això ens porta, pels motius que apreciarem tot seguit, a referir-nos al pintor Miquel Villà, d'una qualitat innegable, plaçat, per bé que amb característiques distintes, dintre l'òrbita de l'enyorat Isidre Nonell, i dominador com ell mateix de la matèria pictòrica, fins a l'extrem d'assolir, amb la màxima simplicitat de mitjans, resultats que avui són privatius de les més altes personalitats de la pintura de tots els temps.

Referint-se a ell, Sebastià Gasch (1), escriu, després de presentar-nos-el com a realista nat dintre la nostra més pura tradició, que "percep l'esperit que viu en la matèria i el fa brillar intensament en les seves teles" i, en tractar del seu anti-impressionisme, insisteix en què "ens dóna el color de les coses i no la seva atmòsfera...", éssent sobre aquesta apreciació darrera que no acabem d'estar prou d'acord amb l'esmentat crític; ja que de la mateixa manera que a través del meravellós realisme d'un Rembrandt és molt difícil no veure-hi —mai no sigui més que en potència i d'una manera intuïtiva — l'esperit d'un impressionista, ens guardarem molt bé de sostenir que Miqule Villà és sols un realista i que sigui completament aliè a l'impressionisme, per tal que àdhuc en el cas que fos cert que Villà no vol fer impressionisme, la qual cosa caldria comprovar, el sol fet d'haver existit l'impressionisme constituint una tendència ben determinada ja fóra suficient, al nostre entendre, perquè ell constituís un dels valors que integren l'alta qualitat de la pintura a la qual ens venim referint.

Sempre recordarem amb fruïció una petita tela que d'ell vàrem veure fa alguns anys, en la qual es destacava la irització d'unes onades sota una llum que semblava de celistia, i que, donada la poca transparència de la resta de la tela, constituïa, de fet, la seva única nota viva; bé, doncs, vàrem restar molta estona embadalits davant d'aquell petit quadro, i ens costa molt de creure que això hagués estat possible si la llum i l'aire no haguessin constituït en ell alguna cosa d'essencial.

D'aquí que, bo i respectant el criteri del crític al qual acabo de referir-me, crec tenir dret a exposar lliurement el meu, i sostenir que difícilment l'obra d'un pintor pot afranquir-se de la influència de les tendències del passat i de les contemporànies; cosa que, de produir-se, lluny de representar una desvaloració, entenem que és més aviat un enriquiment de les facultats de l'artista en el qual un criteri exclusivista no pot deixar d'ésser perniciós.

Ara bé, la manera com hem dit que era realitzada la pintura d'En Villà a base de molta pasta, aplicada amb una gran simplicitat de mitjans, acaba d'avalorar-se pel fet que aquesta seva manera no es realitza damunt d'un canemàs visual ni és intervinguda per una tècnica fàcil; sinó que, com conta el mateix Sebastià Gasch (2), respon a un llarg procés d'eliminació, després d'haver acumulat damunt la tela el màxim d'elements emotius capaços d'aportar-hi un interès.

Tot això contribueix, naturalment, i amb una innegable constància, a crear una tècnica honrada i forta, que no cerca l'èxit fàcil, i sobretot creiem que dóna a entendre perfectament que sigui la tècnica el factor que més essencialment contribueix a valorar la qualitat d'una obra, i que ja des d'ara resta, creiem, força explicat el què volem dir quan, referint-nos a una pintura, sostenim que és un quadre de remarcable qualitat.

Hauríem volgut ara fer un parallel entre aquest pintor i una sèrie d'altres pintors joves de les darreres promocions, que ens hauria permès comprendre, d'una manera gradual, que la qualitat que en Villà es manifesta per la tècnica, pot sofrir altres diverses manifestacions, tals com la concepció i la interpretació, i d'aquesta manera fer veure el camp immens que, dintre la realització d'una obra d'art, pot oferir el temperament i la manera de veure de cada artista.

Caldrà, però, que ho deixem per un segon i darrer article, en el qual, ultra debatre amplament aquest aspecte de la qüestió, procurarem incloure algunes altres qüestions referents a l'art dels nostres dies, totes elles d'un innegable interès i pròpies per a situar en el seu degut lloc certes interpretacions que la manca de coneixement d'alguns i la poca sinceritat d'altres ha posat avui en una situació d'innegable compromís.

Ramon de P. VAYREDA

MIQUEL VILLA: «EL CARRER»

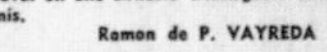

(1) «El retorno al realismo» per S. Gasch, «Hora de España», març del 1938.

(2) «Miquel Villà», «ART», número de juny del 1938.

[CAT. 310]
Portada: Josep Renau

[CAT. 316]
Portada: Josep Renau, ¿1937?

AÑO I · BARCELONA · N.º 1 15 DE FEBRERO DE 1938

BOLETIN DE INFORMACION CULTURAL

DEL MINISTERIO DE INSTRUCCIÓN PÚBLICA Y SANIDAD

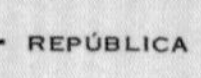

REPÚBLICA ESPAÑOLA

LOS INSTITUTOS PARA OBREROS

CREACIÓN DEL GOBIERNO DEL FRENTE POPULAR

POR E. RIOJA

ORIGEN Y FUNDACION. — En los días graves en que el pueblo en armas defendía sus derechos atropellados y su independencia en peligro, en los momentos en que las milicias, sin otro material de guerra que su entusiasmo, se oponían al avance del enemigo internacional por tierras de Extremadura y de Toledo, en aquel histórico verano de 1936, nació la idea de crear los Institutos para Obreros en los que forjar los mejores valores del pueblo, e incorporarlos a la vida intelectual. Las preocupaciones apremiantes de aquellos días en que los problemas se sucedían en atropellado torbellino agobiador, dieron tregua a que el proyecto madurase, siquiera fuese en una inquieta pausa, en la que, iniciativas y sugerencias perfilaban y concretaban la primitiva concepción.

Los días angustiosos de noviembre no fueron suficientes para detener el proyecto, que desde su origen, pese a su modstia inicial, surgía con la vitalidad y el brío que la lucha imponía a las nuevas instituciones de la República, brotadas al calor de la guerra. El 21 de noviembre, cuando Madrid estaba defendido por los mejores afiliados de las sindicales obreras y los partidos políticos, como aquellos profesores que formaban en el batallón Félix Bàrzana, que en Usera daba una magnífica lección moral, el Gobierno dictaba, en la flamante "Gaceta de la República", nacida días antes en Valencia, el decreto de creación de los Institutos para Obreros, y el 24 se fundaba en Valencia el primero de estos establecimientos.

Instrucción militar de los alumnos llamados a filas

El Sr. Presidente del Consejo de Ministros habla de la labor del Ministerio de Instrucción Pública, en la sesión de Cortes de 1.º de febrero del corriente año

«La violencia exasperada de la guerra que nos hacen propios y extraños no nos ha llevado a olvidar nuestros deberes para con la infancia y la juventud. Todo lo que ha sucedido es que la pedagogía ha cambiado de rumbo. Exalta y valora lo popular, cuidando a la vez de que el nivel cultural de las masas populares aumente. Centrados en la seguridad de nuestra victoria, el ministro de Instrucción Pública se ha apasionado por el futuro de nuestra cultura, poniendo en movimiento todos los recursos para que ella sea patrimonio efectivo de cuantos sienten su llamada. Toda vocación es atendida y cuidada, y hasta las más modestas y retrasadas apetencias son celosamente satisfechas allá donde se produzcan, en el campo o en la ciudad, en el Ejército o en la Marina. No es una pobre política de silabarios. Lo es de escuelas primarias y de laboratorios científicos. De abecedario y de cálculo infinitesimal. De aula prima y de cátedra máxima. De escuela rural y de Universidad. Una obra de alta jerarquía docente que va penetrando la que será mañana, cuando podamos renunciar a las armas, y aun cuando no renunciemos a ellas, la vida española. Estamos orgullosos de esa previsión. Gracias a ella nos será dado conjurar, con la celeridad necesaria, los daños que la guerra nos está produciendo y que no son mayores por el exquisito cuidado que el Ministerio de Instrucción Pública puso en salvar de ruina inminente tesoros que, si son un exponente del genio creador de nuestro pueblo, son también riquezas universales que nadie acertaría a reemplazar.

Tesoros que, para que puedan seguir siendo gozados por los españoles, es decir, para que no sean, como los hierros y carbones del Norte y como nuestros vinos del Sur, prendas que se lleve el extranjero como comisión y beneficio de su ayuda a los insurrectos, necesitan ser defendidos por los fusiles de nuestros soldados».

Actividad extraordinaria en el Ministerio de Instrucción Pública.

En los primeros días del año de 1937 se celebran en Valencia las pruebas de selec-

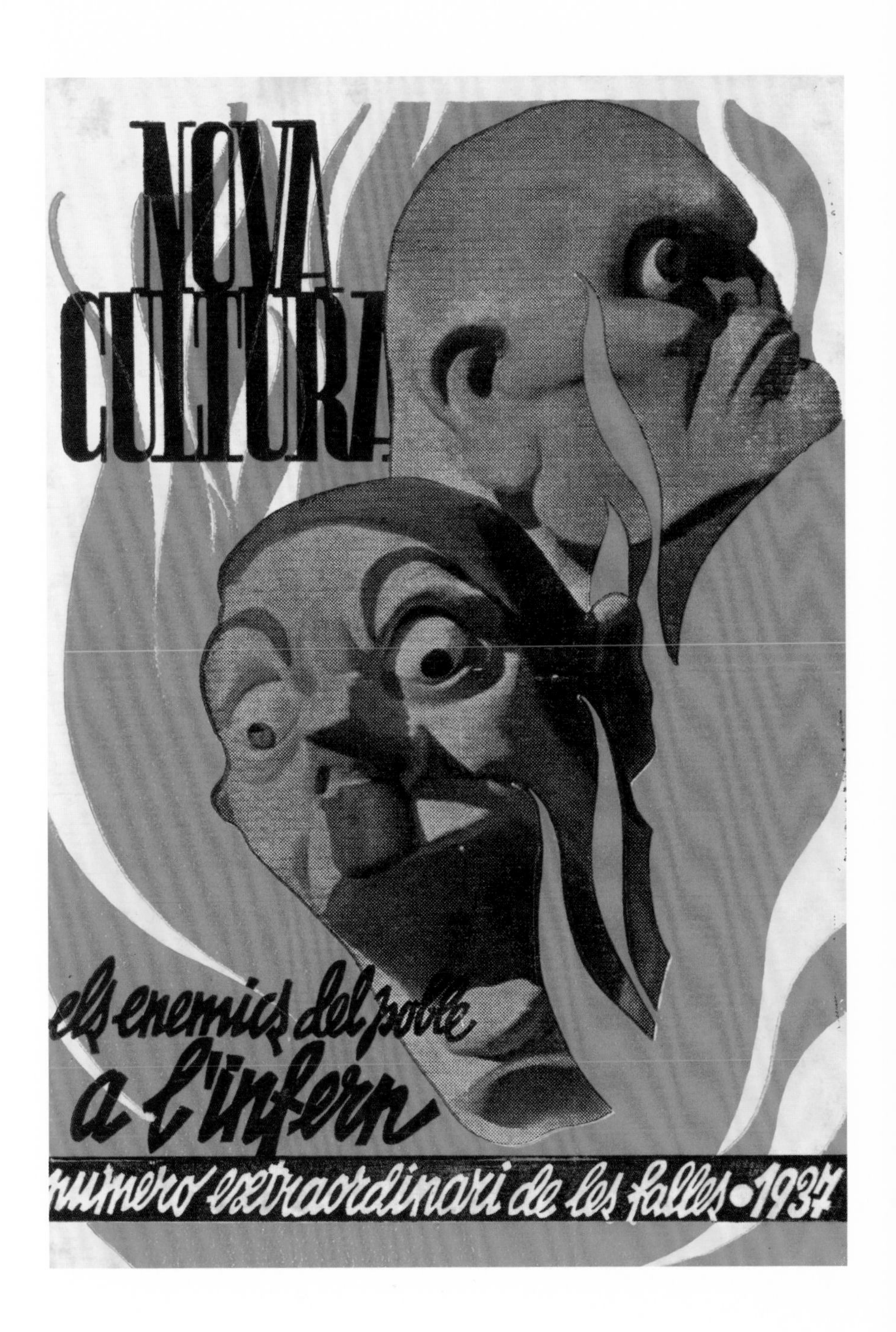

[CAT. 27]
Boletín de Información Cultural del Ministerio de Instrucción Pública y Sanidad, febrero 1938

[CAT. 171]
Nova Cultura, 1937

[CAT. 164]
Mundo Obrero, noviembre 1937

[CAT. 176]
Nuestra Bandera, julio 1938

CVLTVRA SOVIETICA

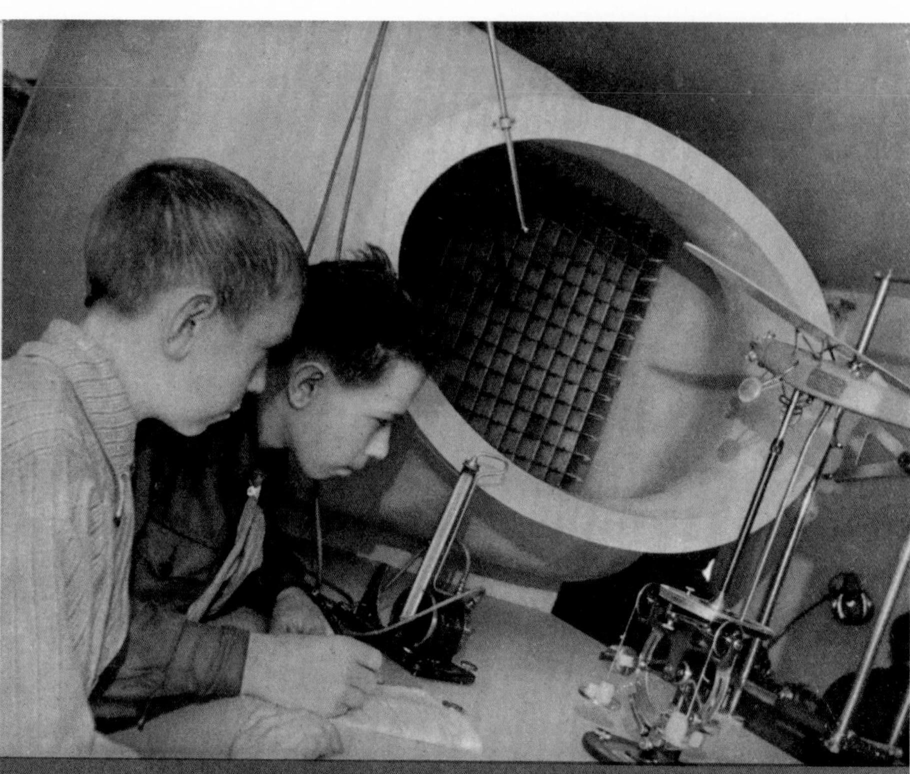

REVISTA DE LA ASOCIACION ESPAÑOLA DE RELACIONES CULTURALES CON LA U·R·S·S

SUMARIO

NOVIEMBRE 1937 - Nº 1

[CAT. 54] *Cultura Soviética*, noviembre 1937

[CAT. 2]
AUS, julio 1938

Páginas siguientes,
[CAT. 283]
Rusia de Hoy: Revista Mensual Ilustrada, 1938

RUSIA DE HOY

20

La flota republicana coopera con heroísmo en la lucha por la libertad de España.

RUSIA DE HOY

JULIO 1938

PRECIO: 1 PTA.

Número 1

«El servicio militar en las filas del Ejército Rojo de los Obreros y los Campesinos es un deber de honor para los ciudadanos de la U. R. S. S.»

(Art. 132 de la Constitución Staliniana.)

AL ILUSTRA

de Unió

UECO RABADO

a y propag

[CAT. 285]
Trabajadoras, periódico quincenal..., 1938

[CAT. 49]
Companya. Setmanari de la Dona, núm. 4.
Portada: M. Friedfeld, mayo 1937

[CAT. 50]
Companya. Setmanari de la Dona, núm. 6.
Portada: M. Friedfeld, junio 1937

[CAT. 51]
Companya. Setmanari de la Dona, núm. 17,
febrero 1938

[CAT. 17]
Argos. Portada: Tolosa, marzo 1937

[CAT. 166]
Nervio, 1938

[CAT. 165]
Nervio. Página interior: fotomontaje, 1938

FICHAS TÉCNICAS

DE LAS

OBRAS EXPUESTAS

JORDANA MENDELSON

CARMEN RIPOLLÉS

[CAT. 9]

REVISTAS

A.C.: Documentos de Actividad Contemporánea
GATEPAC
Barcelona, 1931-1937

[CAT. 1 p. 187] Núm. 25 (1937), 26 x 25 cm. Museo Nacional Centro de Arte Reina Sofía. Biblioteca

AUS
Órgano de la Asociación de Amigos de la Unión Soviética: Comité Provincial de Madrid
Imprenta Rivadeneyra
Madrid, 1938

[CAT. 2 p. 261] Núm. 1 (julio 1938), 30 cm. Biblioteca del Pavelló de la República (Universitat de Barcelona)

¡A sus puestos!
Revista Político-Militar
Comisariado de Artillería del Ejército del Centro
[Mensual]
Madrid, 1938

[CAT. 3 p. 272] Núm. 2 (marzo 1938), [Portada: Javier Clavo], 30 x 22 cm. Biblioteca del Pavelló de la República (Universitat de Barcelona)

Aire
Revista de Aviación
Imprenta Castells-Bonet
Director: Díaz Sandino
[Irregular]
Barcelona, 1937-1939

[CAT. 4 p. 205] Núm. 1 (junio de 1937), [Portada: Salvador Ortiga], 31 x 24 cm. Museo Nacional Centro de Arte Reina Sofía. Biblioteca

[CAT. 5] Núm. 1 (junio de 1937), [Página interior: «URSS»], 31 x 24 cm. España.
Ministerio de Cultura. Archivo General de la Guerra Civil Española

[CAT. 6 p. 205] Núm. 2 (septiembre de 1937), [Portada: Salvador Ortiga], 31 x 24 cm. Museo Nacional Centro de Arte Reina Sofía. Biblioteca

[CAT. 7 p. 205] Núm. 3 (diciembre de 1937), [Portada: Salvador Ortiga],
31 x 24 cm. Museo Nacional Centro de Arte Reina Sofía. Biblioteca

[CAT. 8 p. 205] Núm. 4 (primavera de 1938), [Portada: Salvador Ortiga],
31 x 24 cm. Museo Nacional Centro de Arte Reina Sofía. Biblioteca

¡Al Frente!
Boletín de las Juventudes Socialistas Unificadas de Madrid
Juventudes Socialistas Unificadas
Imprenta Unión Poligráfica
[Irregular]
Madrid, 1936-1937

[CAT. 9 p. 270] Número extraordinario (7 de noviembre de 1937), [Portada: Babiano], 30 cm. Biblioteca del Pavelló de la República (Universitat de Barcelona)

Altavoz del Frente
Revista para el Pueblo en Armas
[Semanal]
Madrid, 1936-1938

[CAT. 10 p. 72] Núm. 1, [Portada: Javier Clavo], 32 x 24,5 cm. Fundación Pablo Iglesias (Archivo y Biblioteca), Alcalá de Henares

La Ametralladora
Semanario de los Soldados
Delegación del Estado para Prensa y Propaganda
Director: Miguel Mihura
San Sebastián: 1937-1939

[CAT. 11 p. 208] Año I, núm. 28 (8 de agosto de 1937), [Portada: Tono], 45 x 30 cm. Colección Guerra Civil Monreal-Cabrelles

[CAT. 12 p. 73] Año III, núm. 110 (5 de marzo de 1939), [Portada: Aróztegui], 43 cm. Museo Nacional Centro de Arte Reina Sofía. Biblioteca

Amic
Publicació Quinzenal per a Esplai del Soldat Català de l'Exèrcit de la República
Serveis de Cultura al Front del Departament de Cultura de la Generalitat de Catalunya
Director: José Janés

[CAT. 3]

[CAT. 15]

[CAT. 18]

[Quincenal]
Barcelona, 1938

[CAT. 13 p. 194] Núm. 1 (1 de enero de 1938), 45 x 32 cm. Biblioteca del Pavelló de la República (Universitat de Barcelona)

Aquí Estamos
Revista Mensual Ilustrada de Falange Española Tradicionalista y de las JONS de Baleares
Círculo Doctrinal José Antonio
[Delegación Provincial de Prensa y Propaganda de Falange Española Tradicionalista y de las JONS]
Director: Pedro Ferrer Gilbert
Palma de Mallorca, 1936-1946

[CAT. 14] Año I, núm. 11 (3 de octubre de 1936), 32,5 x 22,3 cm. Biblioteca Nacional, Madrid

[CAT. 15 p. 272] Año I, núm. 23 (24 de diciembre de 1936), 32,5 x 22,3 cm. Biblioteca Nacional, Madrid

[CAT. 16 p. 206] Año II, núm. 27 (abril 1937), 32,5 x 22,3 cm. Biblioteca Nacional, Madrid

Argos
Revista Ilustrada
Órgano Oficial de la Asociación Mutua de la Guardia Municipal y Agentes de Circulación de Valencia
Director: Enrique Martín Moreno
[Mensual]
Valencia, 1937

[CAT. 17 p. 266] Año II, núm. 5 (marzo 1937), [Portada: Tolosa], 27,5 x 21,8 cm.
España. Ministerio de Cultura. Archivo General de la Guerra Civil Española

Armas
Revista de la Paz y de la Guerra
[Mensual]
Madrid, 1936

[CAT. 18 p. 272] Año I, núm. 1 (30 de enero de 1936), 40 cm. Biblioteca del Pavelló de la República (Universitat de Barcelona)

Armas y Letras
Portavoz de las Milicias de la Cultura
Ministerio de Instrucción Pública y Sanidad
[Mensual-Irregular]
Valencia-Barcelona, 1937-1938

[CAT. 19 p. 273] Año I, núm. 1 (1 de agosto de 1937), 34 x 25 cm. Biblioteca del Pavelló de la República (Universitat de Barcelona)

[CAT. 20 p. 273] Año I, núm. 3 (1 de octubre de 1937), 34 x 25 cm. Biblioteca del Pavelló de la República (Universitat de Barcelona)

[CAT. 21 p. 273] Año I, núm. 6 (octubre 1938), 42,5 x 32 cm. Biblioteca del Pavelló de la República (Universitat de Barcelona)

Artes Blancas
Órgano del Sindicato de Obreros de las Artes Blancas Alimenticias de la Provincia de Madrid, UGT (FEAB)
Huecograbado Rivadeneyra
Madrid, 1937

[CAT. 22 p. 274] Número extraordinario dedicado a los Sindicatos de Alimentación de la URSS (septiembre 1937), [Portada: Babiano], 40 cm. Biblioteca del Pavelló de la República (Universitat de Barcelona)

Artes Gráficas
Boletín del Sindicato de las Artes Gráficas
CNT-AIT
Barcelona, 1936-1938

[CAT. 23 p. 122] Año I, Núm. 1 (10 de noviembre de 1936), 35 cm. Arxiu Històric de la Ciutat de Barcelona

Balas Rojas
Portavoz de la 75 Brigada Mixta
Director: Santiago Estecha
Tipografía Comercial
[Mensual-Irregular]
Madrid, 1937-1939

[CAT. 24 p. 274] Núm. 16 (10 de septiembre de 1937), 34,2 x 25 cm. España. Ministerio de Cultura. Archivo General de la Guerra Civil Española

Blanco y Negro
Revista Quincenal Ilustrada, Segunda Época
[Quincenal]
Madrid, 1938-1939

[CAT. 25 p. 274] Segunda Época, núm. 8 (1 de agosto de 1938), [Portada: E. Segura], 31 x 23,5 cm. Biblioteca del Pavelló de la República (Universitat de Barcelona)

[CAT. 26] Segunda Época, núm. 5 (junio 1938), [Portada: Cristobal G.], 31 x 23,5 cm. Biblioteca del Pavelló de la República (Universitat de Barcelona)

Boletín de Información Cultural del Ministerio de Instrucción Pública y Sanidad
El Ministerio
[¿Quincenal?]
Barcelona: 1938

[CAT. 27 p. 256] Año I, núm. 1 (15 de febrero de 1938), 33 cm. Biblioteca del Pavelló de la República (Universitat de Barcelona)

Boletín de Información Político-Social
[A partir del núm. 13: Boletín de Información y

armas y letras
PORTAVOZ DE LAS MILICIAS DE LA CULTURA
AÑO I VALENCIA, 1 DE AGOSTO DE 1937 NÚM. 1
NUESTRO PROPOSITO

[CAT. 19]

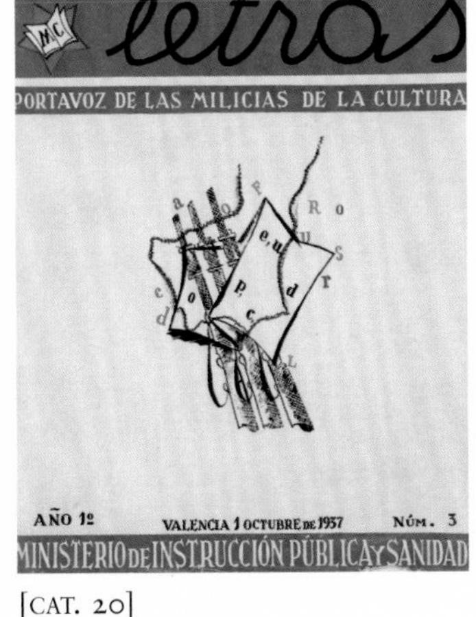

[CAT. 20]

[CAT. 21]

Balas rojas

Portavoz de la 75 Brigada Mixta

La disciplina es la ejecución indiscutible de las órdenes del Jefe. El Jefe debe ser el primero en dar ejemplo de disciplina y hacer todo lo posible para que sean perfectamente cumplidas las órdenes del alto mando.

Madrid, 10 de Septiembre de 1937 — Número 16

EDITORIAL

Centenares de veces se ha repetido, pero aun cuando ninguna se hubiese dicho, todos conocemos que, hoy por hoy, el único problema que nos embarga es conseguir la victoria, ganar la guerra. Pues si esto es así, ¿a qué establecer programas futuristas e hipotéticos? Si todos queremos lo mismo, ¿por qué no aunamos esfuerzos dentro de la misma voluntad de vencer?

Las enseñanzas del pasado, las conquistas de la ciencia, las evoluciones político-sociales y económicas no fueron sino aceptadas en parte. ¿Por qué? Si cada cual quiere dar a estos problemas mejor interpretación, si todos creen encuadrarlas con propiedad y perfección dentro de la doctrina de un Partido, ponen en peligro nuestra obra.

Caretas sangrientas por todas partes, apetitos desaforados, contumacia, calamidades, persecuciones, invasión, todo esto consiguen unirlo mediante la tiranía cruel y la barbarie dictatorial. Y nosotros, que aureolamos un mismo bienestar, que tenemos un mismo enemigo, que defendemos los mismos derechos, que sabemos, en una palabra, la armonía que existe en nuestras aspiraciones, podremos fácilmente lograr, con persuasión y dulzura, lo que ellos no pueden plasmar ni con sangre.

Ahora bien. En todas las luchas, y en la que nos ocupa más aún, no es vencedor quien más terreno tenga, quien consiga resultados favorables en mayor número de batallas. Si así fuese, automáticamente empezaríamos a dejar las armas, entregándonos al enemigo incondicionalmente. Y no lo hacemos porque, si la solución está en la exactitud de este argumento, robustecido históricamente y por los técnicos comprobado, tampoco el combatiente bisoño y la masa popular, en general, lo desconoce. Es, pues, tal convencimiento, acicate primordial que, sin euforia ni optimismos exagerados, robustece aún más, si cabe, nuestro indomable propósito de vencer. Sólo esto sería suficiente motivo para impedir el agotamiento en los trabajos de la unidad antifascista, que será la unidad por la victoria.

Hemos acrecentado nuestro poder combativo y necesitamos la insistente cooperación de todos los antifascistas sin preocuparnos del medio, y así dominaremos, de día en día, circunstancias adversas. Somos ciudadanos del Gobierno democrático, libres bajo la idea común de vencer. Solidaridad ante el bien que ello representa.

Tenemos corazón y fibra de que ellos carecen; cualidades éstas que no se adquieren en las filas facciosas, que ellos desconocen y que les conducirá a la derrota.

Seamos, pues, sensatos, y al recoger una idea no la miremos con los prismáticos del origen, sino con los del convencimiento de su bondad.

Encajemos amargas esperanzas del pasado para no reincidir en el futuro y, estrechamente hermanados en un mismo ideal, desplomaremos el almodrote fascista, logrando la reivindicación obrera y campesina.

Ha desaparecido la rutina del esclavo y surge la espléndida constancia del luchador.

Un mal centinela perdió a Tchapaieff ¡No lo olvidéis, centinelas!

DISCIPLINA

La compenetración entre los Jefes de nuestro Ejército y sus soldados es factor esencial para nuestro triunfo. El éxito de una operación, lo logra, no sólo el buen planteamiento de la misma, sino la total obediencia a las órdenes del Mando superior. La disciplina es indispensable en el soldado del Ejército Popular. Es el lazo invisible que une al que manda con el que obedece. En el Ejército de la República es además el consciente acatamiento de todas las órdenes para acelerar la Victoria de nuestra causa.

[CAT. 24]

[CAT. 22]

[CAT. 25]

Orientación Política]
Comisariado General de Guerra, Primer Cuerpo del Ejército
[Quincenal]
Madrid: s.n., 1938-1939

[CAT. 28 p. 275] Año I, núm. 12 (1 de septiembre de 1938), 21 x 15,5 cm. España. Ministerio de Cultura. Archivo General de la Guerra Civil Española

[CAT. 29 p. 277] Año I, núm. 13 (15 de septiembre de 1938), [Contracubierta interior: Gonzalo Alonso], 21 x 15,5 cm. España. Ministerio de Cultura. Archivo General de la Guerra Civil Española

[CAT. 30 p. 275] Año I, núm. 16 (7 de noviembre de 1938), [Contracubierta interior: Gonzalo Alonso], 21 x 15,5 cm. España. Ministerio de Cultura. Archivo General de la Guerra Civil Española

Boletín de Información Religiosa
Comissariat de Propaganda de la Generalitat de Catalunya
[Mensual]
Barcelona, 1937

[CAT. 31 p. 196] Núm. 18 (1 de febrero de 1938), 24 x 18 cm. Arxiu Històric de la Ciutat de Barcelona

Boletín de la Sociedad de Vendedores de Periódicos «El Progreso»
Federación Gráfica Española: SVP-UGT
Imprenta Colectiva Torrent
[Mensual]
Madrid, 1937-1938

[CAT. 32 p. 275] Año I, 2.ª Época (agosto 1937), [Portada: Aníbal Tejada], 29 cm. Biblioteca del Pavelló de la República (Universitat de Barcelona)

Butlletí Trimestral
Conselleria d'Economia, Generalitat de Catalunya
[Continúa con: «Economia: Butlletí Mensual del Departament d'Economia de la Generalitat de Catalunya»]
Consejero de Economía: Juan P. Fábregas (CNT)
Barcelona, 1936-1937

[CAT. 33 p. 200] Núm. 1 (octubre 1936), 35 x 25 cm. Museo Nacional Centro de Arte Reina Sofía. Biblioteca

[CAT. 34 p. 200] Núm. 3 (abril-mayo-junio 1937), [Página 22: fotomontaje de Gabriel Casas], 35 x 25 cm. Museo Nacional Centro de Arte Reina Sofía. Biblioteca

Cartel
Panorama Mensual de Literatura y Arte
Director: Antonio Otero Coira
[Mensual-Posteriormente quincenal]
Vigo, 1937-1938

[CAT. 35 p. 207] Año I, núm. 3 (marzo-abril 1937), [Portada: Alberto Olivella], 24,5 x 30,5 cm. Hemeroteca Municipal, Madrid

¡Catalans!
El Magazine Popular
Director: J. Roig-Guivernau
Imprenta Rubí
[Decenal]
Barcelona, 1938-1939

[CAT. 36 p. 276] Núm. 6 (10 de abril de 1938), 27 x 21 cm. Biblioteca del Pavelló de la República (Universitat de Barcelona)

[CAT. 37 p. 276] Núm.10 (20 de mayo de 1938), 27 x 21 cm. Colección privada

Cauces
Revista Literaria
Editores: Francisco Montero Galvache, José M. Hernández-Rubio, Pedro Montero Galvache
[Mensual]
Jerez de la Frontera (Cádiz), ¿1936-1939?

[CAT. 38] Núm. 1 (junio 1936), 24,5 x 17 cm. Biblioteca Nacional, Madrid

[CAT. 39 p. 34] Núm. 17 (1937), [Portada: Juan Padilla], 24,5 x 17 cm. Biblioteca Nacional, Madrid

[CAT. 40 p. 278] Núm.18 (1938), [Portada: Margara Muntaner], 24,5 x 17 cm. Biblioteca Nacional, Madrid

[CAT. 41 p. 218] Núm. 19 (1938), [Página 27: «Arte de Cecilio Paniagua»], 24,5 x 17 cm. Biblioteca Nacional, Madrid

[CAT. 28]

[CAT. 30]

[CAT. 32]

[CAT. 36]

[CAT. 37]

[CAT. 44]

Centro
Inspección de Milicias de la Cultura del Ejército del Centro
Madrid, 1938-1939

[CAT. 42 p. 91] Año I, núm. 1 (octubre 1938), [Página interior: «¿Qué es el periódico mural?»], 34 x 24 cm. Biblioteca del Pavelló de la República (Universitat de Barcelona)

[CAT. 43 p. 90] Año I, núm. 2 (1939), 31,8 x 22,7 cm. España. Ministerio de Cultura. Archivo General de la Guerra Civil Española

La 110
Órgano de la 110 Brigada Mixta
Comisario: Asensio
Nueva Imprenta Radio
[Irregular]
Madrid/Morata de Tajuña, 1937-1938

[CAT. 44 p. 276] Año II, núm. 24 (1 de junio de 1938), 24 cm. Biblioteca del Pavelló de la República (Universitat de Barcelona)

Colectivismo
Revista Ilustrada de Agricultura e Información Técnica
Federación Española de Trabajadores de la Tierra: UGT
Imprenta Quiles
[¿Mensual?]
Valencia, 1937-1938

[CAT. 45] Año I, núm. 5 (15 de noviembre de 1937), [Portada: Huguet], 27 x 21 cm. Biblioteca del Pavelló de la República (Universitat de Barcelona)

El Comisario
Boletín Bisemanal de Información y Enlace al Servicio de los Comisarios Delegados de Guerra
Ministerio de Guerra, Comisariado General de Guerra, Subcomisariado de Propaganda
Director: Fernando Escobés
[Bisemanal. Desde el núm. 18 semanal y el núm. 35 es decenal]
Valencia, 1937

[CAT. 46 p. 277] Núm. 4 (25 de enero de 1937), [Portada: Souto], 21 cm. Biblioteca del Pavelló de la República (Universitat de Barcelona)

Comisario
Revista para los Comisarios
Comisario del Grupo de Ejércitos de la Región Central (GEREC)
[Mensual]
Valencia, 1938-1939

[CAT. 47 p. 76] Año I, núm. 1 (septiembre de 1938), [Portada: Eduardo Vicente], 24 x 17 cm. España. Ministerio de Cultura. Archivo General de la Guerra Civil Española

[CAT. 48 p. 10] Año I, núm. 4 (diciembre 1938), 24 x 17 cm. España. Ministerio de Cultura. Archivo General de la Guerra Civil Española

Companya
Setmanari de la Dona
Societat General de Publicacions
[Irregular]
Barcelona, 1937-1938

[CAT. 49 p. 265] Año I, núm. 4 (1 de mayo de 1937), [Portada: M. Friedfeld], 32 cm. Arxiu Històric de la Ciutat de Barcelona

[CAT. 50 p. 265] Año I, núm. 6 (15 de junio de 1937), [Portada: M. Friedfeld], 32 cm. Arxiu Històric de la Ciutat de Barcelona

[CAT. 51 p. 265] Año II, núm. 17 (26 de febrero de 1938), [Portada: «Homenatge a la URSS»], 32 cm. Biblioteca del Pavelló de la República (Universitat de Barcelona)

Conselleria de Serveis Publics Generalitat de Catalunya
Departament d'Informació i Propaganda, Generalitat de Catalunya
Barcelona, 1937

[CAT. 52 p. 204] Primer Butlletí Extraordinari (mayo 1937), 35 cm. Biblioteca del Pavelló de la República (Universitat de Barcelona)

Cultura Popular
Boletín Editado por el Comité Técnico Nacional
Ministerio de Instrucción Pública
[Mensual]
Valencia, 1937

[CAT. 53 p. 77] Año I, núm. 1 (mayo 1937), 32 x 22 cm. Fundación Pablo Iglesias (Archivo y Biblioteca), Alcalá de Henares

Cultura Soviética
Revista Ilustrada de la Asociación Española de Relaciones Culturales con la URSS
AERCU
Imprenta Seix y Barral
Valencia-Barcelona, 1937-1938

[CAT. 29]

[CAT. 46]

EL COMISARIO

BOLETIN BISEMANAL DE INFORMACION Y ENLACE AL SERVICIO DE LOS COMISARIOS DELEGADOS DE GUERRA

Núm. 4 — Valencia, 25 de Enero de 1937

EL AVITUALLAMIENTO

Si el Comisario aspira a merecer el nombre honroso con que se le designa; si quiere que su misión responda, íntima y expresivamente a la obligación que suponen sus tareas específicas, no ha de tener hora de paz, y entre sus deberes más ciertos, más apremiantes y desveladores, se encuentra el del avituallamiento, que debe ser cuidado, realizado, con el mismo amor y atención que el padre pone en conseguir para sus hijos la comida de cada día.

[CAT. 40]

[CAT. 72]

[CAT. 62]

[CAT. 54 p. 260] Núm. 1 (noviembre de 1937), 31,5 x 24,5 cm. España. Ministerio de Cultura. Archivo General de la Guerra Civil Española

Cultura y Porvenir
Clarín anarquista nacido del movimiento español
Semanario de las Juventudes Libertarias y Profesionales Liberales del Alto Urgel: FAI
Ateneo de Juventudes Libertarias
[Semanal]
La Seo de Urgel, 1937

[CAT. 55 p. 158] Año I, Época 1, núm. 12 (21 de marzo de 1937), [Portada: Renau], 45 cm. Biblioteca del Pavelló de la República (Universitat de Barcelona)

[CAT. 56 p. 159] Año I, Época 1, núm. 15 (11 de abril de 1937), [Portada: Riera], 45 cm. Biblioteca del Pavelló de la República (Universitat de Barcelona)

Choque
Portavoz de la 34 División en Campaña
[Decenal-Irregular]
En campaña, 1938-1939

[CAT. 57 p. 57] Año I, núm. 10 (5 de octubre de 1938), [Portada: Bardasano], 34,6 x 25,3 cm. España. Ministerio de Cultura. Archivo General de la Guerra Civil Española

Dardo
Revista Falangista
Director: José María Amado
Imprenta Dardo
[Mensual]
Málaga, 1937-1939

[CAT. 58 p. 175] [En el mes V de la salvación de Málaga, En la aurora del II año triunfal], (junio 1937), 33,8 x 24,7 cm. España. Ministerio de Cultura. Archivo General de la Guerra Civil Española

[CAT. 59 p. 175] [Doceavo mes de la liberación de Málaga, II año triunfal], [Portada: Guillermo González], 31,5 x 24,5 x 0,5 cm. Biblioteca Nacional, Madrid

[CAT. 60 p. 210] Núm. 17 (extraordinario) (1939), [Fin de la 1.ª época dedicado a la victoria y el triunfo en la 3.ª conmemoración del Alzamiento], 31,5 x 24,5 cm. Biblioteca Nacional, Madrid

14 [Decimocuarta] División
Semanario del Frente
Ejército Popular de la República, 14 División
Imprenta de Milicias Confederales
[Semanal]
Madrid, 1937-1938

[CAT. 61 p. 35] Año II, núm. 26 (septiembre 1938) [Portada: Horacio Ferrer], 34 x 24 cm. Biblioteca Nacional, Madrid

Defensa Nacional
Revista Española de Técnica Militar
Estado Mayor del Ministerio de Defensa
Director: Carlos Romero Giménez
Taller Tipográfico de la 4.ª Brigada Mixta
[Mensual]
Madrid, 1937-1938

[CAT. 62 p. 278] Año I, núm. 1 (julio 1937), [Portada: Gil Guerro], 38 x 28 cm. Colección privada, Barcelona

Diana
Órgano del X Cuerpo de Ejército
En campaña, 1938
[Irregular]

[CAT. 63] Año I, núm. 5 (20 de octubre de 1938), [Página interior: «Milicias de Cultura»], 30 cm. Biblioteca del Pavelló de la República (Universitat de Barcelona)

Economia
Butlletí Mensual del Departament d'Economia de la Generalitat de Catalunya
[Continuación de Butlletí Trimestral]
Consejero de Economía: Juan Comorera (PSUC)
[Mensual-Irregular]
Barcelona, 1937-1938

[CAT. 64 p. 201] Año I, núm. 1 (septiembre 1937), 27 cm. Museo Nacional Centro de Arte Reina Sofía. Biblioteca

[CAT. 65 p. 103] Año I, núm. 2 (1937), [Portada: Moneny], 27 cm. Museo Nacional Centro de Arte Reina Sofía. Biblioteca

[CAT. 66 p. 103] Año I, núm. 3 (1937), [Portada: Moneny], 27 cm. Museo Nacional Centro de Arte Reina Sofía. Biblioteca

[CAT. 67 p. 201] Año II, núm. 4 (1938), [Portada: Joaquim Serra], 27 cm. Museo Nacional Centro de Arte Reina Sofía. Biblioteca

Ejército del Pueblo
Revista Quincenal del Comité pro Ejército Popular
Regular

[CAT. 69]

[CAT. 70]

Talleres Gráficos de la SGP de Barcelona (PSUC)
Director: Ángel Estivill
Imprenta Huecograbado Mumbrá
[¿Quincenal?]
Barcelona, 1937

[CAT. 68 p. 65] Número extraordinario, núm. 5 (19 de julio de 1937), 30 cm. Biblioteca del Pavelló de la República (Universitat de Barcelona)

Ejército Invencible
Órgano de la 33 Brigada Mixta de la 3.ª División
Director: Luis J. de Molina
Imprenta Tipografía Comercial
[Mensual]
Madrid, 1937-193?

[CAT. 69 p. 279] Núm. 6 (1 de noviembre de 1937), 29 cm. Biblioteca del Pavelló de la República (Universitat de Barcelona)

¡¡En Guardia!!
Boletín de la 34 Brigada, 3.ª División
34 Brigada
Director: Peña Medinaveitia; posteriormente Cruzado
Imprenta Diana, Madrid
[Decenal]
El Escorial, Madrid, 1937-1938

[CAT. 70 p. 279] Año I, núm. 9 (10 de julio de 1937), [Portada: Torrado], 30 cm. Biblioteca del Pavelló de la República (Universitat de Barcelona)

ÉRI
Revista Semanal Ilustrada: Política, Economía, Ciencias, Información
Partido Comunista de Euzkadi
Editorial Euzkadi Roja
[Semanal]
Bilbao, 1937

[CAT. 71 p. 280] Año I, núm. 14 (17 de abril de 1937), 34 x 24,5 cm. Fundación Pablo Iglesias (Archivo y Biblioteca), Alcalá de Henares

España
Sevilla, 1936

[CAT. 71]

[CAT. 72 p. 278] (24 de octubre de 1936), 21 x 26 cm. Hemeroteca Municipal de Sevilla

Espectáculo
Revista Gráfica del Sindicato de Industria del Espectáculo. Arte. Cine. Teatro. Deportes. Actualidades
CNT
[Portavoz del Sindicato Industrial del Espectáculo]
[¿Quincenal?]
Barcelona, 1937

[CAT. 73 p. 111] Núm. 1 (10 de julio de 1937), 29,2 x 24,5 cm. Biblioteca del Pavelló de la República (Universitat de Barcelona)

[CAT. 74 p. 111] Núm. 3 (15 de agosto de 1937), [Portada: Les], 29,2 x 24,5 cm. España. Ministerio de Cultura. Archivo General de la Guerra Civil Española

[CAT. 75 p. 111] Núm. 4 (30 de agosto de 1937), 29,2 x 24,5 cm. España. Ministerio de Cultura. Archivo General de la Guerra Civil Española

L' Esquel·la de la Torratxa
Llibreria Espanyola
Imprenta Lluís Tasso Serra
Barcelona, 1872-1939

[CAT. 76 p. 199] (9 de julio de 1937), [Portada: Nyerra], 30 x 22 cm. Colección privada

Estampas de la Guerra
Editora Nacional, Delegación del Estado para Prensa y Propaganda (Servicio Nacional de Propaganda)
Director: T. Noaín
[Irregular]
Bilbao: 1936-1939
[24 cm]

[CAT. 77 p. 282] T. 1. De Irún a Bilbao, 25 x 17,3 cm. Museo Nacional Centro de Arte Reina Sofía. Biblioteca

[CAT. 78 p. 282] T. 2. De Bilbao a Oviedo, 25 x 17,3 cm. Museo Nacional Centro de Arte Reina Sofía. Biblioteca

[CAT. 79 p. 282] T. 3. Frente de Aragón, 25 x 17,3 cm. Museo Nacional Centro de Arte Reina Sofía. Biblioteca

[CAT. 80 p. 282] T. 4. De Aragón al mar, 25 x 17,3 cm. Museo Nacional Centro de Arte Reina Sofía. Biblioteca

[CAT. 81 p. 282] T. 5. Frentes de Andalucía y Extremadura, 25 x 17,3 cm. Museo Nacional Centro de Arte Reina Sofía. Biblioteca

[CAT. 82 p. 282] T. 6. Frentes de Toledo, Cataluña y Madrid, 25 x 17,3 cm. Museo Nacional Centro de Arte Reina Sofía. Biblioteca

[CAT. 83] T. 5. Frentes de Andalucía y Extremadura, [Página interior], 25 x 17,3 cm. Colección privada

Estudios
Revista Ecléctica
Valencia, 1928-1937

[CAT. 84 p. 145] Año XV, núm. 160 (enero 1937), [Portada: Monleón], 26 x 19 cm. Archivo Gráfico José Huguet

[CAT. 85 p. 145] Año XV, núm. 161 (febrero 1937), [Portada: Monleón], 26 x 19 cm. Archivo Gráfico José Huguet

[CAT. 86 p. 145] Año XV, núm. 163 (abril 1937), [Portada: Monleón], 26 x 19 cm. Archivo Gráfico José Huguet

FE
Doctrina Nacional-Sindicalista
[En la 2.ª época (1938): Revista del Estado Nacional Sindicalista]
Jefatura Nacional de Prensa y Propaganda/ Delegación Nacional de Prensa y Propaganda de Falange Española Tradicionalista y de las J.O.N.S.
Director (2.ª epoca): Alfonso García Valdecasas
Imprenta E. Berdejo Casañal (Zaragoza)-Talleres de Arte Gráfico (Pamplona)-Talleres Aldus (Santander)
[Mensual-Irregular]
San Sebastián, 1937-1938

[CATS. 87 a 92 p. 212] Núms. 1-6 (1937), 21 cm. Museo Nacional Centro de Arte Reina Sofía. Biblioteca

Firmes
Revista oficial de las Organizaciones Juveniles de Falange Española Tradicionalista y de las JONS de Baleares
[Boletín de las Organizaciones Juveniles de Falange Española Tradicionalista y de las JONS de Palma de Mallorca]
[Mensual]
Palma de Mallorca, 1937-1939?

[CAT. 93 p. 282] Año II, núm. 19 (junio 1938), 27 x 19,7 cm. España. Ministerio de Cultura. Archivo General de la Guerra Civil Española

[CAT. 94 p. 282] Año II, núm. 20 (julio 1938), [«Arriba España. En España amanece»], 27,3 x 20,2 cm. España. Ministerio de Cultura. Archivo General de la Guerra Civil Española

Firmeza
Órgano de la 17 División

[CAT. 77]

[CAT. 78]

[CAT. 79]

[CAT. 80]

[CAT. 81]

[CAT. 82]

[CAT. 93]

[CAT. 94]

Comisario: Álvaro Peláez
[Mensual-Irregular]
Guadalajara, 1938

[CAT. 95 p. 284] Núm. 3 (agosto 1938), [Portada: Piro], 31 x 21,5 cm. Biblioteca Nacional, Madrid

Flecha
Arriba España: Semanario Nacional Infantil
Delegación de Propaganda de Falange/ Jefatura Nacional de Prensa y Propaganda
Talleres Offset
San Sebastián, 1937-1938?

[CAT. 96 p. 209] Núm. 6 (28 de febrero de 1937), 43 x 28 cm. Colección Guerra Civil Monreal-Cabrelles

[CAT. 97 p. 209] Núm. 28 (1 de agosto de 1937), 43 x 29 cm. Colección Guerra Civil Monreal-Cabrelles

Flechas
Revista Semanal
Aragón/Sevilla

[CAT. 98 p. 284] Núm. 6 (13 de diciembre de 1936), 40 x 28 cm. Colección Guerra Civil Monreal-Cabrelles

[CAT. 99 p. 284] Núm. 11 (abril 1937), 31 x 22 cm. Colección Guerra Civil Monreal-Cabrelles

El Forjador
Órgano de la FRI Siderometalúrgica del Centro: CNT
Federación Regional Industria Siderometalúrgica del Centro/CNT-AIT (Talleres Socializados del SUIG-CNT)
[Mensual-Irregular]
Madrid, 1937

[CAT. 100 p. 283] Año I, núm. 2 (agosto 1937), 34,4 x 24,8 cm. España. Ministerio de Cultura. Archivo General de la Guerra Civil Española

Fotos
Semanario Gráfico de Reportajes: Falange Española
[Fotos: Semanario Gráfico Nacionalsindicalista]
Prensa Gráfica
Director: Manuel Fernández Cuesta (Desde el núm. 133 de 1939)
[Semanal]
San Sebastián, 1937

[CAT. 101 p. 216] Año II, núm. 102 (11 de febrero de 1939), [«¡Por Cataluña Española!»], 39 cm. Biblioteca del Pavelló de la República (Universitat de Barcelona)

[CAT. 102] Año II, Suplemento gráfico extraordinario dedicado a la liberación de Castellón (22 de enero de 1939), 39 cm. Biblioteca del Pavelló de la República (Universitat de Barcelona)

[CAT. 103 p. 216] Año II, núm. 109 (1 de abril de 1939), 39 cm. Museo Nacional Centro de Arte Reina Sofía. Biblioteca

[CAT. 104] Año II, núm. 112 (22 de abril de 1939), 39 cm. Museo Nacional Centro de Arte Reina Sofía. Biblioteca

Fusil y Libro
Semanario y Órgano de las Milicias de la Cultura de la 31 División
Milicias de la Cultura de la 31 División

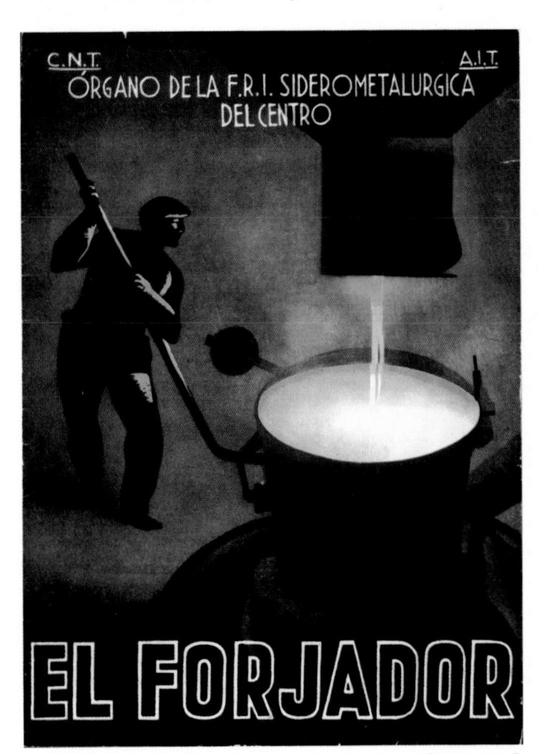

[CAT. 100]

[CAT. 95]

[CAT. 98]

[CAT. 99]

[Mensual con irregularidades]
En campaña, 1937

[CAT. 105 p. 36] Núm. 12 (25 de enero de 1938), 30 cm. Biblioteca del Pavelló de la República (Universitat de Barcelona)

La Gaceta de las Artes Gráficas del Libro y de la Industria del Papel
Revista Mensual Independiente
Barcelona

[CAT. 106 p. 123] Año XIV, Núm. 11 (noviembre 1936), 31 cm. Arxiu Històric de la Ciutat de Barcelona

Gastronomía
Revista Gráfica de la Industria Gastronómica
CNT-FAI
Director: Carlos Manini
[Quincenal]
Barcelona, 1937

[CAT. 107 p. 115] Núm. 2 (18 de septiembre de 1937), 32 x 21,7 cm. España. Ministerio de Cultura. Archivo General de la Guerra Civil Española

El Gráfico
Director Propietario: Luis G. Sicilia
Valladolid, 1937

[CAT. 108 p. 286] Núm. 12 (1937), 30 cm. Museo Nacional Centro de Arte Reina Sofía. Biblioteca

[CAT. 109 p. 287] Núm. 14 (1937), 30 cm. Museo Nacional Centro de Arte Reina Sofía. Biblioteca

[CAT. 110 p. 287] Núm. 16 (1937), 30 cm. Museo Nacional Centro de Arte Reina Sofía. Biblioteca

[CAT. 111 p. 287] Sin número (1937), 30 cm. Museo Nacional Centro de Arte Reina Sofía. Biblioteca

¡Guerra!
Portavoz de la Brigada 146, 30 División
Brigada 146
Imprenta de guerra
[Quincenal-Irregular]
Frente de Aragón, 1937-1938

[CAT. 112 p. 79] Año I, núm. 4 (15 de octubre de 1937), [Portada: Bartoli], 33,5 x 24,5 cm. España. Ministerio de Cultura. Archivo General de la Guerra Civil Española

Haz
Revista Nacional del SEU
Jefatura Nacional del SEU (Sindicato Español Universitario) [Mensual]
Bilbao, 1938-1939

[CAT. 113] Núm. 1 (2 de septiembre de 1938), 33,5 x 24,5 cm. Biblioteca del Pavelló de la República (Universitat de Barcelona)

[CAT. 114 p. 211] Núm. 5 (15 de noviembre de 1938), 33,5 x 24,5 cm. Biblioteca Nacional, Madrid

Hogar Español
La Revista para las Familias y para la Casa
Zaragoza (antes de la guerra, Madrid)

[CAT. 115 p. 286] Año II, núm. 7 (enero-febrero 1938), [Portada: Jalón Ángel], Hemeroteca Municipal, Madrid

Hora de España
Revista Mensual: Ensayos-Poesía-Crítica al Servicio de la Causa Popular
Secretario: Antonio Sánchez Barbudo
[Mensual]
Valencia-Barcelona, 1936-1938

[CAT. 116 p. 23] Núm. 8 (agosto 1937), 21 cm. Museo Nacional Centro de Arte Reina Sofía. Biblioteca

Horizonte
Publicación Mensual de Arte, Literatura y Actualidades
Director: Romley
Sevilla-Madrid, 1938-1939

[CAT. 117 p. 210] Núm. 3 (agosto 1938), [Portada: Teodoro Delgado], 34,5 x 29 cm. Biblioteca Nacional, Madrid

[CAT. 118 p. 288] Núm. 4 (enero 1939), [Portada: Serny], 35,5 x 29 cm. Biblioteca Nacional, Madrid

[CAT. 119 p. 285] Núm. extraordinario (1 de agosto de 1939), [Portada: Serny], 33,5 x 28,5 cm. Colección privada

Horizontes
Portavoz de los Obreros de la General Motors
Unión General de Trabajadores: Confederación Nacional del Trabajo (UGT-CNT)
[A partir del núm. 5: Portavoz de los Obreros de Colectiva Ibérica Motors]
[Irregular]
Barcelona, 1936-1937

[CAT. 119]

[CAT. 120 p. 288] Núm. 5 (15 de diciembre de 1936), [Portada: Herreros], 32 x 22 cm. Arxiu Històric de la Ciutat de Barcelona

Ilustración Ibérica
Director: Jeremías Roig
[Mensual-Irregular]
Barcelona, 1938

[CAT. 121 p. 289] Febrero 1938, [Portada: Gumsay], 31,5 x 24,5 cm. España. Ministerio de Cultura. Archivo General de la Guerra Civil Española

[CAT. 122 p. 289] Marzo 1938, [Portada: Aviñón], 31 x 24,3 cm. España. Ministerio de Cultura. Archivo General de la Guerra Civil Española

Ímpetu
Delegación General de Carabineros
Barcelona, 1938

[CAT. 123 p. 202] Núm. 1 (octubre 1938), [Páginas interiores], 37 cm. Museo Nacional Centro de Arte Reina Sofía. Biblioteca

[CAT. 104]

[CAT. 115]

[CAT. 108]

[CAT. 124 p. 202] Núm. 1 (octubre de 1938), 37 cm. Biblioteca del Pavelló de la República (Universitat de Barcelona)

Ímpetu
Revista de Carabineros
Delegación General de Carabineros
[Quincenal-Irregular]
Madrid, 1937-1939

[CAT. 125 p. 49] Año II, núm. 6 (1 de febrero de 1938), [Portada: Augusto], 32 x 24 cm. Biblioteca del Pavelló de la República (Universitat de Barcelona)

[CAT. 126 p. 290] Año II, núm. 7 (15 de febrero de 1938), 32 x 24 cm. Biblioteca del Pavelló de la República (Universitat de Barcelona)

Inten
Revista Oficial de Intendencia
Director: José de la Vega
Barcelona, 1938

[CAT. 127 p. 203] Núm. 1 (septiembre 1938), 26,6 x 23 cm. Arxiu Històric de la Ciutat de Barcelona

Isla. Verso y Prosa
[Cont. de «Isla. Hojas de Arte y Letras»]
Editores: Pedro Pérez Clotet y Rafael de Urbano
Imprenta Salvador Repeto
[Irregular]
Jerez de la Frontera, Cádiz, 1932-1939

[CAT. 128 p. 220] 2.ª época, núm. 10 (1937), 27 x 19,5 cm. Biblioteca Nacional, Madrid

Jerarquía
La Revista Negra de la Falange: (Guía Nacional-sindicalista del Imperio de la Sabiduría de los Oficios)
Falange Española Tradicionalista y de las J.O.N.S
Ángel María Pascual (editor)
Director: Fermín Yzurdiaga Lorca
[Irregular]
Pamplona, 1936-1938

[CAT. 129 p. 212] Núm. 2 (octubre 1937), 28,5 x 20 cm. Biblioteca Nacional, Madrid

Kriss
Semanario de la 5.ª Division: Semanario de Guerra
Cuartel de la Columna Perea, 5.ª División
[El título cambia a partir del núm. 30 a: IV Cuerpo del Ejército: Semanario de Guerra y Revista de Guerra]
Director: Miguel Torres
Imprenta IV Cuerpo de Ejército
[Semanal-Irregular]
Madrid, 1937-1938

[CAT. 130 p. 62] Año I, núm. 33 (11 de septiembre de 1937), 33,8 x 24,2 cm. España. Ministerio de Cultura. Archivo General de la Guerra Civil Española

Liberación
Revista Mensual de Orientación Sindicalista
Partido Sindicalista de Asturias
[Mensual]
Gijón, 1937

[CAT. 131 p. 144] Año I, núm. 3 (6 de mayo de 1937), 24,5 x 16,6 cm. España. Ministerio de Cultura. Archivo General de la Guerra Civil Española

Libertad
Semanario del Frente: División «D» Cuenca
[A partir del núm. 3: División 42]
Comisario: José Villanueva
Imprenta del Comité de Defensa
Cuenca, 1937

[CAT. 132 p. 291] Año I, núm. 7 (¿noviembre 1937?), [Portada: Souto], 33,5 x 24,5 cm. Biblioteca Nacional, Madrid

Libre-Studio
Revista de Acción Cultural al Servicio de la C.N.T.
CNT (Confederación Nacional del Trabajo)
[Mensual-Irregular]
Valencia, 1936-1938

[CAT. 133 p. 146] Año II, núm. 5 (abril 1937), 28 cm. Biblioteca del Pavelló de la República (Universitat de Barcelona)

[CAT. 134 p. 139] Año II, núm. 7 (octubre 1937), [Página interior: «El Fascismo» de J. Borrás Casanova], 28 cm. Biblioteca del Pavelló de la República (Universitat de Barcelona)

[CAT. 135 p. 148] Año III, núm. 8 (enero 1938), [Portada: Figueres], 28 cm. Biblioteca del Pavelló de la República (Universitat de Barcelona)

[CAT. 136 p. 149] Año III, núm. 9 (mayo 1938), [Página interior: fotomontaje de Kati Horna], 27,5 x 21 cm. España. Ministerio de Cultura. Archivo General de la Guerra Civil Española

El Gráfico
30 céntimos
¡ASESINOS!

¡Esta es la obra de la aviación roja! Mientras rehuyen, cobardemente, todo encuentro con nuestra valiente aviación, se dedican a bombardear ciudades abiertas, ocasionando víctimas entre inocentes criaturas. La foto nos muestra varios niños que cayeron bajo la metralla de la aviación marxista en Zaragoza.

[CAT. 109]

El Gráfico
30 céntimos
HAZAÑAS DE LA AVIACIÓN ROJA

Toledo: Hospital del Rey, actualmente habilitado para asilo de ancianos, que fué vilmente bombardeado por la aviación roja; como consecuencia de tan "valiente" hazaña hubo que lamentar dos monjas y dos asilados muertos y varios heridos.

[CAT. 110]

El Gráfico

Una granada enemiga ha estallado cerca de nuestros soldados, pero éstos no se dan por enterados, y siguen disparando hasta dejar limpia de marxistas toda la zona.
Fto. Mayoral.

Durante los últimos avances de nuestro glorioso Ejército, en la zona de Pozuelo a las Rozas, los rojos dejaron las carreteras sembradas de cadáveres, en su mayoría extranjeros. Entre éstos, fué encontrado un herido, que nuestros soldados, ayudados por un regular, conducen al puesto de socorro.
Fto. Hermes

[CAT. 111]

[CAT. 118]

[CAT. 137 p. 147] Año III, núm. 12 (noviembre 1938), 25 x 16,5 cm. Fundación Pablo Iglesias (Archivo y Biblioteca), Alcalá de Henares

Luz y Fuerza
Órgano de la Federación Nacional de las Industrias de Agua, Gas y Electricidad: Portavoz de la Confederación Nacional del Trabajo (CNT)
Federación Nacional de la Industria de Agua, Gas y Electricidad-CNT
[Mensual]
Barcelona, 1937-1938

[CAT. 138 p. 290] Núm. 8 (julio 1937), [Portada: Castilla], 31 x 24 cm. Biblioteca del Pavelló de la República (Universitat de Barcelona)

[CAT. 139 p. 117] Núm. 14 (enero 1938), 31 x 24 cm. Biblioteca del Pavelló de la República (Universitat de Barcelona)

Madrid
Cuadernos de la Casa de Cultura
[Irregular]
Valencia-Barcelona, 1937-1938

[CAT. 140 p. 292] Núm. 1 (febrero 1937), 31 x 24 cm. Residencia de Estudiantes, Madrid

[CAT. 141 p. 292] Núm. 2 (mayo 1937), 31 x 24 cm. Residencia de Estudiantes, Madrid

Mediodía
Cuadernos de Poesía Española
Eduardo Llosent y Marañón (¿editor?)
Sevilla, 1939

[CAT. 142 p. 21] Núm. 1 (1939), 27 cm. Biblioteca del IVAM

[CAT. 143 pp. 218, 219] Núm. 2 (1939), [Página interior: José Caballero], 27 cm. Biblioteca del IVAM

Meridià
Setmanari de Literatura, Art i Política. Tribuna del Front Intel·lectual Antifeixista
[Cont. de «Mirador»]
Director: A. Fuster Valldeperes
Barcelona, 1938-1939

[CAT. 120]

[CAT. 121]

[CAT. 144 p. 37] Año I, núm. 1 (14 de enero de 1938), 50 cm. Museo Nacional Centro de Arte Reina Sofía. Biblioteca

[CAT. 145 p. 253] Año I, núm. 34 (2 de septiembre de 1938), [Página 4: Josep Renau], 50 cm. Museo Nacional Centro de Arte Reina Sofía. Biblioteca

Metalurgia
Unión General de Trabajadores (UGT)
[Mensual]
Barcelona, 1937

[CAT. 146 p. 121] Año I, núm. 1 (noviembre 1937), [Portada: Arteche], 34,5 x 25 cm. España. Ministerio de Cultura. Archivo General de la Guerra Civil Española

Mi Revista
Ilustración de Actualidades
Director: E. Rubio Fernández
[Quincenal]
Barcelona: 1936-1938

[CAT. 147 p. 125] Año II, núm. 10 (1 de marzo de 1937), [Artista: Sainz de Morales], 32 x 24 cm. Biblioteca del IVAM

[CAT. 148 p. 124] Año II, núm. 11 (15 de marzo de 1937), 32 x 24 cm. Biblioteca del IVAM

[CAT. 149 p. 292] Año III, núm. 33 (30 de enero de 1938), 32 x 24 cm. Biblioteca del Pavelló de la República (Universitat de Barcelona)

Milicia Popular
Diario del 5.º Regimento de Milicias Populares
5.º Regimiento de Milicias Populares
Comisario: Carlos Contreras
¿Imprenta Española?
[Irregular]
Madrid, 1936-1937

[CAT. 150 p. 80] «6 Meses de Guerra Civil», 32 x 24,5 cm. España. Ministerio de Cultura. Archivo General de la Guerra Civil Española

Mirbal
Noticiari Infantil
Barcelona: 1937

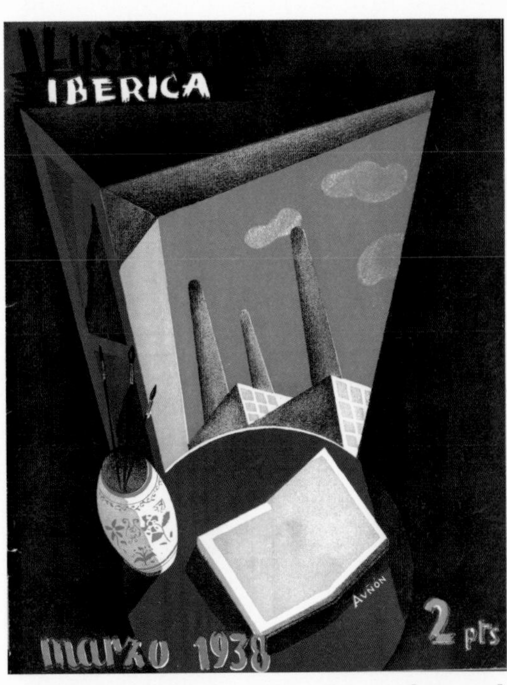

[CAT. 122]

[CAT. 126]

[CAT. 138]

[CAT. 151 p. 178] S.n., s.f. [1937], 31 x 31 cm. Biblioteca del Pavelló de la República (Universitat de Barcelona)

[CAT. 152 p. 178] S.n., s.f. [1937], [Páginas interiores], 31 x 31 cm. Biblioteca del Pavelló de la República (Universitat de Barcelona)

Moments
La Revista del Nostre Temps: Sindicat de Dibuixants Professionals, Agrupació d'Escriptors Catalans, Agrupació Professional de Periodistes, Sindicat d'Agents i Tècnics de Publicitat (UGT) Sindicat de Dibuixants
Director: Manuel Cano
Imprenta La Casa dels Secretaris
[Mensual]
Barcelona, 1936-1938

[CAT. 153 p. 105] Núm. 1 (12 de diciembre de 1936), [Portada: Sim], 34 x 24 cm. Biblioteca del Pavelló de la República (Universitat de Barcelona)

[CAT. 154] Núm. 11 (1938), [Portada: Juana Francisca], 34 x 24 cm. España. Ministerio de Cultura. Archivo General de la Guerra Civil Española

El Mono Azul
Hoja semanal de Intelectuales Antifascistas para la Defensa de la Cultura
Alianza de Intelectuales Antifascistas/Prensa Obrera
Responsables: M.ª Teresa León, Lorenzo Varela, José Bergamín, Rafael Alberti, Rafael Dieste, Antonio Luna, Arturo Souro y Vicente Salas Viú.
[Semanal entre 1936-1937; Mensual entre 1938-1939]
Madrid, 1936-1939

[CAT. 155] Año I, núm. 10 (29 de octubre de 1936), 28 cm. Biblioteca del Pavelló de la República (Universitat de Barcelona)

[CAT. 156 p. 86] Año II, núm. 16 (1 de mayo de 1937), 37 cm. Biblioteca del Pavelló de la República (Universitat de Barcelona)

[CAT. 157] Año III, núm. 46 (julio 1938), 43 cm. Biblioteca del Pavelló de la República (Universitat de Barcelona)

SEMANARIO DEL FRENTE
división 42
ANO I • • NUM. 7

[CAT. 132]

[CAT. 140]

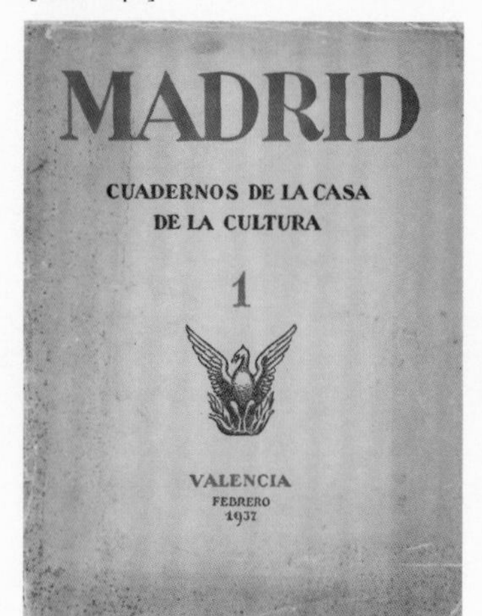

[CAT. 141]

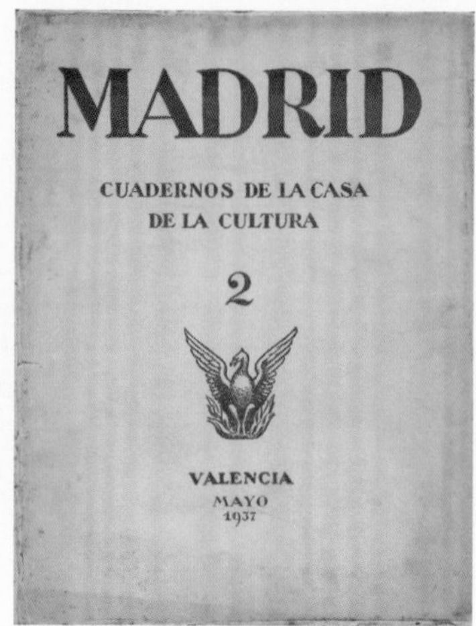

[CAT. 149]

Movilización
Revista del Comisariado de la Sección de Movilización y Organización de la Subsecretaría del Ejército de Tierra (¿CRIM?)
[Hasta 1939: «Revista del Comisariado de la Inspección General de Reclutamiento, Inspección, Movilización y Batallones de Retaguardia»]
Barcelona, 1938-1939

[CAT. 158] Año I, núm. 2 (enero 1939), 31,5 x 22 cm. España. Ministerio de Cultura. Archivo General de la Guerra Civil Española

Muchachas
Editado por la «Unión [Comité Nacional] de Muchachas de España»
Unión de Muchachas de España
Barcelona, 1938

[CAT. 159 p. 81] Segunda Época, núm. 1 (1 de mayo de 1938), 34 cm. Biblioteca del Pavelló de la República (Universitat de Barcelona)

Mujer
Talleres Offset
San Sebastián, 1937-1969

[CAT. 160 p. 38] Núm. 2 (julio 1937), 30 x 22 cm. Biblioteca Nacional, Madrid

Mujeres Libres
Órgano de la Agrupación de Mujeres Libres
Publicaciones Mujeres Libres/ CNT-FAI
Imprenta Cooperativa Obrera Avant
[Mensual]
Barcelona, 1936-1938

[CAT. 161 p. 151] Núm. 11 (1937), 36 x 26,5 cm. Biblioteca del Pavelló de la República (Universitat de Barcelona)

[CAT. 162 pp. 154-155] Núm. 10 (1937), [Contracubierta: «Por el frente antifascista»], 50 x 35 cm. Biblioteca del Pavelló de la República (Universitat de Barcelona)

Mundo Ilustrado: Revista Trimestral de Monografías de Actividades y Ciudades Ibero-americanas
La Coruña, ¿1923-1939?

[CAT. 163 p. 293] XII, núm. 82 (octubre 1937), 35 cm. Biblioteca Universitaria, Santiago de Compostela

Mundo Obrero
Diario de la Revolución: Órgano Central del Partido Comunista de España (SEIC): Edición de los Frentes
Director: Antonio Mije
[Diaria]
Madrid, 1937-1938

[CAT. 164 p. 258] Número especial, «XX Aniversario de la Revolución Soviética. Un año de la defensa de Madrid» (7 de noviembre de 1937), 40 cm. Biblioteca del Pavelló de la República (Universitat de Barcelona)

Nervio
Revista de la Nueva Generación
147 Brigada Mixta
Almería, 1938

[CAT. 165 p. 267] Núm. 2 (Primero de Ventoso de 1938), [Página interior: fotomontaje], 50 cm. Biblioteca del Pavelló de la República (Universitat de Barcelona)

[CAT. 166 p. 266] Núm. 3 (Primero de Germinal de 1938), 50 cm. Biblioteca del Pavelló de la República (Universitat de Barcelona)

No Veas
Semanario Humorístico
Director: Bardasano
[Semanal]
Madrid, 1937

[CAT. 167 p. 294] Año I, núm. 5 (19 de junio de 1937), 28 x 18 cm. Biblioteca del Pavelló de la República (Universitat de Barcelona)

[CAT. 168] Año I, núm. 13 (14 de agosto de 1937), [Portada: Babiano], 28 x 18 cm. Biblioteca del Pavelló de la República (Universitat de Barcelona)

Norte
Revista Teórica Socialista: Teoría, Política, Actualidad: Partido Socialista Obrero Español (PSOE)
[Mensual]
Barcelona, 1938

[CAT. 169 p. 186] Año I, núm. 1 (agosto 1938), 34 x 24 cm. España. Ministerio de Cultura. Archivo General de la Guerra Civil Española

Nosotros
Órgano de la 53 Brigada Mixta
Comisariado de la 53 Brigada Mixta
[Irregular]
Madrid, 1937-1938

[CAT. 163]

[CAT. 170 p. 294] Año I, núm. 1, (1 de octubre de 1937), [Portada: Escolar], 35 cm. Biblioteca del Pavelló de la República (Universitat de Barcelona)

Nova Cultura
Aliança d'Intelectuals per a Defensa de la Cultura
Valencia, 1937

[CAT. 171 p. 257] Número extraordinari de les falles (1937), 23,5 x 17,5 cm. España. Ministerio de Cultura. Archivo General de la Guerra Civil Española

[CAT. 172] Número extraordinari de les falles (1937), [Página interior], 23,5 x 17,5 cm. Archivo Gráfico José Huguet

Nova Iberia
Publicació Mensual Ilustrada
Comissariat de Propaganda de la Generalitat de Catalunya
[Mensual]
Barcelona, 1937

[CAT. 167]

[CAT. 170]

[CAT. 173 p. 189] Núm. 1 (enero 1937), 36 x 26 cm. Museo Nacional Centro de Arte Reina Sofía. Biblioteca

[CAT. 174 p. 189] Núm. 2 (febrero 1937), 36 x 26 cm. Museo Nacional Centro de Arte Reina Sofía. Biblioteca

[CAT. 175 p. 189] Núms. 3-4 (¿marzo-abril 1937?), 36 x 26 cm. Museo Nacional Centro de Arte Reina Sofía. Biblioteca

Nuestra Bandera
Revista del Partido Comunista de España
[Órgano (teórico) del C.C. del Partido Comunista de España (S.E de la I.C.)]
[A partir de enero-febrero de 1938: Revista Mensual de Orientación Política, Económica y Cultural]
Directora: Dolores Ibárruri
[Quincenal-Irregular]
Barcelona, 1938

[CAT. 176 p. 259] Número especial (18 de julio de 1938), 34,3 x 24,3 cm. España. Ministerio de Cultura. Archivo General de la Guerra Civil Española

Nueva Cultura
Información, Crítica y Orientación Intelectual
Aliança d'Intelectuals per a Defensa de la Cultura
Tipografía Moderna
[Mensual]
Valencia, 1935-1937

[CAT. 177 p. 39] Año III, núms. 4-5 (junio-julio 1937), Museo Nacional Centro de Arte Reina Sofía. Biblioteca

Nueva España
Publicación de la II División: 29 Brigada
[Órgano de la 29 Brigada de la 2.ª División]
[Quincenal-Irregular]
Madrid, 1937-1939

[CAT. 178 p. 296] Año II, núm. 22 (enero), 30 cm. Biblioteca del Pavelló de la República (Universitat de Barcelona)

Nueva Galicia
Portavoz de los Antifascistas Gallegos

¡GALLEGOS, NUESTRA UNIDAD SERA UNA BARRERA INFRANQUEABLE PARA EL INVASOR!

O soldado do pobo, con arroxo e valentía, vai buscar ás filas enemigas as maquinas que percisan os nosos labregos.

AÑO I — 13 DE JUNIO DE 1937 — NUM. 5

NUEVA GALICIA

25 CTS.

PORTAVOZ DE LOS ANTIFASCISTAS GALLEGOS

EDITORIAL

En anteriores editoriales hemos fijado de manera clara los fines que se persiguen con la publicación de nuestro semanario.

La única aspiración de los gallegos es libertar a Galicia del martirio a que se halla sometida, y para la realización de estos supremos ideales la unión espiritual existe entre todos los gallegos antifascistas. Pero es necesario dar a esta unión la materialidad que requiere la práctica, y en esta obra han de colaborar todos, precisamente todos, siempre que sean verdaderos gallegos y auténticos antifascistas, incluso los que residen en América, pues la inmensa mayoría, en múltiples ocasiones, han demostrado un cariño acendrado por la tierra que los vió nacer; y en esta ocasión, en que nuestra hermosa Galicia está sojuzgada por los que han mancillado un uniforme militar y por el invasor imperialista e inhumano, tienen la obligación estos gallegos de América de ayudarnos desde donde residan y de prestarnos su apoyo, tanto moral como materialmente.

Cuantos gallegos residan fuera de Galicia deben conocer nuestra campaña en pro de una unidad efectiva, y por esta razón todos debemos convertirnos en verdaderos propagandistas de esta idea sana y liberadora. La consigna de unión debe ser la preocupación única por la que debemos luchar constantemente.

La formación de un organismo político reforzaría la unidad y la orientaría debidamente en la práctica, y es por eso por lo que creemos de gran importancia dar facilidades para sentar las bases de ese organismo, representación genuina y auténtica del pueblo gallego antifascista.

Galicia es una región densa en población, si se tiene en cuenta su escaso desarrollo, debido éste principalmente a la dejadez con que los Gobiernos la han tratado durante siglos. La provincia de Pontevedra ocupa el cuarto lugar en España por su densidad de población, no yéndole muy a la zaga las otras provincias. Esto ha hecho que el gallego buscara otras tierras para desarrollar su prodigiosa actividad. Hoy tenemos muchos más gallegos fuera que dentro de la región, y por eso tenemos la obligación de unirnos y constituir una fuerza arrolladora, borrando las discrepancias de matiz o detalle ante el ideal magnífico que todos defendemos: librar a nuestra tierra de las manos sangrientas que hoy desgarran su sensibilidad.

CAMPESINOS DE GALICIA Y CAMPESINOS DE CASTILLA

Son los mismos róstros y las mismas figuras que todo los años atravesaban las montañas y poblados desde Galicia a Castilla, para dejar sobre las secas llanuras lo mejor de su vida y poder llevarse unos pocos, muy pocos, duros con que pagar el foro, la contribución o el embargo de las tierras. Son los mismos segadores que en las provincias castellanas eran utilizados por los terratenientes como herramienta barata.

Son los mismos hombres, pero con ideal fijo, con una perspectiva distinta: la fe en el porvenir de la República española.

En los pueblos de Toledo han sellado campesinos castellanos y gallegos un pacto sagrado, que es todò un símbolo y una esperanza para el resurgir floreciente de la economía de nuestro país. Los unos trabajarán sin descanso día y noche, con sol y con lluvia: mujeres, ancianos, niños, todos, para que en el frente de combate y en la retaguardia laboriosa no falte nada. Primero dieron sus hombres, que en las crestas de la Sierra y demás frentes regaron con su sangre esa tierra que ahora es de ellos, que jamás volverá a ser del terrateniente ni del señorito.

Los soldados del pueblo prometieron, en cambio, defender con sus armas estas tierras que los traidores quieren entregar al extranjero.

Nuestro 4.° batallón gallego ha hecho más por Galicia en los pocos días que combatió en Toledo que tódas las soflamas de los demagogos y figurones de tertulia de café.

Nuestros hombres saben lo que es el cariño a la tierra, al terruño; que año tras año iba hundiéndolos en la miseria y entregándoles al cacique, y por eso al contacto con los pueblos de Toledo han ido sembrando las semillas de la España futura. Los campesinos han sentido por vez primera que la tierra que les entregó la República era suya, que para sus hijos se abrían las puertas de la civilización y por eso lloraban cuando Líster se marchaba.

En la historia de nuestra revolución popular el nombre de la 11 División de Líster habrá de ocupar un lugar preferente, y ligados a ella, como algo indivisible, los millares de gallegos que a su lado y en todos los frentes de la España leal ofrendan a diario sus vidas por la liberación de España y por el bienestar de todos los españoles.

Los campesinos castellanos tienen fe en el porvenir, porque la 11 División Líster ha montado la guardia de honor a sus tierras y los soldados gallegos se aprestan, en sus horas de descanso, a dejar por un momento el fusil y empuñar la guadaña.

¡Hermanos de Galicia que andáis por el mundo! Nunca la historia de ningún país ha deparado gestos tan sublimes como el de nuestros gallegos combatientes. Los campesinos castellanos al gritar "¡Viva Líster!, ¡viva Galicia!", parecía como si os gritaran a vosotros: ¡Ayudadlos, unid vuestro esfuerzo al de ellos, porque, si no lo hacéis, algún día, no sólo no podréis llamaros gallegos, sino que tampoco nosotros os podremos llamar españoles!

Galicia hoy se eleva a la categoría de las nacionalidades libres por la voluntad firme del 4.° batallón gallego de la 11 División y de su gran jefe, Líster.

José Gómez Gayoso.

[CAT. 179]

Imprenta Rivadeneyra
[Semanal-Irregular]
Madrid-Barcelona: 1937-1938

[CAT. 179 p. 295] Año I, núm. 5 (13 de junio de 1937), 28 x 43 cm. Biblioteca del Pavelló de la República (Universitat de Barcelona)

Nuevo Ejército
Órgano de la 47 División
[Antes del núm. 2: «Órgano de la 39 División»]
Madrid, 1937-1938

[CAT. 180 p. 82] Núm. 24 (1 de febrero de 1938), 34 x 25 cm. Colección privada, Barcelona

Nuevo Orden
Revista al Servicio de las Fuerzas Armadas
[Quincenal]
Barcelona, 1938

[CAT. 181 p. 40] Año I, núm. 4 (1 de junio de 1938), 34,3 x 24,3 cm. Biblioteca del Pavelló de la República (Universitat de Barcelona)

[CAT. 182 p. 296] Año I, núm. 6 (julio 1938), 34,3 x 24,3 cm. España. Ministerio de Cultura. Archivo General de la Guerra Civil Española

Obras Públicas
Órgano del Sindicato de Trabajadores del Ministerio de Obras Públicas
UGT
[Mensual]
Madrid, 1937-1938

[CAT. 183 p. 118] Año I, núm. 1 (julio 1937), [Portada: Espert], 35 cm. Biblioteca del Pavelló de la República (Universitat de Barcelona)

Octubre
Boletín de la 30 Brigada
[Semanal-Irregular]
El Escorial, Madrid, 1937

[CAT. 184 p. 74] Núm. 29 (30 de agosto de 1937), 34,7 x 25 cm. Biblioteca Nacional, Madrid

[CAT. 178]

[CAT. 182]

[CAT. 188]

Orientación
Revista Político-Militar Editada por el Comisariado de Guerra de la 12.ª División
Imprenta Rivadeneyra
[Mensual-Irregular]
Madrid, 1937-1938

[CAT. 185 p. 298] Año I, núm. 4 (diciembre 1937), 32 cm. Biblioteca del Pavelló de la República (Universitat de Barcelona)

Pasionaria
Revista de las Mujeres Antifascistas de Valencia
Directora: Manuela Ballester
[Irregular]
Valencia, 1937

[CAT. 186 p. 300] Núm. 19 (2 de agosto de 1937), 34,7 x 25 cm. España. Ministerio de Cultura. Archivo General de la Guerra Civil Española

[CAT. 187 p. 41] Núm. 20 (21 de agosto de 1937), 34,7 x 25 cm. España. Ministerio de Cultura. Archivo General de la Guerra Civil Española

Pelayos
Semanario Infantil
[Almanaque de «Flechas y Pelayos: Revista Mensual»]
Junta Nacional-Carlista de Guerra
Talleres Offset
San Sebastián, 1936-1938

[CAT. 188 p. 296] Año II, núm. 5 (24 de enero de 1937), 33,5 x 21 cm. Colección Guerra Civil Monreal-Cabrelles

El Pequeño Miliciano
Boletín Escolar Editado por los Niños del Centro Español de Perpignan
Niños del Centro Español de Perpignan
Perpiñán, Francia, 1938-19??

[CAT. 189 p. 300] Año 4, núm. 2, 21 cm. Biblioteca del Pavelló de la República (Universitat de Barcelona)

Pionero Rojo
Semanario de los Niños Obreros y Campesinos
Federación de Pioneros Comunistas
[Irregular]
Barcelona, 1937

[CAT. 190 p. 297] Año I, núm. 6 (junio 1937), 32,6 x 22,5 cm. España. Ministerio de Cultura. Archivo General de la Guerra Civil Española

Radio Barcelona
Publicación Semanal
La Radio
[Cont. de: «Radio Barcelona. Órgano Oficial de la Asociación Nacional de Radiodifusión»]
[Semanal]
Barcelona, 1934-1938

Año I Núm. 6

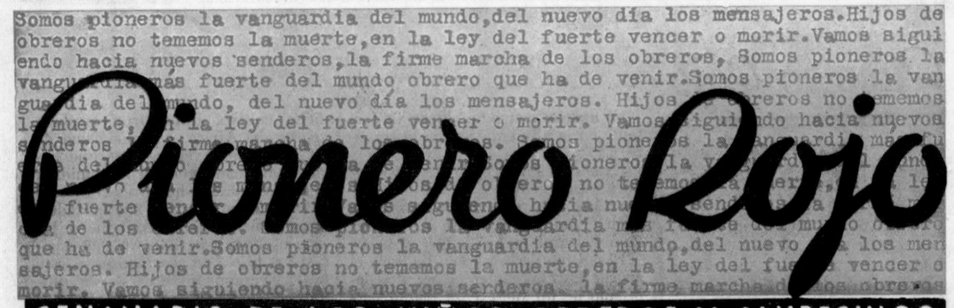

Somos pioneros la vanguardia del mundo,del nuevo día los mensajeros.Hijos de
obreros no tememos la muerte,en la ley del fuerte vencer o morir.Vamos sigui
endo hacia nuevos senderos,la firme marcha de los obreros, Somos pioneros la
Pionero Rojo

SEMANARIO DE LOS NIÑOS OBREROS Y CAMPESINOS

HEROISMO DE LOS TRABAJADORES

¡Los fascistas atacan! Las fuerzas del ejército proletario se aprestan a la lucha. En aquel pueblo de la costa, Marco fué nombrado agente de enlace, debiendo, con su coche, mantener contacto con las fuerzas amigas de los pueblos cercanos. Recorría la carretera a toda velocidad, cuando observó a sus espaldas un auto más

veloz que el suyo, que le perseguía. Viéndose perdido no vaciló, frenó y sobrevino el choque. Marco resultó herido mortalmente. Despertó y vióse rodeado de dos muchachos amigos y antes de morir les confió el mensaje. Los dos pioneros pudieron burlar la vigilancia de los fascistas y, siguiendo las instrucciones de Marco,

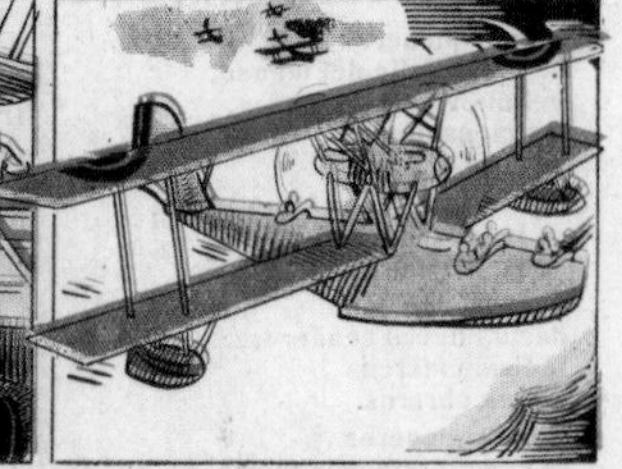

llegaron a un buque de guerra. Gracias a su valor, la aviación roja se elevó para dar su merecido a los fascistas, vengando así a Marco y a tantos otros, víctimas de la barbarie fascista.

Precio: 15 cénts.

[CAT. 190]

[CAT. 185]

[CAT. 191 p. 112] Año XVII, núm. 668 (7 de agosto de 1937), [Portada: NIV], 29,5 x 22,5 cm. Biblioteca del Pavelló de la República (Universitat de Barcelona)

[CAT. 192 p. 113] Año XVII, núm. 677 (9 de octubre de 1937), [Portada: Pedro], 29,5 x 22,5 cm. Biblioteca del Pavelló de la República (Universitat de Barcelona)

Radio-Publicitat
Barcelona, ¿1935?

[CAT. 193 p. 110] Vol. 2, núm. 24 (30 de diciembre de 1936), 22 x 15,8 cm. Arxiu Històric de la Ciutat de Barcelona

Radio y Cinema
Gran Revista Ilustrada de Radio y Cine
Director: J. Romero-Marchent
La Coruña, 1938

[CAT. 194 p. 227] Año I, núm. 1 (30 de marzo de 1938), [Portada: Stefan Frank], 33 x 23 cm. Hemeroteca Municipal, Madrid

[CAT. 195 p. 300] Año I, núm. 7, [Portada: Valdés], 33 x 23 cm. Biblioteca de la Filmoteca Española, Madrid

Reconquista
Órgano de la 35 División
Comisario: José María Sastre
[Mensual-Irregular]
Sin lugar de edición, 1938

[CAT. 196 p. 83] Año I, núm. 2 (20 de septiembre de 1938), 31,6 x 22,4 cm. España. Ministerio de Cultura. Archivo General de la Guerra Civil Española

Renacer
Revista Nacional Ilustrada
Director: José G. Ruiz
[Bimensual]
Zaragoza, 1937

[CAT. 203]

LA REPUBLICA
DE LES LLETRES
8
renau
quaderns de literatura art i política: valència

[CAT. 200]

[CAT. 186]

[CAT. 189]

[CAT. 195]

[CAT. 197 p. 170] Núm. 1 (diciembre 1937), [Portada: Retrato de Franco], 34 x 24,3 cm. Biblioteca Nacional, Madrid

[CAT. 198 p. 170] Núm. 2 (enero-febrero 1938), [Página interior: Jalón Ángel], 34 x 24,3 cm. Biblioteca Nacional, Madrid

[CAT. 199 p. 301] Núm. 3 (mayo-junio 1938), [Portada: Guillermo], 34 x 24,3 cm. Biblioteca Nacional, Madrid

La República de les Lletres
Quaderns de Literatura, Art i Política
Imprenta V. Cortell
[Trimestral]
Valencia, 1934-1936

[CAT. 200 p. 299] Núm. 8, [Portada: Renau], 30 cm. Biblioteca del Pavelló de la República (Universitat de Barcelona)

Revolución
Semanario de la Federación Local de Juventudes Libertarias de Madrid
[Semanal]
Madrid, 1937

[CAT. 201 p. 157] Año I, núm. 15 (14 de julio de 1937), 31,8 x 21,5 cm. España. Ministerio de Cultura. Archivo General de la Guerra Civil Española

[CAT. 202 p. 157] Año I, núm. 13 (30 de junio de 1937), 31,6 x 22 cm. España. Ministerio de Cultura. Archivo General de la Guerra Civil Española

Ruta
Órgano de la 105 Brigada Mixta: 69 División: I Cuerpo del Ejército: Ejército del Centro
Comisariado de la 105 Brigada Mixta
Gráficas Reunidas U.H.P.
[Mensual-Irregular]
Madrid, 1937-1939

[CAT. 203 p. 298] Año II, núm. 8 (1 de marzo de 1930), [Portada: ¿Jujuan?], 28,5 x 19,5 cm. España. Ministerio de Cultura. Archivo General de la Guerra Civil Española

Semáforo
Revista del Comité Ejecutivo de Espectáculos Públicos de Valencia y Provincia
UGT-CNT
[Quincenal-Irregular]
Valencia, 1936-1937

[CAT. 204 p. 114] Año II, núm. 6 (15 de enero de 1937), «Número dedicado a la URSS», 31,7 x 21,5 cm. España. Ministerio de Cultura. Archivo General de la Guerra Civil Española

SIAS
Portantveu de la Conselleria de Sanitat i Assistencia Social de la Generalitat de Catalunya
Director: Dr. F. Martí Ibáñez
Director artístico: Sim
Redactor jefe: J.M. Francés
Imprenta Etzeviriana E.C.
[Bimestral]
Barcelona, 1937

[CAT. 205 p. 106] Núm 1 (marzo 1937), [Portada: Sim], 32 x 24 cm. Biblioteca del Pavelló de la República (Universitat de Barcelona)

Sidero-Metalurgia
Revista Mensual: Órgano de la Federación Regional de la Industria Sidero-Metalúrgica
CNT-FAI. Comité Regional de Cataluña
[Mensual]
Barcelona, 1937

[CAT. 206 p. 120] Año I, núm 5 (noviembre 1937), [Portada: Helios Gómez], 30 cm. Biblioteca del Pavelló de la República (Universitat de Barcelona)

Sobre la Marcha
Semanario/Revista [Órgano] de la 4.ª Brigada Mixta (Columna Romero)
[Hasta el núm 7: «Semanario de la Columna Romero»]
Director: ¿Masferrer y Canto?
Imprenta Juanelo
[Semanal-Irregular]
Madrid, 1937-1938

[CAT. 207 p. 301] Año III, núm. 54 bis (16 de junio de 1938), 28 cm. Biblioteca del Pavelló de la República (Universitat de Barcelona)

Stajanov
Semanario [Órgano] de la 28 Brigada
Imprenta Diana
[Irregular]
Madrid, 1937-1938

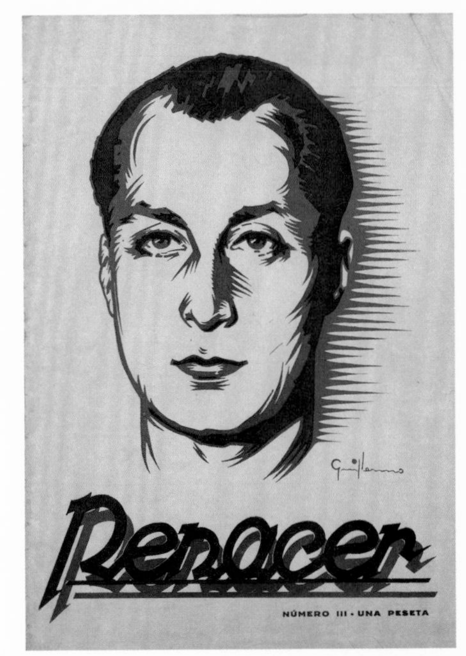

[CAT. 199]

[CAT. 207]

[CAT. 208]

[CAT. 214]

[CAT. 223]

[CAT. 208 p. 302] Año I, núm. 21 (8 de noviembre de 1937), 30 cm. Biblioteca del Pavelló de la República (Universitat de Barcelona)

Técnicos
Portavoz del Sindicato Único de Técnicos. CNT-AIT
Madrid, 1937

[CAT. 209 p. 119] Año I, núm. 7 (5 de septiembre de 1937), 34 x 24 x 0,2 cm. Biblioteca Nacional, Madrid

Tiempos Nuevos
Revista de Sociología, Arte y Economía
[Cont. de: «Suplementos de Tierra y Libertad»]
Unión Gráfica
[Quincenal-Mensual]
Barcelona, 1934-1938

[CAT. 210 p. 42] Año IV, núm 2 (1 de febrero de 1937), 30 cm. Biblioteca del Pavelló de la República (Universitat de Barcelona)

[CAT. 211 p. 142] Año IV, núm 4 (1 de abril de 1937), 30 cm. Biblioteca del Pavelló de la República (Universitat de Barcelona)

Tierra, Mar y Aire
Revista Militar
Comisión Nacional de Agit Prop del Partido
Comunista de España
Director: Enrique Castro
[Quincenal-Irregular]
Valencia-Barcelona, 1937-1938

[CAT. 212 p. 43] Año I, núm 1 (1937), [Portada: Mauricio Amster], 31,6 x 21,5 cm. España. Ministerio de Cultura. Archivo General de la Guerra Civil Española

[CAT. 213 p. 84] Año I, núm 4 (10 de septiembre de 1937), [Portada: Ufano], 31,6 x 21,5 cm. España. Ministerio de Cultura. Archivo General de la Guerra Civil Española

Trabajadoras
Periódico Quincenal del Partido Comunista de España y del Partido Socialista Unificado de Cataluña (PCE-PSU)
[A partir del núm. 4 (1938) el editor cambia a: Delegación del Comité Central del Partido Comunista (SE de la IC)]
[Quincenal, Irregular]
Barcelona-Valencia-Madrid, 1938

[CAT. 214 p. 302] Año I, núm. 4 (1 de mayo de 1938), 40 x 29 cm. Arxiu Històric de la Ciutat de Barcelona

La Traca
Semanario Satírico

Valencia, 1931-1938 (editada anteriormente durante 1884-1887, 1908-1909 y 1912-1923)

[CAT. 215 p. 304] Núm. 1191 (1937), [Portada: Bluff], 32 cm. Biblioteca del Pavelló de la República (Universitat de Barcelona)

Tracción
Órgano Quincenal [Mensual] del 7.° Batallón del Transporte Automóvil. Edición del Comisariado. Servicio de Transporte Automóvil
[Mensual]
Vilaboi [Sant Boi de Llobregat], 1938-1939

[CAT. 216] Año II, 2.ª Época, núm. 1 (1 de noviembre de 1938), 28 cm. Biblioteca del Pavelló de la República (Universitat de Barcelona)

[CAT. 217 p. 316] Año II, 2.ª Época, número extraordinario (enero 1939), [Portada: Foto Domingo], 28 cm. Biblioteca del Pavelló de la República (Universitat de Barcelona)

Tren
Boletín Oficial de Información del 4.° Batallón Local de Transporte Automóvil
Director: M. Claramunt
[Mensual]
Barcelona, 1938

[CAT. 218 p. 85] Núm. 6 (diciembre 1938), 28 cm. Biblioteca del Pavelló de la República (Universitat de Barcelona)

Umbral
Semanario de la Nueva Era
[Semanario Gráfico de Valencia]
Director: A. Fernández Escobés
[Irregular]
Valencia-Barcelona, 1937-1939

[CAT. 219 p. 303] Núm. 4 (31 de julio de 1937), 47,5 x 32,5 cm. Fundación Pablo Iglesias (Archivo y Biblioteca), Alcalá de Henares

[CAT. 220 p. 128] Núm. 17 (6 de noviembre de 1937), [Portada: Monleón], 47,5 x 32,5 cm. Fundación Pablo Iglesias (Archivo y Biblioteca), Alcalá de Henares

[CAT. 219]

[CAT. 221]

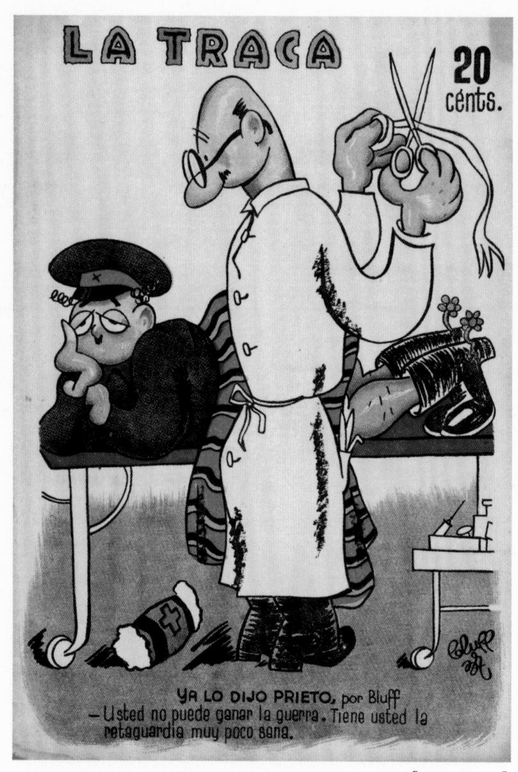

[CAT. 215]

[CAT. 221 p. 303] Núm. 44 (17 de septiembre de 1938), 47,5 x 32,5 cm. Fundación Pablo Iglesias (Archivo y Biblioteca), Alcalá de Henares

25 División
Comisariado de la 25 División
[Mensual]
Híjar-Alcañiz, Teruel, 1937-1938

[CAT. 222 p. 137] Número extraordinario, noviembre 1937, [Portada: Les], 30,5 x 22 cm. España. Ministerio de Cultura. Archivo General de la Guerra Civil Española

¡Vencer!
Órgano de la 67 División
Comisario: Pelayo Tortajada
[Mensual]
Ejército del Este, 1938-1939

[CAT. 223 p. 302] Núm. 1 (15 de diciembre de 1938), 30,5 x 21 cm. Biblioteca Nacional, Madrid

Vértice
Revista Nacional de Falange Española Tradicionalista y de las JONS
Sucesores de Rivadeneyra-San Sebastián
Director: Romley; Samuel Ross
Talleres Offset
[Mensual-Irregular]
San Sebastián-Madrid, 1937-1946

[CAT. 224 p. 163] Núm. 1 (abril 1937), [Portada: Carlos Sáenz de Tejada], 35,5 x 28 cm. Museo Nacional Centro de Arte Reina Sofía. Biblioteca

[CAT. 225 p. 226] Núm. 3 (junio 1937), [Portada: Stefan Frank], 35,5 x 28 cm. Biblioteca del Pavelló de la República (Universitat de Barcelona)

[CAT. 226 p. 229] Número extraordinario al ejército, núm. 4 (julio-agosto 1937), 35,5 x 28 cm. Museo Nacional Centro de Arte Reina Sofía. Biblioteca

[CAT. 227] Número extraordinario al ejército, núm. 4 (julio-agosto 1937), [Página interior], 35,5 x 28 cm. Biblioteca del Pavelló de la República (Universitat de Barcelona)

[CAT. 228 p. 225] Núm. 5 (septiembre-octubre 1937), [Portada: Teodoro Delgado], 35,5 x 28 cm. Museo Nacional Centro de Arte Reina Sofía. Biblioteca

[CAT. 229 p. 163] Núm. 6 (noviembre 1937), [Portada: Carlos Sáenz de Tejada], 35,5 x 28 cm. Biblioteca del Pavelló de la República (Universitat de Barcelona)

[CAT. 230] Núms. 7-8 (diciembre 1937-enero 1938), [Portada: José Caballero], 35,5 x 28 cm. Biblioteca del Pavelló de la República (Universitat de Barcelona)

[CAT. 231] Núms. 7-8 (diciembre 1937-enero 1938), [Página interior: «Vértice a sus lectores»], 35,5 x 28 cm. Colección privada

[CAT. 232 p. 228] Núm. 9 (abril 1938), [Portada: José Caballero], 35,5 x 28 cm. Museo Nacional Centro de Arte Reina Sofía. Biblioteca

[CAT. 233] Núm. 9 (abril 1938), [Página interior: Collage de Adriano del Valle], 35,5 x 28 cm.

[CAT. 235]

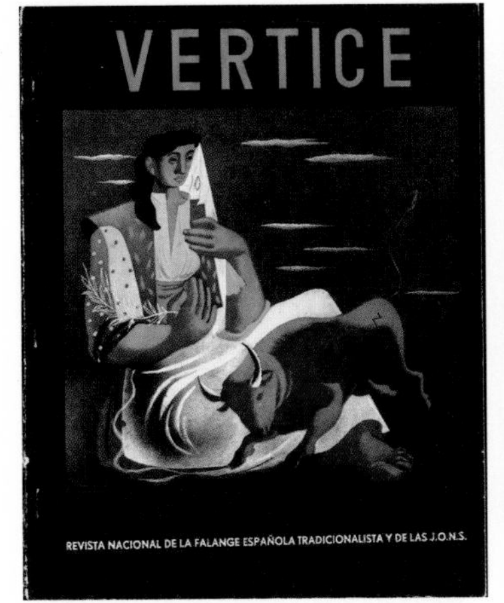

[CAT. 237]

[CAT. 248]

[CAT. 238]

[CAT. 241]

[CAT. 244]

[CAT. 253]

[CAT. 254]

Biblioteca del Pavelló de la República (Universitat de Barcelona)

[CAT. 234] Núm. 9 (abril 1938), [Página interior: «La Belleza Fotográfica»], 35,5 x 28 cm. Colección privada

[CAT. 235 p. 305] Núm. 10 (mayo 1938), [Portada: José Caballero], 35,5 x 28 cm. Museo Nacional Centro de Arte Reina Sofía. Biblioteca

[CAT. 236] Núm. 10 (mayo 1938), [Página interior: Carlos Sáenz de Tejada], 35,5 x 28 cm. Biblioteca del Pavelló de la República (Universitat de Barcelona)

[CAT. 237 p. 305] Núm. 11 (junio 1938), [Portada: Dumas], 35,5 x 28 cm. Museo Nacional Centro de Arte Reina Sofía. Biblioteca

[CAT. 238 p. 305] Núm. 12 (junio 1938), [Portada: ATC], 35,5 x 28 cm. Museo Nacional Centro de Arte Reina Sofía. Biblioteca

[CAT. 239] Núm. 12 (junio 1938), [Página interior: Foto E. Gartner, «Franco»], 35,5 x 28 cm. Biblioteca del Pavelló de la República (Universitat de Barcelona)

[CAT. 240 p. 228] Núm. 13 (agosto 1938), [Portada: Tono], 35,5 x 28 cm. Museo Nacional Centro de Arte Reina Sofía. Biblioteca

[CAT. 241 p. 305] Núm. 14 (septiembre 1938), [Portada: Tono], 35,5 x 28 cm. Museo Nacional Centro de Arte Reina Sofía. Biblioteca

[CAT. 242 p. 230] Núm 14 (septiembre 1938), [Página interior: La Belleza Fotográfica (Compte)], 35,5 x 28 cm. Biblioteca del Pavelló de la República (Universitat de Barcelona)

[CAT. 243] Núm. 14 (septiembre 1938), [Página interior: La Belleza Fotográfica (Compte)], 35,5 x 28 cm. Museo Nacional Centro de Arte Reina Sofía. Biblioteca

[CAT. 244 p. 306] Núm. 15 (octubre 1938), 35,5 x 28 cm. Museo Nacional Centro de Arte Reina Sofía. Biblioteca

[CAT. 245] Núm. 15 (octubre 1938), [Página interior: Jalón Ángel, «Franco»], 35,5 x 28 cm. Biblioteca del Pavelló de la República (Universitat de Barcelona)

[CAT. 246 p. 228] Núm. 16 (noviembre 1938), [Portada: Teodoro Delgado], 35,5 x 28 cm. Museo Nacional Centro de Arte Reina Sofía. Biblioteca

[CAT. 247] Núm. 16 (noviembre 1938), [Página interior: Kerner, «Guerra»], 35,5 x 28 cm. Biblioteca del Pavelló de la República (Universitat de Barcelona)

[CAT. 248 p. 305] Núm. 17 (diciembre 1938), [Portada: Serny], 35,5 x 28 cm. Museo Nacional Centro de Arte Reina Sofía. Biblioteca

[CAT. 249] Núm. 17 (diciembre 1938), [Página interior: Compte, «Hermandad de la ciudad y el campo»], 35,5 x 28 cm. Biblioteca del Pavelló de la República (Universitat de Barcelona)

[CAT. 250 p. 231] Núm. 18 (enero 1939), [Portada: Compte], 35,5 x 28 cm. Museo Nacional Centro de Arte Reina Sofía. Biblioteca

[CAT. 251] Núm. 18 (enero 1939), [Página interior: Compte, «La guerra en el mar»], 35,5 x 28 cm. Biblioteca del Pavelló de la República (Universitat de Barcelona)

[CAT. 252 p. 231] Núm. 19 (febrero 1939), [Portada: J. Compte], 35,5 x 28 cm. Museo Nacional Centro de Arte Reina Sofía. Biblioteca

[CAT. 253 p. 306] Núm. 20 (marzo 1939), 35,5 x 28 cm. Museo Nacional Centro de Arte Reina Sofía. Biblioteca

[CAT. 254 p. 306] Núm. 21 (abril 1939), [Portada: Goya], 35,5 x 28 cm. Museo Nacional Centro de Arte Reina Sofía. Biblioteca

Visions de Guerra i de Reraguarda
Història Gràfica de la Revolució: Series A & B

[CAT. 257]

Comissariat de Propaganda de la Generalitat de Catalunya
Editorial «Forja»
[Mensual-Irregular]
Barcelona, ¿1937-1938?

[CAT. 255 p. 196] Serie B. Actualitats, núm. 1 (17 de abril de 1937), 20 x 25 cm. Colección privada

[CAT. 256 p. 197] Serie A. Retrospectiva, núm. 1 (24 de abril de 1937) [Página interior: Fotografía de Agustí Centelles], 20 x 25 cm. Colección privada

[CAT. 257 p. 307] Serie A. Retrospectiva, núm. 2 (15 de mayo de 1938), 20 x 25 cm. Colección privada

Y
Revista para la Mujer
Sección Femenina de FET y de las JONS
[Revista de la Mujer Nacionalsindicalista]
¿Imprenta Aldes? (Santander)
[Mensual]
San Sebastián-Madrid, ¿1938-194?

[CAT. 258] Núm. 1 (febrero 1938), 33 cm. Biblioteca del Pavelló de la República (Universitat de Barcelona)

[CAT. 259] Núm. 3 (abril 1938), [Portada: José Caballero], 33 cm. Biblioteca del Pavelló de la República (Universitat de Barcelona)

[CAT. 260] Núm. 4 (mayo 1938), 33 cm. Biblioteca del Pavelló de la República (Universitat de Barcelona)

[CAT. 261 p. 168] Núm. 5 (junio 1938), [Portada: Pedro Pruna], 33 cm. Biblioteca del Pavelló de la República (Universitat de Barcelona)

[CAT. 262] Núms. 6 y 7 (julio-agosto 1938), [Portada: Carlos Sáenz de Tejada], 33 cm. Biblioteca del Pavelló de la República (Universitat de Barcelona)

[CAT. 263] Núm. 8 (septiembre 1938), [Portada: Marisa Röesset], 33 cm. Biblioteca del Pavelló de la República (Universitat de Barcelona)

[CAT. 264] Núm. 9 (octubre 1938),
[Portada: Castillo], 33 cm. Biblioteca del Pavelló de la República (Universitat de Barcelona)

[CAT. 265] Núm. 10 (diciembre 1938),
[Portada: Rosario de Velasco], 33 cm. Biblioteca del Pavelló de la República (Universitat de Barcelona)

[CAT. 266 p. 235] Núm. 13 (febrero 1939), 35 x 25 cm. Colección Guerra Civil Monreal-Cabrelles

Yugo
Doctrina de Unidad Nacionalsindicalista. Revista Quincenal. Única Revista Editada por la Delegación [Territorial] de Prensa y Propaganda de FET de las JONS en Filipinas
[Quincenal]
Manila (Filipinas), ¿1938-194?

[CAT. 267 p. 212] Núm. 1 (1938), 21 cm. Museo Nacional Centro de Arte Reina Sofía.Biblioteca

[CAT. 268] Núm. 6 (1938), 21 cm. Biblioteca del Pavelló de la República (Universitat de Barcelona)

CARTELES

[CAT. 269 p. 236] Aixafem el feixisme.
Comissariat de Propaganda de la Generalitat de Catalunya
Pere Català-Pic
Barcelona, 1937
100 x 70 cm
Biblioteca Nacional, Madrid

[CAT. 270 p. 78] Brigadas de Choque en Fábricas y Talleres para Intensificar la Producción de Guerra
Bardasano
Madrid
33 x 22 cm
Biblioteca del Pavelló de la República (Universitat de Barcelona)

[CAT. 271 p. 188] Ciutadà... llegeix la revista mensual *Nova Iberia*
R. Fábregas
Barcelona: Comissariat de Propaganda de la Generalitat de Catalunya, 1937
115 x 86 cm
Biblioteca Nacional, Madrid

[CAT. 272 p. 250-251] El comisario, nervio de nuestro ejército popular
Josep Renau
1936
72 x 101,3 cm
IVAM, Instituto Valenciano de Arte Moderno, Generalitat Valenciana. Donación colección privada

[CAT. 273 p. 93] La disciplina es la base de la victoria. Periódico mural. Clínica-Militar núm. 3, 1937
138 x 100 cm
Biblioteca del Pavelló de la República (Universitat de Barcelona)

[CAT. 274 p. 217] ¡Franco! Caudillo de España
Fotos
52 x 39 cm
San Sebastián, 1939
Biblioteca Nacional, Madrid

[CAT. 275 p. 217] G.M., Arriba España
[s.l.] 1939
17 x 51 cm
Biblioteca Nacional, Madrid

[CAT. 276] ¡José Antonio! Fundador de la Falange asesinado por los rojos en Alicante
Fotos
San Sebastián, 1939
52 x 39 cm
Biblioteca Nacional, Madrid

[CAT. 277 p. 252] Levante. Revista de Orientación e Información para los Comisarios de Levante, núm. 1
24,5 x 33,5 cm
España. Ministerio de Cultura. Archivo General de la Guerra Civil Española

[CAT. 278 p. 107] Mi Revista
Vilá
Gouache, lápiz de grafito
38 x 28,5 cm
España. Ministerio de Cultura. Archivo General de la Guerra Civil Española

[CAT. 279 p. 87] El Mono Azul. Hoja Semanal de la Alianza de Intelectuales Antifascistas
Lit. «Arte» Pelayo, 60, Madrid
56,5 x 40 cm
Biblioteca Històrica, Universitat de València

[CAT. 280 p. 152-153] [Portada de] Mujeres Libres: La unidad de los trabajadores es la victoria
Mujeres Libres
Barcelona, 1937
49 x 36 cm
Biblioteca Nacional, Madrid

[CAT. 281 p. 96] Obreros. Acudid al Concurso-Exposición de periódicos murales. Cultura Popular
Emeterio Melendreras
Taller de Dibujo del Sindicato de Bellas Artes, UGT
Lit. Cromo, Madrid
70 x 50 cm
España. Ministerio de Cultura. Archivo General de la Guerra Civil Española

[CAT. 282 p. 234] Por la madre y el hijo por una España mejor
Carlos Sáenz de Tejada
100 x 70 cm
España. Ministerio de Cultura. Archivo General de la Guerra Civil Española

[CAT. 283 p. 262-263] Rusia de Hoy: Revista Mensual Ilustrada: Órgano de los Amigos de la Unión Soviética AUS/Talleres Gráficos de la Sociedad General de Publicaciones E.C.
Barcelona, 1938
35 x 51 cm
Biblioteca Nacional, Madrid

[CAT. 284 p. 143] Tiempos Nuevos. Número extraordinario. 19 de julio 1936-1938. La más alta expresión del pensamiento anarquista
[s.l.] 1938
51 x 38 cm
Biblioteca del Pavelló de la República (Universitat de Barcelona)

[CAT. 285 p. 264] El 8 de marzo jornada internacional de la mujer, aparecerá:«Trabajadoras»: Periódico Quincenal del Partido Comunista de España y del P.S.U. de C.: ¡Camaradas, leed y propagad nuestro periódico!
Comisión Nacional Femenina del Partido Comunista de España
[s.l.] 1938
44 x 27 cm
Biblioteca Nacional, Madrid

[CAT. 286 p. 141] Umbral: Semanario Gráfico en Huecograbado. 16 Páginas. Guerra. Política. Literatura. Cinema. Teatro. Actualidades
Manuel Monleón
63 x 46 cm
Biblioteca Nacional, Madrid

[CAT. 287 p. 224] Vértice. Editada por Falange Española. La Gran Revista Nacional
Falange Española
99,5 x 68,5 cm
España. Ministerio de Cultura. Archivo General de la Guerra Civil Española

[CAT. 288] El Yugo y las Flechas
Lit. Vda. Valverde
Rentería, Guipúzcoa, 1939
93 x 66 cm
Biblioteca Nacional, Madrid

LIBROS Y DOCUMENTACIÓN DE ARCHIVO

[CAT. 289 p. 150] Actividades de la Federación Mujeres Libres, Barcelona: Avant, 1936
18 x 26 cm
Biblioteca del IVAM

[CAT. 290 p. 184-185] [«CAMARADAS: *NORTE*: tal es el título de la importante revista teórica que va a editar mensualmente...»], Impreso de *Norte* anunciando la publicación de la revista, PS Barcelona, C. 1047
27,3 x 21,9 cm
España. Ministerio de Cultura. Archivo General de la Guerra Civil Española

[CAT. 291 p. 126-127] [Carné de periodista. *Mi Revista*. Ilustración de Actualidades. Etheria García «Artay»], PS Barcelona, C. 892

REVISTA DECENAL AL SERVICIO
DE LAS FUERZAS ARMADAS

Director: RAMON CORTADA BATLLE
Agente de Policía
Administrador: JOSE M.ª MARIN LLUÉ

Nueva Belén, 11 (Tibidabo)
BARCELONA

Barcelona, 3 Junio 1938

D. Angel Samblacat
Ciudad

Distinguido señor:

Este Consejo de Revista se complace en remitir a Vd. los números aperecidos hasta la fecha de la revista »NUEVO ORDEN».

Sabemos que Vd. apreciará en su justo valor esta publicación, viendo en ella más que una obra perfecta, un propósito de llevar a cabo,algo,cuya falta todos sentimos dentro de los Cuerpos de Orden Público, esperando que con el tiempo, llegue a ser una verdadera revista científica.

Estamos convencidos que la Policia moderna, no puede estar al margen de los más grandes é interesantes problemas que la Sociedad tiene planteados, y que la orientación en ellos debe venir precisamente de aquellas inteligencias de una cultura reconocida y de una moral probada.

Vd. como hombre que siente la causa del pueblo, y como figura de relieve en el ambiente intelectual, creo que recibirá con agrado la invitación que con ésta le hacemos de contribuir con sus enseñanzas por medio de sus artículos, a realizar una publicación digna del Cuerpo de Seguridad, Carabineros, Policia y Orden público en general.

Por lo que le estaremos agradecidos, particularmente este Consejo de revista, y en general las fuerzas citadas.

Pendiente de su contestación, aprovechamos esta oportunidad para ofrecernos a Vd. incondicionalmente.

POR LA DIRECCION.

"NUEVO ORDEN" REVISTA - Al servicio de las Fuerzas Armadas -
DIRECCIÓN

[CAT. 292]

10 x 14,1 cm
España. Ministerio de Cultura. Archivo General de la Guerra Civil Española

[CAT. 292 p. 310] [Carta a Ángel Samblacat de la Dirección de *Nuevo Orden*], PS Barcelona, C. 892. Barcelona (3 de junio de 1938)
18,5 x 21,6 cm
España. Ministerio de Cultura. Archivo General de la Guerra Civil Española

[CAT. 293 p. 222] [Carta a Ridruejo (21-9-37) de Javier de Salas sobre Pedro Pruna], Dionisio Ridruejo 4/25 (14)
23,2 x 17,8 cm
España. Ministerio de Cultura. Archivo General de la Guerra Civil Española

[CAT. 294 p. 223] [Carta a Ridruejo (7-10-37) de Javier de Salas sobre Pedro Pruna], Dionisio Ridruejo 4/25 (15). San Sebastián
21,6 x 11,7 cm
España. Ministerio de Cultura. Archivo General de la Guerra Civil Española

[CAT. 295 p. 156] [Carta a *Umbral* del director de *Revolución* (5-7-37) sobre la suspensión temporal de la revista y su posible colaboración con *Umbral*], PS Madrid, Caja 150, Legajo 1505/2, fol. 376
16 x 21,5 cm
España. Ministerio de Cultura. Archivo General de la Guerra Civil Española

[CAT. 296 p. 313] [Carta al director de *Tierra, Mar y Aire* (de la Hemeroteca del Archivo-

Biblioteca Municipal de Valencia)], PS Barcelona, C. 1384, fol. 404. Valencia (5 de julio de 1937), Hemeroteca del Archivo-Biblioteca Municipal de Valencia
16,2 x 22,7 cm
España. Ministerio de Cultura. Archivo General de la Guerra Civil Española

[CAT. 297 p. 140] [Carta de Joaquín Fernández Vega (6 de mayo de 1937) a *Umbral*], PS Madrid, Caja 150, Legajo 1505/1, fol. 373
28 x 21,5 cm
España. Ministerio de Cultura. Archivo General de la Guerra Civil Española

[CAT. 298 p. 213] [Carta de Pedro Laín (25-10-37) sobre *FE*], Dionisio Ridruejo 4/25 (17)
27 x 21,3 cm
España. Ministerio de Cultura. Archivo General de la Guerra Civil Española

[CAT. 299 p. 221] [Carta de Pedro Pérez Clotet (Jerez de la Frontera, 10 de mayo de 1938)] Dionisio Ridruejo 5/1 (45)
23 x 16,8 cm
España. Ministerio de Cultura. Archivo General de la Guerra Civil Española

[CAT. 300 p. 191] Comissariat de Propaganda, Álbum 15, pág. 5 (fotos núms. 2304-2307)
29, 5 x 23 cm
Fondo Generalitat de Catalunya (Segona República) de l'Arxiu Nacional de Catalunya

[CAT. 301 p. 190] Comissariat de Propaganda, Álbum 3, pág. 55 (fotos núms. 1966-1973)
29,5 x 23 cm
Fondo Generalitat de Catalunya (Segona República) de l'Arxiu Nacional de Catalunya

[CAT. 302 p. 192] Comissariat de Propaganda, Álbum 7, pág. 8 (fotos núms. 5327-5334)
29,5 x 23 cm
Fondo Generalitat de Catalunya (Segona República) de l'Arxiu Nacional de Catalunya

[CAT. 303 p. 193] Comissariat de Propaganda, Álbum 7, pág. 9 (fotos núms. 5335-5342)
29,5 x 23 cm
Fondo Generalitat de Catalunya (Segona República) de l'Arxiu Nacional de Catalunya

[CAT. 304] Los Dibujantes Soldados, Cuadernos del Frente, v.3 (Subcomisariado de Agitación, Prensa y Propaganda del Comisariado General de Guerra, ca. 1937)
17 x 12 cm
Biblioteca Nacional, Madrid

[CAT. 305 pp. 88-89] [Distribución de *El Mono Azul*], Fotografía sin título, ca. 1937
29,5 x 22 cm
Cortesía de la Frances Loeb Library, Harvard Design School

[CAT. 306 p. 92] [Documento 18: (María Alameda, 17 mayo 1937) sobre adquisición de materiales para el periódico mural para la 32 Brigada, 1 Batallón, 4 Compañía], PS Madrid. Caja 83, Legajo 1050
25 x 21 cm
España. Ministerio de Cultura. Archivo General de la Guerra Civil Española

[CAT. 307] Exposición de Documentos del 5.º Regimiento, Catálogo (Madrid: 5.º Regimiento, s.f.) Portada
24 x 35 cm
Biblioteca Nacional, Madrid

[CAT. 308] Exposición de Documentos del 5.º Regimiento, Catálogo (Madrid: 5.º Regimiento, s.f.) Página interior: Periódico Mural
24 x 35 cm
Fundación Pablo Iglesias (Archivo y Biblioteca), Alcalá de Henares

[CAT. 309 p. 214] Forjadores de Imperio. Portafolio de grabados: Jalón Ángel
Cubierta y retrato del Caudillo
38 cm
Biblioteca del Pavelló de la República (Universitat de Barcelona)

[CAT. 310 p. 254] El fruto del trabajo del labrador es tan sagrado para todos como el salario que recibe el obrero (Ministerio de Agricultura)
Portada: Josep Renau
18,5 x 13 cm

España. Ministerio de Cultura. Archivo General de la Guerra Civil Española

[CAT. 311 p. 245] *Función social del cartel publicitario,* Josep Renau (Valencia: Nueva Cultura, 1937)
23 cm
España. Ministerio de Cultura. Archivo General de la Guerra Civil Española

[CAT. 312 p. 232-233] Hermandad de la ciudad y del campo, Sección Femenina
Colección de 11 tarjetas postales de J. Compte
9 x 14 cm (cada una)
Biblioteca Nacional, Madrid

[CAT. 313 p. 108] [«Jamás en la Historia, asumió la prensa una tan importante misión...»], Dr. Félix Martí Ibáñez, 19 de diciembre de 1936, PS Barcelona, C. 1069, fol. 5044
22 x 15 cm
España. Ministerio de Cultura. Archivo General de la Guerra Civil Española

[CAT. 314 p. 198] El més petit de tots. Lola Anglada Barcelona: Comissariat de Propaganda de la Generalitat, 1937
19 cm
Biblioteca del IVAM

[CAT. 315 p. 150] Mujeres Libres. Cómo organizar una agrupación, ¿1937?
22 x 16 cm
Archivo Gráfico José Huguet

[CAT. 316 p. 255] Nadie está autorizado para saquear campos y pueblos (¿1937?)
Portada: Josep Renau
18,8 x 13,8 cm
España. Ministerio de Cultura. Archivo General de la Guerra Civil Española

[CAT. 317 p. 74] Periódicos del frente, Ediciones Españolas, 1937
26 x 17,5 cm
Colección privada, Barcelona

[CAT. 318 p. 75] Propaganda y cultura en los frentes de guerra. Valencia: Ministerio de la Guerra. Comisariado General de Guerra, 1937
17,8 x 25,3 cm
Biblioteca Nacional, Madrid

[CAT. 319 p. 215] [Folleto de publicidad, Jalón Ángel]
16,5 x 22,9 cm
Colección Miriam Basilio

[CAT. 320] 5.º Cuerpo de Ejército. Estampas de la guerra
Portada
18,5 x 15 cm
Archivo Gráfico José Huguet

[CAT. 321] 5.º Cuerpo de Ejército. Estampas de la guerra
Página interior: Mapa y retrato de Franco
18,5 x 15 cm
Museo Nacional Centro de Arte Reina Sofía. Biblioteca

[CAT. 322 p. 98] Robert Capa, Barcelona, agosto, 1936 , AD 693 121/010
Mancha: 37,2 x 30,5 cm
Soporte: 49,7 x 40,2 cm
Museo Nacional Centro de Arte Reina Sofía. Biblioteca

[CAT. 323 pp. 94-95] [«Wall-Paper Score Chart»], ALBA #68, b.3, f.4
Abraham Lincoln Brigade Archives, Tamiment Library, New York University

Valencia 5 de julio de 1937.

Camarada Director de TIERRA, MAR Y AIRE
C I U D A D

La Hemeroteca del Archivo-Biblioteca Municipal de esta Ciudad, realiza en estos momentos la interesante labor de coleccionar todos los periódicos que se editan en la actualidad en el País Vàlenciano y que en su día constituirán la verdadera historia de los interesantes momentos que vivimos.

Este Archivo necesita de su colaboración y le pide encarecidamente le remita su publicación (una de las pocas que no llegan a este Centro) y todos los números publicados hasta la fecha y así contribuirá a culminar con éxito este loable propósito nuestro.

Muchas gracias, salud y República

[CAT. 296]

BIBLIOGRAFÍA SELECTA

JORDANA MENDELSON

CARMEN RIPOLLÉS

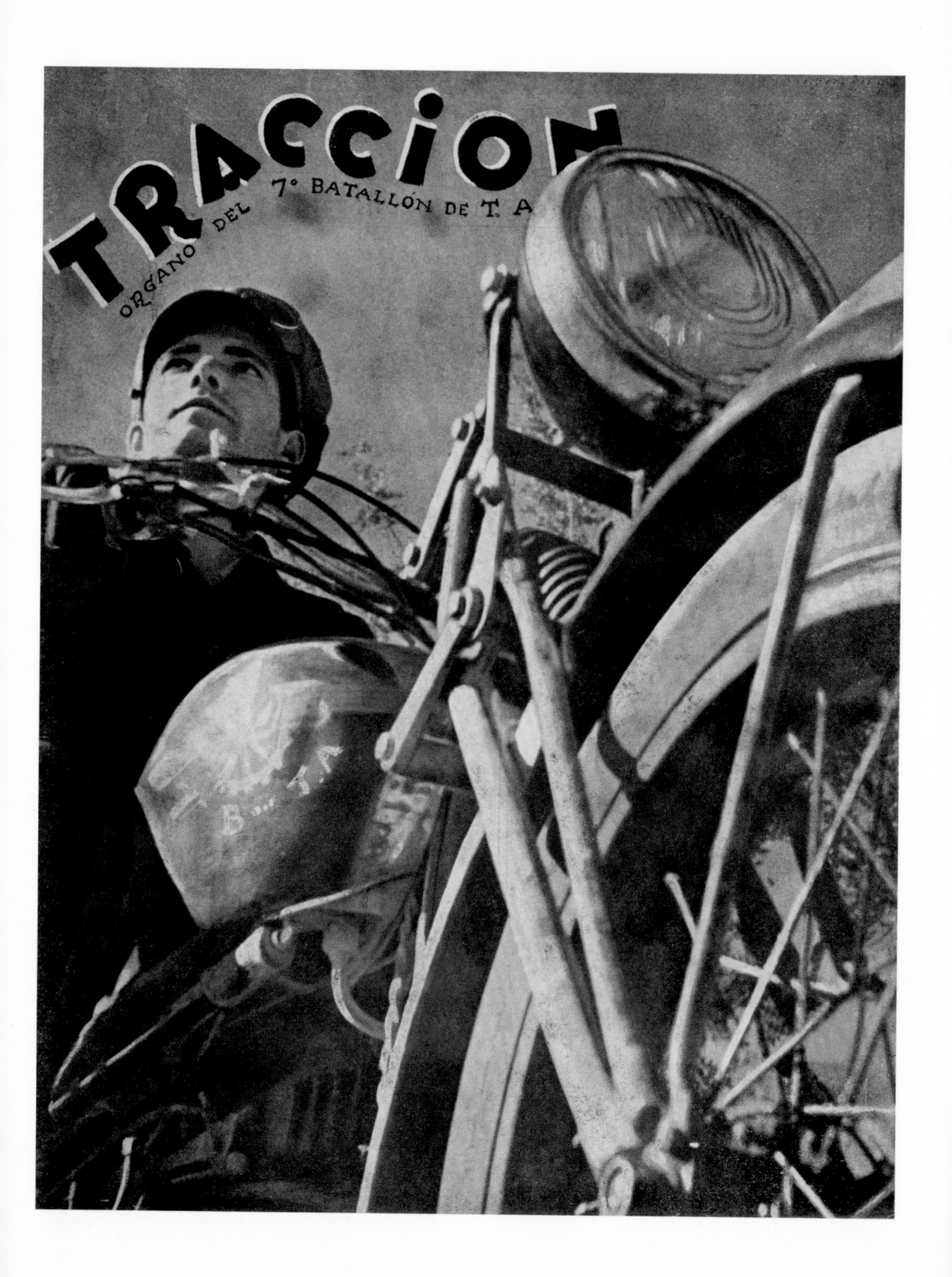

[CAT. 217] *Tracción*. Portada Foto Domingo. Número extraordinario, enero 1939

FUENTES PRIMARIAS

A.A. «Autocrítica. Periódicos murales.» *Al Ataque* 26 (9 agosto 1937): 6.

«A nuestros lectores.» *Vértice* 1 (abril 1937): s.p.

«Agit Prop.» *Nuestras Tareas. Boletín Interior del Comité Provincial de Madrid* 26 (8 noviembre 1937): 3.

Antigüedad, Alfredo R. «Fotos cumple hoy 100 números.» (28 enero 1939): 21-22.

«Armas y letras.» *El Obrero Gráfico: Órgano de la Federación Gráfica Española* 95 (septiembre 1938): 1.

Arpi Loza, M. *La utilidad de la prensa en el Ejército Popular depende de su justa orientación.* [s.l.]: Ediciones La Voz del Combatiente, [s.a.].

«El artista en la Revolución.» *Orientaciones: Órgano de la Federación Regional de Sindicatos de la Enseñanza del Centro CNT-FAI* 2 (28 febrero 1937): s.p.

«Artistas galegos coa España leal.» *Nova Galiza* 15 (mayo 1938?): 1-2.

Aubeyzon, Juan. «Los técnicos de la publicidad. Cómo conducir a la multitud.» *Mi Revista* 6 (1 enero 1937): s.p.

Ballesteros, Melitón. «Gutenberg en la civilización.» *50 Brigada* 7 (15 febrero 1938): 2.

Baroja, Pío. «Psicología de las masas.» *Estudios* 160 (enero 1937): 20-21.

Biarca, J. «Arte y delincuencia.» *Nuevo Orden: Revista al Servicio de las Fuerzas Armadas* 4 (junio 1938).

«Los boletines de nuestros batallones.» *Balas Rojas* 16 (10 septiembre 1937): 4.

Calopa, Ramón. «Cultura 'dirigida' o 'la política cultural'.» *Ideas: Portavoz Semanal del Movimiento Libertario de la Comarca del Bajo Llobregat* 23 (10 junio 1937): 3.

—, «*Mirbal* o las publicaciones comunistas para niños.» *Ideas: Portavoz Semanal del Movimiento Libertario de la Comarca del Bajo Llobregat* 30 (11 agosto 1937): 3.

Callicó, Ferran. *L'art i la revolució social: retrats.* Barcelona: Imprenta Industrial, 1936.

Cano, Manuel. «La propaganda en la pau i en la guerra.» *Moments* 9 (1938): 6-7.

Cardona, Leopoldo. «El arte y la revolución.» *Metalurgia* 1 (noviembre 1937): s.p.

Carnelli, María Luisa. «Una rotativa adquirida céntimo a céntimo.» *Blanco y Negro* 4 (junio 1938): s.p.

Carrasco de la Rubia. «Las otras armas: El lápiz: Les.» *Umbral* 15 (23 octubre 1937): 13.

Carreño, Francisco. «Los artistas en la guerra. Eduardo Vicente, pintor de Madrid.» *Comisario. Revista para los comisarios* 3 (noviembre 1938): 53-56.

—, «La consigna nacional: Carteles y dibujos de guerra.» *Comisario. Revista para los comisarios* 1 (septiembre 1938): 49-56.

—, «Qué es y cómo se hace un periódico mural.» *Comisario* 2 (octubre 1938): 51-54.

Carreño, José. «Consejería de Propaganda y Prensa.» *Boletín Oficial de la Junta de Defensa de Madrid* 1 (17 diciembre 1936): 1-2.

Català-Pic, Pere. «Estructuració d'una nova propaganda.» *Nova Iberia* 1 (enero 1937): s.p.

—, «La fotografia i els bells magazines.» *Mirador* 313 (14 febrero 1937): 7.

—, «Fotografía publicitaria,» *Mirador* 196 (1932): s.p.

—, «La publicitat és un element de progrés.» *Publi-Graf: Portantveu de Publi-Club* 1 (junio 1934): 11-12.

—, «Tècnica de la fotografia publicitària.» *Butlletí del Seminari de Publicitat* 3 (noviembre 1933): 59-60.

Cochet, Gustavo. «A los artistas.» *Ideas: Portavoz Semanal del Movimiento Libertario de la Comarca del Bajo Llobregat* 6 (4 febrero 1937): 5.

«Los comisarios y su revista.» *Comisario. Revista para los comisarios* 4 (diciembre 1938): 26.

«Cómo hacer un periódico mural en el frente: sugestiones.» *El Comisario* 12 (22 febrero 1937): 21-23.

«Cómo mejorar nuestro trabajo de agit prop.» *Nuestras Tareas* 42 (2 mayo 1938): 4.

«Con Santiago Estecha, Secretario de Propaganda de la J.I.R. de Madrid.» *Nueva República* 8 (22 enero 1937): s.p.

«La Consejería de Propaganda y Prensa.» *Nueva República* 8 (22 enero 1937): 2-3.

Corbi, Juan. «El arte en nuestra brigada. Los soldados de la República se capacitan.» *Balas Rojas* 19 (20 noviembre 1937): 2.

Córdoba, Juan de. *Estampas y reportajes de retaguardia.* Sevilla: Ediciones Españolas, 1939.

«La cultura en la lucha.» *Libre-Studio. Revista de Acción Cultural al Servicio de la C.N.T.* 12 (noviembre 1938): 1.

«La cultura es también un parapeto contra el fascismo.» *Avanzando. Órgano de la 41ª Brigada Mixta* 6 (15 mayo 1937): s.p.

Day, Hem. «El arte y el pueblo.» *Tiempos Nuevos* 5-6 (mayo-junio 1937): s.p.

«De interés para las Artes Gráficas.» *Gaceta de las Artes Gráficas* 7 (julio 1937): 10.

Los dibujantes en la guerra de España. Madrid: Ediciones Españolas, 1937.

Los dibujantes soldados. 3r cuaderno. Cuadernos del frente. [s.l.]: Publicaciones del Subcomisariado de Agitación, Prensa y Propaganda del Comisariado General de Guerra, [s.a.].

«Editorial.» *Ímpetu* núm. extraordinario (1 enero 1939): 3.

Emilio. «Una nueva reivindicación para las muchachas. La incorporación de la mujer a los puestos que los hombres dejarán vacantes.» *Ahora: Diario de la Juventud* 249 (10 octubre 1937): 3-4.

«En torno de la Industria Nacional del Papel.» *Gaceta de las Artes Gráficas* 7 (julio 1937): 10-11.

«Encuesta de *Mi revista*. ¿Qué es lo que le agrada de *Mi revista*, qué sobra o le falta? ¿Qué temas prefiere que contenga una revista ilustrada?» *Mi Revista* 2.14 (1 mayo 1937); 2.15 (15 mayo 1937); 2.16 (1 junio 1937); 2.17 (15 junio 1937).

Eroles, Emili. «El llibre, una altra eina de combat.» *Catalans! El Magazine Popular* 12 (10 junio 1938): 2, 16-17.

«Escuela profesional de Artes Gráficas de Valencia.» *Galería Gráfica. Revista bimestral de Artes Gráficas* 5 (enero-febrero 1932): 6-8.

Espinar, Jaime. «La cultura, patrimonio del pueblo. Al habla con el ministro de Instrucción Pública.» *Umbral* 46 (1 octubre 1938): 4.

Estevanchu. «El periódico mural.» *C* 2 (15 marzo 1937): 14.

—, «De la técnica del cartel.» *C* 1 (20 febrero 1937): 20-21.

«Una exposición de arte.» *Umbral* 22 (15 enero 1938): s.p.

«La Exposición Nacional que *Mujeres Libres* ha celebrado en Barcelona sintetiza las actividades de todas nuestras agrupaciones y el esfuerzo de cada una de nuestras compañeras.» *Mujeres Libres* 13 (otoño 1938): s.p.

«La federación nacional *Mujeres Libres*.» *Ilustración Ibérica* 2 (marzo 1938): s.p.

«Fémina y el cuarto poder. Las mujeres que actúan en el periodismo madrileño.» *Blanco y Negro* 10 (1 septiembre 1938): s.p.

Fer, Joan. «Cómo se salva un tesoro periodístico. La Hemeroteca Municipal frente a los obuses.» *Blanco y Negro* 7 (julio 1938): s.p.

Flor, Roger de. «Taller de dibujo del III Cuerpo de Ejército.» *Fuego* 16 (17 agosto 1937): 4-5.

Fornet, E. «Cultura Popular trae a Valencia los periódicos murales de Madrid.» *Ayuda* 99(31 julio 1938): 5.

«Fotos en Santander,» *Fotos* 28 (1 septiembre 1937): s.p.

Franco y la cultura: labor del Estado español (1939-1947). Madrid: Oficina de Información Española, 1947.

Funosas, Antonio. «La publicidad española en el extranjero.» *Mi Revista* 5 (15 diciembre 1936): s.p.

Fusté, Jaime. «El periódico mural.» *Tracción. Órgano del 7° Batallón del Transporte Automóvil* núm. extraordinario (enero 1939): s.p.

Galerón Egaña, A. «Cultura popular al servicio del pueblo español.» *Blanco y Negro* 11 (15 septiembre 1938): s.p.

Gallego, «La juventud, en la calle. Murales y consignas fortaleciendo Madrid.» *Ahora: Diario de la Juventud* 302 (10 diciembre 1937): 5.

—, «Un arma joven, callada y eficaz de nuestro ejército... La Comisión de Trabajo Social.» *Ahora: Diario de la Juventud* 276 (10 noviembre 1937): 5.

Gasch, Sebastià. «La jove pintura catalana: Joan Junyer.» *Meridià* 9 (11 marzo 1934): 4.

Giménez Caballero, Ernesto. «Jerarquía.» *Jerarquía* 1 (invierno 1936): 139-141.

—, «El papel en España.» *Gaceta de la Prensa Española* 2 (1 julio 1942): 65-72.

Giralt, Pedro. «El obrero artista.» *Durruti. Portavoz del Cuartel* 5 (20 febrero 1937): 3.

Gómez, Helios. «Xilógrafos de Moscou.» *Mi Revista* 35 (20 febrero 1938): s.p.

Gómez, M. «La prensa de las Unidades.» *El Comisario* 21 (13 mayo 1937): s.p.

Goya, Luis de. «Anuncios de periódicos.» *Umbral* 21 (8 enero 1938): 11.

«Guía del miliciano de la cultura: Periódicos murales.» *Fusil y Libro. Semanario y Órgano de las Milicias de la Cultura de la 31 División* 13 (15 febrero 1938): s.p.

Gutiérrez Solana, José. «El Arte y la Revolución.» *Tiempos Nuevos* 1 (1 enero 1937): 19.

«Ha quedado constituida la Federación Nacional de la Industria del Papel y de las Artes Gráficas.» *Gaceta de las Artes Gráficas* 15 (1 septiembre 1937): 3.

«¡Ha salido Y!» *Fotos* 55 (12 marzo 1938): 14-15.
«La importància de la propaganda: la lluita per tal de donar a conéixer la veritat sobre Espanya.» *Moments* (octubre-noviembre 1937): 50-54.

«La imprenta de *Ímpetu*.» *Ímpetu* núm. extraordinario (1 enero 1939): 48.

«Industria y Arte.» *Hoy. Edificación, Madera y Decoración* 2 (1 diciembre 1937): 19.

«Influència.» *Radio-Publicitat* 2.24 (30 diciembre 1936): s.p.

Isla (Cádiz & Jerez, 1932-1940). Ed. facsímil. Cádiz: Renacimiento, 2006.

Jaes. «Carmona. Pintor y dibujante de hoy.» *Umbral* 25 (5 febrero 1938): 10.

—, «Dibujos de tallista: Lobo.» *Umbral* 24 (29 enero 1938): 14.

—, «Las otras armas: el fotomontaje: Monleón.» *Umbral* 8 (4 septiembre 1937): 12.

—, «Las otras armas: el lápiz: Bagaria.» *Umbral* 26 (12 febrero 1938): 14.

—, «Las otras armas: el lápiz: Bluff.» *Umbral* 13 (9 octubre 1937): 14.

—, «Las otras armas: el lápiz: Carnicero.» *Umbral* 14 (16 octubre 1937): 14.

—, «Las otras armas: el lápiz: Castelao.» *Umbral* 10 (11 septiembre 1937): 14.

—, «Las otras armas: el lápiz: Gallo.» *Umbral* 8 (28 agosto 1937): 7.

—, «Las otras armas: el lápiz: Rivero Gil.» *Umbral* 16 (30 octubre 1937): 14.

—, «Las otras armas: pintura: Ángel Planells.» *Umbral* 27 (29 febrero 1938): 13.

—, «Las otras armas: pintura: J. Borrás Casanova.» *Umbral* 22 (15 enero 1938): 14.

—, «Los pintores en la revolución: Aurelio Ibaseia.» *Umbral* 20 (4 diciembre 1937): 12.

Jiménez Calderón. «Una industria socializada. Los gráficos.» *Revolución. Semanario de la Federación Local de Juventudes Libertarias de Madrid* 10 (9 junio 1937): s.p.

Jotagea. «Tareas anónimas de la retaguardia: Los fotógrafos de la prensa.» *Alianza* 30 (11 mayo 1937): 2.

—, «Tareas anónimas de la retaguardia: Los dibujantes y la prensa.» *Alianza* 23 (23 mayo 1937): 2.

«La labor de *Cultura Popular*.» *Milicia Popular* 45 (16 septiembre 1936): 2.

Laín Entralgo, Pedro. «Meditación apasionada sobre el estilo de la Falange.» *Jerarquía: La Revista Negra de la Falange*. 2 (1937): 164-169.

Lescar, Ángel, «Les». «Dibujantes de Uniforme.» *Suplemento de Tierra y Libertad* 13 (agosto 1933): 289-292.

«*Libre-Studio* presenta la composición de Borrás Casanova en sus creaciones de pintura.» *Umbral* 32 (23 abril 1938): 12.

Llácer, Manuel. «El arma de la propaganda en la defensa de Madrid.» *Comisario. Revista para los comisarios* 3: 57-60.

M. «Los periódicos del frente. Una opinión acerca de ellos.» *El Comisario* 13 (25 febrero 1937): 42.

*Madrid: Comisariado del Grupo de Ejércitos de la Zona Central (*1938-1939*)*. Ed. facsímil. Mérida: Editora Regional de Extremadura, 2003.

«El magnífico periódico mural del Batallón de Hierro, hecho con recortes de artículos, caricaturas y fotografías tomadas de los diarios y las revistas.» *Crónica* 362 (18 octubre 1936): 8.

Mambrilla, Antonio Esteban. «Las otras armas: El lápiz: Franklin.» *Umbral* 2 (25 septiembre 1937): 14.

Martí Ibáñez, Félix. «Por un arte revolucionario.» *Tiempos Nuevos* 9 (1 diciembre 1936): 436-437.

Mas de la Riba, C. «Actuació del Comissariat de Propaganda.» *Moments* 4 (mayo 1937): 39-40.

Mateos, Francisco. «Por una pintura de ideas.» *Blanco y Negro* 18-19 (enero 1939): 64-65.

Melguizo Puente, Bienvenido. «¿Qué es el periódico mural?» *Centro* 1 (octubre 1938): 10-11.
Milicia Popular (Madrid: Prensa Española, 1936-1937*)*. Ed. facsímil. Barcelona: Hacer, 1977.

«*Milicia Popular* llega a las últimas avanzadillas para informar y orientar a los milicianos.» *Milicia Popular* 73 (18 octubre 1936): s.p.

«Milicias de la Cultura.» *Independencia: Órgano de la* 18 *División* 2 (30 junio 1937): 13.

Millán, Carlos. «Qué opinas sobre el periódico mural?» *¡¡En Guardia!! Boletín de la* 34 *Brigada:* 3ª *División* 3 (10 mayo 1937): 10.

Mille, Fernando de la. «Figuras de ahora: J. Miravitlles, animador taumatúrgico de la Comisaría de Propaganda de Cataluña.» *Mi Revista* 9 (15 febrero 1937): s.p.

«Misión del arte.» *Semáforo* 10 (31 marzo 1937): s.p.

«Misión del arte en el momento revolucionario.» *Juventudes Libres: Semanario Juvenil Anarquista* 2 (20 agosto 1936): 3.

Moreno, Juan José. «Lo que el Ateneo de Madrid ha dado a la guerra.» *Ayuda* 47 (20 mayo 1937): s.p.

«¡Muchachas!» *Ahora: Diario de la Juventud* 251 (13 octubre 1937): contraportada.

Muñoz Chápuli, Ernesto. «La prensa en el ejército.» *Tierra, Mar y Aire* 4 (10 septiembre 1937): 17.

Nash, Everett. «Propaganda at the Front.» *Spain* 7 (15 enero 1938): s.p.

Navarro, Tomás, T. «Los archivos y bibliotecas españoles durante la guerra.» *La Voz de Madrid* 8 (3 septiembre 1938): 1.

Noja Ruiz, H. «El arte revolucionario de Borrás Casanova.» *Libre Studio* 2 (enero 1937): s.p.

«Normas para la confección de un periódico mural.» *Alambrada. Boletín Quincenal del XII Batallón de Zapadores Minadores* 3 (noviembre 1938): 29-30.

«Nuestra Encuesta.» *El Comisario* 34 (11 septiembre 1937): s.p.

«Nuestra propaganda. Taller artístico.» *Fuego* 6: 3.

«Nuestro 'mural': la gran batalla contra la incultura.» *Balas Rojas: Portavoz de la* 75 *Brigada* 2 (8 julio 1937): 4-5.

«Nuestros artistas.» *Orientaciones: Órgano de la Federación Regional de Sindicatos de la Enseñanza del Centro CNT-FAI* 11-12 (2 mayo 1937): 8-9.

«Nuestros compañeros del arte tipográfico, dignos colaboradores de nuestra revista.» *Acero (Cultura, Arte, Literatura, Ciencia, Sociología, Técnica)* 1 (enero-febrero 1938): 10.

«Nuestros murales en homenaje a la URSS.» *Cumbres: Órgano del Batallón de Montaña* 6 (noviembre 1937): 7.

«Nuestros periódicos murales.» *Valor: Órgano de la 4 División* 4 (15 marzo 1937): 4.

Nueva Galicia (1937-1938). Ed. facsímil. Sada, A Coruña: Ediciós do Castro, 1997: 13-35.

«La nueva prensa revolucionaria.» *Gaceta de las Artes Gráficas* 9 (1 abril 1937): 5-6.

«Nuevas publicaciones en Cataluña.» *Gaceta de las Artes Gráficas* 5 (mayo 1937): 11.

«L'obra cultural de les nostres col·lectivitats.» *Moments* (junio 1937): 23-24.

«La ofensiva del arte ibérico.» *Libertad: Semanario del Frente, División «D» Cuenca* 2 (15 junio 1937): 4.

Olivares, Miguel. «El arte y la revolución.» *Ideas. Portavoz Semanal del Movimiento Libertario de la Comarca del Bajo Llobregat* 18 (29 abril 1937): 6.

Oller, Juan. «Los presupuestos en las artes gráficas.» *Gaceta de las Artes Gráficas* 7 (noviembre 1936): 5-6.

Oursler, Fulton. «The Popular Magazine and Human Relations.» *The Public Opinion Quarterly* 2.1 (enero 1938): 71-73.

Palencia, Alonso de. «Kemer, el pintor que vive la guerra con sus pinceles.» *Fotos* (17 diciembre 1938): 13-14.

Paredes, Juan. «La exposición del 5° Regimiento.» *Milicia Popular* 169 (26 enero 1937): s.p.

Parra, Manuel de. «Prensa y propaganda agrícolas.» *Colectivismo* 9 (15 marzo 1938): s.p.

Pascual, Ángel María. «Tipografía y virtud de los oficios.» *Jerarquía* 2 (1937): 170-177.

Pérez de Urbel, Fray Justo. «Nacimiento y buena historia de la revista *Flechas y Pelayos*.» *Gaceta de la Prensa Española* 17 (octubre 1943): 259-262.

«El periódico mural, portavoz gráfico de nuestro ejército popular.» *Acero* 1 (12 mayo 1937): s.p.

«Los periódicos de los frentes. Una opinión acerca de ellos.» *El Comisario* 13 (25 febrero 1937): 42-45.

«Periódicos murales.» *ABC. Diario Republicano de Izquierdas* 27 enero 1937: 16.

«Los periódicos murales del S.E.U.» *Gaceta de la Prensa Española* 6 (1 noviembre 1942): 369-376.

«A los pintores y dibujantes antifascistas.» *Milicia Popular* 23 (21 agosto 1936): 5.

Piñuela, Fernando. «¡Propaganda!» *Boletín de Información Político-Social* 7 (22 junio 1938): 1-2.

«Por una revista gráfica popular.» *Gaceta de las Artes Gráficas* 2 (25 noviembre 1936): 8.

Prat, José. «La propaganda de partido y la propaganda de Estado.» *Norte. Revista Teórica Socialista* 1 (agosto 1938): 28-29.

Prat Gaballí, Pedro. *Publicidad combativa*. Barcelona: Labor, 1953.

—, *Publicidad racional*. Barcelona: Labor, 1934.

—, *Propaganda y opinión pública: la reeducación de las masas*. Discurso inaugural del C.P.B. el 16 de octubre de 1950. Barcelona: Círculo Publicitario de Barcelona, 1951.

«La prensa de las Brigadas.» *El Comisario* 20 (6 mayo 1937): 176-178.

«La prensa en el frente.» *Milicia Popular* 21 (19 agosto 1936): 6.

«Prensa militar.» *Comisario. Revista para los comisarios* 1 (septiembre 1938): 61-62.

«La prensa y la escasez de papel.» *Gaceta de las Artes Gráficas* 1 (10 noviembre 1936): 8.

Primo de Rivera, Pilar. «Historia de la Sección Femenina.» *Y* 3 (abril 1938): 25-26.

«La profesional de Bellas Artes.» *F.U.E.* 2 (15 julio 1937): 4-5.

«Propaganda y prensa.» *Organización: Boletín de Orientación del Comité Provincial del SRI* 8 (junio 1938): s.p.

«Propósito.» *Ímpetu: Revista de Carabineros* 1 (1 noviembre 1937): 3.

«Propósitos. Editorial, revista, biblioteca *NOSOTROS*.» *Nosotros. Revista Mensual Anarquista* 1 (octubre 1937): 37-40.

«Publicaciones.» *Gaceta de las Artes Gráficas* 4 (25 diciembre 1936): 7.

«Lo que es y puede ser nuestro periódico.» *Madrid: Órgano del Grupo de Instrucción de Transmisiones* núm. extraordinario (1 mayo 1937): 6-7.

«El 5.º Regimiento se funde con el Ejército Popular. Una exposición-recuerdo.» *ABC. Diario Republicano de Izquierdas* 26 enero 1937: 8.

R.M.G. «El Altavoz del Frente y la considerable labor de propaganda que está realizando.» *Crónica* 362 (18 octubre 1936): 10.

—, «La Alianza de Intelectuales Antifascistas para la Defensa de la Cultura.» *Crónica* 364 (1 noviembre 1936): 2.

—, «Cómo se ha improvisado en muy pocos días el 5.º Regimiento de las Milicias Populares, formado por más de ocho mil hombres.» *Crónica* 351 (2 agosto 1936): 10-11.

Renau, Josep. *La batalla per una nova cultura*. Valencia: Eliseu Climent, 1978.

—, «Contestación a Ramón Gaya.» *Hora de España* 2 (febrero 1937): s.p.

—, «Entre la vida y la muerte.» *La Vanguardia. Suplemento de Arte y Arqueología* 16 (febrero 1938): s.p.

—, «Función social del cartel publicitario.» *Nueva Cultura: Información, crítica y orientación intelectual* 2 (abril 1937): 6-9.

—, «Función social del cartel publicitario. II. Hacia un nuevo realismo.» *Nueva Cultura: Información, crítica y orientación intelectual* 3 (mayo 1937): 6-11.

—, *Función social del cartel publicitario*. Valencia: Nueva Cultura, 1937.

«El reparto de *Milicia Popular*.» *Milicia Popular* 41 (11 septiembre 1936): 6.

República de les Lletres (CD) Quaderns de Literatura, Art i Politica 1937-1938: Números 1 al 8: València 1934-1936. Valencia: Faximil Edicions Digitals.

«La revista infantil *Chicos*.» *Gaceta de la Prensa Española* 19 (diciembre de 1943): 389-392.

Río Cisneros, Agustín del. «La prensa nacionalsindicalista.» *Gaceta de la Prensa Española* 3 (1 agosto 1942): 131-142.

Roger, Martí. «L'art al servei del poble.» *Moments* 11 (1938): 22-23.

Romero-Marchent, J. «El impulso y la nueva prensa.» *Radio y Cinema* 12 (1939?): s.p.

—, «La nacionalización de la publicidad.» *Radio y Cinema* 13 (1939?): s.p.

[R]oure [T]orent, [J]osep. «Les edicions del Comissariat de Propaganda de la Generalitat.» *Mirador* 417 (22 abril 1937): 7, 11.

Russell, Bertrand, «De la propaganda.» *Estudios: Revista Ecléctica* 156 (septiembre 1936): 48.

Salaverría, José María. «The New Propaganda.» *Spain* 4.3 (15 mayo 1939): 17.

«Saludo.» *Norte* 1 (agosto 1938): 1.

Salva, R. «Consideraciones sobre arte.» *Ilustración Ibérica* 1 (febrero 1938): s.p.

Sánchez Saornil, Lucía. «Se lee mucho más que antes de la guerra.» *Umbral* 4 (31 julio 1937): 8-9.

Sánchez Villa, M. «El arte en las trincheras.» *50 Brigada* 25 (21 agosto 1937): 3.

Sanchis, Ramón de. «Estampas de Barcelona en barbarie: El comisario de Prensa y Propaganda de la Generalidad.» *Fotos: Semanario Gráfico de Reportajes* 9 (24 abril 1937): s.p.

Sarto, Juan del. «La trágica decoración de las calles madrileñas. Carteles de propaganda bélica y manchas de sangre renegrida.» *Mi Revista* 16 (1 julio 1937): s.p.

«Secretaría de Trabajo Colectivo. Informe que la ponencia designada en cumplimiento del acuerdo recaído en la Asamblea General del día 16 de agosto sometió a la celebrada el día 18 de octubre.» *Artes Gráficas* 1 (10 noviembre 1936): 3.

«El Servicio de Información Popular. Una magnífica labor de propaganda y de cultura en los pueblos de España.» *Blanco y Negro* 17 (15 diciembre 1938): 14-15, 28.

Soler, Juan M. «La Comisaría de Propaganda de la Generalidad.» *Mi Revista* (1 mayo 1937): s.p.

Subcomisariado de Propaganda del Comisariado General de Guerra. *Propaganda y Cultura en los Frentes de Guerra.* Valencia: Ministerio de la Guerra: Comisariado General de Guerra, 1937.

Tejada, Aníbal, «El periódico mural.» *Balas Rojas: Portavoz de la 75 Brigada* 6 (10 mayo 1937): 3.

«Temps Moderns?... Procediments Moderns!!» *Radio-Publicitat* 27 (31 marzo 1937): s.p.

«Els treballadors intel·lectuals al costat dels manuals.» *Treball* 16 (8 agosto 1936): 3.

«Los 13 puntos, síntesis admirable de los anhelos de España.» *Ímpetu: Revista de Carabineros* núm. extraordinario (1 enero 1939): 17-20.

30 *caricaturas de guerra.* Madrid: Ministerio de Propaganda de la República Española, 1937.

«Un periódico que se hace en los frentes.» *ABC. Diario Republicano de Izquierdas.* 21 octubre 1936: 16.

«Unas palabras del comisario Miravitlles.» *Boletín de Información Religiosa* 9 (julio 1937): s.p.

Velasco. «Un artista surgido del pueblo: Gumbau.» *Trinchera. Órgano del 3 Batallón de la 4 Brigada Mixta* 22 (31 julio 1938): 8-9.

«Ventajas de un periódico mural.» *Milicia Popular* 28 (27 agosto 1936): 2.

«What's in a Poster?» *Volunteer for Liberty* 4 (febrero 1938): 4-5.

Work and War in Spain. London: The Press Department of the Spanish Embassy in London, 1938.

FUENTES SECUNDARIAS

Agramunt Lacruz, Francisco. *Arte y represión en la guerra civil española. Artistas en checas, cárceles y campos de concentración.* Salamanca: Junta de Castilla y León; Valencia: Generalitat Valenciana, 2005.

Aguilar Bermúdez, R., P. Martín García y Rosa Cal. «La propaganda franquista en la revista *Fotos.*» *Revista Latina de Comunicación Social* 18 (junio 1999). Ed. José Manuel de Pablos Coello. Universidad de La Laguna,Tenerife. http://www.ull.es/publicaciones/latina/a1999gjn/85cal.htm>

Alonso Rodríguez, Elfidio. «Mi testimonio como director de *ABC* en Madrid (1936-1938).» *Periodismo y periodistas en la guerra civil.* Ed. Jesús Manuel Martínez. Madrid: Fundación Banco Exterior, 1987. 115-154.

Altabella, José. «Una revista popular en el Madrid asediado: *Blanco y Negro* (abril 1938-marzo 1939).» Eds. Carmelo Garitaonandía, José Luis de la Granja y Santiago de Pablo. *Comunicación, cultura y política durante la II República y la Guerra Civil. Tomo II. España (1931-1939).* Servicio Editorial Universidad del País Vasco, [1990]. 280-287.

Alted Vigil, Alicia. *Política del Nuevo Estado sobre el patrimonio cultural y la educación durante la Guerra Civil española.* Madrid: Ministerio de Cultura, 1984.

—, «*Hora de España* versus *Vértice:* ¿una visión contradictoria de la Guerra Civil?» *Comunicación, cultura y política durante la II República y la Guerra Civil: II Encuentro de Historia de la Prensa.* Eds. Manuel Tuñón de Lara, Carmelo Garitaonandía, José Luis de la Granja y Santiago de Pablo. Vol. 2. [Bilbao]: Departamento de Cultura: Diputación Foral de Bizkaia: Servicio Editorial Universidad del País Vasco, [1990]. 261-279.

Álvarez-Casado, Ana Isabel. *Bibliografía artística del franquismo: publicaciones periódicas entre 1936 y 1948.* Madrid: Fundación Universitaria Española, 1999.

Álvarez Lopera, José. «Iconografía de la lucha social en la dictadura y la república: El ámbito socialista.» *Cuadernos de Arte e Iconografía* 2.4 (1989): 212-226.

—, «Arte para una guerra. La actividad artística en la España republicana durante la guerra civil.» *Cuadernos de Arte e Iconografía* 3.5 (1990): 1-46.

—, «Arte para una guerra. La actividad artística en la España republicana durante la guerra civil.» *Cuadernos de Arte e Iconografía* 3.5 (1990): 1-46.

Álvarez Rey, Leandro y Juan Ortiz Villalba. «Falange en Sevilla (1933-1936).» *Los nuevos historiadores ante la guerra civil española*. Granada: Diputación Provincial de Granada, 1990. 187-208.

Amat, Luis María, ed. *Bardasano (1910-1979)*. Madrid: Centro Cultural del Conde Duque: Ayuntamiento de Madrid: Concejalía de Cultura, 1986.

Amo, Julián y Charmion Shelby. *La obra impresa de los intelectuales españoles en América*, 1936-1945. Stanford: Stanford University Press, 1950.

Andrés-Gallego, José. «La muerte de *Pelayos* y el nacimiento de *Flechas y Pelayos* (1938).» *Hispania Sacra* 49.99 (1997): 83-113.

Antonio Molina, César. *Medio siglo de prensa literaria española (1900-1950)*. Madrid: Endymion, 1990.

Arceliano, Santiago. *Carlos Sáenz de Tejada*. Vitoria: Fundación Caja de Ahorros de Vitoria y Álava, 1993.

Arévalo, Just. «*Mi Revista* y *Heraldo de España*, dos revistas 'de combate' aún desconocidas.» *La literatura y cultura del exilio español de 1939 en Francia*. Eds. Alicia Alted Vigil y Manuel Aznar Soler. Salamanca: Aemic-Gexel, 1998. 329-347.

Arias, Alfredo, coord. *Tebeos: los primeros 100 años*. Madrid: Ministerio de Educación y Cultura: Biblioteca Nacional: Anaya, 1996.

Aróstegui, Julio y Jesús A. Martínez. *La Junta de Defensa de Madrid. Noviembre 1936-Abril 1937*. Madrid: Comunidad de Madrid, 1984.

Arte moderno y revistas españolas 1898-1936. Madrid: Museo Nacional Reina Sofía: Ministerio de Educación y Cultura, 1997.

Arte valenciano años 30. Valencia: Consell Valencià de Cultura: Generalitat Valenciana, 1998.

Arte y política en España (1898-1939). Sevilla: Junta de Andalucía, 2002.

Arturo Ballester. Obra gràfica de guerra. Valencia: Galeria Val i Trenta, 1979.

Ascunce, José Ángel. *San Sebastián, capital cultural (1936-1940)*. San Sebastián: Michelena, 1999.

—, «San Sebastián y *Vértice*, sede y expresión ideológico-cultural de la primera época franquista.» *Actas de las III Jornadas de Hispanismo Filosófico*. Ed. Antonio Jiménez García. Santander: Asociación de Hispanismo Filosófico: Fundación Histórica Tavera: Sociedad Menéndez Pelayo, 1998. 321-333.

—, «Ideología y simbolismo en los títulos de las publicaciones del primer franquismo.» *Rocinante* 1 (2005): 129-154.

Aznar Soler, Manuel. *Pensamiento literario y compromiso antifascista de la inteligencia española republicana*. Barcelona: Laia, 1978.

—, «*Nueva Cultura*, revista de crítica cultural (1935-1937).» *Debats* 11.11 (marzo 1985): 6-19.

Aznar Soler, Manuel y Ricard Blasco. *La política cultural al País Valencià*, 1927-1939. Valencia: Institut Alfons el Magnànim: Institut Valencià d'Estudis i Investigació, 1985.

Balsells, David, ed. *La guerra civil espanyola. Fotògrafs per a la història*. Barcelona: Museu Nacional d'Art de Catalunya, 2001.

Barnhurst, Kevin G. *Seeing the Newspaper*. Nueva York: St. Martin's Press, 1994.

Barrachina, Marie-Aline. «La construction du mythe de José Antonio Primo de Rivera dans la revue Y année 1938.» *Hommage à Louise Bertrand (1921-1979). Études Ibériques et latino-américaines*. París: Belles Lettres, 1983. 31-53.

Barral i Altet, Xavier, ed. *L'Art de la Victòria. Belles Arts i franquisme a Catalunya*. Barcelona: Columna, 1996.

Barrera López, José. «Revistas literarias de vanguardia.» *La vanguardia en España. Arte y literatura*. Ed. Javier Pérez Bazo. París: Éditions Ophrys, 1998. 329-349.

Basilio, Miriam. «Genealogies for a New State: Painting and Propaganda in Franco's Spain (1936-1940).» *Discourse* 24.3 (otoño 2002): 67-94.

—, «Re-Inventing Spain: Images of the Nation in Painting and Propaganda, 1936-1943.» Tesis doctoral. Institute of Fine Arts, New York University, 2002.

Bassolas, Carmen. *La ideología de los escritores: Literatura y política en* La gaceta literaria *(1927-1932)*. Barcelona: Fontamara, 1975.

Baudrillard, Jean y Marie Maclean. «The Masses: The Implosion of the Social in the Media.» *New Literary History* 16.3 (primavera 1985): 577-589.

Bennett, David. «Periodical Fragments and Organic Culture: Modernism, the Avant-Garde, and the Little Magazine.» *Contemporary Literature* 30.4 (invierno 1989): 480-502.

Benstock, Shari y Bernard Benstock. «The Role of Little Magazines in the Emergence of Modernism.» *Library Chronicle of the University of Texas at Austin* 20.4 (1991): 68-87.

Bilbao Fullaondo, Josu. «La fotografía como sistema de propaganda en la prensa vasca (1931-1937).» Eds. Carmelo Garitaonandía, José Luis de la Granja y Santiago de Pablo. *Comunicación, cultura y política durante la II República y la Guerra Civil. Tomo I. País Vasco (1931-1939)*. Servicio Editorial Universidad del País Vasco, [1990]. 81-95.

Bishop, Edward. «Re:Covering Modernism. Format and Function in the Little Magazines.» *Modernist Writers and the Marketplace*. Eds. Ian Willison, Warwick Gould y Warren Chernaik. Nueva York: St. Martin's Press, 1996. 287-319.

Blasco, Ricard. *La premsa del País Valencià (1790-1983). Catàleg bibliogràfic de les publicacions periòdiques aparegudes al País Valencià des de 1790 fins els nostres dies*. Vol. 1. Valencia: Institució Alfons el Magnànim. Diputació Provincial de València, 1983.

Bois, Yve-Alain y Christian Hubert. «El Lissitzky: Reading Lessons.» *October* 11 (invierno 1979): 113-128.

Bonet, Juan Manuel. *Diccionario de las vanguardias en España, 1907-1936*. Madrid: Alianza Editorial, 1995.

—, «Un portadista excepcional.» *Ramón Puyol: Exposición Antológica*. Algeciras: Excmo. Ayuntamiento de Algeciras, 1981. 9-14.

Bonet, Juan Manuel y J. Ramón Escrivà, eds. *Antonio Ballester: Esculturas y Dibujos*. Valencia: IVAM, 2000.

Boyd, Carolyn P. *Historia Patria: Politics, History, and National Identity in Spain, 1875-1975*. Princeton, N.J.: Princeton University Press, 1997.

Bouzas, José Manuel, ed. *Cándido Fernández Mazas. Vanguardia, militancia y olvido 1902-1942*. Santiago de Compostela: Fundación Caixa Galicia; Madrid: Círculo de Bellas Artes de Madrid, 2002.

Bozal, Valeriano y Tomàs Llorens, ed. *España. Vanguardia artística y realidad social: 1936-1976*. Barcelona: Gustavo Gili, 1976.

Braojos Garrido, Alfonso. «El 18 de Julio en Sevilla. La versión de la prensa en su primer aniversario (1937).» *Sevilla 36: Sublevación fascista y represión*. Brenes, Sevilla: Muñoz Moya y Montraveta, 1990. 83-95.

Bravo Cela, Blanca. «Conversación con Carles Fontseré.» *Cuadernos Hispanoamericanos* 623 (mayo 2002): 45-54.

Bresheeth, Haim. «Projecting Trauma: War Photography and the Public Sphere.» *Third Text* 20.1 (enero 2006): 57-71.

Brihuega, Jaime. «Compromisos del arte y del artista.» *Lápiz* 23 (octubre 2004): 40-53.

—, «José Caballero, 1930-1950: Entre dos orillas que se han vuelto la espalda.» *José Caballero: Exposición Antológica, 1931-1990*. Madrid: Ayuntamiento de Madrid: Centro Cultural de la Villa, 1993. 17-25.

Brothers, Caroline. *War and Photography: A Cultural History*. London: Rutgers, 1997.

Cadenas y Vicent, Vicente de. *Actas del último consejo nacional de Falange Española de las J.O.N.S. (Salamanca, 18-19-IV-1937) y algunas noticias referentes a la Jefatura Nacional de Prensa y Propaganda*. Madrid: [s.n], 1975.

Calvo, Blanca y Ramón Salaberría, ed. *Biblioteca en guerra*. Madrid: Biblioteca Nacional, 2005.

Campillo, Maria. *Escriptors catalans i compromís antifeixista (1936-1939)*. Barcelona: Curial Edicions Catalanes: Publicacions de l'Abadia de Montserrat, 1994.

Carabias Álvaro, Mónica. «La imagen de la Eva moderna como espejismo: una nueva iconografía y semántica para la mujer falangista (*Y. Revista para la Mujer*, 1938-1940).» *Imágenes de mujer en la plástica española del siglo* XX. [Zaragoza]: Instituto Aragonés de la Mujer: Gobierno de Aragón: Departamento de Cultura y Turismo, 2003. 83-94.

Carlos Sáenz de Tejada, grabador y litógrafo. Madrid: Ministerio de Educación, Cultura y Deporte, 2001.

Carulla, Jordi y Arnau Carulla. *Cataluña en 1000 carteles: desde los orígenes a la guerra civil*. Barcelona: Postermil, 1994.

Casanova, Julián. *Anarchism, the Republic and Civil war in Spain:* 1931-1939. Londres: Routledge, 2004.

Castell Duran, A. *Les col·lectivitzacions a Barcelona,* 1936-1939. *La col·lectivització-socialització de la indústria i els serveis a Barcelona (ciutat i província)*. Barcelona: Hacer, 1993.

Català-Roca, Francesc. *Impressions d'un fotògraf. Memòries*. Barcelona: Edicions 62, 1995.

Catálogo de la Exposición «Madrid en guerra 1936-1939». Madrid: Ayuntamiento de Madrid, 1986. Separata de la *Gaceta del Museo Municipal*. Noviembre, 1986. 111-157.

Caudet, Francisco. «El otro ámbito. Las revistas.» *Letras del exilio. México* 1939-1949. Valencia: Universitat de València; México: Ateneo Español de México, 1999. 73-86.

—, «Noticias sobre *Hora de España* (reimpresión alemana).» *Papeles de son Armadans* 71.212 (1973): 171-198.

—, «La hora de las revistas del 36.» *Sin Nombre* 6.1 (julio-septiembre 1975): 45-55.

—, *El exilio republicano en México: Las revistas literarias (*1939-1971*)*. Madrid: Fundación Banco Exterior, 1992.

Centelles Ossó, Agustí. *Centelles*. Madrid: Fundación Argentaria, 1999.

—, *Agustí Centelles (*1909-1985*): fotoperiodista*. Barcelona: Fundació Caixa de Catalunya, 1988.

Cervera, Javier. *Madrid en guerra: la ciudad clandestina,* 1936-1939. Madrid: Alianza Editorial, 1998.

Charnon-Deutsch, Lou. «The Making of Mass Media in Spain.» *Nineteenth-Century Prose* 32.1 (primavera 2005): 186-226.

—, «From Engraving to Photo: Cross-cut Technologies in the Spanish Illustrated Press.» Eds. Susan Larson y Eva Woods. *Visualizing Spanish Modernity*. Oxford: Berg, 2005. 780-206.

Chicos. Semanario Infantil, 1938-1956. *El arte en viñetas*. Madrid: Sinsentido, 2002.

Churchill, Suzanne y Adam Mckible, eds. *Little Magazines and Modernism*. Número especial de *American Periodicals: A Journal of History, Criticism and Bibliography* 15.1 (2005).

Cirici, Alexandre. *El temps barrat*. Barcelona: Destino, 1973/1977.

—, *La estética del franquismo*. Barcelona: Gustavo Gili, 1977.

Cleminson, Richard. «Anarchist, Poet and Sex Radical: the *Estudios* writings (1934-7) of Dr. Félix Martí Ibáñez.» *IJIS (International Journal of Iberian Studies)* 12.1 (1999): 14-25.

Cobb, Christopher H. «El Agit-Prop cultural en la Guerra Civil.» *Studia Historica-Historia Contemporánea* 10-11 (1992-1993): 237-249.

—, *Los Milicianos de la Cultura*. Bilbao: Servicio Editorial Universidad del País Vasco, 1995.

Comín Colomer, Eduardo. *El 5° Regimiento de Milicias Populares. Historia de la unidad político-militar que fue cuna del Ejército Popular y del comisariado político*. Madrid: Librería Editorial San Martín, 1973.

Conget, José María. *El olor de los tebeos*. Valencia: Pre-Textos, 2004.

Conlon, Raymond. «Loyalist Graphic Art.» *The Spanish Civil War and the Visual Arts*. Ed. Kathleen Vernon. Ithaca, NY: Center for International Studies, Cornell University Press, 1990. 104-125.

Contreras Juesa, Rafael. *Carteles y cartelistas valencianos*. Valencia: Ayuntamiento de Valencia, 2003.

Crexell, Joan. *Premsa Catalana clandestina i d'exili,* 1917-1938. Barcelona: El Llamp, 1987.

Cruanyes, Josep. *Els papers de Salamanca. L'espoliació del patrimoni documental de Catalunya*. Barcelona: Edicions 62, 2003.

Cruz, Rafael y Manuel Pérez Ledesma, eds. *Cultura y movilización en la España contemporánea*. Madrid: Alianza Editorial, 1997.

Daniel, Marko. «Art and Propaganda: The Battle for Cultural Property in the Spanish Civil War.» Tesis doctoral. University of Essex, 1999.

Dewitz, Bodo von y Robert Lebeck. *Kiosk. 1839-1973. Eine geschichte der fotoreportage/ A History of Photojournalism.* Colonia: Steidl, 2001.

Díaz Nieva, José y Enrique Uribe Lacalle. *El yugo y las letras. Bibliografía de, desde y sobre el nacionalsindicalismo.* Madrid: Ediciones Reconquista, 2005.

Díaz-Plaja, Fernando. *La guerra de España en sus documentos.* Barcelona: Marte, 1963.

Díaz-Plaja, Guillermo. *Memoria de una generación destruida (1930-1936).* San Cugat del Vallés, Barcelona: Delos-Aymá, 1966.

—, «La prensa en España: figura y estructura,» *Comunicación XXI* 23 (1972): 9-11, 17-20.

Díez, Xavier. *Utopia sexual a la premsa anarquista de Catalunya: La revista Ética-Iniciales (1927-1937).* Lleida: Pagés Editors, 2001.

Dolboff, Sam, ed. *The Anarchist Collectives: Workers' Self-Management in the Spanish Revolution.* Nueva York: Free Life Editions, 1974.

Durà Grimalt, Raúl. «Los comienzos de Josep Renau como fotomontador (1929-1939).» *Actas del Primer Congreso de Historia del Arte Valenciano, Mayo 1992.* Valencia: Generalitat Valenciana: Conselleria de Cultura, 1993. 617-619.

Durán, Javier. «México, la Guerra Civil española y el cardenismo: la revista *Frente a Frente.*» *Palabra y el hombre: Revista de la Universidad Veracruzana* 109 (enero-marzo 1999): 107-108.

Ealham, Chris. *Class, Culture and Conflict in Barcelona,* 1898-1937. Londres: Routledge, 2005.

Ealham, Chris y Michael Richards, eds. *The Splintering of Spain. Cultural History and the Spanish Civil War,* 1936-1939. Cambridge: Cambridge University Press, 2005.

Eduardo Vicente. Madrid: Museo Municipal de Madrid, 1999.

Eguizábal Maza, Raúl y Mª Luisa García-Ochoa Roldán. *La publicidad y los libros,* 1920-1972. Madrid: Biblioteca Universidad Complutense, 2001.

Entre la guerra y el exilio. Dibujos de Rodríguez Luna y Horacio Ferrer. Córdoba: Fundación Provincial de Artes Plásticas «Rafael Botí», [2003?]

Exposición antológica de Arturo Souto. Pontevedra: Diputación de Pontevedra, 1984.

Exposición antológica: Carlos Sáenz de Tejada, 1897-1958. Madrid: La Galería, 1977.

Exposición de carteles de la república y de la guerra civil. Una aproximación histórica. Madrid: Centre d'Estudis d'Història Contemporània: Biblioteca Figueras, 1978.

Eykman, Christoph. «The Spanish Civil War in German Publications during the Nazi Years.» Eds. Luis Costa, Richard Critchfield, Richard Glosan y Wulf Koepke. *German and International Perspectives on the Spanish Civil War: The Aesthetics of Partisanship,* Columbia, SC: Camden House, 1992. 166-178.

Fawcett, Trevor y Clive Phillpot, eds. *The Art Press. Two Centuries of Art Magazines.* Londres: The Art Book Company, 1976.

Fernández, Horacio. «Fotografía en revistas y revistas de fotografía.» *Arte moderno y revistas españolas* 1898-1936. Madrid: Museo Nacional Centro de Arte Reina Sofía: Ministerio de Educación y Cultura, 1997. 133-140.

—, *Fotografía Pública: Photography in Print,* 1919-1939. Madrid: Museo Nacional Centro de Arte Reina Sofía, 1999.

Fernández Cuesta, Manuel y Lolo Rico. *Fotógrafo de guerra. España* 1936-1939. Hondarribia, Guipúzcoa: Argitaletxe Hiru, 2000.

Fernández Sagrera, Merche. «Les fotografies del Comissariat de Propaganda: Imatges i paraules.» *Guerra i propaganda: Fotografies del Comissariat de Propaganda de la Generalitat de Catalunya (1936-1939).* Barcelona: Viena Edicions: Arxiu Nacional de Catalunya, 2005. 13-18.

Fernández Soria, Juan M. *Educación y cultura en la guerra civil (España 1936-1939).* Valencia: Nau Llibres, 1984.

Ferrari Ojeda, Álvaro. «La guerra española a la luz de los tres proyectos culturales de la España nacionalista.» *Los nuevos historiadores ante la Guerra*

Civil española. Granada: Diputación Provincial de Granada, 1990. 325-353.

Figueres, Josep Maria. «Apropriacions de la premsa a Catalunya durant la Guerra Civil.» *Anàlisi* 20 (1997): 85-123.

—, «Incautacions de la premsa a Catalunya durant la Guerra Civil.» *Historia y Comunicación Social* 2 (1997): 165-204.

Finnegan, Cara. *Picturing Poverty: Print Culture and FSA Photographs*. Washington, DC: Smithsonian Books, 2003.

Foard, Douglas W. «The Forgotten Falangist: Ernesto Giménez Caballero.» *Journal of Contemporary History* 10.1 (1975): 3-18.

—, *The Revolt of the Aesthetes. Ernesto Giménez Caballero and the Origins of Spanish Fascism*. Nueva York: Peter Lang Publishing, 1989.

Fontain, François. *La guerre d'Espagne: Un déluge de feu et d'images*. (París: Bibliotheque de Documentation Internationale Contemporaine (BDIC): Musée d'Histoire Contemporaine: Berg International, 2003.

Fontseré, Carles. *Memòries d'un cartellista català (1931-1939)*. Barcelona: Pòrtic, 1995.

Forment, Albert. *Josep Renau. Història d'un fotomuntador*. Catarroja, Valencia: Afers, 1997.

—, «Josep Renau en la revista *Estudios*: las series de fotomontajes.» *Actas del Primer Congreso de Historia del Arte Valenciano. Mayo* 1992. Valencia: Generalitat Valenciana: Conselleria de Cultura, 1993. 623-627.

—, ed. *Josep Renau*. Valencia: IVAM, 2003.

Formiguera, Pere. «Agustí Centelles; l'histoire dans une valise.» *Photographies magazine* 41 (mayo 1992): 50-55. *Foto Hnos. Mayo*. Valencia: IVAM, 1992.

Fotografía e información de guerra: España 1936-1939. Bienal de Venecia. Colección Punto y Línea. Barcelona: Gustavo Gili, 1977.

Gabriel Casas: Fotomuntatges. Barcelona: Departament de Cultura de la Generalitat de Catalunya, 2002.

Gallego Méndez, Mª Teresa. *Mujer, falange y falangismo*. Madrid: Taurus, 1983.

Gamonal Torres, Miguel Ángel. «La Junta de Defensa de Madrid y el Sindicato de Profesionales de Bellas Artes UGT: Gráfica política y organización artística.» *Los nuevos historiadores ante la Guerra Civil española*. Eds. Octavio Ruiz-Manjón Cabeza y Miguel Gómez Oliver. Granada: Diputación Provincial de Granada, 1990. 355-367.

—, *Arte y política en la guerra civil española. El caso republicano*. Granada: Diputación Provincial de Granada, 1987.

García, Manuel. «Un cartellista de guerra: Artur Ballester.» *Arturo Ballester. Obra gràfica de guerra*. Valencia: Galería Val i Trenta, 1979.

—, Entrevista con Kati Horna. *Lápiz* 20.173 (mayo 2001): 66-71.

García, Manuel, et al. *Carteles de la guerra 1936-1939. Colección Fundación Pablo Iglesias*. Barcelona: Lunwerg Editores, 2004.

García Guatas, Manuel. *Publicidad artística en Zaragoza*. Zaragoza: Caja de Ahorros y Monte de Piedad de Zaragoza, Aragón y Rioja, 1993.

García-Maroto, Mª Ángeles. *La mujer en la prensa anarquista. España 1900-1936*. Madrid: Fundación Anselmo Lorenzo, 1996.

Geli, Carles. «Joan Ramon Masoliver: L'enyor d'aquell periodisme.» *Periodistes sota censura: de la fi de la guerra civil a la Llei de Premsa*. Barcelona: Diputació de Barcelona: Col·legi de Periodistes de Catalunya, 1999. 27-31.

Glendinning, Nigel. «Art and the Spanish Civil War.» *«¡No Pasarán!». Art, Literature and the Spanish Civil War*. Ed. Stephen M. Hart. Londres: Tamesis Books, 1988. 20-45.

Gómez López, Javier, ed. *Catálogo de carteles de la República y la guerra civil españolas*. Madrid: Biblioteca Nacional, 1990.

Gómez Mompart, Josep Lluís. *La gènesi de la premsa de masses a Catalunya (1902-1923)*. Barcelona: Pòrtic, 1992.

Gómez, María Asunción. «Feminism and Anarchism: Remembering the Role of *Mujeres Libres* in the Spanish Civil War.» *Recovering Spain's Feminist Tradition*. Ed. Lisa Vollendorf. Nueva York:

The Modern Language Association of America, 2001. 293-310.

Gómez, Mayte. «On Cultural Practice, Ideology, and Populism: The Ministry of Public Instruction during the Spanish Civil War, 1936-1939.» *Journal of Spanish Cultural Studies* 2.2 (septiembre 2001): 133-154.

González Calleja, Eduardo. «La prensa falangista y la prensa del Movimiento y del Estado: consideraciones sobre su origen y desarrollo.» Eds. Carmelo Garitaonandía, José Luis de la Granja y Santiago de Pablo. *Comunicación, cultura y política durante la II República y la Guerra Civil. Tomo II. España (1931-1939)*. Servicio Editorial Universidad del País Vasco, [1990]. 495-515.

González Calleja, Eduardo y Fredes Limón Nevado. *La hispanidad como instrumento de combate. Raza e imperio en la prensa franquista durante la guerra civil española*. Madrid: Consejo Superior de Investigaciones Científicas: Centro de Estudios Históricos, 1988.

González Calleja, Eduardo, Fredes Limón Nevado y José Luis Rodríguez Jiménez. «Catálogo de las publicaciones periódicas localizadas en la zona franquista durante la guerra civil española.» Coord. Julio Aróstegui. *Historia y memoria de la Guerra Civil. Encuentro en Castilla y León. Salamanca, 24-27 de septiembre de 1985. Vol. III. Hemerografías y Bibliografías*. Valladolid: Junta de Castilla y León, 1988. 9-164.

González Neira, Ana. «*Luna*, la primera revista del exilio español.» *Spagna Contemporanea* 23 (2003): 93-118.

González Salas, Manuel. *Sevilla, 1936-1976: 40 años de publicidad (La profesión vista por dentro)*. Sevilla: Prensa Española, 1977.

Graham, Helen. «Spain and Europe: The View from the Periphery.» *Historical Journal* 35.4 (1992): 969-983.
—, *The Spanish Republic at War*. Cambridge, UK: Cambridge University Press, 2002.

Grandela, José Manuel. *Balas de papel: anecdotario de propaganda subversiva en la Guerra Civil española*. [Barcelona]: Salvat, 2002.

Grazia, Victoria de. «The Arts of Purchase: How American Publicity Subverted the European Poster, 1920-1940.» *Remaking History*. Eds. Barbara Kruger y Phil Marianni. Seattle: Bay Press, 1989. 221-257.

—, *Irresistible Empire. America's Advance through 20th-Century Europe*. Cambridge: The Belknap Press of Harvard University Press, 2005.

Greeley, Robin Adèle. *Surrealism and the Spanish Civil War*. New Haven: Yale University Press, 2006.

Greene, Patricia V. «Testimonio visual: iconografía femenina en los carteles en la Guerra Civil.» *Letras Peninsulares* 11.1 (primavera 1998): 121-143.

Green, Jerald R. «Agustí Centelles: Spanish Civil War Photographer.» *History of Photography* 12.2 (abril-junio 1988): 147-159.

—, «Alfonso: Spain's Premier Photojournalist.» *History of Photography* 11.3 (julio-septiembre 1987): 189-211.

—, «El arte contra la guerra de Luis Quintanilla.» *Goya* 232 (enero-febrero 1993): 211-222.

Guerra i propaganda: Fotografies del Comissariat de Propaganda de la Generalitat de Catalunya (1936-1939). Barcelona: Viena Edicions: Arxiu Nacional de Catalunya, 2005.

Habermas, Jürgen. *The Structural Transformation of the Public Sphere: An Inquiry into a Category of Bourgeois Society*. Trad. Thomas Burger y Frederick Lawrence. Cambridge, MA: MIT Press, 1991.

Hagelstein Marquardt, ed. *Art and Journals on the Political Front, 1910-1940*. Gainesville: University Press of Florida, 1997.

Hall, Stuart. «The Determinations of Newsphotographs.» *Working Papers in Cultural Studies* 3 (otoño 1972): 53-87.

Hallewell, Laurence. «The Impact of the Spanish Civil War on Latin American Publishing.» *SALALM Papers* 31 (1986): 139-150.
Hart, Stephen M., ed. *«¡No Pasarán!». Art, Literature and the Spanish Civil War*. Londres: Tamesis Books, 1988.

Hayes, Aden. «The Spanish Civil War in *Life* Magazine.» *The Spanish Civil War and the Visual Arts*. Ed. Kathleen Vernon. Ithaca: Cornell University: Center for International Studies, 1990. 62-70.

Heart of Spain. Robert Capa's Photographs of the Spanish Civil War from the Collection of The Museo Nacional Centro de Arte Reina Sofía. Madrid:

Museo Nacional Centro de Arte Reina Sofía: Ministerio de Educacion y Cultura, 1999.

Hernando, Miguel Ángel. *La gaceta literaria (1927-1932). Bibliografía y valoración*. Valladolid: Universidad de Valladolid, 1974.

Hoertz Badaracco, Claire. *Trading Words: Poetry, Typography and Illustrated Books in the Modern Literary Economy*. Baltimore: The Johns Hopkins University Press, 1995.

Huertas, Josep M. *Una història de* La Vanguardia. Barcelona: Angle Editorial, 2006.

Huertas, Josep M. y Carles Geli. Mirador, *la Catalunya impossible*. Barcelona: Proa, 2000.

Huguet Chanzá, José, Manuel García, José Aleixandre, J.R. Cancer, Josep Merita y Juan Vergara. *Historia de la fotografía valenciana*. Alzira, Valencia: Biblioteca de Levante-El Mercantil Valenciano: Graficuatre, 1990.

Idas & Chaos. Trends in Spanish Photography 1920-1945. Madrid: Agfa-Gevaert, 1985.

Imágenes en guerra. Memoria estampada en la España de los años 30. Valencia: Universitat de València: Col·legi Major Rector Peset, 1998.

Inglada, Rafael. *Alfonso Ponce de León (1906-1936)*. Madrid: Museo Nacional Centro de Arte Reina Sofía: Aldeasa, 2001.

Jackson, Gabriel. *The Spanish Republic and the Civil War*, 1931-1939. Princeton, NJ: Princeton University Press, 1965.

Jaspe, Álvaro. «El *gallego no-fascista*: Galician Republican perspectives and propaganda during the Spanish Civil War.» *International Journal of Iberian Studies* 16.2 (2003): 101-114.

Jiménez, Encarnación. «La mujer en el franquismo. Doctrina y acción de la Sección Femenina.» *Tiempo de Historia* 83 (1981): 5-15.

José Caballero: Exposición antológica, 1931-1990. Madrid: Ayuntamiento de Madrid, Centro Cultural de la Villa, 1993.

José Caballero: los años treinta. Madrid: Galería Guillermo de Osma; Barcelona: Oriol Galeria d'Art, 1995.
Joyeux, Marie-Hélène. «Le photomontage politique à travers les couvertures de *Vu* (1928-1936).» *Les Cahiers du Musée National d'Art Moderne* 84 (verano 2003): 48-65.

Julián, Immaculada. «Exposiciones y concursos en el período 1936-1939 en Barcelona.» *Revista D'Art* 8-9 (noviembre 1983): 231-285.

—, *El cartel republicano en la guerra civil española*. Madrid: Ministerio de Cultura: Dirección General de Bellas Artes y Archivos: Instituto de Conservación y Restauración de Bienes Culturales, 1993.

Kaplan, Alice Yaeger. *Reproductions of Banality: Fascism, Literature, and French Intellectual Life*. Minneapolis: University of Minnesota Press, 1986.

Kaplan, Temma. «Other Scenarios: Women and Spanish Anarchism.» *Becoming Visible: Women in European History*. Eds. Renate Bridenthal y Claudia Koon. Boston: Houghton Mifflin Company, 1977. 400-421.

—, «Gender on the Barricades.» *Journal of Women's History* 9.3 (1997): 177-185.

Kati Horna: Fotografías de la guerra civil española (1937-1938). Salamanca: Ministerio de Cultura, 1992.

Knudson, Jerry W. «The Ultimate Weapon: Propaganda and the Spanish Civil War.» *Journalism History* 15.4 (1988): 102-111.

—, «Military Propaganda in the Spanish Civil War.» *Mass Communications Review* 16.3 (1989): 21-28.

Koenker, Diane P. «Class and Consciousness in a Socialist Society: Workers in the Printing Trades during NEP.» *Russia in the Era of NEP. Explorations in Soviet Society and Culture*. Eds. Sheila Fitzpatrick, Alexander Rabinowitch y Richard Stites. Bloomington: Indiana University Press, 1991. 34-57.

Kowalsky, Daniel. *Stalin and the Spanish Civil War*. New York: Columbia University Press, 2004.

Kurtz, Gerardo F. e Isabel Ortega. 150 *años de fotografía en la Biblioteca Nacional: Guía-inventario de los fondos fotográficos de la Biblioteca Nacional*. Madrid: Ministerio de Cultura: Dirección General del Libro y Bibliotecas: Ediciones El Viso, 1989.

Labanyi, Jo. «The Politics of the Everyday and the Eternity of Ruins. Two Women Photographers in Republican Spain (Margaret Michaelis 1933-1937, Kati

Horna 1937-1938).» *Cultural Encounters: European Travel Writing in the 1930s.* Ed. Charles Burdett y Derek Duncan. Nueva York, Oxford: Berghahn Books, 2002. 85-103.

Lahuerta, Juan José y Jordana Mendelson. *Margaret Michaelis. Fotografía, vanguardia y política en la Barcelona de la República.* Valencia: IVAM; Barcelona: CCCB, 1998.

Laín Entralgo, Pedro. *Descargo de conciencia (1930-1960).* Barcelona: Barral Editores, 1976.

Latham, Sean y Robert Scholes. «The Rise of Periodical Studies.» *PMLA* 121:2 (2006): 517-531.

Lavin, Laud. «Heartfield in Context.» *Graphic Design History.* Eds. Steven Heller y Georgette Balance. Nueva York: Allworth Press, 2001. 89-95.

—, «Advertising Utopia: Schwitters as Commercial Designer.» *Art in America* LXXIII.10 (octubre 1985): 134-9.

—, ed. *Graphic Design in the Mechanical Age: Selections from the Merrill C. Berman Collection.* Washington, DC: Smithsonian Institution, 1998.

Lee, Benjamin y Edward LiPuma. «Cultures of Circulation: The Imaginations of Modernity.» *Public Culture* 14.1 (2000): 191-213.

Lefebvre, Michel y Rémi Skoutelsky. *Las Brigadas Internacionales. Imágenes recuperadas.* 2ª edición. Barcelona: Lunwerg Editores, 2003.

Litvak, Lily. *Musa libertaria: Arte, literatura y vida cultural del anarquismo español (1880-1913).* Barcelona: Antoni Bosch, 1981.
Llera, Luis de. «Prensa y censura en el franquismo, 1936-1966.» *Hispania Sacra* 47.95 (1995): 5-36.

Llorente Hernández, Ángel. «El arte en el bando franquista durante la guerra civil.» *Arte y política en España (1898-1939).* Sevilla: Junta de Andalucía, 2002: 124-133.

—, *Arte e ideología en el franquismo (1936-1951).* Madrid: Visor, 1995.

—, «Artes plásticas y franquismo (1939-1951).» *L'Art de la Victòria. Belles Arts i franquisme a Catalunya.* Ed. Xavier Barral i Altet. Barcelona: Columna Edicions, 1996.

López Gallegos, María Silvia. «Aproximación al estudio de las publicaciones sindicales españolas desarrolladas durante el franquismo (1936-1975).» *Historia y Comunicación Social* 8 (2003): 159-185.

Lorente Aragón, Juan Carlos. *Los tebeos que leía Franco en la guerra civil (1936-1939).* Madrid: Patronato de Huérfanos del Ejército de Tierra, 2000.

Lyon, Janet. *Manifestoes: Provocations of the Modern.* Ithaca, NY: Cornell University Press, 1999.

Madariaga de la Campa, Benito. «Politización y propaganda en los semanarios infantiles durante la guerra civil española.» *Ojáncano* 3 (febrero 1990): 51-63.

Madrigal Pascual, Arturo. «Los álbumes de la guerra civil española y el realismo combativo.» *Arte y política en España (1898-1939).* Sevilla: Junta de Andalucía, 2002. 114-122.

—, *Arte y compromiso: España 1917-1936.* Madrid: Fundación de Estudios Libertarios Anselmo Lorenzo, 2002.

Mainer, José Carlos. *Falange y literatura.* Barcelona: Labor, 1971.

—, *Literatura y pequeña burguesía en España (Notas 1890-1950).* Madrid: Cuadernos para el Diálogo, 1972.

—, «Notas sobre la lectura obrera en España (1890-1930).» *Literatura popular y proletaria.* Sevilla: Universidad de Sevilla, 1986. 53-123.

—, «Recuerdo de una vocación generacional: Arte y política en *Vértice*, 1939-1940.» *Ínsula* 22.252 (noviembre 1967): 3-4; 23.255 (enero 1968): 7, 10.

—, «El semanario gráfico *Fotos* (1937-1939): imágenes para una retaguardia.» Eds. Carmelo Garitaonandía, José Luis de la Granja y Santiago de Pablo. *Comunicación, cultura y política durante la II República y la Guerra Civil. Tomo II. España (1931-1939).* Servicio Editorial Universidad del País Vasco, [1990]. 288-298.

Mangini, Shirley. *Las modernas de Madrid: las grandes intelectuales españolas de la vanguardia.* Barcelona: Ediciones Península, 2001.

Maraña, Félix. «San Sebastián, centro cultural y editorial durante la guerra. *La Ametralladora* y otras publicaciones.» Eds. Carmelo Garitaonandía, José Luis de la Granja y Santiago de Pablo. *Comunicación, Cultura y Política durante la II República y la Guerra Civil. Tomo I. País Vasco (1931-1939)*. Servicio Editorial Universidad del País Vasco, 1990. 193-206.

Martí Morales, Ricard. *Les targetes postals de la guerra civil*, 1936-1939. Barcelona: Miquel A. Salvatella, 2000.

Martí, Marc. *Morell. Carteles. La obra del cartelista Josep Morell.* Barcelona: Marc Martí Publicitat, 2001.

Martín, Antonio. *Historia del cómic español: 1875-1939*. Barcelona: Gustavo Gili, 1978.

Martín, Eutimio. «La batalla cultural de la guerra civil.» *Historia* 16 67 (19 noviembre 1981): 29-37.

—, «Falange y poesía.» *Historia* 16 30 (octubre 1978): 125-128.

Martínez, Jesús Manuel, ed. *Periodismo y periodistas en la guerra civil.* Madrid: Fundación Banco Exterior, 1987.

Mendelson, Jordana. *Documenting Spain: Artists, Exhibition Culture and the Modern Nation*, 1929-1939. University Park, PA: Penn State University Press, 2005.

—, «Desire at the Kiosk: Publicity and Barcelona in the 1930s.» *Catalan Review* 18.1-2 (2004): 191-207.

Mendelson, Jordana y Estrella de Diego. «Political Practice and the Arts in Spain, 1927-1936.» *Art and Journals on the Political Front*, 1910-1940. Ed. Hagelstein Marquardt. Gainesville: University Press of Florida, 1997. 183-214.

Mermall, Thomas. «Aesthetics and Politics in Falangist Culture (1935-1945).» *Bulletin of Hispanic Studies* 50. 1 (enero 1973): 45-55.

Miravitlles, Jaume. *Episodis de la guerra civil espanyola. Notes dels meus arxius/2*. Barcelona: Pòrtic, 1972.

Miravitlles, Jaume, Josep Termes y Carles Fontseré. *Carteles de la República y de la Guerra Civil*. Barcelona: Centre d'Estudis d'Història Contemporània: La Gaya Ciencia, 1978.

Molins, Patricia, ed. *Los humoristas del 27*. Madrid: Museo Nacional Centro de Arte Reina Sofía: Sinsentido, 2002.

—, *Enric Crous-Vidal: De la publicidad a la tipografía*. Valencia: IVAM; Lérida: Museu d'Art Jaume Morera, 2000.

Molins, Patricia y Carlos Pérez, eds. *Mauricio Amster. Tipógrafo*. Valencia: IVAM, 1997.

Monegal, Antonio. «Images of War: Hunting the Metaphor.» *Modes of Representation in Spanish Cinema*. Eds. Jenaro Talens y Santos Zunzunegui. Minneapolis: University of Minnesota Press, 1998. 203-215.

Monegal, Antonio y Francesc Torres, eds. *At War.* Barcelona: Centre de Cultura Contemporània de Barcelona: Institut d'Edicions de la Diputació de Barcelona: Forum Barcelona 2004: Actar, 2004.

Monjo, A. y C. Vega. *Els treballadors i la Guerra Civil. Història d'una indústria catalana col·lectivitzada*. Barcelona: Empúries, 1986.

Monreal y Tejada, Luis. *Arte y Guerra Civil*. Angüés, Huesca: Grupo Editorial y de Comunicación, 1999.

Monteath, Peter. «The Spanish Civil War and the Aesthetics of Reportage.» *Literature and War.* Ed. David Bevan. Ámsterdam: Rodopi, 1990. 69-86.

—, *The Spanish Civil War in Literature, Film, and Art*. Westport: Greenwood Press, 1994.

Morodo, Raúl. *Los orígenes ideológicos del franquismo: Acción Española*. Madrid: Alianza Editorial, 1985.

Morreres i Boix, Josep M. «Las Milicias Populares en Cataluña, 1936-1937.» *Historia* 16 55 (1980): 27-38.

Morrisson, Mark. *The Public Face of Modernism: Little Magazines, Audiences, and reception*, 1905-1920. Madison: University of Wisconsin Press, 2001.

Muñoz Benavente, Mª Teresa. «Documentación fotográfica en los archivos estatales.» *I y II Debate de fotografía*. Madrid: Ministerio de Educación y Cultura, 1999. 141-149.

Nash, Mary. «Women in War: *Milicianas* and Armed Combat in Revolutionary Spain, 1936-1939.» *International History Review* 15.2 (1993): 269-282.

—, *Defying Male Civilization: Women in the Spanish Civil War*. Denver: Arden Press, 1995.

Navarro Navarro, Francesc Xavier. *Ateneos y grupos ácratas: vida y actividad cultural de las asociaciones anarquistas valencianas durante la Segunda República y la Guerra Civil.* Valencia: Generalitat Valenciana, 2002.

—, *A la revolución por la cultura. Prácticas culturales y sociabilidad libertarias en el País Valenciano (1931-1939).* Valencia: Universitat de València, 2004.

—, *«El paraíso de la razón». La revista* Estudios *(1928-1937) y el mundo cultural anarquista.* Valencia: Edicions Alfons el Magnànim: Institució Valenciana d'Estudis i Investigació: Generalitat Valenciana, 1997.

Nelson, Cary. «The Aura of the cause: Photographs from the Spanish Civil War.» *The Antioch Review* 55.3 (verano 1997): 305-326.

—, *Shouts from the Wall. Posters and Photographs Brought Home from the Spanish Civil war by American Volunteers.* Waltham: The Abraham Lincoln Brigade Archives, 1996.

Núñez de Prado y Sara Clavell. *Servicios de información y propaganda en la guerra civil española.* 1936-1939. Madrid: Universidad Complutense, 1992.

Núñez Díaz-Balart, Mirta. *La prensa de guerra en la zona republicana durante la guerra civil española (1936-1939).* 3 Vols. Madrid: Ed. de la Torre, 1992.

—, «La prensa de las Brigadas Internacionales.» Eds. Carmelo Garitaonandía, José Luis de la Granja y Santiago de Pablo. *Comunicación, cultura y política durante la II República y la Guerra Civil. Tomo II. España (1931-1939).* Servicio Editorial Universidad del País Vasco, [1990]. 405-426.

Ortiz Jr., David. «Redefining Public Education: Contestation, the Press, and Education in Regency Spain, 1885-1902.» *Journal of Social History* 35.1 (2001): 73-94.

Oskam, Jeroen. «Las revistas literarias y políticas en la cultura del franquismo.» *Letras Peninsulares* 5.3 (1992): 389-405.

Osuna, Rafael. *Las revistas españolas entre dos dictaduras:* 1931-1939. Valencia: Pre-textos, 1986.

Palacio Atard, Vicente. *Cuadernos bibliográficos de la guerra de España,* 1936-1939. Serie 2. Periódicos. Madrid: [s.n.], 1967.

—, «La prensa periódica durante la guerra civil.» *La Guerra Civil Española.* Madrid: Ministerio de Cultura: Dirección General del Patrimonio Artístico, Archivos y Museos, 1980.

Pérez Contel, Rafael. *Artistas en Valencia,* 1936-1939. 2 vols. Valencia: Les Nostres Arrels, 1986.

Pérez Rojas, Francisco Javier, ed. *Arte y propaganda. Carteles de la Universitat de València: Sala Thesaurus, La Nau, Universitat de València, diciembre de* 2001 *a enero de* 2002. Valencia: Universitat de València, 2002.

Pérez Segura, Javier. *Horacio Ferrer.* [Córdoba]: Diputación Provincial de Córdoba, 2001.

—, «Paisajes de lápiz y tinta. Carlos Sáenz de Tejada, grabador y litógrafo.» *Carlos Sáenz de Tejada, grabador y litógrafo.* Madrid: Ministerio de Educación, Cultura y Deporte, 2001. 25-46.

Peterson, Lars A. «The Age of the Weekly: Contesting Culture in the Hebdomadaires Politico-Litteraires (1933-1949).» Tesis doctoral. University of Iowa, 2003.

Piquer Martínez, M.«La alianza de artistas antifascistas y las fallas del 37.» *Arte y política en España (1898-1939).* Sevilla: Junta de Andalucía, 2002. 102-113.

Pizarroso Quintero, Alejandro. «Intervención extranjera y propaganda. La propaganda exterior de las dos Españas.» *Historia y Comunicación Social* 6 (2001): 63-96.

Porta Martínez, Pablo. 1937, *Castelao e Souto en Valencia.* A Coruña: Ediciós do Castro, 1985.

Preston, Paul. *The Spanish Civil War: Dreams and Nightmares.* Londres: The Imperial War Museum, 2001.

Propaganda en guerra. Salamanca: Consorcio Salamanca, 2002.

Renau, Juan. *Pasos y sombras. Autopsia.* Colección Aquelarre. México: [s.n.], 1953.

República! Cartells i cartellistes (1931-1939). Barcelona: Museu d'Història de Catalunya: Viena Edicions, 2006.

Revert Roldán, Joaquín. *Disseny gràfic en revistes valencianes: Gràfica i retòrica en Nueva Cultura (1935-1937)*. Tesis doctoral. Universitat de València, 1992.

—, «Un model mixt de periodisme cultural. Gràfica i retòrica a *Nueva Cultura* (1935-1937).» *Dos-cents anys de premsa valenciana*. Valencia: Generalitat Valenciana, 1992. 217-227.

Ridruejo, Dionisio. *Casi unas memorias*. Barcelona: Planeta, 1976.

Riegel, O. W. «Press, radio, and the Spanish Civil War.» *The Public Opinion Quarterly* 1.1 (enero 1937): 131-136.

Riupérez, María. «Renau-Fontseré: Los carteles de la Guerra Civil.» *Tiempo de Historia* 49 (1978): 10-25.

Robert Capa: Cuadernos de guerra en España (1936-1939). Valencia: Sala Parpalló, 1987.

Ruiz Llamas, Mª Gracia. *Ilustración gráfica en periódicos y revistas de Murcia (1920-1950)*. Murcia: Universidad de Murcia: Academia Alfonso X el Sabio, 1992.

Ruiz-Manjón Cabeza, Octavio y Manuel Gómez Oliver, eds. *Los nuevos historiadores ante la Guerra Civil española*. Granada: Diputación Provincial de Granada, 1990.

Ruiz Melendreras, Emeterio. «Notas para una historia del cartel español.» *Nueva Publicidad*. 17-18 (1985): 13-27.

Sáenz de Tejada, Judith, Jaime Brihuega, Alfredo Piquer Garzón y Bernardo Sánchez Salas, eds. *Carlos Sáenz de Tejada. Centenario* 1897-1997. Logroño: Fundación Caja Rioja, 1997.

Sáiz, Dolors y Milagros Sáiz. «El Seminari de Publicitat del Institut Psicotècnic de la Generalitat.» *Revista de Historia de la Psicología* 19.2-3 (1998): 225-234.

Sáiz, María Dolores. «Los dos *ABC* -de Madrid y Sevilla- en la primera fase de la guerra civil.» *Periodismo y periodistas en la guerra civil.* Ed. Jesús Manuel Martínez. Madrid: Fundación Banco Exterior, 1987. 93-112.

Sáiz, María Dolores, Juan Manuel Tresserras y Carmelo Garitaonandía. «La prensa republicana.» *La guerra civil española.* La cultura 17. Coord. Manuel Tuñón de Lara. Madrid: Historia 16, 1986: 108-121.

Salas Larrazábal, Ramón. «La propaganda de guerra en el ámbito militar (1936-1939).» *Revista de Historia Militar*. 25.50 (1981): 113-130.

Santonja, Gonzalo. «Alberti y las publicaciones periódicas 'comprometidas' durante los años treinta.» *Cuadernos Hispanoamericanos*. 514-515 (abril-mayo 1993): 352-360.

Satué, Enric. *El diseño gráfico en España. Historia de una forma comunicativa nueva*. Madrid: Alianza Editorial, 1997.

—, *El disseny gràfic a Catalunya*. Barcelona: Els Llibres de la Frontera, 1987.

—, *Los años del diseño. La década republicana*. Madrid: Turner, 2003.

Sarró «Mutis», Miguel. *Pinturas de guerra. Dibujantes antifascistas en la Guerra Civil española*. Madrid: Queimada Gráficas, 2005.

Segura, Isabel y Marta Selva. *Revistes de dones, 1846-1935*. Barcelona: Edhasa, 1984.

Seidman, Michael. «Women's Subversive Individualism in Barcelona during the 1930s.» *International Review of Social History* 37 (1992): 161-176.

—, «Individualisms in Madrid during the Spanish Civil War.» *The Journal of Modern History* 68.1 (1996): 63-83.

Seoane, María Cruz. «Las revistas culturales en la guerra civil.» *Periodismo y periodistas en la guerra civil.* Ed. Jesús Manuel Martínez. Madrid: Fundación Banco Exterior, 1987. 25-36.

Sinclair, Alison. «Disasters of War: Image and Experience in Spain.» *The Violent Muse. Violence and the Artistic Imagination in Europe, 1910-1939*. Eds. Jana Howlett y Rod Mengham. Manchester: Manchester University Press, 1994. 77-87.

Singler, Christoph. «Literatura y artes plásticas en las vanguardias hispánicas: sus relaciones a través de las revistas.» *La vanguardia en España. Arte y literatura.* Ed. Javier Pérez Bazo. París: Éditions Ophrys, 1998. 351-369.

Sinova, Justino. «La prensa franquista.» *La guerra civil española*. La cultura 17. Coord. Manuel Tuñón de Lara. Madrid: Historia 16, 1986. 122-127.

Solà i Dachs, Lluís. *Dibuixos de guerra a* l'Esquella de la Torratxa*: Kaldres i Tisner*. Barcelona: La Campana, 1991.

—, *L'humor català. Un segle d'humor català*. Barcelona: Bruguera, 1978.

Szarkowski, John, ed. *From the Picture Press*. NuevaYork: Museum of Modern Art, 1973.

Tanselle, Thomas G. «The World as Archive.» *Common Knowledge* 8.2 (2002): 402-406.

Tartón, Carmelo y Alfredo Romero, eds. *Jalón Ángel*. Zaragoza: Diputación Provincial de Zaragoza. 1985.

Tavera, Susanna. Solidaridad Obrera*: el fer-se i desfer-se d'un diari anarco-sindicalista,* 1915-1939. Barcelona: Diputació de Barcelona: Col·legi de Periodistes de Catalunya, 1992.

Tavera, Susanna y Enric Ucelay-Da Cal. «Grupos de afinidad, disciplina bélica y periodismo libertario, 1936-1938.» *Historia Contemporánea* 9 (1993): 167-190.

Teitelbaum, Matthew, ed. *Montage and Modern Life,* 1919-1942. Cambridge, M.A.: MIT Press, 1992.

Tisa, John, ed. *The Palette and the Flame: Posters of the Spanish Civil War*. Nueva York: International Publishers, 1979.

Tjaden, Ursula. *Helios Gómez. Artista de corbata roja*. Trad. Mikel Arizaleta. Nafarroa-Navarra, Txalaparta, 1996.

Tomás Ferré, Facundo. *Los carteles valencianos en la guerra civil española*. Valencia: Excmo. Ayuntamiento de Valencia: Delegación Municipal de Cultura, 1986.

Tomás Villarroya, J. «La prensa de Valencia durante la Guerra Civil (1936-1939).» *Saitabi* 22 (1972): 87-120.

Torrent, Joan y Rafael Tasis. *Història de la premsa catalana*. Barcelona: Bruguera, 1966.

Trapiello, Andrés. *Las armas y las letras. Literatura y guerra civil (*1936-1939*)*. Barcelona: Planeta, 1994.

Tuñón de Lara, Manuel. «La cultura durante la guerra civil.» *La guerra civil española*. La cultura 17. Coord. Manuel Tuñón de Lara. Madrid: Historia 16, 1986. 6-57.

Ucelay-Da Cal, Enric. *La Catalunya populista. Imatge, cultura i política en l'etapa republicana (*1931-1939*)*. Barcelona: La Magrana, 1982.

Un siglo de ilustración española en las páginas de Blanco y Negro. Zaragoza: Centro de Exposiciones y Congresos, 1993.

Valls, Mª de los Ángeles. *La caricatura valenciana en la II República (*1931-1939*)*. Valencia: Ajuntament de Valencia, 1999.

Vázquez Liñán, Miguel. *Propaganda y política de la Unión Soviética en la guerra civil española (*1936-1939*)*. Madrid: Universidad Complutense: Facultad de Ciencias de la Información: Departamento de Historia de la Comunicación Social, 1998.

*Veinte ilustradores españoles (*1898-1936*)*. Madrid: Ministerio de Educación, Cultura y Deporte: Secretaría de Estado de Cultura, 2004.

Vernon, Kathleen, ed. *The Spanish Civil War and the Visual Arts*. Nueva York: Cornell University: Center for International Studies, 1990.

Villalba Salvador, María. «El crítico de arte José Francés. Una aproximación a su vida y su obra crítica.» *Goya* 285 (noviembre-diciembre 2001): 368-378.

Villar Dégano, Juan F. «Ideología y cultura en *Hora de España* (1937-1938). (Las revistas de la Guerra Civil).» *Letras de Deusto* 16.35 (mayo-agosto 1986): 171-199.

Vincent, Mary. «The Martyrs and the Saints: Masculinity and the Construction of the Francoist Crusade.» *History Workshop Journal* 47 (1999): 69-98.

VVAA. *Manuel Monleón. Diseño y Vanguardia*. Beniparrell (Valencia): Pentagraf Impresores, 2005.

Warner, Michael. «Publics and Counterpublics.» *Public Culture* 14.1 (2002): 49-90.

EXPOSICIÓN

COMISARIA
Jordana Mendelson

COORDINACIÓN
Lucía Ybarra, Emiliano Valdés
MuVIM - Carlos Pérez, Eva Ferraz

CENTRO DE DOCUMENTACIÓN
Y BIBLIOTECA
Miguel Valle-Inclán

RESTAURACIÓN
Paloma Calopa
Eugenia Jimeno
Juan Antonio Sáez

REGISTRO
María de Prada, Beatriz Alcocer
MuVIM - María José Hueso Sandoval

REGISTRO DE OBRAS DE ARTE
Victoria Fernández-Layos

GESTIÓN
Ana Torres

DISEÑO MONTAJE
Vélera

REALIZACIÓN DEL MONTAJE
HORCHE

TRANSPORTE
TTI

SEGUROS
AON Gil y Carvajal S.A.
STAI.

DISEÑO DEL KIOSKO DIGITAL Y PÁGINA WEB:
Mason Kessinger & Phillip Zelnar/POCCUO/
www.poccuo.com

PÁGINA WEB: REVISTAS Y GUERRA 1936-1939:
www.revistasyguerra.com
www.magazinesandwar.com

CATÁLOGO

GESTIÓN
Cristina Torra, Elvira Beltrán, Victoria Wizner
de Alva, Julio López, Ángel Serrano

COORDINACIÓN
Lucía Ybarra, Emiliano Valdés, Eva Ferraz

DISEÑO Y MAQUETACIÓN
Carmen de Francisco

TRADUCCIÓN
Polisemia, S.L.

REVISIÓN DE TEXTOS
Ana Martín / Briza
Josep Monter

FOTOGRAFÍAS
Joaquín Cortés, Richard Bristow, Xosé Ramón Lema
Bendaña, Museu Valencià d' Etnologia, Pep Parer Farell

FOTOMECÁNICA
Cromotex

IMPRESIÓN
Brizzolis arte en gráficas

ENCUADERNACIÓN
Ramos

NIPO: 553-07-014-6
ISBN: 84-8026-316-4
Depósito Legal: M-842-2007

MAGAZINES AND WAR

1936 1939

PROPAGANDA LABORATORIES:

ARTISTS AND MAGAZINES

DURING THE

SPANISH CIVIL WAR

BY

JORDANA MENDELSON

1. INTRODUCTORY SECTION

Nearly a decade ago, the Museo Nacional Centro de Arte Reina Sofía (MNCARS) held an exhibition titled *Arte Moderno y Revistas Españolas 1898-1936* [FIG. 2]. Taking magazines out of the library and archive and putting them on display within a museum context, the curators of the exhibition, Eugenio Carmona and Juan José Lahuerta, sought to call attention to the rich complexity that characterized print culture in relation to the propositions and challenges posed by new art. The range of the magazines, their sheer variety — from the kind of paper and design used to the ambitions of the magazine's editors and contributors — was audacious, demonstrating that one would have to look beyond unique works of art to fully grasp the contours of modern visual culture during the early twentieth century. Even more provocative was the exhibition's primary thesis that no understanding of modern art would be complete without a consideration of magazines as a new creative medium, one that was, at the same time, the principal means by which this same novelty was communicated to readers, locally and internationally.

Instead of dwelling on divisions between "high" and "low," "élite" and "mass," "original" and "reproduction" or attempting to articulate one over arching conclusion that might apply to all of the magazines included in the exhibition, *Arte Moderno y Revistas Españolas* proposed that we bracket off such categories and generalizations to look instead at the magazine itself as a complex, and sometimes contradictory, material and visual sign of modernity. The exhibition encouraged visitors to re-imagine the location of modern art not solely within a single artist's studio or upon the walls of a gallery (although in the exhibition this was the place now occupied by the magazines), but as the collaborative product of an editorial board or a print shop. The exhibition focused on those magazines primarily dedicated to literature and the arts (and thus aimed at a specialized audience), however there was an implicit argument as well: these more limited circulation publications were part of a broader reading and viewing practice that was made available for purchase or trade at street-side kiosks or through regular (and irregular) distribution among friends (and strangers). Artists did not stand apart from the growth of the literary and illustrated press, or uniformly resist its temptations in an effort to be singular. Rather, the exhibition recognized that artists responded repeatedly, albeit in radically different ways, to the call to participate in a new kind of collective identity in print. Modern artists understood, and often took advantage of the fact, that paper in circulation had come to define the most advanced forms of political and artistic communication, and that manifestos of all kinds were finding their way to an increasingly diversified readership.[1] Magazines created a networked world, well before our twenty-first century understanding of the term, wherein print culture broadened and deepened the ways in which artists were able to participate in a growing sense of public culture, even when the size and demographic of that public may have been limited for programmatic or material reasons.

Following *Arte Moderno y Revistas Españolas*, the MNCARS organized *Fotografía Pública* [FIG. 3], which was grounded in the idea, as explained by curator Horacio Fernández, that "Photography was, from its very beginnings, public."[2] As a public medium, photography became the defining feature of a new kind of illustrated press that brought images from afar close up for inspection. As an international technology that was enlisted by artists and industrialists to create new forms of communication and display, photography

[1] See Janet Lyon, *Manifestoes: Provocations of the Modern* (Ithaca, NY: Cornell University Press, 1999) and Mary Ann Caws, ed., *Manifesto: A Century of Isms* (Lincoln: University of Nebraska Press, 2001).

[2] Horacio Fernández, "Introduction," *Fotografía Pública: Photography in Print, 1919-1939* (Madrid: Museo Nacional Centro de Arte Reina Sofía, 1999), 28.

fueled the kind of cross-cultural networks mapped out in the MNCARS's earlier exhibition. Surveying a spectrum of print culture — from specialized technical journals to mass-circulation illustrated newspapers — the exhibition extended a discussion of magazines and modernity to include an expansive understanding of the relationship that magazines held with other forms of mass media. Posters and postcards were seen as facets of the same impulse that drove photography from imitating the selective culture of the salon to embracing the psychology of advertising and engaging the fraught terrain of political ideology. Together these exhibitions made the case for seeing magazines as dynamic forms of artistic dialogue and exchange. As multi-layered visual and textual artifacts, magazines hold as strong a place within the history of modernity as any other singular work of art. When magazines are brought into the museum, viewers are asked to think about the visual arts within a much broader field, one that includes issues related to manufacturing, censorship, labor, distribution, and literacy [FIGS. 4 and 5].

As much as magazines are motivated by literary and artistic projects, they also carry a social function that is both entrepreneurial and political, even when the politics of the magazine appear to challenge the economic structure of the press as an institution.[3] At times, this social role, when linked to a specific partisan position, has been described as "art in the service of politics," however the relation of magazines to their social and cultural context extends far beyond any single political agenda. The question of whether or not art should exist within or outside of political pressures resonated with contributors to and readers of these new illustrated journals. Thus, publicly intentioned or not, magazines were by context political objects, even if their editors wanted them to be considered primarily on aesthetic terms. Within the field of literary studies, the subject of "little magazines" has received increasing attention, in large part because they offer the opportunity to think about modernism in much more specific and nuanced ways, and because as theoretical objects they straddle the aesthetic and the political.[4] Though treasured for their avant-garde design and content, and produced for a select cultural élite, "little magazines" often engaged with ideas, debates, and scandals from mass culture. One of the pressing topics for scholars looking at these magazines is not whether or not there was a relation between limited and mass circulation magazines, but rather the challenge of describing the nature of that relation. Artists, like their cohabitants of modern life, were readers, consumers, and critics of the mass press. Where they differed from most other readers was in their response; artists who created magazines drew from and against what they were surrounded by and, in this sense, the little magazines are also sites from which to gauge the avant-garde as a particular group of readers whose own publications, in turn, were often cited and reviewed in the daily press. The manifestations of this dialogue in print can be tracked in both the visual and textual forms taken by the magazines.

In *The Public Face of Modernism: Little Magazines, Audiences, and Reception 1905-1920*, Mark Morrisson argues that early twentieth-century modernists in America and England, before and during World War I, saw promotion and the mass market as the means to reshape the public sphere, to create a space within low cost, little magazines for counter culture. For Morrisson, the central question is whether modernists saw mass-market publicity as a crisis or a new opportunity for liter-

[3] For an excellent discussion of these issues in relation to nineteenth-century Spanish periodicals, see the recent work of Lou Charnon-Deutsch: "The Making of Mass Media in Spain," Nineteenth-Century Prose 32.1 (Spring 2005): 186-226; and "From Engraving to Photo: Cross-cut Technologies in the Spanish Illustrated Press," *Visualizing Spanish Modernity*, ed. Susan Larson and Eva Woods (Oxford: Berg, 2005), 1780-206.

[4] See the special issue "Little Magazines and Modernism," ed. Suzanne Churchill and Adam Mckible, *American Periodicals: A Journal of History, Criticism and Bibliography* 15.1 (2005).

ary and artistic experimentation. Morrisson posits that it was by adopting the lessons of the market — publicity in particular — that modern authors and editors attempted to create and distribute experimental work within the frame of the radical politics of the alternative press. Thus, not only were avant-garde artists and writers adopting lessons from business and early experiments in marketing, they were doing so to challenge these same institutions. In addition, as the MNCARS's exhibitions and scholarship like Morrisson's make clear, we have to understand the press itself as a diversified field where alternative and mass-market periodicals exist alongside a range of other kinds of publications. Whether or not, and how, artists and intellectuals were able to articulate their politics from within or outside the institutional apparatus of the press indicates that the decision to participate in magazine culture — as an editor, writer, illustrator, photojournalist, publisher, distributor, or reader — was one that carried high stakes, and could represent a significant, politically committed gesture. It is with the question of the relation of illustrated, literary, and artistic magazines to mass politics that this new exhibition organized by the MNCARS is most concerned. What choices do artists have when participating in a press that is, sometimes by circumstance and other times by choice, defined by its politics? Within extreme situations of war, that span from boredom to violence,[5] what role do magazines play? Does the visual content of magazines suffer as a result of the restrictive conditions of wartime contexts, or do magazines continue to exist (and perhaps even thrive) as a location for modern art during war?

Some of the last magazines published in the catalogue for *Arte Moderno y Revistas Españolas 1898-1936* appeared during the summer of 1936. Looking at the covers of these magazines, it is difficult to understand immediately how, if at all, the rising political tensions and the war itself would be registered in print culture. Indeed, even into the war, many magazines stubbornly resisted displaying any political conflict on their covers. The ambiguity of modernity, and the complicity of print culture with the difficulty to trace a clean line between art and politics, seems particularly evident at this historical moment when mass politics and mass culture met violently, even if not so suddenly. The exhibition provoked an important, necessary question: What happened to the role of artists in the production of magazines during and after the outbreak of the civil war in July 1936?[6] *Revistas y Guerra 1936-1939* seeks to explore this and other questions by surveying a selection of the hundreds of magazines that were published in Spain from the summer of 1936 to the spring of 1939. Some of the magazines that began publication before or during the Second Republic, and were featured in *Arte Moderno y Revistas Españolas*, continued to appear during the war, including *Nueva Cultura* [CAT. 177 p. 39], *A.C.: Documentos de Actividad Contemporánea*, *Isla* and *Mediodía* [CATS. 142, 143 pp. 21, 218, 219]. Now responding to a different set of limitations and conditions, these magazines nonetheless renewed their commitments to

[5] Although the issue of banality and war has been under explored in relation to the Spanish context, classic studies on this concept in relation to Nazism in Germany and Fascism in France are: Hannah Arendt, *Eichman in Jerusalem: A Report on the Banality of Evil* (New York: Viking Press, 1964); and Alice Yaeger Kaplan, *Reproductions of Banality: Fascism, Literature, and French Intellectual Life* (Minneapolis: University of Minnesota Press, 1986).

[6] In an essay that I wrote a few years ago on the role of the visual arts in political magazines during the Second Republic, I did not address the vitality of the illustrated press in war despite the fact that many of the artists and publications treated in that essay continued in the same or other forms during the war. Having now researched the topic more fully, I would revise some my conclusions about artists and their role in the wartime press, especially with respect to the relation between political ideology and creative expression. See Jordana Mendelson with Estrella de Diego, "Political Practice and the Arts in Spain," *Art and Journals on the Political Front, 1910-1940*, ed. Virginia Hagelstein Marquardt (Gainesville: University Press of Florida, 1997), 183-214.

readers and often made their longevity in the face of war a demonstration of defiance. Some magazines not featured in the MNCARS's earlier exhibition, like the Valencian *Estudios* or the Catalan *Tiempos Nuevos* [CAT. 210 p. 42], come to take on an even greater presence during the war by returning readers to their long-standing radical politics as a prominent feature of their editorials and publishing agendas. By including these and other titles in *Revistas y Guerra*, we hope to indicate that in many ways the proliferation of magazines, many with dedicated political philosophies, was not a novelty of war but the continuation of a practice that was based on decades of innovation in and dedication to the graphic arts by artists, writers, and skilled technicians throughout Spain. Understanding and questioning, with an open mind, the links between pre-war, wartime, and post-war magazines provides a fuller view into the complex stories, collaborations, and sometime contradictions that created the deep historical and artistic context for what took place in the art studios, print shops and editorial offices of the magazines on display in this exhibition. The role of group identities,[7] the geographies of design and publishing in Spain, the significance of publicity and psychology, and the influence of international trends and artistic networks are all important factors in tracking the relation of wartime publications to the pre-war.

In addition to understanding the longer history of these early twentieth-century magazines, it is critically important to recognize that, with war, new practices, contributors, and readers also emerged and, for this reason, the main focus of *Revistas y Guerra* is on illustrated magazines that began during the war, on both sides of the conflict. The protagonists in this exhibition are magazines that were marked by their connection to events, institutions, and circumstances that dominated the everyday lives of individuals on the front and in the rear guard. Many of these magazines are beautiful *and* violent objects. They display in their manufacture practiced ideas about design and literary culture, even when they were created on the front by self-taught and soldier-artists. Some were printed on *couché* paper, rich with illustrations, and were declaratively modern. Others were more conventional in appearance, even restrained, while some made traditional iconography and conservative design into a political ideology. Yet, all were products of war, something that should be kept in mind when trying to examine the conditions of their production and the outcome of their appearance through critical analysis and academic study. Magazines published during war are not neutral objects. Those who participated in their publication often faced persecution, both during and after the war. For some, the tons of paper that were collected after the war served as criminal testimony. The papers from the war that survive today are traces of the sacrifices made so that images and ideas in print could continue to circulate. The survival of so many magazines from the war — often conserved at great risk to their owners — is further testament to the importance these artifacts held at the time of their production and long afterwards. Our hope is that this exhibition and accompanying catalogue serve as a platform for dialogue about these issues, and about the significance of artists to any discussion about the value of and risks to culture during war.

The magazines in this exhibition all include the visual arts in some way or another, on covers, featured in articles, or as part of the magazine's central mission. Literary and arts magazines form a core group of publications, including *Hora de España* [CAT. 116 p. 23], *Meridià* [CAT. 144 p. 37], and *Cauces* [CAT. 39 p. 34], but they are not the majority to be surveyed. The objective of most wartime magazines, even if difficultly met, was to reach the greatest number of people: they were principally issued as forms of propaganda. Though

[7] On the role of group identities in Spain during the early twentieth century, see Susanna Tavera and Enric Ucelay-Da Cal, "Grupos de afinidad, disciplina bélica y periodismo libertario, 1936-1938", *Historia Contemporánea* 9 (1993): 167-190.

few were aimed at a reduced audience, many were focused on a particular group and an even greater number were, by intention or fate, single issue or short-run publications. The difficulty of obtaining paper, ink, and access to working presses were among the major challenges faced by any publisher. And, yet, there were magazines like *Mi Revista* and *Umbral* that lasted nearly the entire duration of the war. The main publishers of wartime magazines were political or cultural organizations, trade unions, government departments, and military divisions. What is most surprising about these magazines is the great variety that existed among them, the vigorous participation of artists in their design, and the hard-to-believe fact that, until recently and on rare occasions, these magazines have received scant attention from scholars as visual artifacts. In contrast to the numerous exhibitions, articles, and books dedicated to the posters produced during the Spanish Civil War,[8] similar attention has not been paid to the serially produced, multi-page magazines that were visible throughout the war, in the trenches, on display in kiosks, distributed by subscription, or available at public reading rooms.

To date, there has been no exhibition or monographic study dedicated to surveying the visual content of Spanish Civil War magazines, despite the vast number of illustrated magazines that were published. This is not a question of an absence from the historical record, as these magazines were registered at the time of their publication and have in their majority been at least partially reviewed in scholarly bibliographies and inventories. In a July 1938 article in *Blanco y Negro*, Juan Fer reported during a tour of Madrid's Hemeroteca Municipal that the "catalogue of wartime press has reached more than five hundred titles" [FIG. 6]. After recalling General Miaja's order that two copies of every serial publication be deposited with the Hemeroteca and acknowledging the function of the collection as an "historic document," Fer made a particularly keen observation about the value of tracking wartime publications over the course of their development: "Our companion shows us some magazines from the front, many of which have been archived from their first number. In these one sees the continual progress of a publication, from the first numbers written in pencil to the present ones printed on *couché* paper, and [magazines] that constitute a true display of [design and] confection" [CATS. 105, 181 pp. 36, 40]. Recognizing the importance of Fer's insight into the evolution of magazines over the course of the war, in the MNCARS exhibition and catalogue we have tried to make the transformations within specific publications visible by showing several issues of a single title. At the same time, while Fer seems to indicate a progressive development of magazines from pencil to *couché*, during the war multiple formats, design techniques, and quality of papers coexisted, a reality of wartime publishing that is immediately apparent when one consults the volumes of Spanish Civil War periodicals still conserved in the Hemeroteca today.

The total number of magazines published during the war is difficult to determine, not only because of the challenge of strictly defining objects that often appear to blur the difference between magazine, newspaper and bulletin, but also because of the vast quantity of publications that appeared throughout Spain during the war. In his *Cuadernos Bibliográficos de la guerra de España*, Vicente Palacio Atard catalogued "1,346 serial publications from the war, the majority edited in Spain"; Palacio Atard knew of another hundred or so more from references.[9] His catalogue included periodicals from both sides of the conflict and although recent studies have provided additional titles and information, this early compilation pro-

[8] In addition to the authors mentioned in the following sections of the text, see also Raymond Conlon, "Loyalist Graphic Art," *The Spanish Civil War and the Visual Arts*, ed., Kathleen Vernon (Ithaca: Center for International Studies, Cornell University Press, 1990), 104-125.

[9] Vicente Palacio Atard, "La prensa periódica durante la Guerra Civil," *La Guerra Civil Española* (Madrid: Ministerio de Cultura, Dirección General del Patrimonio Artístico, Archivos y Museos, 1980), 56.

vides a solid foundation from which to survey the field of magazines published from 1936-1939. In 1988, Julio Aróstegui coordinated *Historia y Memoria de la Guerra Civil. Encuentro en Castilla y León. Salamanca, 24-27 de septiembre de 1986*, which included in its third volume a comprehensive treatment of the periodicals published in the Francoist zones during the war [FIG. 7]. Eduardo González Calleja, Fredes Limón Nevado and José Luis Rodríguez Jiménez catalogued 961 titles, among which were included newspapers, magazines, and other forms of serial publications.[10] In 1992, Mirta Núñez Díaz-Balart dedicated a three volume study to the "prensa de guerra" published on the republican side during the war; she catalogued 454 serial publications, with another twenty-three cited but not consulted.[11] Not included in her study are those magazines published in the republican controlled zones that were not explicitly dedicated to wartime propaganda. We are, thus, confronted with a situation in which during three years of war somewhere between 1,500 and 2000 periodicals were published. Multiply this number by the individual issues edited of each title, and one gains an appreciation for the ubiquity and importance of artists' participation in the creation of thousands of highly visible, widely circulating, and far reaching publications.

In addition to these and other inventories of the press that have been organized geographically, chronologically or by political affiliation, focused studies have helped to shed light on the particular situation of the arts during the war. Rafael Pérez Contel's two-volume *Artistas en Valencia, 1936-1939* included a section dedicated to periodicals and reproduced several covers from Valencian magazines. Miguel A. Gamonal Torres's *Arte y Política en la Guerra Civil Española: El Caso Republicano* has become a corner stone for understanding the presence of the arts in the polemics of the Spanish Civil War on the republican side. Like Pérez Contel, Gamonal Torres reproduced a selection of pages and covers from magazines that should have provoked more scholarly attention given the clear indications that these magazines, from which most of the primary texts reproduced in his anthology came, were significant visual artifacts in their own right. Studies on artists working on Falangist and Francoist propaganda similarly demonstrated that magazines became one of the leading platforms for artists to contribute to wartime propaganda. Alexandre Cirici's *Estética del Franquismo* from 1977 and, more recently and in greater detail, Ángel Llorente's *Arte e ideología en el franquismo, 1936-1951* reproduced illustrations, designs, and covers from magazines that clearly demonstrate the fact that magazines were a contested territory shared by artists on all sides of the conflict.

In preparing this exhibition, we have benefited tremendously from the above mentioned studies as well as the ground breaking work of other authors, including José Álvarez Lopera, Alicia Alted Vigil, Manuel Aznar Soler, Ana Isabel Álvarez-Casado, María Campillo, Enric Satué, Andrés Trapiello, and Miriam Basilio. Scholars coming from the fields of political science and military history, have also noted the proliferation of magazines during the war, and have charted their relation to ideology, military strategy, and union politics[12] [FIG. 8]. Unfortunately, even those authors interested in the role of artists in war have paid scant, if any, attention to the magazine as an object that calls for visu-

[10] Eduardo González Calleja, Fredes Limón Nevado, and José Luis Rodríguez Jiménez, "Catálogo de las publicaciones periódicas localizadas en la zona franquista durante la Guerra Civil Española," Julio Aróstegui, coord., *Historia y Memoria de la Guerra Civil. Encuentro en Castilla y León. Salamanca, 24-27 de septiembre de 1985. Vol. III. Hemerografías y Bibliografías* (Valladolid: Junta de Castilla y León, 1988), 9-164.

[11] Mirta Núñez Díaz-Balart, *La prensa de guerra en la zona republicana durante la Guerra Civil Española (1936-1939)*, tomo I (Madrid: Ediciones de la Torre, 1992), 15.

[12] See, for example, Michael Seidman's work on resistance to labor in Spain during the civil war; he uses for some of his case studies unions representing workers in the graphic arts. Michael Seidman, "Individualisms in Madrid during the Spanish Civil War," *The Journal of Modern History* 68.1 (1996): 63-83.

al (as well as historical, political, and economic) analysis. Only in the last few years have curators and art historians written dedicated studies on specific artists, agencies, and locations that produced illustrated publications during the war [FIG. 9]. Among the most useful for this exhibition have been José Ángel Ascunce's *San Sebastián, Capital Cultural (1936-1940)*, Javier Pérez Segura's *Horacio Ferrer*, the monographic exhibitions on print culture and graphic design organized by the IVAM and the MNCARS over the past decade, and Miguel Sarró's recently published *Pinturas de Guerra. Dibujantes Antifascistas en la Guerra Civil Española*, which provides one of the strongest indications of the scope of artists' involvement in wartime publications, while arguing for the urgent need to compile information about these artists, their lives, and the magazines and newspapers to which they contributed [CATS. 61, 160 pp. 35, 38].

Given the overwhelming documentation supporting the significance of magazines in war, why the lack of attention paid to objects that have been shown to play such a significant role in the cultural politics of the civil war? Logistical and methodological challenges may provide some explanation. The titles of many civil war magazines and their affiliations eschew the artistic for the technical or descriptive. For example, who would expect to find Boni Naval's colorful illustrations and montages on the covers of the magazine *Transporte en Guerra: Órgano del Servicio de Tren del Ejército del Centro*? [FIG. 10]. Likewise, how would scholars have known to look for the work of Mauricio Amster or José Bardasano, two of Spain's most renown designers, on the covers of *Tierra, Mar y Aire: Revista Militar* [CAT. 212 p. 43] or *Pasionaria: Revista de las mujeres antifascistas de Valencia*?[13] [CAT. 187 p. 41]. Civil war magazines are not centralized in one location; the magazines in this exhibition come from many different archives, libraries, and private collections from, among other places, Madrid, Barcelona, Valencia, La Coruña, Sevilla, and Málaga. Even if a researcher is familiar with a text or image that has been transcribed or reprinted from a civil war magazine, it is uncommon to consult the original publication. Most scholars have no idea that the magazine from which their research comes was full of illustrations and dynamic design elements. Seeing the original magazine provides critical insights and a new understanding of the material presence these magazines held at the time of their publication, and yet few scholars (and even fewer members of the general public) are able to gain access to these magazines on a regular basis. The geography of the history of the war and of graphic design in Spain have contributed to the difficulty in gaining the broadest view possible of these magazines, what they looked like, and the details of their publication history. Most archives do not conserve full serial runs. When available, researchers are usually provided with a microfilm or digital version instead of the originals (in order to conserve the paper copy from further deterioration). As a result of the scarcity and inaccessibility of civil war magazines, the visual impact that the drawings, montages, and designs might have for artists and scholars today has been lessened if not entirely lost in their mediated form.

Methodologically, a study of artists and magazines during the Spanish Civil War challenges discipline-specific categories. Scholars working on print culture come from a variety of fields and draw upon knowledge gained from areas that often reside outside of their professional specialization. In the past, magazines were largely subjects considered under the umbrella of communications or journalism.

[13] In addition to the exhibitions held at MNCARS dedicated to magazines mentioned above, see also the following monographic exhibition catalogues: Patricia Molins and Carlos Pérez, eds., *Mauricio Amster: Tipógrafo* (Valencia: IVAM, 1997); Juan Manuel Bonet and J. Ramón Escrivá, eds., *Antonio Ballester: Esculturas y Dibujos* (Valencia: IVAM, 2000); Patricia Molins, ed., *Enric Crous-Vidal: De la Publicidad a la Tipografía* (Valencia: IVAM; Lérida: Museu d'Art Jaume Morera, 2000); Patricia Molins, ed., *Los humoristas del 27* (Madrid: MNCARS, 2002).

Both areas offer insights into how to study print culture within its historical context and in terms of its rhetorical function (written, verbal and visual). Some of the most interesting work being done on magazines has come out of the interdisciplinary field of modernist studies and has been undertaken largely by literary scholars.[14] Art historians have rarely engaged with print culture to the degree required in an examination of the press. Photography, prints, and drawings are generally those media included within art histories, and even then they are still considered "minor arts." As a result, few art historians have considered the artistic content of magazines (not only the "little magazines" but also mass produced and popular magazines). There are exceptions and those scholars working on the history of print, photography, and design have turned to magazines and other forms of print culture as part of a wider field within which to understand the relation between media and culture.[15] Thus, by paying attention to these magazines as visual artifacts, and by registering the quantity and diversity of the artists who contributed to them, it is impossible not to reevaluate the methodologies needed to write an art history of the Spanish Civil War.

In making the selection of works for *Revistas y Guerra*, we have been limited by issues of conservation and space, as well as the desire to give an organization to the material that might allow visitors to the exhibition and readers of this catalogue to understand the intersecting stories that this material brings forward. If a magazine is bound or fragile often we were unable to request it for exhibition. In some cases there are few places that conserve a particular title, so despite its centrality to this subject, a specific magazine may not be included in the exhibition. We hope to remedy some of these absences through the reproduction of select additional magazines in the catalogue. Similarly, though we have sought to exhibit the greatest number and variety of magazines, space is a factor when trying to show hundreds of magazines, each one a multipage object that exists serially. For every example of a magazine displayed, there were tens of others that might have been exhibited in its place. We have not included newspapers, though many like *Tierra y Libertad*, *ABC* (published in both Seville and Madrid), *Ahora*, *Mundo Gráfico*, and *La Vanguardia* [FIG. 11] included illustrations and were significant publications during the war. We encourage visitors to the exhibition and readers of this catalogue to take our selection as an impetus to further explore this subject on their own, by visiting libraries and archives and taking advantage of the increasing digitization of magazines from the period that have been published on the Web. During the exhibition, digitized copies of a selection of civil war magazines held in the collections of the MNCARS and the University of Illinois, Urbana-Champaign library will be available for browsing virtually on a monitor displayed within the exhibition space.[16] This material will also be developed into an on-line Web

[14] Individual papers and group panels have been regularly featured as part of the annual conference of the Modernist Studies Association.

[15] See for example: *Graphic Design in the Mechanical Age: Selections from the Merrill C. Berman Collection*, with contributions by Maud Lavin and Ellen Lupton (Washington, D.C.: Smithsonian Institution, 1998); *Montage and Modern Life, 1919-1942*, ed. Matthew Teitelbaum (Cambridge, M.A.: MIT Press, 1992); *From the Picture Press*, ed. John Szarkowski (New York: Museum of Modern Art, 1973); and the exhibition *The Rise of the Picture Press*, held at the International Center of Photography in 2002.

[16] The digitization of select Spanish Civil War magazines and the creation of a Web portal and data base for this project was funded in part by the Campus Research Board, Office of the Vice Chancellor for Research, University of Illinois, Urbana-Champaign, and the National Center for Supercomputing Applications and the University of Illinois, under the auspices of the NCSA/UIUC Faculty Fellows Program. Additional support was provided by the Rare Book and Special Collections Library and the School of Art and Design, UIUC. Throughout the course of this project, I have received support from a number of grants, for which I am grateful: a William and Flora Hewlitt Summer International Grant, UIUC (2000); a Campus Research Board Grant and a European Union

site so that scholars and members of the general public may gain greater access to the historical ephemera of the civil war. Our hope in creating this parallel digital archive is to provide visitors with the ability to experience the magazines as multi-page objects, as well as to create a scholarly portal on the Web through which the examples of civil war magazines and related documentation gathered for this exhibition might have a prolonged after-life as a stimulus for new research. In addition to ventures that enlist new technologies,[17] there also has been a continued interest in the facsimile publication of some Spanish Civil War magazines; these too are an excellent resource for extending one's knowledge of and experience with the complexity of magazines as visually and materially significant historical objects.[18]

The organization of this catalogue roughly follows that of the exhibition by thinking about these magazines in relation to broad thematic areas, editorial organizations, and specific artists involved in their production. Because the exhibition charts the publication of magazines from the many sides of the conflict — Loyalist and Insurgent, Republican and Nationalist, Anarchist and Communist, among others — there is also a geography of these magazines that is loosely followed. The republican government held control of Madrid, Barcelona and Valencia for most of the war's duration. Bilbao was initially held by the government and then fell to Franco's troops in June 1937. The military insurgency led by General Francisco Franco took control of Sevilla, Burgos, Málaga, Palma de Mallorca, La Coruña, Pamplona, Salamanca and San Sebastián. From all of these, and other, locations magazines were published. The quality and duration of many of the magazines depended upon the existing publishing infrastructure in these cities. By far, the leading centers for magazine publication throughout the war were Madrid, Barcelona, Valencia, and San Sebastián. In these locations, the materials, factories, and print shops often drew on supplies and expertise from before the war,[19] creating unusual lines of continuity in the publication of images or the appearance of the magazine itself. Although not included in this exhibition or catalogue, to fully track the legacy of these publications one would need to consider the post-war histories of the writers, artists, publishers, and magazines in exile and Francoist Spain. Likewise, to understand the comparative impact of print culture during the war, Spanish magazines would need to be brought into relation with those published internationally. Foreign magazines that featured images and stories about the war often drew their materials from original Spanish sources; conversely foreign magazines also exercised a significant influence over Spanish print culture. Thus, the aim of the following text is modest in comparison to what may be needed to grasp the full story of Spanish Civil War magazines. Through a series of case studies, this catalogue will provide a window into the intersecting relations of artists, publishers, and readers

Center Research Grant, UIUC, a National Endowment for the Humanities Summer Stipend, and a Research Grant from the Program for Cultural Cooperation between Spain's Ministry of Culture and North American Universities (2002); and a Mellon Faculty Fellowship, UIUC (2003). The writing of this catalogue was undertaken in part while a member in fall 2005 at the School of Historical Studies, Institute for Advanced Study, Princeton, NJ.

[17] See, for example, *Republica de les Lletres (CD) Quaderns del Literatura, Art i Politica 1937-1938: Números 1 al 8: Valencia 1934-1936* (Valencia: Faximil Edicions Digitals, 2005).

[18] Among the many Spanish Civil War magazines that have been republished in facsimile editions, see *Isla (Cádiz & Jerez, 1932-1940)*, Ed. facs. (Cádiz: Renacimiento, 2006); *Comisario (Madrid: Comisariado del Grupo de Ejércitos de la Zona Central, 1938-1939)*, Ed. facs. (Mérida: Editora Regional de Extremadura, 2003); *Milicia Popular (Madrid: Prensa Española, 1936-1937)*, Ed. facs. (Barcelona: Hacer, 1977); and Topos Verlag's "Biblioteca del 36," which included *El Mono Azul*, *Nueva Cultura* and *Hora de España*.

[19] See Renau's comments about existing supplies used to make propaganda at the start of the war in María Riupérez, "Renau-Fontseré: Los carteles de la Guerra Civil," *Tiempo de Historia* 49 (1978): 10-25.

during the Spanish Civil War who understood magazines to be a central part of their daily activity, and who took the visual appearance of magazines to represent a critically important component of wartime cultural production.

2. FROM THE TRENCH TO THE WALL: MAGAZINES AT THE FRONT

Government propaganda agencies were among the most prolific editors of magazines during the war, and their activities in publishing extended from the rear guard into the front lines, making the trench one of the war's most active locations for the production and distribution of magazines [FIG. 12]. On the republican side, the Junta de Defensa de Madrid, the Comissariat de Propaganda de la Generalitat de Catalunya, the Subcomisariado de Propaganda del Comisariado General de Guerra, the Milicianos de Cultura, and later the Ministerio de Propaganda all actively supported the publication of magazines during the war. Contributing further to the production of magazines and other forms of print propaganda were the related organizations of the Altavoz del Frente and the Alianza de Intelectuales Antifascistas para la Defensa de la Cultura, each with its own magazine. Among the brigades fighting in support of the popular front government, and especially after the centralization of the armed forces with the Comisario as the leading politcal figure within the popular army, the "periódico del frente" or newspaper on the front, took on an increasingly important role as the primary vehicle for building morale, making public newly adopted slogans, or "consignas," of the day, and undertaking one of the central tenets of the government: the promotion of culture and literacy as weapons against fascism.

On the Insurgent side, the Delegación de Prensa y Propaganda del Estado (in Salamanca), the Delgación de Prensa y Propaganda de Falange (in Pamplona) and later the combined Delegación Nacional de Prensa y Propaganda de Falange y de las J.O.N.S. worked to create a comprehensive network of serial publications. Editorials in the Falange's magazines *Fotos*, *Vértice*, and *La Ametralladora* boasted of reaching soldiers on the front. The free distribution of magazines was a shared strategy adopted by both sides during the war. Photographs of soldiers reading magazines filled the press, and were often used as a way of promoting the close connection between the magazine's stated and accomplished objectives as a useful wartime commodity. However, there is a sharp and quantifiable difference between the number of serials published by Francoist and republican forces on the front. Whereas there are limited cases of magazines being edited by the armed forces fighting under Franco, and only *La Ametralladora* [CAT. 12 p. 73] was published specifically for soldiers,[20] on the republican side the number of bulletins, newspapers, and magazines published on the front, and in the service of the armed forces, proliferated throughout the war. Because most of the war military units deployed to defend Madrid were considered front-line combatants, many of the brigades stationed near the capital were able to make use of existing printing presses and the proximity to the city to obtain material and human resources.

The printing press was praised in many wartime periodicals as one of the primary means for transmitting and unifying political ideals. Melitón Ballesteros wrote in his February 1938 article on "Gutenburg in Civilization" for the front-line magazine *50 Brigada*, "Gutemberg [sic] invented the printing press, the marvelous medium for the diffusion of culture that we know today." In Ballesteros's estimation, it was the printing press that allowed for the spread of class-consciousness and the "imposition of the empire of truth." He reminded his fellow soldiers that culture signified the

[20] See, Jerry W. Knudson, "Military Propaganda in the Spanish Civil War," *Mass Communication Review* 16.3 (1989): 21-28.

unification of humanity, and implied that the printing press was one of the key inventions to accelerate this process. For Ballesteros and others who published editorials about the press during the war, the publication of a bulletin, newspaper or magazine was heralded as a major accomplishment, an act of heroism and determination that for some was seen as a building block for social revolution and, for others, the foundation for military victory. Given that these pronouncements — about the history of the press in general and of individual publications specifically — appeared in the same serials that were being praised, readers gain quick insight into two of the primary characteristics to define civil war magazines produced in and for the trenches: self-referentiality and repetition.

The history of the illustrated press is full of instances in which a magazine refers to itself, its own history, and its perceived relationship with its readers as part of its editorial content. The strategy was often used as a way to establish the stability, reliability, and authority of the press. In the context of the Spanish Civil War, magazine editors and their contributors employed self-referentiality to create a sense of legitimacy for newly formed or recently collectivized publications. Often this took the form of reprinting past covers within current issues, recounting the labor involved in bringing a magazine to press, or commemorating a specific number of issues published. Not only was the magazine's own history made a protagonist, but the risks involved in establishing and maintaining a wartime publication were also thematized. *ABC. Diario Republicano de Izquierdas* (Madrid) [FIG. 13] published a full-page reportage with photographs by Díaz Casariego on "A Newspaper that is Made on the Front-Lines" showing the editorial team, typographers, and the innovative "coche-imprenta," or automobile-printing press, that was built by the first regiment of the Milicias Populares in order to publish the periodical *Avance*.[21] The captions under the photographs underlined the fact that *Avance* was made "entirely on the front lines." Other magazines assured readers of a similarly authentic connection to the realities of war by indicating the sometimes changing locations of a magazine's editorial office with the highly significant "en campaña," or in the field. For those not on the front, the magazine became a material referent of a perhaps distant battleground, something that brought a version of the realities of war closer to home. For those on the front, the magazine became a voice for their own concerns and experiences, and was described as such by editors. The trench magazine, like other wartime periodicals, was published for multiple constituents, both on the front and in the rear guard. Throughout the war the first issue of almost any publication was careful to outline the rationale for its appearance, while at the same time emphasizing the sacrifices being made to insure the relevance and service of the periodical to the war's military objectives.

As in the front-line mobile press of the Milicias Populares, other military units and union controlled shops highlighted ingenuity and dogged perserverance as the key to their continued ability to produce printed material during the war. *Ímpetu: Revista de Carabineros* (Madrid), which featured covers by the illustrator Augusto [CATS. 125, 126 pp. 49, 290] and was a large format fully illustrated magazine, published a special issue in January 1939 that explained: "The situation of the Press is very difficult because of diverse circumstances ... the effects of which are frequently noted in magazines."[22] Time and again the editorial emphasized the connection between the magazine and the war, pointing out to its readers that the burden of bringing out the publication was carried solely by the "carabineros," or the armed guards, and that the magazine "is not distanced from front line combat" since "[The magazine] is made right in the middle of the contingencies of war." Not wanting to be seen as a frivolous magazine in the service of design for its own sake, the editorial re-

[21] "Un periódico que se hace en los frentes," *ABC. Diario Republicano de Izquierdas* (21 October 1936): 16.
[22] "Editorial," *Ímpetu*, special issue (1 January 1939): 3.

peatedly defended its publication of literary reports by the capital's best writers and "photographic notes of intense modernity," explaining: "Our graphic sections, of abundant and exuberant perspectives, are not a beautiful light, but the great light of contemporary History, for which this publication lives." Even if the reiteration of its ambition to be both beautiful and topical was particularly emphatic, the high pitch of *Ímpetu*'s insistence on its relevance to war and its dedication to bringing out a quality magazine were not unusual.

To reinforce the hyperbole apparent in the editorial's detailed account of its mission, *Ímpetu*'s special issue included a two-page spread on "*Ímpetu*'s Printing Press" [CAT. 125 p. 49 and FIG. 14]. Following a description of the city transformed by fighting that tore apart architecture and continually upset daily routines, the article directed the reader's attention to the photographs that accompany the text:

> Look among these graphic motifs ... at this comrade, already very old, whose wrinkled hands jump over the keyboard of the linotype machine. He alone takes up the deeds of Madrid's workers. To him, thus, goes the offering of the homage of admiration that we owe to all of the workers in the capital of the Republic.[23]

The photographs contrast images of buildings destroyed and the general chaos of war with the repeated labors of an older worker; juxtaposition here works rhetorically to create an implied proximity between the two contexts. As the editorial insists, *Ímpetu*'s printing press served as a "marco," or frame, for the heroism of war. Scenes of work that might otherwise appear peaceful, we are reminded "take on life in the zones where the fascist artillery sends bursts of destruction and death." One reason for the desperation that seems to underlie *Ímpetu*'s editorial and its insistent reliance on photography as testimony may be the late date of its special issue: by January 1939 the scarcity of paper, ink, and the duration of the war itself may have become a particularly heavy strain on any magazine trying to maintain a regular publication schedule.

Numerous books and pamphlets were published by government agencies about the wartime periodicals and the artists and writers involved in their production. These published accounts, often edited bi- or tri-lingually for foreign distribution, complemented the elements of self-referentiality that appeared in the trench magazines that were published largely for front-line and national distribution. In the 1937 *Periódicos del Frente* [CAT. 317 p. 74] published by Ediciones Española, the introductory text (in English, French and Spanish) was brief, letting the variety and number of the reproduced newspapers speak for themselves: "In this book we are collecting a few examples of what these newspapers are and what they mean to the cultural, political and technical formation of our soldiers." The pamphlet did not pretend to represent a complete anthology of the trench periodicals, instead there was a sense that the newspapers were interchangeable: what was important was the effect of the publications in combination and as unique artifacts of Spain's civil war. The cover of the pamphlet featured a photographic montage of soldiers reading copies of *Octubre: Boletín de la 30 Brigada* [CAT. 184 p. 74], a magazine that included on its covers the work of José Bardasano, Rodríguez Luna, Gil Guerra, Hotelano, and others. *Periódicos del Frente* seems above all to give notice to the international community that the act of publishing newspapers was a significant wartime activity that was shared by anonymous and well-known artists, writers and readers. As the author clarified: "We do not include them all, nor do we mean to say that these [newspapers] are the best but they will suffice to show the transcendence of this cultural service clearly, in all its complex expression."

Similar to *Periódicos del Frente*, but much more expansive, was the Ministerio de la Guerra's *Propaganda y Cultura en los Frentes de Guerra* [CAT. 318 p. 75]. Published as a compilation of the

[23] "La imprenta de *Ímpetu*," *Ímpetu*, special issue (1 January 1939): 48.

work realized by the Subcomisariado de Propaganda del Comisariado General de Guerra, the book brought together reproductions of periodicals and juxtaposed a summary of the war's events with primary source documents and drawings by some of the Subcomisariado's leading artists, including Arturo Souto, whose work was featured on the covers of many magazines and newspapers throughout the war. Surveying the Subcomisariado's activities, the book listed the publication of magazines along with the transmission of radio and the staging of theater as some of its primary cultural activities. One of the Subcomisariado's leading publications was *El Comisario*, the first issue of which was printed at the press that had produced the newspaper *Claridad* on 27 October 1936 with a print run of 30,000. This first iteration was replaced when the Subcomisariado moved to Valencia with another magazine *Vanguardia*, which in turn was revised under the title, once again, of *El Comisario*, a small format magazine that featured illustrations by Souto and photographs by various authors on its covers but was sparsely illustrated on its interior pages. Following the brief history of the Subcomisariado's publications, a photograph reproduced on page nineteen [FIG. 15] features a display of almost twenty magazine covers that track the evolution of *El Comisario*, from *Vanguardia* back to its original title. Some covers are layered over each other while others are hung individually across columns and rows. The cumulative effect reinforces the display board's title "Variedad Inicial," or initial variety. Repetition, variation, and accumulation are here made manifest for the reader as positive qualities ascribed to the propaganda efforts of the government during war. While each of the issues of the magazine is different, the repeated use of the same artist (in this case Souto) and similar mastheads create the illusion of a message that is shared across different issues of the same magazine. As a form of unification, here the Subcomisariado harnesses the seriality of the press to express a message of discipline, control, and productivity.

El Comisario featured the article "Newspapers on the Front: An Opinion about Them" in February 1937 with a drawing by Souto of two soldiers working at a printing press [CATS. 46, 304 p. 277]. Here the self-referential citation takes place within the visual field even more so than in the accompanying text. Reviewing the pros and cons of the proliferation of front-line publications in relation to the army's attempts to centralize its slogans and administration, the author acknowledged the value of the front-line periodical as an aspirational object. The desire to produce, in other words, was recognized as a fundamentally positive quality within the activities of any military unit. Nonetheless, the author also acknowledged: "We are not, in principle, as one can see, very supportive of the newspapers on the front, although we believe that they could become publications of interest if chance happily brings together men and circumstances that are able to combine into a pleasing exception."[24] If a Brigade was going to publish a newspaper, the author insisted, then there should at least be guidelines in place that were overseen by the Comisarios. After identifying what issues were of greatest concern to the Brigade, the author suggested that appropriate individuals should be identified who could observe and reproduce the concerns of their fellow soldiers. After organizing the themes to be covered (enemy, us, world, events, fighting, songs, local geography, arms, meals, rear guard, slogans, etc.) and identifying the personnel in the Brigade capable of editing the newspaper, the greatest challenge would be locating a printing press. Not without remedy, the author recommended that an easy solution would be for the Comisariado General to requisition the necessary equipment and supplies while assigning those soldiers with experience in typography the responsibility of working on the Brigade's newspaper.

El Comisario was not the only publication to voice both support of and concern about the num-

[24] M. "Los periódicos del frente. Una opinión acerca de ellos," *El Comisario* 13 (25 February 1937): 42.

ber of periodicals being published on the front. As with the general inventories taken during the war of the total number of serials published, those periodicals directly related to wartime combat were also the subject of sustained attention and analysis throughout the war. Editorials, like the one in *El Comisario*, that delivered instructions for the manufacture of periodicals or criticism of the resulting publications, filled the pages of front-line magazines. It is, thus, within the magazines themselves that we find a building discourse around the work of soldiers as writers, artists, editors, and photographers. Ernesto Muñoz Chápuli, writing on "The Press in the Army" for the magazine *Tierra, Mar y Aire* in September 1937 observed that "It is close to 200 the number of periodical publications that biweekly, weekly, and even daily, in some cases, treat the specific problems of the Battalions, Brigades, etc." While he was more supportive than the author of the *El Comisario* editorial, Muñoz Chápuli nonetheless also set forward recommendations for the effective use of the Brigade newspapers in creating a unified front against fascism. He suggested that units smaller than Brigades should not publish their own newspaper. At the same time, he wanted newspapers to include a balance between general observations and those specifically aimed at the particularities of each group. In reviewing the various magazines published on the front, one sees these guidelines put into practice through the repeated appearance of specific messages and types of images, even though the particularities of the materials available and the designs chosen allowed for difference within these shared conventions.

The prominence of repetition — understood loosely here as the broad based circulation of shared images, layouts, and rhetorical conventions — within Spanish Civil War magazines was seen not as a negative formal attribute or a sign of unauthorized plagiarism. Instead, repetition as the representation of a group identity made manifest in print became a quality of civil war publications that was at times creatively deployed and ingeniously reworked, even while maintaining the key signs that might link back multiple copies to a single political objective. While this may be a signature characteristic of the magazines included in this exhibition, it should not be considered an exclusive trait since repetition of images and text in print is a quality inherent to the medium itself.[25]

Thus, a paradox emerges when viewing the hundreds of magazines published on the front lines: a magazine had to be recognizable as a military publication that existed within a larger organization while at the same time individual artists working for a particular Brigade might give a unique stamp to that military unit as a way of differentiating themselves from other Brigades. Difference within sameness, uniqueness within repetition, and experimentation within convention: these might be some of the ways that the variety within front-line magazine might be described. *Guerra. Portavoz de la Brigada 146*'s covers became riotous exclamations against fascism due to Bartolí's exaggerated caricatures [CAT. 112 p. 79]. Torrado's contrasting use of black and white created schematic, angst filled juxtapositions of soldier's grimaces and wartime machinery on the covers of *¡¡En Guardia!! Boletín de la 34 Brigada 3 División* [CAT. 70 p. 279]. Photographs were used to create dynamic, urgent montages on the covers of *25 División* [CAT. 222 p. 137], *Balas Rojas: Portavoz de la 75 Brigada Mixta* [CAT. 24 p. 274], *Nuevo Ejército: Órgano de la 47 División* [CAT. 180 p. 82], and *Reconquista: 35 División* [CAT. 196 p. 83]. In each case, the artist-soldiers of the Brigade or Division were able to create an identity for the publication that differentiated the design work of that military unit from another. Although it might be a stretch to describe their designs as a form of branding, the greater the artist's ability to formulate a unique masthead and cover image the more likely an indi-

[25] See Cara Finnegan, *Picturing Poverty: Print Culture and FSA Photographs* (Washington, D.C.: Smithsonian Books, 2003); and Jordana Mendelson, *Documenting Spain: Artists, Exhibition Culture, and the Modern Nation, 1929-1939* (University Park, P.A.: Penn State University Press, 2005).

vidual publication would stand out from the dictated guidelines of the commanding units.

Paralleling the establishment of printing presses as described in *Ímpetu* and *El Comisario*, was the organization of artists' workshops to help in the quick design and production of wartime materials. Some artists worked alone, but most shuttled between numerous "clients" (government agencies, political parties, labor unions, etc.) and print shops. Ad-hoc schools were set up in the rear-guard and on the front to teach those with talent, but little training. Commentators labeled these wartime art studios "laboratories" and they became spaces in which artists negotiated the need to conform to wartime expectations and conventions with the impulse, shared by some artists, to innovate within a context of high expectations (in terms of quantity of output and diversity of tasks) and limited resources [FIG. 16]. Artists who had careers before the outbreak of the war were considered the leaders among this expanding group of "soldier-artists." Many of the artists in these workshops simultaneously produced materials for posters, magazines, prints, and postcards.

The artist José Bardasano [CAT. 270 p. 78], for example, led a workshop that designed posters and design work for several publications, including front-line magazines like *Choque: Portavoz de la 34 División* [CAT. 57 p. 57] and Bardasano's own satirical magazine *No Veas* [CAT. 168]. Photographs from the period in the Biblioteca Nacional's collection document Bardasano's workshop [FIG. 17], in which artists are shown drafting posters and the masthead for the periodical *Juventud*. The caption reads: "The workshop of notable artist Bardasano where his disciples are undertaking interesting propaganda work."[26] As Miguel Sarró explains, Bardasano founded and directed the workshop *La Gallofa* that was formed by the communist Sección de Artes Plásticas de las JSU (Juventudes Socialistas Unificadas).[27] Among the other artists who collaborated with Bardasano and his wife Juana Francisca were Desiderio Babiano, Ufano, Peinador, Enrique Martínez de Echevarría ("Echea") — all of whom designed posters as well as contributing to such civil war magazines as *Tierra, Mar y Aire* [CAT. 213 p. 84], *Crónica: Revista de la Semana*, *Hierro: Órgano de los Batallones de Enlace*, *Tren: Boletín Oficial de Información del 4 Batallón Local de Transporte Automóvil* [CAT. 218 p. 85], *Milicia Popular*, and *Muchachas* [CAT. 159 p. 81].

In addition to Bardasano and other well-known artists, magazines took care to review the work of lesser-known and anonymous contributors. An article published on "Our Workshop" in *Fuego: Órgano del III Cuerpo de Ejército* summarized the work of the artists Serralde, "a young man nineteen years old," and V. Martín, "a painter and illustrator who fought well before this war in order to give art a revolutionary and class sensibility," as well as the foreign photographer Filipo B. Halbig who documented the two artists at work for the article.[28] The author's tone in summarizing Martín's work reveals a possibly wide spread tension between the smaller, Brigade-based workshops and others, perhaps located in the rear guard:

> He drew in the trenches, in the rough terrain of life in the field, and today he doesn't move for days at a time from his drawing table or easel. He is not well known despite his artistic capabilities. He wanted to live like this during the war and he preferred to come as a soldier from the ranks instead of plugged in to one of those workshops of lazy pick pockets, unfortunately as bad as they are numerous.

Other artists were also featured in the magazines to which they contributed, creating another form of self-referentiality in which the information that we know about certain artists comes almost

[26] Fotografías Guerra Civil, Carpeta 54, Biblioteca Nacional, Madrid.

[27] Miguel Sarró, "Mutis", *Pinturas de guerra: Dibujantes antifascistas en la Guerra Civil Española* (Madrid: Queimada Gráficas, 2005), 53-59.

[28] "Nuestra Propaganda. Taller Artístico," *Fuego* 6 (1937): 3.

exclusively from the press of the period. *Trinchera: Órgano del 3 Batallón de la 4 Brigada Mixta* wrote that the artist Gumbau, who had been active with Altavoz del Frente, was "an artist who emerged from people." The author proceeded to recount the artist's biography along with an interview that detailed Gumbau's desire to create work that was popular and full of emotion.[29] The artist Fernando Guijarro, "Fergui," was interviewed in the magazine *Alianza: Semanario de barriada del radio Chamberí del Partido Comunista* about his process as an artist, to which he responded: "A poster like the one you see on the street is made in an hour ... when you have 'the thing inside,' the colors come out by themselves from your hand ..."[30]

Photographers as well as illustrators were featured within the wartime magazines as major contributors to the production of civil war print culture. Not only documentarians like Halbig, but also photojournalists who were quickly recognized for the risks they took on the front with their cameras. The same author who described Guijarro's relation to paint and color was quick to recognize the difference between easel painting and photography. In the second article in the series dedicated to "Anonymous work in the rear guard" published in *Alianza*, Jotagea reminded his readers:

> When you are leafing through the press and contemplate the photographic plates, read behind them the existence of their author, in the most advanced trench, audacious and valiant, defying danger, in order to capture with [his] camera the document that overwhelms later for its eloquence.[31]

As witness to the risks taken by photographers, the article was accompanied by an image of the photographer Luvalmar's camera that had shattered in its owner's hand when a mortar exploded; the author reminded his reader's that many photographers had died on the front in an attempt to record the war's events in a language "that the whole world understands."

The desire to communicate beyond the front lines to create a form of print culture that could be widely embraced on the front and the rear guard motivated the creation of numerous magazines, including *Centro* [CAT. 43 p. 90] published by the Milicias de Cultura in Madrid and *Cultura Popular* [CAT. 53 p. 77] published in Valencia, that were aimed at educating soldiers in political, cultural, and linguistic literacy. Photography, illustration, poetry, and design were combined in some of the more visually dynamic publications, each one devising its own way of reaching the greatest number of readers. Among the writers to contribute to *Alianza* were Rafael Alberti, José Bergamín, and María Teresa León, who were also leading contributors to *El Mono Azul: Hoja semanal de Intelectuales Antifascistas para la Defensa de la Cultura* [CAT. 156 p. 86], a weekly large format magazine that published poetry, essays, and drawings by its affiliated writers and artists. These were individuals who had varied experiences in publishing prior to the war (for example María Teresa León and Rafael Alberti had edited *Octubre* and Bergamín had been involved with *Cruz y Raya*), and who were active in a range of magazines during the war. León was the first editor of *Ayuda: Portavoz de la Solidaridad*, which featured the work of artists Bartolozzi, Puyol, Garrán YES, Bardasano and the photographs of the Hermanos Mayo as well as texts by Emilio Prados and Miguel Hernández.

Understanding that print culture encompassed a range of practices that could be used to cultivate readers and build a loyal following for their publications, we see nearly all of the civil war magazines putting posters to use to publicize their activities.

[29] Velasco, "Un artista surgido del pueblo: Gumbau," *Trinchera. Órgano del 3 Batallón de la 4 Brigada Mixta* 22 (31 July 1938): 8-9.

[30] Jotagea, "Tareas anónimas de la retaguardia: Los dibujantes y la Prensa," *Alianza* 23 (23 May 1936): n.p.

[31] Jotagea, "Tareas anónimas de la retaguardia: Los fotógrafos de la Prensa," *Alianza* 30 (11 May 1937): n.p.

An article about the Alianza de Intelectuales Antifascistas para la Defensa de la Cultura published in *Crónica* in November 1936 [FIG. 18] outlined the group's multi-faceted approach to propaganda, while describing their efforts to distribute their publication: "*El Mono Azul* is a seed of culture, and the seeds, in the form of printed sheets, are distributed by a group of enthusiastic young people who leave for the towns and the combat zones in a car loaded with issues that have just come off the press."[32] A photograph from the period, now in the Josep Lluís Sert Collection at Harvard University's Frances Loeb Library [CAT. 305 pp. 88-89], shows the free distribution of the magazine and the animated interaction between the magazine's contributors and its potential readers. Meanwhile, the Sección de Artes Plásticas, which included the artists Miguel Prieto, Rodríguez Luna, Souto, and others designed posters announcing the magazine, that also served as stand alone antifascist propaganda. Posters like the one announcing the publication of *El Mono Azul* [CAT. 279 p. 87] littered Spain during the war, and are critical objects to understanding the relation between publicity and propaganda mapped out by all sides during the conflict.

The closeness between the design of posters and work for magazines needs to be emphasized, not only because it was a common practice throughout the early twentieth century but because it also signals the dynamic interaction between two forms of print media that worked in conjunction to stimulate a market for visual culture during the war. It was in the workshops that practices associated with two different spaces — the page and the wall — intersected and fueled each other. Print shops regularly produced both magazines and posters, and many of the illustrations that first appeared on posters were later publicized through their reproduction in magazines. (Indeed, perhaps the richest, untapped resources for dating and cataloguing posters would be a full inventory of their appearance in the press.) Posters were often used to promote magazines and, as we have seen, civil war periodicals featured stories about artists known for their poster designs.

One of the most spectacular cases of the relation of magazine to poster, of trench to wall, is the relation of periodicals published on the front to the production of wall-newspapers, or "periódicos murales," on the front and in the rear guard [FIG. 19]. The wall-newspaper displays in its manufacture the fluid movement that existed between posters and magazines, and indicates the significant role of readers in becoming producers. Moreover, in the production and evaluation of wall-newspapers during the war, we find the development of a form of art criticism in the judgment of wall-newspapers through collective exhibitions and peer review. Tens of articles about wall-newspapers were published from 1936-1939, making this particular form of propaganda a focused object of critical attention [CAT. 217 p. 316]. In response to the repeatedly asked rhetorical question "What is a Wall-Newspaper?" [CAT. 42 p. 91] authors described the "periódico mural" variously as "the simplest expression of the press,"[33] the "true newspaper of the front,"[34] "a tablet, a piece of wall, wherever a soldier exhibits [his] thoughts,"[35] and perhaps most idealistically as "a gymnasium, an intellectual and artistic training camp, where the cultural activities of our soldiers are manifested."[36] Thousands of wall-newspapers were produced during the war by a variety of groups; labor unions, military units, children's colonies, and international aid organi-

[32] R.M.G., "La Alianza de Intelectuales Antifascistas para la Defensa de la Cultura," *Crónica* 364 (1 November 1936): 2.

[33] "El periódico mural, portavoz gráfico de nuestro Ejército popular," *Acero* 1 (12 May 1937): n.p.

[34] "Nuestros periódicos murales," *Valor. Órgano de la 4 División* 4 (15 May 1937): n.p.

[35] Bienvenido Melguizo Puente, "¿Qué es el periódico mural?" *Centro* 1 (October 1938): n.p.

[36] Jaime Fusté, "El periódico mural," *Tracción*, número extraordinario (January 1939): n.p.

zations all participated in what could be described as a veritable "do-it-yourself" publishing craze.

Suggestions for creating wall-newspapers were written by critics and Comisarios alike and disseminated throughout the wartime press, increasing the likelihood that new creators of wall-newspapers would follow the criteria standardized in military magazines. A series of "Wall-Paper Score Charts" conserved in the Abraham Lincoln Brigade Archive at the Tamiment Library, New York University [CAT. 323 pp. 94-95] detail the categories used to grade submissions to wall-newspaper competitions: illustration, balance, general appearance, originality, content of articles (political, military, etc.), and number of contributors. The critical reviews of wall-newspapers echo these categories, leveling judgment on: the degree of collaboration (many wanted a greater number of collaborators to insure that the wall-newspaper was a truly communally produced object), the reproduction of texts versus their summary, the need to constantly renew wall-newspapers posted for viewing on the front (to stimulate interest in their contents), the relation of the wall-newspaper to both army-wide and Brigade-specific concerns, and the need to make the wall-newspaper open to everyone, not just literary or artistic experts.

By studying wall-newspapers, one also gains further appreciation for the extent to which the circulation and re-use of wartime magazines became a wide spread, if sometimes criticized, practice on the front and in the rear guard as editors of wall-newspapers combined images and texts from already published sources with their own additions. Even with complaints like the one published in *Al Ataque* in August 1937 that "a wall-newspaper composed of cut-outs from graphic magazines is not at all effective,"[37] the majority of documented wall-newspapers from the period demonstrate that, in fact, the recycling of images first published in the press and composed into bold, often idiosyncratic, compositions was one of the most characteristic methods used to produce wall-newspapers during the war. In the *Periódico Mural* created by the sick and wounded at the Hospital Militar Clínico in Barcelona [CAT. 273 p. 93], images were culled from diverse publications to produce often surprising juxtapositions of Hollywood film stars with images of agriculture, soldiers on the front, propaganda, and hand-drawn or -painted scenes of war and humorous vignettes. The collage aesthetic present in hand crafted wall-newspapers extended to those that were published as single sheet posters. Appropriation and emulation, as conventions, are immediately visible if we compare, for example, the publication of a photograph documenting the popular defense of the Republic during the first moments of the war, which appeared on the cover of the special issue of *Ejército del Pueblo* [CAT. 68 p. 65] from July 1937, with its re-appearance on the published poster-size *Solidaridad: Periódico Mural del Socorro Rojo de España* from a year later [FIG. 20]. In both forms (hand-made and mass reproduced), the wall-newspaper was seen as a vital instrument for connecting writers, editors, and readers with each other, and with a larger public. Whether or not one could see the actual cut marking the excision of the image from the illustrated press or not, the idea of the circulation and reutilization of photographs, drawings, and texts across multiple publications and print contexts was of critical importance; the wall-newspaper connected its editors and readers to a larger constituency by making this public information network plainly visible in its own aesthetic. The wall-newspaper was valued as a dialogic medium that provided individuals with the ability to participate in a collaborative and creative group effort, one that was at the same time directed by specific wartime goals.

Despite the material, visual and functional similarities between posters, magazines, and wall-

[37] A.A. "Autocrítica. Periódicos murales," *Al Ataque* 26 (9 August 1937): 6.

newspapers (and the recurring comparison in the press between wall-newspapers and these other forms of propaganda), art critic Francisco Carreño, in one of the most detailed explanations of "What is and How to make a Wall-Newspaper" dissented:

> The wall-newspaper is a popular creation and not the work of a professional. It is, at its base and in its spirit, different from any other medium of information and propaganda. It is not a printed newspaper nor a poster, not only because it is created by different means, but because its character is particular and independent.[38]

As someone who was trained in looking closely at works of art, the intentions behind their creation, and the intricacies of their production, one has the sense that Carreño saw in the medium the potential for it to move beyond the restrictions of its political charge, despite the fact that the article itself was published in the October 1938 issue of *Comisario: Revista Mensual* [CAT. 47 p. 76], the serial that filled the void left when *El Comisario* ceased publication toward the end of 1937 [CAT. 306 p. 92]. For Carreño, the wall-newspaper was different from both the text dominated magazine and the image dominated poster because it was polyvalent, open to multiple, layered meanings at once. One could argue that both magazines and posters are also polyvalent objects, but Carreño saw the wall-newspaper to be unique in its complexity. In particular, Carreño seemed drawn to the ways in which the wall-newspaper registered in its form the points of convergence that it had with other media, and with its maker. Although many of Carreño's suggestions were similar to those of other authors, he paid particular attention to the visual and material aspects of the wall-newspaper advocating for the inclusion of the "greatest number of spontaneous illustrators" and humorous drawings. At the same time that he argued against the frequent use of images and texts from other magazines, he recommended the establishment of a graphic archive in which the material derived from other publications would be organized into folders by category. Carreño then outlined the process for creating a wall-newspaper: 1) Make a sketch; 2) Cut out a piece of paper the size of the desired wall-newspaper (if paper is in short supply, reuse the uninked side of posters); 3) Use color to unify the composition and be sure that slogans are legible; and 4) Place a date, title, and name of the military unit on the upper part of the mural. We have, thus, a wall-newspaper that takes as its support a used poster, relies on previously published images from magazines, and abides by both museological and archival standards by employing formal techniques for the creation of the mural and bibliographic information to insure its status as a historical document for posterity.

The paradox of the wall-newspaper is, in fact, what it shares with the civil war magazine. Both are textual and visual objects that function aesthetically and politically (despite Carreño's initial characteristic of the press as predominantly text based). This may, in part, explain the proliferation of exhibitions dedicated to the wall-newspaper during the war. Many writers recognized the artistic value of the wall-newspaper and described them in ways that parallel discussions of other forms of visual art. Mariano García instructed in the September 1937 issue of *Norte: Órgano de la 2 División* that "[o]ne has to make [wall] newspapers that have mobility, dynamism, diversity of sections, [and] pleasantness all together, so that they are agreeable to the eyes, because in this way the soldiers will read it more easily."[39] The wall-newspaper's confection as an object with visual interest allowed it to fulfill its role as an agent for literacy. An article from almost a year later published in *Ayuda* drew a further connection between forms of visual dis-

[38] Francisco Carreño, "Qué es y cómo se hace un periódico mural," *Comisario* 2 (October 1938): 51.

[39] Mariano García, "Nuestros murales," *Norte. Órgano de la 2 División* 6 (15 September 1937): 12.

play and the creation of wall-newspapers. Mourning the government decree that removed the posters from Madrid's walls, the author explained:

> The capital of Spain, with the loss of its posters now has the sensation of a gigantic Exhibition that has been closed, at the same time that a wave of agitation and popular art has penetrated into the heart and bowels of Madrid, in the immense depths of the factories and sites of production.[40]

That which took hold of Madrid in the absence of the poster was the wall-newspaper. And, although the author recognized that not all shared the same "artistic value," according to *Ayuda* the medium functioned heroically as a creative tool for the people to participate in crafting their own images and slogans.

Photographs of individuals viewing wall-newspapers on the streets in the rear guard and as part of the daily life on the front paralleled the documentation of the numerous exhibitions of wall-newspapers that were held throughout Spain during the war. Repeatedly we see photographers capturing the moment at which a reader engages in rapt attention with the object. Not just a moment of contemplation (though there are similarities in the photographic compositions between viewing the wall-newspapers and a work of art), these scenes portray visitors in an active role as readers. On the occasion of Cultura Popular's exhibition of wall-newspapers from Madrid in Valencia, E. Fornet published an extensive review in *Ayuda* that recounted the history of the wall-newspaper (and its roots in the Soviet revolution and the ideals of Vladimir Mayakovsky). He embraced the medium as a hybrid and saw, like Carreño, that its polyvalence opened up for the viewer multiple points of political and artistic entry: "The wall-newspaper has the rapid efficiency of the poster and the literary transcendence of the book. It is the book, in the street, open to everyone's gaze ... It is, moreover, something which is above propaganda, because it is the collective shout of knowledge, of understanding, and of the affirmation of the personality of a cultured and free people."[41] Vidal Corella's photograph of three young boys looking at a wall newspaper accompanied Fornet's article, and embodied his enthusiasm for these widely produced objects.

That Cultura Popular's exhibition was aimed at bringing the greatest number of people in to see the collection of wall-newspapers is further reinforced by the multiple posters that the group published announcing the exhibition. Special posters were made to target different groups of possible visitors: women, workers, and soldiers. Each one presented a different framing of the wall-newspaper in relation to the subject. The poster dedicated to bringing women to the exhibition presented a scene in which three different figures were captured in profile looking at the wall-newspapers hanging on display [FIG. 21]. The artist, Cantos, broke the implied distance between object and viewer by having the largest figure hold between her fingers an image that, at the same time, appeared to be adhered to the wall. This subtle spatial shift introduced the possibility that viewers were also participant-creators. The other posters offered similar devices for thinking about the objects on display differently: the arms of a worker emerging from a factory-scape hold up a wall-newspaper that towers over the composition [CAT. 281 p. 96], while the poster dedicated to soldiers features an empty space within the wall-newspaper that invites viewers (in this case soldiers) to imagine themselves filling the blank field with their own images and ideas.

The desire on the part of exhibitors to allow visitors to identify with the act of creating a wall-newspaper served a political function as well. Because these were objects made both in the rear guard and on the front, and they required little of the special equipment that was necessary for the printing of a magazine or newspaper, the exhibi-

[40] "Periódicos Murales," *Ayuda* 91 (15 June 1938): 6.

[41] E. Fornet, "Cultura Popular trae a Valencia los periódicos murales de Madrid," *Ayuda* 99 (31 July 1938): 5.

tions opened up the possibility for readers to think about themselves not as the passive recipients of political slogans but potentially as agents who were able to voice their concerns and engage actively in production of wartime propaganda. As a wartime tool, the goal could not be clearer: convert viewers into producers, exhibitions into opportunities for cultural and political education, and the display of two-dimensional objects into transformational situations in which a viewer might move from being an observer of war into an active defender of the goals of social revolution and the fight against fascism.

The triangulated situations of exhibition, magazine, and poster came to describe some of the most interesting and challenging contexts for understanding innovations in propaganda during the war. Like Cultura Popular, which had organized the exhibition of wall-newspapers while also publishing its own magazine, the 5th Regiment of the Popular Militias also became one of the leading producers of a multi-faceted approach to bringing the work of soldiers together with the spaces of display. From 1936-1937, the 5th Regiment published the magazine *Milicia Popular* [CAT. 150 p. 80]. Both María Teresa León and Rafael Alberti formed part of a core group of artists, writers, and intellectuals who contributed to the reputation of the regiment as the "Talent Battalion."[42] In 1937, the regiment sponsored an exposition of their cultural work and published a commemorative book as a souvenir. Within the exposition, there was a section devoted to publications [CAT. 307 p. 97]. And, like the reproduction of magazine covers in *El Comisario* and other periodicals, here too the purpose was to demonstrate the history and authority of the regiment as a cultural producer. The page of the catalogue [CAT. 308 p. 97] dedicated to the regiment's wall-newspaper, *Milicia Popular: Periódico Mural de la Exposición del 5.° Regimiento*, is provocative in that it reproduces a specially created board that openly invites visitor participation and critique. Activated in the space of public display, Milicia Popular's wall-newspaper epitomizes the dialogue that emerged among artists — professional and amateur, individual and collective, producers and consumers — and between soldier-artists and their viewers.[43]

[42] Eduardo Comín Colomer, *El 5.° Regimiento de Milicias Populares. Historia de la unidad político-militar que fue cuna del Ejército Popular y del comisariado político* (Madrid: Librería Editorial San Martín, 1973), 222.

[43] Even after the war, the memory of the impact of the wall-newspapers remained strong. See, for example the review of wall-newspapers published in the post-war period under Franco: "Los periódicos murales del S.E.U.," *Gaceta de la Prensa Española* 6 (1 November 1942): 372.

3. TRADE UNIONS, CIVIL WAR MAGAZINES, AND THE GRAPHIC DESIGN INDUSTRY

Throughout the war, and in parallel to the periodicals edited by the military, were the large format popular illustrated magazines, many of which were edited by the sindicatos, or trade unions. These publications also reached the front, as archival records conserved in the Archivo General de la Guerra Civil Española in Salamanca demonstrate. The logic of their manufacture and breadth of their contents often extended beyond that of the bulletins, newspapers and magazines published on the front lines. Like the magazines discussed in the previous section, however, their pages were full of self-analysis about their ideal role and appearance during the war. Barcelona, Valencia, and Madrid — all cities held by the Loyalists during most of the war — had long histories of advanced graphic design and printing. Of the cities, Barcelona had perhaps the richest variety of illustrated publications with strong connections to European advancements in the arts and commerce. What all three cities shared after the outbreak of the civil war was a wide scale collectivization of urban and rural industries that dramatically impacted the kinds of magazines being published. As factories, professional organizations, and farms were being collectivized, magazines emerged to represent workers in areas as diverse as the culinary arts, agriculture [CAT. 45], transportation, textiles, radio [CATS. 192, 193 pp. 113, 110], theater, electricity, metalwork, and construction [CAT. 183 p. 118]. Although magazines dedicated to specific professions were not uncommon before the war, the visibility of these periodicals was markedly different from 1936-1939 [CAT. 209 p. 119] in large part because the combined fields of journalism, publicity, illustration, and typography were equally transformed under the conditions of increased unionization and the rising difficulties of rear guard privations.

In order to create distinctive covers for the magazines of often newly formed collectives, drawings and photographs were used, along with innovative design layouts, to capture and transmit an essential idea about the group being represented. This, at least, appears to have been the goal of the majority of magazines that were surveyed for this exhibition in that they display conspicuously their use of eye-catching graphics. As with other magazines, editors published statements about their goals for the publication in the first issue. Repeatedly, we see an emphasis on the magazine as a primary outlet for the union's aspirations as well as its organizational challenges and advancements. Instructions for complying with a new directive, complaints about a current rule, or recommendations for appropriate labor practice were often the most frequent subjects. Many editorials called attention to the effort invested by the union to create a magazine of quality, especially at a time of paper, ink, and labor shortages.

Symbolically, a richly designed and carefully composed magazine might demonstrate in its form the value of the union itself. In these cases — such as with *Luz y Fuerza* [CAT. 139 p. 117], *Gastro- nomía* [CAT. 107 p. 115], *Colectivismo*, *Metalurgia*, and *Espectáculo* [CATS. 74, 75, 204 pp. 111, 114] — there was a clear connection between the image or design chosen and the represented group: a power station or trolley car for the industries of water, gas and electricity; a waiter or steaming cup of coffee for hospitality services; the photograph of a farmer or rural landscape for agriculture; a figure straining under the weight of forging steel for metalworkers [CATS. 146, 206 pp. 121, 120]; and the caricatured face of a famous actress for the theater. Despite the impressive number of union magazines to be adorned with elaborately designed covers, few except those related to culture and the arts extended their publication of visual content beyond that point. As happened with the front line military magazines, some unionized publications eschewed the visual all together. In these cases, the magazines were often almost exclusively textual, functioning more as news bulletins than as illustrated propaganda.

Of the magazines published by collectivized workers, it was by far those related to journalism and graphic design that are most revealing about the issues confronting the organization, publication, and distribution of illustrated magazines. Several of these magazines were in existence long before the outbreak of the war. Such was the case with the *La Gaceta de las Artes Gráficas* [CAT. 106 p. 123], published in Barcelona since 1923 as a technical journal for those in the industry. Through it, one learns of the difficulties confronting publishers: lack of paper, insufficient funds, and high unemployment. Paired with these material concerns was a sustained theorization of the role of print in wartime propaganda. Rafael Bori and Juan Oller, who were frequent contributors to *La Gaceta de las Artes Gráficas*, had built distinguished careers in publicity and were known throughout Spain as leaders within this emerging field. Bori co-wrote with José Gardó numerous books and articles on the subject of publicity, including the two volume *Manual práctico de publicidad* in 1926/1928. In 1936, the second edition of their *Tratado completo de publicidad y propaganda* [FIG. 22] was published, providing a strong indication as well to at least one of the likely sources to which designers and publishers turned for advice on marketing images and ideas during the war.

As an object for purchase and as a medium for promotion, *La Gaceta* provided, through example, a justification for the role of the graphic arts in war. Its covers changed with each issue, becoming a means through which the display of different fonts, designs, and formats was made visible on newsstands across Barcelona. It also showed the range of possibilities that graphic art professionals had at their disposal. Instead of advocating a conservative approach to design, the editors of *La Gaceta* pushed for innovation and experimentation. Numerous authors theorized the relation of the graphic arts to the other industries on the front and in the rear guard. In his article of November 1936 on "Budgets in the Graphic Arts," Juan Oller argued: "The [printing] press doesn't produce articles of war or of urgent necessity, but [it does produce] articles that commercial businesses and industries need for their development. And, it is irrefutable that, in spite of the war, the economic life of Catalonia, at least in some of its spheres, has an active rhythm, and this rhythm demands a series of imprints that are indispensable"[44]. In effect, Oller was arguing that the maintenance of a regular system of commerce and the continued development of industry depended upon the active use of the graphic arts. Without properly designed imprints and publicity, how would industry connect its products to consumers? If industry failed, how would the economic support for sustaining reliable employment practices in the rear guard continue?

Artes Gráficas [CAT. 23 p. 122], which was edited by the anarchist Sindicat d'Arts Gràfiques as a bulletin, was, like the *La Gaceta de las Artes Gráficas*, a specialized publication for professionals. At the forefront of every issue were editorials about the economic and material concerns of the graphic design fields, with special attention paid to the print shop and its relation to the changing organizational structure and politics of the trade union during the war. The most pressing matter at the start of the war was the process of collectivization itself. How should the need for skilled workers be handled? What role should the previous owners, who often held the most knowledge about the presses, play within the new worker run structure of the print shop?[45] The magazine also reflected on the status of the union itself, announcing the establishment of the Federación Nacional de la Industria del Papel y de las Artes Gráficas in September 1937. With a reported 35,000 members, the magazine celebrated the Federación as "the most powerful organization of workers in the graphic arts formed in Spain."[46] As this brief summary indicates, the bulletin was not aimed at a general readership, nor did it use the magazine to showcase in its own manufacture new design ideas, as had *La Gaceta*. The editors did, however, praise the latest publications issued by other agencies including the Consejería de Economía's magazine *Economía* [CATS. 65, 66 p. 103], which, it observed: "Is a real magazine, printed in various colors on *couché* paper."[47] The editors made special note of the magazine's form and presentation, and the great technical skill and professional competence of those who worked on the magazine in the print shop of "Seix y Barral," which was responsible for its production.

[44] Juan Oller, "Los presupuestos en las Artes gráficas," *La Gaceta de las Artes Gráficas* 7 (November 1936): 5-6.

[45] "Secretaría de Trabajo Colectivo. Informe que la Ponencia designada en cumplimiento del acuerdo recaído en la Asamblea general del día 16 de agosto, sometió a la celebrada el día 18 de octubre," *Artes Gráficas* 1 (10 November 1936); 3.

[46] "Ha quedado constituida la Federación Nacional de la Industria del Papel y de las Artes Gráficas," *Artes Gráficas* 15 (1 September 1937): 3.

[47] Anonymous, [Review of *Economía*], *Artes Gráficas* 4 (25 December 1936), 7.

The positive review of *Economía* came just one month after a lengthy editorial on the front page of *Artes Gráfica*'s second issue complained about the need for the graphic arts industries to have its own magazine. The author of "For a Popular Illustrated Magazine," criticized the abundance of daily papers at the expense of quality graphic magazines for the general public, and ask_ ed why Barcelona did not have as many illustrated magazines as other cities in Spain. As the author pointed out, there was no lack of expertise in the city: "We have ... specialized workers, artists, writers — Catalan and Castilian —, with a significant administrative organization."[48] Though these observations are surprising given that in Barcelona probably as many, if not more, illustrated magazines were published than anywhere else in Spain during the war, they provide insight into the perception among some graphic arts professionals that not enough was being done to insure the continuous growth of popular illustrated magazines specifically. The editorial argued that new wartime publications should cover the concerns of the working class and "transform the criminal civil war into a libratory, revolutionary war."

"For a Popular Illustrated Magazine" argued that part of the revolutionary work in graphic design must be to break with traditions; innovation should extend to all areas involved in the production of the press (writers, painters, artists, and typographers). The editorial claimed that magazines should be as revolutionary in their form as they are in the subjects they cover. *Artes Gráficas* confidently proclaimed: "The revolution that we are making should manifest itself in typography." In conclusion, the article called for an illustrated magazine that would serve as a record of the participation of the graphic industries in the goals of the revolution, and as a fundamental part of the history of the civil war "[s]o that one can't say to oneself tomorrow, when the civil war has ended and we are confronted with the reconstruction of our economy, that the typographic arts did not contribute in our day in the manner that we should and could to benefit the working masses and the artistic and cultural movement in which we participate."

Following this editorial in *Artes Gráficas*, two similar, even competing, popular illustrated magazines appeared in Barcelona. The combined unions representing journalists, Catalan writers, illustrators, and advertising professionals published its first issue of *Moments: La Revista del Nostre Temps* [CATS. 153, 154 p. 105] in December 1936.[49] Aimed at a general readership and featuring articles on film, fashion, the war, and popular interest stories, the magazine began publication in December 1936 and appeared irregularly through 1938. It cost one peseta and was published in a large format with many illustrations and vibrant covers that featured the work of leading artists, including SIM, Juana Francisca, and many others. Just as *La Gaceta de Artes Gráficas* had made manifest the creativity of design with its changing use of typography on its covers, *Moments* argued through its presentation of a different artist with each issue that the role of illustrators and painters during the war was equally vital to the life of the rear guard and the front. Because the Sindicat de Dibuixants Professionals was also the dominant producer of posters in Barcelona during the war, there was a close relation between that which a viewer might see hanging on the walls of the city and what was simultaneously displayed on kiosks.

The problem of propaganda was discussed repeatedly in *Moments*. As we have seen with other forms of self-referentiality, here the authors articulated views about propaganda in war that paralleled the activity of the magazine and the unions it represent-

[48] "Por una revista gráfica popular," *Artes Gráficas* 2 (25 November 1936): 8.

[49] The following were listed as sponsors to the magazine: Unión General de Trabajadores de España, Agrupació d'Escriptors Catalans, Agrupació Professional de Periodistes, Associació d'Agents Professionals de Publicitat, and the Sindicat de Dibuixants Professionals.

[50] "La importancia de la propaganda," *Moments* (October-November 1937): 50.

ed. In an article from October-November 1937 on "The Importance of Propaganda," the author reminded readers: "Propaganda has imposed itself as a necessity of modern times."[50] The author went on to provide an interpretation of the evolution of publicity, explaining that with its origins in capitalism and its primary use in support of commerce, propaganda itself became an industry with every effort invested in its perfection. From there, propaganda jumped from its origins in business to its adoption by nation states, and from that position to its central role in shaping public opinion about the civil war. Though he paid tribute to the artists and photographers who were working to create anti-fascist propaganda, the author nonetheless acknowledged that the most effective display of the war's impact was witnessing the material and human destruction in person, and the will of the people to make propaganda through their positive deeds. Action, in other words, was an even greater form of propaganda than image, but it was through effective written and visual propaganda, the author argued, that individuals might, in turn, understand the actual destruction taking place during the war [CAT. 322 p. 98].

While *Moments* offered its readers reflections on the state of propaganda and published some of the Sindicat de Dibuixants Professionals's best artists, it was nevertheless the Sindicat d'Arts Gràfiques's *Mi Revista*, which began publication in October 1936, that seemed best equipped to answer its own union's call for a popular illustrated magazine.[51] In the spring-summer of 1937, *Mi Revista* [CAT. 148 p. 124] published a survey that asked: "What do you like about *Mi Revista*?". As one of a long line of surveys undertaken by popular and literary magazines in Spain,[52] this one too promised a dialogue between the magazine's editors and its readers [CAT. 291 p. 126-127]. Most of the responses were written as flattery for the work of the editors and praise for the magazine's coverage of diverse topics, with a general appreciation for the magazine's high production value. *Mi Revista* was one of the longest running popular magazines to appear during the war; it was large format, fully illustrated, with original covers made for each issue, and at the same price as *Moments* (one peseta) was more expensive than a newspaper, but in range with other weekly and bi-weekly magazines published in Catalonia's capital city during the War.

The published responses to the survey were mostly taken from interviews or written statements from government officials, minor celebrities, or fellow writers, like Dr. Félix Martí Ibáñez who, in addition to contributing articles to *Mi Revista,* was also the director of the Conselleria de Sanitat i Asistencia Social (SIAS) of the Generalitat de Catalunya.[53] In the spring of 1937, at the same time as *Mi Revista*'s survey, Martí Ibáñez served as technical director for the agency's magazine *SIAS* which published its first issue in March 1937 with a cover by the magazine's artistic director and frequent contributor SIM, the pseudonym for Rey Vila[54] [CAT. 205 p. 106]. SIM published his work widely during the war, contributing covers to *Mi Revista* and other rear guard and front line magazines. He is well known for his illustrated book *Estampas de la revolución española. 19 julio de 1936*, published by CNT-FAI in 1937, and the print portfolio *12 escenas de guerra*, published by the Comissariat de

[51] María Campillo summarizes the comparative histories of *Mi Revista* and *Moments*, and the probable competition between the two, in her book *Escriptors Catalans i Compromís Antifeixista (1936-1939)*, 119-121.

[52] Some of the most remarkable of these surveys were conducted by *La gaceta literaria*, for example: "Política y literatura: Una encuesta a la juventud española" of 1927; and "Una encuesta sensacional: ¿Qué es la vanguardia? of 1930. For studies of these surveys, see Carmen Bassolas, *La ideología de los escritores: Literatura y política en La gaceta literaria (1927-1932)* (Barcelona: Editorial Fontamara, 1975); and Miguel Ángel Hernando, *La gaceta literaria (1927-1932). Bibliografía y valoración* (Valladolid: Universidad de Valladolid, 1974).

[53] Richard Cleminson, "Anarchist, Poet and Sex Radical: the *Estudios* writings (1934-7) of Dr. Félix Martí Ibáñez." *IJIS (International Journal of Iberian Studies)* 12.1 (1999): 17.

[54] SIM designed the covers for three of the magazine's four issues.

Propaganda. The artist Arteche, who also created the illustration for the cover of *Metalurgia* featured in the exhibition, provided the artwork for *SIAS*'s fourth (and last) cover.[55] Joining Martí Ibáñez and SIM on the *SIAS* editorial board was art critic and writer José Francés.

Martí Ibáñez's awareness and experience with the illustrated press, from both during and before the war (he had been an active contributor to the anarchist magazine *Estudios* and others throughout the 1930s) is apparent in his advocacy of the importance of a popular illustrated press in his answer to the *Mi Revista* survey: "today's magazines should contain a panoptic, integral vision of the new cultural movements, the latest technical innovations, capture the new, authentic voice of the artist, choosing from the international scene all that signifies scientific advances and cultural progress, and present [all of this] in a popular form ..."[56] The form that the magazine should take was a primary concern for Martí Ibáñez, who stated: "The magazine today should never be a photographic, written or graphic reproduction of reality, accepting it as good no matter what it is. The magazine should be a work of art — creative, elevated, pretty — and not a mirror." In contrast to other sources of information, Martí Ibáñez wanted *Mi Revista* to be the product of an artistic vision, to offer a fabrication, a fantasy even, for readers to enjoy instead of a mere record of the war's daily events. This might explain why much of *Mi Revista*'s content was dedicated to distraction; features about the arts, cinema, fashion, interviews, and public interest stories filled the magazine's pages on a regular basis [CAT. 278 p. 107]. Martí Ibáñez also acknowledged something even more basic about magazines: they are artifacts, objects in their own right, and as such they are the products of the imaginations of those who contribute to them: writers, artists, designers, editors and readers [CAT. 147 p. 125]. That *Mi Revista* shared in Martí Ibáñez's support of the visual arts as a significant aspect of its content is evidenced by the creation of original artwork for many of its covers.

As a writer, medical doctor, and administrator, on the one hand Martí Ibáñez was a member of the Spanish élite, but on the other he was an invested participant in the transformative mission of the social revolution led by anarchists following the popular defense of Barcelona during the outbreak of the civil war.[57] He was, at the moment of *Mi Revista*'s survey, fully involved in transforming the press into a significant mouthpiece for the social, artistic, and political revolution he saw as part of his work within the government, and the culmination of years of social advocacy during the Second Republic. In a letter [CAT. 313 p. 108] he sent to the director of *Mi Revista*, Eduardo Rubio, on December 19, 1936, Martí Ibáñez expressed in even more laudatory terms his enthusiasm for the role of the press generally and *Mi Revista* specifically during the war:

> Never in history has the press taken on such an important mission as in these moments, in which the daily newspaper and the magazine acquire the distinction of [becoming] weapons for fighting and tools for work. *Mi Revista* sig-

[55] Other artists listed as collaborators include: Blanch, Maynadé, Gili y Tusell. Photographs were published from the Comissariat de Propaganda and the Sindicato de Banca, Bolsa y Ahorro.

[56] "Encuesta *Mi Revista*: ¿Qué es lo que le agrada de *Mi Revista*, qué le sobra o le falta? ¿Qué temas prefiere que contenga una revista ilustrada?" *Mi Revista* 14 (1 May 1937): n.p.

[57] Earlier presentations of my thoughts on Martí Ibáñez, in particular at "Disciplining Discourses: Conflict, Conversation and Issues of Authority in Spanish Cultural and Intellectual Life" in Cambridge, England 27-28 May 2005, were key to my thinking about *Mi Revista*'s surveys and Martí Ibáñez's participation in them. I thank the organizers of "Disciplining Discourses," Alison Sinclair and Richard Cleminson as well as the participants for their suggestions, especially Thomas Glick, who encouraged me to look into Martí Ibáñez's medical newsmagazine *MD*, which began publication in the United States in 1957.

nifies a valuable intellectual and graphic contribution to the revolutionary movement .... We celebrate the brilliant dawn of this magazine, whose first rays tint the spiritual landscape of the moment in a humanist and creative dye. As a magazine is given its tone from its collaborators, we will all try to give to the ink we put to paper the same agility and elevation as that which is in the wings of a swallow.[58]

Martí Ibáñez's poetic salutation to the magazine was characteristic of his embrace of a broad literary, humanistic culture, one that infused his medical writings and his publishing projects with a surprising versatility and openness to diverse forms of expression. In December 1936, he also published "For a Revolutionary Art" in the anarchist magazine *Tiempos Nuevos* [CAT. 211 p. 142]. Here, even more than in his texts for *Mi Revista*, Martí Ibáñez outlined the role of art in war, calling for the dismissal of an independent bourgeois art and the embrace of "Art placed in the service of the Revolution!" No doubt he had in mind artists like SIM when he referred to "some albums of *estampas* from the Revolution." He described this work as an "art of the barricades" in which the pencil joins the rifle as a weapon in war. For Martí Ibáñez it was within the reach of the illustrated press, and part of its mission, to transform public rhetoric about the arts into an energizing force. Through the publication of visually interesting, dynamic magazines he hoped that the message of social revolution would be communicated to the broadest possible audience, both popular and elite.

Amadeo Vidal, whose response to *Mi Revista*'s survey was printed in the same issue as Martí Ibáñez's, brought the discourse of the magazine's survey down to the level of the street: his own pleasure and education, and the relation of both to the economy of print culture. Vidal, a *miliciano*, was interviewed just after buying a copy of *Mi Revista* at a newsstand. Like Martí Ibáñez, he located magazines as part of a revolutionary project, however in contrast he placed access to print culture in front of, or at least equal to, issues of composition and appearance. He exclaimed: "I like magazines, especially if they're cheap, so that they can be within the reach of everybody. They should have the same for books as for newspapers so that they are available to the masses and stop being a gift of the privileged classes." Vidal's response was all about access: who gets to buy magazines and how often. Whereas Martí Ibáñez was concerned with the process that goes into making the magazine — the editorial choices and decisions about the aesthetics of the illustrated press — Vidal was focused on the reader, himself. It was important to Vidal that he could go to the newsstand and buy a magazine at an affordable price. In his hands, and perhaps fulfilling Martí Ibáñez's hopes, magazines had the potential to level class difference. Combined, the responses by Martí Ibáñez and Vidal to *Mi Revista*'s survey bring together two spheres that intersected in nearly every Spanish magazine, not just the popular illustrated ones, during the war: art and political economy.

[58] Letter from Dr. Félix Martí Ibáñez to Eduardo Rubio, Director of *Mi Revista* (19-12-36). AHGGC, P.S. Barcelona, C. 1069, page 5044.

4. THE CASE OF *UMBRAL*

In Valencia as in Barcelona, the anarchists were responsible for some of the most dynamic uses of the visual arts in print, while at the same time the art criticism in these same magazines often returned to a more traditional artistic canon. *Tiempos Nuevos* [CAT. 284 p. 143] and *Estudios* were anarchist magazines that had begun well before and continued their editorial activities after the outbreak of the civil war. Many of the same artists appeared in these magazines and the quantity of articles dedicated to art and propaganda published in them during the war was significant, certainly deserving of a critical review. Other anarchist magazines appeared in

Madrid, for example *Revolución: Semanario de la Federación Local de Juventudes Libertarias de Madrid* [CATS. 201, 202, 295 pp. 157, 156], and in areas other than the major capital cities, like *Cultura y Porvenir* [CAT. 56 p. 159] in La Seo de Urgel or *Liberación: Revista Mensual de Orientación Sindicalista* [CAT. 131 p. 144] in Gijón. Of the anarchist magazines published during the war in Valencia, there is one that emerged with the war that was unique in its dedication to artists who participated in the illustrated press. *Umbral: Semanario de la Nueva Era* was a weekly magazine published on regular newsprint but with exceptionally high design value from 1937-1939 [CAT. 220 p. 129]. In the salutation to readers of *Umbral*'s first issue, dated 10 July 1937, the director of *Umbral*, Antonio Fernández Escobés, regarded the magazine as an opportunity and a triumph: "The mere fact of *Umbral*'s birth in this difficult hour constitutes an authentic demonstration (prueba) of our optimism, our sense of continuity, our faith in the destinies of the laboring classes .... *Umbral* is born healthy and happy. And, it is born to be, at the same time screen and microphone for our Spain of today."

Umbral communicated its message to a broad public through the edition of promotional materials, like posters, which featured the work of several of its designers. In one poster, a graphic zone complements and reinforces the text: the magazine, aimed at the urban proletariat, the rural farmer, and the soldier is for "todos los antifascistas," [FIG. 23] or all of the antifascists. The photographs, positioned together, form an arrow that points to the magazine's title. The advertisement is effective, concise, legible, and dynamic. Another poster featured a montage of photographs contained within the profile of a soldier's open-mouthed face and helmet, while yet a third poster announced the magazine's inclusion of "16 large pages in photogravure" and featured a single photograph of a confident soldier whose gaze appears to greet the announcement of *Umbral* as a "magazine [of the] people" [CAT. 286 p. 141].

Many of *Umbral*'s covers, especially those that featured complex photomontages, were designed by the Valencian artist Manuel Monleón. At the same time that he was designing for *Umbral*, Monleón also created covers for the books and magazine published by the Estudios collective, also responsible for the magazine *Estudios*, which had begun publication in 1929. Monleón's covers, along with those produced by Valencian artist Josep Renau, made of *Estudios* one of the most visually dynamic magazines of the period. In most of his covers for *Estudios*, Monleón employed vibrant colors to highlight the juxtaposition of a reduced number of photographic and graphic elements that generally created a relationship between a "before" and "after" image. For the cover of *Estudios*'s special issue from January 1937 [CAT. 84 p. 145], the artist juxtaposed a photograph of a young mother and her child with a rendition of a decapitated statue of a female torso. The iconic representation of a bomb dropping amidst multi-colored flames with the label "fascist culture" provides the clear agent for the transformation of a maternal image into a headless ruin. The cover for the following month [CAT. 85 p. 145] offers a similar rendition of the violent fate that the Nazi support of the insurgency would bring about: in front of a cropped image of a mother breast feeding her child lies a slightly older child crucified on a swastika as a wartime sacrifice. For *Umbral*, Monleón also employed photographs of children to create visual narratives of both hopeful utopias and fearful scenes of war.

Both *Umbral* and *Estudios* could have been on the newsstand at the same time, both were edited and printed in Valencia, and both utilized the same artist. How would the simultaneity of their publication impact their position within the field of magazines published during the war? How might Monleón's participation in both magazines have insured their success? I imagine at least two ways to approach these questions. First we might consider Monleón's reputation as an artist. Would owning an example of Monleón's designs have been attractive for readers? Would his long-standing participation in Valencian print culture have given his work greater prominence, and thus brought attention to the magazines for which he designed covers? Second, and more broadly, we might take into account the role of the arts in general in *Umbral*. Did the magazine's favoring of the visual arts, both as a design element and as part of its editorial content, impact its ability to market itself as an illustrated magazine with broad appeal? This second approach requires a methodology that focuses on the magazine's publication history, its editorial decisions, and its ability to entice artists to participate in *Umbral*.[59] Additionally, the magazine's ability to continue to compose itself as a richly illustrated magazine throughout the war would have depended, at least in part, on its revenues from subscriptions which, in turn, would have depended upon effective distribution to get the magazine out to its readers over a two year period.

Umbral created a magazine culture that revolved around the visual arts by using its articles to promote artists who were publishing not only in *Umbral* but also in other magazines at the same time (like Monleón), and by promoting their work not only in print culture but also their careers as exhibiting artists. In the fall of 1937, *Umbral* ran a series of articles called "Other Weapons" that featured stories about artists who were published in the press; most of them were both illustrators and satirists. One of the early articles about Monleón, "Other Weapons: The Photomontage," [FIG. 24] was written as an interview that alluded to the artist and his biography but revealed few details other than that he sold newspapers as a child, had shuttled around a number of jobs to support himself as an artist, and was influenced in his montage work by Soviet posters and John Heartfield's magazine covers for *A.I.Z.*[60] Another artist discussed in the series was "Les" (Ángel Lescar) who also used photography on occasion in montages for the front line magazine *25 División*. The article, written by Carrasco de la Rubia, highlighted the other publications to which Les contributed (*Tierra y Libertad*, *Popular Film*, *Solidaridad Obrera*, and *Tiempos Nuevos*). The artist himself is given credit for powerfully swaying his viewers' opinions: "in his hands [the pencil] is a cannon, tank, and machine gun that perforates the mind, which, upon seeing clearly the repugnance of fascism, falls vanquished before Les's graphic truths"[61] [FIG. 25].

Another series of articles in *Umbral* was dedicated to painters and, as with the series on "Other Weapons," these also sought to connect the work of contemporary artists to the events of the war. In January 1938, one of the articles from the series by the author "JAES" [FIG. 26] featured the work of the young artist Joan Borrás Casanova. In the interview, the author qualified the artist's work as "a constant laboratory of experimentation." He also remarked that Borrás Casanova was wearing "military boots," to which the artist replied: "Yes, military boots. I am 28 years old and mobilized. I hope to leave soon to fight for the revolution. I'll carry a rifle and [have my] eyes open to 'see' life."[62] The artist, we are told, studied painting in Valencia and then Madrid. He began as a portrait painter but quickly understood that to earn a living he would have to alter himself artistically to accommodate the tastes of his patrons: "Then, I realized that artistic liberty is connected to the political and economic liberty of the workers .... This is to say that to liberate myself of the 'family' portraits I needed the revolution. And I felt the revolution as a man and as an artist." The narra-

[59] For a comprehensive study of *Estudios* and an examination of the management style of its editors (in relation to a more capitalist business model despite being an anarchist magazine) and a discussion of the magazine's popularity among a diverse group of readers, no just anarchists, see Francesc Xavier Navarro Navarro, *El paraíso de la razón. La revista Estudios (1928-1937) y el mundo cultural anarquista* (Valencia: Edicions Alfons el Magnànim: Institució Valenciana d'Estudis i Investigació: Generalitat Valenciana, 1997).

[60] JAES, "Las otras armas: el fotomontaje: Monleón," *Umbral* (4 September 1937): 12.

[61] Carrasco de la Rubia, "Las otras armas: el lápiz: Les," *Umbral* (23 October 1937): 13.

[62] JAES, "Pintura: J. Borrás Casanova," *Umbral* (15 January 1938): 14.

tive is one of awakening to political consciousness. Instead of serving the class interests of the bourgeoisie, Borrás recognized that the only way to artistic freedom was through identification with the working class. That transformation was documented for readers of *Umbral* through the first person. The artist told his own story with the magazine as a platform for the direct transmission between artist and reader. As had been hoped for in the magazine's first issue, *Umbral* was a microphone for the artist as well as a screen for the projection of his work. The reader received both: testimony (historical record) and creativity (the exhibition of the artist's "laboratory").

In April 1938, Borrás Casanova exhibited his paintings at the offices of the Valencian anarchist collective "Libre-Studio," which also published a magazine from 1937-1938 [CATS. 133-136 pp. 146, 139, 148, 149]. Like *Umbral*, *Libre Studio* featured the work of many artists and its covers present a rich variety of artistic styles and techniques. The Hungarian artist Kati Horna, who recalled being friends with Borrás Casanova, José-María Escrivá, and Miguel Marín (who were also featured in the Valencian and Catalan anarchist press), published her photo reportages in *Umbral* and the Barcelona-based *Mujeres Libres* [CATS. 162, 280, 289, 315 pp. 154, 155, 152-153, 150] while her montage *La catedral de Barcelona* was reproduced in *Libre-Studio*.[63] In *Umbral*'s review of Borrás Casanova's exhibition, there is a slight shift in the description of the function of his art in war. We are reminded of the artist's biography, that he's gone off to war to experience life and the revolution with his eyes open as both a man and an artist. In addition to being the agent for a personal revelation of the artist's class-consciousness, the author of the exhibition catalogue, cited in *Umbral*, describes Borrás Casanova's work as a sedative for the unsettling experience of war, and as a means to elevate, through the public display of the artist's "profound creative temperament," the spirit of the people. Both *Umbral* and *Libre-Studio* argued that through public exhibition, art had the potential to transform the individual and society. Thus, these wartime magazines, the authors argued, also had the potential to be agents for change through their publication of the arts.

5. OBJECTS OF DESIRE, OR THE POWER OF PROPAGANDA

> "Propaganda is, first, an effect, and later, the cause of the divisions that exist in the modern world."[64] Bertrand Russell, "On Propaganda," *Estudios* (September 1936) [FIG. 27].

Drawing a map of the major centers of the production of illustrated magazines during the war betrays both truths and fictions about the central agencies that edited propaganda during the war. As we have seen, the geographies of design dictated that one needed to have printing presses, workers, and supplies in order to create and distribute magazines of quality, and yet we have also seen that magazines were produced just about everywhere and by nearly every group during the war, from the trench to the factory floor and in both hand-made and mass produced forms. Tracking the changing institutional titles for the producers of these magazines, and the lineages of the magazines themselves, can be perplexing, as agencies, publishers, and distribution networks were constantly being renegotiated. This is nowhere more visible than in the nomenclature assigned to the government ministries and individuals in charge of directing propaganda campaigns on both sides of the war. Layers of bureaucracy, political disagreements, and leadership hierarchies make a clear organizational description of the production of print culture one of

[63] Manuel García (Interview with Kati Horna), *Lápiz*, vol. 20, no. 173 (May 2001): 66-71.

[64] Bertrand Russell, "De la propaganda," *Estudios* 156 (September 1936): 48.

the greatest challenges to figuring the relation between artists, government policy, and the appearance of illustrated magazines throughout the war.

What does become clear is that two of the main locations for the production of the war's most notable and visibly modern illustrated magazines were Barcelona and San Sebastián. The leading agencies associated with these two cities were the Comissariat de Propaganda of the Generalitat de Catalunya [CAT. 271 p. 188] and the Falange's Delegación Nacional de Prensa y Propaganda (which became the Dirección General de Propaganda under Franco) [CAT. 287 p. 224]. While the seat of the Catalan government was Barcelona, which also coincided with the primary location of printing presses, material resources, and artists, in the case of San Sebastián the situation was much more complicated. As José Ángel Ascunce has explained, the primary cultural and political centers in the Francoist controlled zones, when looked at bureaucratically, were Burgos (as the center for government), Salamanca (as the location for the Delegación de Prensa y Propaganda del Estado), and Pamplona (as the center for the Delegación de Prensa y Propaganda del Falange), however, the main production center for illustrated publications, and hence the location with the most artistic and cultural resources, on the insurgent side was San Sebastián.[65] Thus, we have two very different organizational models, each of which generated a different magazine culture, but both of which became iconic during the war for their publication of richly illustrated, large format magazines.

Both organizations, the Comissariat and the Falange, focused their efforts on creating a range of periodicals for a diversified public that were distributed both within Spain and abroad. In this respect, they worked hard to build a reputation for their magazines that for many came to represent the realities of war as mediated through the model of a large format and expertly designed serialized publication. Both organizations used posters and publicity in other magazines to build an audience, and both employed leading artists, many of whom had their roots in the most advanced art and design practices of the pre-war (both so-called avant-garde and commercial). There are also significant differences between their leading magazines. *Nova Iberia* [CATS. 173-175 p. 189] was published by the Comissariat as one of their highest production value magazines and appeared in several languages, yet it reached a total number of only three issues. It was designed primarily as an artifact of propaganda meant to raise the profile of the Comissariat and the fight against fascism internationally. Features in the magazine focused on the government's initiatives, and it was less of a regularly published popular magazine than a carefully composed ambassador of Catalan culture and the educational, agricultural, and political reforms undertaken by the government since the war (with some features about pre-war, republican era programs). The Falange's *Vértice* [CATS. 224, 229 p. 163] was published in Castilian, though it reached other countries (and included content summaries in French, German, Italian, and English), and appeared continuously from 1937-1946. It was also meant as an object of propaganda, and the Falange's political ties to Germany, Italy, and Japan were clearly announced. It was an expensive magazine (ranging from three pesetas at the start of the war to nine pesetas for a special issue)[66] that was aimed, as José Carlos Mainer has detailed, at a middle class readership with features that covered a range of topics from fashion, interior decorating, and humor to political rallies and social service programs. Both magazines featured the nation's leading writers, artists, and designers and were fabricated as show pieces for their agencies, as dream

[65] José Ángel Ascunce, "San Sebastián y *Vértice*, sede y expresión ideológico-cultural de la primera época franquista," *Estudios sobre Historia del Pensamiento Español (Actas de las III Jornadas de Hispanismo Filosófico)*, ed. Antonio Jiménez García (Santander: Asociación de Hispanismo Filosófico, Fundación Histórica Tavera, Sociedad Menéndez Pelayo, 1998), 321.

[66] Ibid., 327.

images of a sort that tempered coverage of the war with the illusion of prosperity.

While both magazines have become iconic representations of civil war print culture, and demonstration pieces for the propaganda initiatives of their related organizations, neither has been identified primarily with their editors (Pere Català-Pic as head of publications for the Comissariat and Manuel Halcón as the first editor of *Vértice*). Instead, at the time and into the present, they have been seen as synonymous with the directors of the organizations who began these larger propaganda initiatives (as was the case with Jaume Miravitlles in Barcelona) or were appointed in the last year of the war (as was the case with Dionisio Ridruejo, who was the head of propaganda under Franco from February 1938 until 1940). Both Miravitlles and Ridruejo published memoirs after the war, and each was known for their participation in and support of print culture, both before and after the war, especially in relation to literary and artistic magazines. As heads of these leading propaganda agencies, they were both active in supporting other artists and writers during the war, while being featured themselves in the press.

During the war, the Falange commented on the propaganda produced on the Loyalist side, with the Comissariat being the target of an early article in the illustrated photographic magazine *Fotos* [CAT. 101 p. 216]. Describing the propaganda of the "rojos" as a criminal travesty that was turning social roles and literary norms upside down, the April 1937 article focused specifically on the work of the Comissariat and was illustrated with photographs from the Comissariat's publications, including photographs by Agustí Centelles that were widely published both in the Comissariat's *Visions de Guerra i de Reraguarda* [CATS. 255, 256 pp. 196, 197] and internationally throughout the war. In his account, Ramón de Sanchis immediately launched into an attack of Miravitlles: "At the head of the Comissariat is the ex-seller of newspapers and communist lampoons, Jaume Miravitlles, an individual whose only lifelong passion has been to live without working..."[67] After making his way through the Comissariat's collaborators and what he described, in typical propagandistic form, as the organization's history of corruption, De Sanchis made an astute observation: "One of the propaganda techniques most employed [by the Comis-sariat] is graphic, as much in newspapers as on street-side posters." From the tone of his other remarks, one gathers that De Sanchis viewed being overly graphic in pejorative terms and as further proof of the Comissariat's (and hence Miravitlles's) disconnect from the realities of war, despite the fact that the editors of the Falange's own leading magazines (including *Fotos*) prided themselves on their ability to bring out magazines replete with illustrations.

In contrast to De Sanchis's cynicism was Ridruejo's own assessment of the Comissariat published in his *Casi unas Memorias*. Ridruejo openly expressed his admiration for Miravitlles and the accomplishments of the Loyalist propaganda agencies. Recalling his entrance into Miravitlles's office when he arrived in Barcelona in the spring of 1939 with Franco's army, he wrote:

> I found, perfectly organized, all of the Catalan and Castilian publications produced during the war, including the most significant magazines like *Hora de España*. I saw that the resources for republican propaganda had been far superior to ours and the participation of intellectuals was far more extensive, valuable and organized.[68]

Ridruejo was right in his assessment. The republican side had placed much more emphasis on the production of propaganda at all levels, as we have seen, from the front line trench to the most

[67] Ramón de Sanchis, "Estampas de Barcelona en barbarie: El comisario de prensa y propaganda de la Generalidad," *Fotos* 9 (24 April 1937), n.p.

[68] Dionisio Ridruejo, *Casi unas memorias* (Barcelona: Editorial Planeta, 1976), 167.

élite cultural organizations, and saw in culture (especially literature and the visual arts) a powerful tool against what it understood to be the tyranny of fascism. Organizationally as well, the Comissariat was one of the most efficient agencies in creating and disseminating its publications, in large part due to Miravitlles's broad network of contacts, especially in France. Whereas on the Insurgent side the different centers of authority were spread out across the country, with production largely focused in San Sebastián but political power and administration of propaganda taking place elsewhere, on the Loyalist side there were focused publishing groups and administrative orders to coordinate, consolidate, and conserve the wartime propaganda.

While it appears as if some within the military hierarchy of the Falange and Franco's government expressed the belief that the work of artists in creating visual culture [FIG. 28] was of lesser value to the Movement than the "real" work of war,[69] Ridruejo placed a high priority on literature and culture as forms of propaganda, and was thus impressed with what he saw in Barcelona. Others included: Fermín Yzurdiaga Lorda (Director of the magazine *Jerarquía: Revista Negra de la Falange* and Head of the Delegación Nacional de Prensa y Propaganda), Pedro Laín Entralgo (Head of the Departamento de Publicaciones and Secretary of the magazine *FE*) [CATS. 87-92 p. 212], Eugenio d'Ors (who later became Jefe de Bellas Artes under Franco), Juan Cabanas (Basque artist who was influenced by the aesthetics of Italian fascism[70] and Head of the Departamento de Plástica) [FIG. 29], Joan Ramón Masoliver (who Ridruejo assigned to manage the Burgos office of the propaganda department), the publicity specialist Antonio Rivière and the photographer J. Compte (who Ridruejo characterized as a "curious Catalan pair" in his memoirs) [CATS. 242, 243, 250, 252 pp. 230-232], and Ernesto Giménez Caballero (who had published the magazines *La Gaceta Literaria* and *Robinson Literario* and the book *Arte y Estado* before the war, and wrote key texts on aesthetics for *Vértice* and other wartime magazines, even though under Franco he later became, in Douglas Foard's words, "the forgotten Falangist"[71]).

The challenges facing the Insurgents in establishing effective illustrated propaganda were documented by several of the individuals involved in what might be called the pre-history of the Servicio Nacional de Propaganda as led by Ridruejo after 1938. In his account of the establishment of the Jefetura Nacional de Prensa y Propaganda de las J.O.N.S., Vicente Cadenas y Vicent explained that the key to launching the Falange's first illustrated magazines was his ability to convince Manuel Hedilla (Head of the Falange in Burgos up to the unification of the F.E.T. and the J.O.N.S. under Franco's leadership in April 1937) that San Sebastián was the only viable production site for propaganda. As he recalled in 1975:

> A brief tour through the Northern zone, from Zaragoza to La Coruña, made me think that the Jefatura Nacional de Prensa y Propaganda should only be set up at a location near to the frontier [with France], because this was the only way to receive news continuously and organize activities that were necessary to the Falange's press.[72]

[69] Evidence of the imbalance in the writing of an artistic discourse during the war between the political left and the right has been summarized by Ángel Llorente, *Arte e ideología en el franquismo (1936-1951)* (Madrid: Visor, 1995), 26-32.

[70] Interview with Cabanas published in San Sebastián newspaper *Unidad* on 14 December 1936. Cited in Miriam Basilio, "Genealogies for a New State: Painting and Propaganda in Franco's Spain (1936-1940)," *Discourse* 24.3 (Fall 2002): 80.

[71] Douglas W. Foard, "The Forgotten Falangist: Ernesto Giménez Caballero," *Journal of Contemporary History* 10.1 (January 1975): 3-18.

[72] Vicente Cadenas y Vicent, *Actas del último consejo nacional de Falange Española de las J.O.N.S. (Salamanca, 18-19-IV-1937) y algunas noticias referentes a la Jefatura Nacional de Prensa y Propaganda* (Madrid, 1975), 12.

Further on, Cadenas y Vicent explained that San Sebastián was unique among the areas held by the Insurgents. The city's publishing history, available printing presses, and proximity to the border would enable the Falange to obtain materials not available from within the occupied areas, like paper, zinc for photogravures, ink, and replacement parts for the presses. Most of the factories for manufacturing materials related to the press were located in the Loyalist-held territories, and even with the equipment and workshops that existed in San Sebastián, Cadenas y Vicent recalled that putting a chain of presses together, outfitting them properly, and bringing in trained workers required him to pool existing resources from multiple locations, from within and outside San Sebastián.

In his 1975 republication of the 1937 *Actas* from the Falange Española de las J.O.N.S.'s last meeting and the *Plan Nacional de Prensa*, Cadenas y Vicent acknowledged that he was inspired in his ideas about the creation of the Jefetura Nacional de Prensa y Propaganda by Germany's Ministry of Propaganda. The agency would, according to the plan, oversee the publication of "daily newspapers, weeklies, different kinds of magazines, agencies for distribution and collaboration."[73] With the support of Hedilla and the establishment of the presses in San Sebastián, he reported that within months publication had begun of *Vértice*, which he compared to "the French *Ilustración* in terms of size,"[74] and *Fotos* [CAT. 103 p. 216], "whose importance is enormous, since a magazine of this kind analogous to *Estampa* and *Crónica*, and as such of great popularity among the humble classes, would exercise a great influence from the point of view of our doctrine."[75] The *Plan* also announced the upcoming publication of the magazines *Flecha* [CATS. 96, 97 p. 209] and *FE*, a morning newspaper, an official evening paper, an official bulletin of the Falange, a weekly humor magazine, a sports weekly, a biweekly women's magazine [CAT. 160 p. 38], a literary-philosophical monthly, a monthly agricultural magazine, and a monthly arts magazine "without any words." What is remarkable about the *Plan* is that the projected magazines to be published in San Sebastián were quickly set into motion and published shortly thereafter as *Y: Revista de la Mujer* [CATS. 258-266 pp. 168, 235 and FIG. 30], *La Ametralladora: Semanario de los Soldados*, and the sports magazine *Marca*.

Although Cadenas y Vicent discussed San Sebastián as the only viable center for the Jefetura, and as both José Carlos Mainer and José Ángel Ascunce have studied at length, it was indeed in San Sebastián where the most significant illustrated magazines published by the Falange appeared, other publications formed part of an extended group of literary and doctrinal magazines that emerged during the war from other geographic locations, including *Isla* [CAT. 128 p. 220] and *Cauces* in Jerez de la Frontera (Cádiz); *Cartel* in Vigo [CAT. 35 p. 207]; *Dardo* in Málaga; *FE* in Pamplona; *España*, *Horizonte* [CAT. 117 p. 210], and *Mediodía* in Sevilla; *Renacer* in Zaragoza; *Haz* in Bilbao; *Aquí Estamos* in Mallorca [CAT. 16 p. 206]; and *Mundo Ilustrado* and *Radio y Cinema* in La Coruña. In correspondence conserved in the Archivo General de la Guerra Civil Española in Salamanca between Ridruejo and his colleagues, it is clear that for each of the editors and contributors to these magazines it was desirable to have Ridruejo's support, or at minimum to have him be aware of their ongoing efforts to publish magazines of quality during the war. Pedro Pérez Clotet, editor of *Isla* (a poetry magazine that had begun publication prior to the war), sent Ridruejo the three numbers that had appeared during the war and encouraged him to become a contributor, writing "I would be truly satisfied to add your name to

[73] Ibid., 19.

[74] Ibid., 30.

[75] Ibid. *Estampas* and *Crónica* were pre-war photo illustrated magazines that continued publication in Madrid during the war.

those who write in [the magazine]"[76] [CAT. 299 p. 221]. Pedro Laín Entralgo wrote to Ridruejo in the fall of 1937 to encourage him to contribute to *FE*, and recommended him as the only one capable of leading the newly formed Servicio Nacional de Propaganda, when asked by Franco's Minister of the Interior Ramón Serrano Suñer[77] [CAT. 298 p. 213].

Despite the high profile of the magazines published in San Sebastián, in large part due to the contributions of artists like Tono (as artistic director) [CAT. 240 p. 228], Escassi, Cabanas, Compte, José Caballero, Carlos Sáenz de Tejada, and Teodoro Delgado (as contributors) in *Vértice* [CAT. 247], Kemer in *Fotos*, and Tono and Aróztegui in *La Ametralladora* [CAT. 11 p. 208], there were also numerous smaller magazines published elsewhere, many of which associated themselves directly with the Falange and Franco's "Nuevo Estado." They were also, for the most part, more idiosyncratic, with a greater range of artists, and perhaps qualified as what Cadena y Vicent had called "unorthodox," when referring to the need to bring coherence and order to Falangist propaganda. The artists who contributed to the Seville-based *Mediodía* and *Horizonte* included Caballero, Escassi, Delgado [CAT. 246 p. 228] and Adriano del Valle. *Cauces* included illustrations by Juan Padilla and the photographs of both well-known artists like Cecilio Paniagua [CAT. 41 p. 218] and others like Margara Muntaner [CAT. 40], who sent her photographs of architectural monuments from Italy to the magazine's editor. In La Coruña, *Radio y Cinema* appeared with covers by Valdés, Stefan Frank [CATS. 194, 225 pp. 227, 226], who also contributed to *Vértice*, and others. In studying these magazines, one realizes that there was an axis between San Sebastián and the rest of Insurgent-held Spain. The artists who participated in the primary journals of the Falange also actively submitted their work to other magazines and their editors. Adriano del Valle's poetry appeared in *Mediodía*, *Horizonte* [FIG. 31], *Isla*, and *Vértice*. Carlos Sáenz de Tejada's prints and drawings [CAT. 282 p. 234] were published in *Vértice* and *Y: Revista de la Mujer* [CAT. 262], as well as *Yugo* [CAT. 267 p. 212], published in Manila, and *Dardo* in Málaga. Similarly, the photographer Jalón Ángel [CAT. 309 p. 214], who was based in Zaragoza and marketed his own portfolios and postcards of Franco and his generals [CATS. 319-321 p. 215], saw his work appear throughout nationalist Spain, from *Renacer* [CATS. 197, 198 p. 170] and *Vértice* to *Hogar Español*.

The above list may give the impression that magazines on the Insurgent side began to publish immediately and with great success following the military coup that led into the civil war, however most of these magazines did not begin publication until 1937 or later. Newspapers did appear throughout the Insurgent territory, and cases like *ABC* in Sevilla are well known. Only following the consolidation of printing presses in cities like San Sebastián and elsewhere, and the recruitment of artists and writers to contribute to both continuing and newly formed illustrated periodicals, would the Insurgents be able to undertake the kind of propaganda that had been initiated on the Loyalist side from the first moments of the war. Evidence of the difficulties faced by the individuals and agencies responsible for the illustrated press appears in both unpublished and published sources, with numerous accounts of Ridruejo's awareness of the importance of artists to the propaganda initiatives of Franco's government (whether or not they identified themselves as pro-Franco). José Caballero recalled:

> In the Francoist zone they weren't really overflowing with visual artists. Someone had spo-

[76] Letter from Pedro Pérez Clotet from Jerez de la Frontera to Dionisio Ridruejo, dated 1 May 1938, Fondo Dionisio Ridruejo 5/1 (45), Archivo General de la Guerra Civil Española, Salamanca.

[77] Letter from Pedro Laín Entralgo to Dionisio Ridruejo, dated 25 October 1937, from Pamplona. Fondo Dionisio Ridruejo 4/25 (17), Archivo General de la Guerra Civil Española, Salamanca; Pedro Laín Entralgo, *Descargo de conciencia (1930-1960)* (Barcelona: Barral Editores, 1976), 222.

ken about me to Dionisio, who knew perfectly well of my friendship with Lorca and of my little adherence or enthusiasm for the ideas of the Movement. Nonetheless, he generously offered me his friendship and defended me against anonymous accusations...

I made some drawings and book covers, trying to avoid the ones that had political significance. I also made some illustrations for magazines and some covers for *Vértice*, the magazine of that moment, in which I tried to envelop in surrealism any intentionality whatsoever in more or less conventional symbols.[78] [CATS. 143, 230, 232 pp. 218, 219, 228]

The Catalan art historian Javier de Salas [CAT. 294 p. 223] wrote from Burgos to Ridruejo in Salamanca in the fall of 1937 with a special request: Could Ridruejo help his friend the painter Pedro Pruna — "a great spirit and very *Action Française*"[79] — find work in the rear guard? Pruna was a leading Catalan artist whose paintings and drawings had been exhibited frequently in the years before the war. De Salas implored: "I don't know if with the events you can take care of Pruna, the painter, or not. He leaves for the front today. He is much more than 30 years old and his place is not there; when here we have almost no poster artists, decorative painters, or stagehands."[80] [CAT. 261 p. 168]

By the time *Vértice*, *Fotos*, and *Y* were published in San Sebastián, tremendous efforts had been made to establish working presses, though the difficulties in bringing these magazines out to the public was made perfectly clear to readers in the editorials accompanying their first issues. In this respect, the self-referentiality observed in the magazines on the Loyalist side was very similar to that which appeared in the Insurgent publications. The first issue of *Vértice* began with an apology, "We offer to our Spanish readers, and even to those foreigners, a magazine that is not in the least what we would have liked to make,"[81] after which the editors provided an accounting of the origin of every aspect of the magazine's production (from ink and paper to workers and machinery). Even more discursive in its notices about its own benchmarks and those of other publications, *Fotos* repeatedly provided its readers with information about the cost, quantity, and readership of Insurgent periodicals. Above all, the editors emphasized that *Fotos* (and magazines like *Y*) were becoming best sellers and that the progress of the Falange's illustrated magazines was following in the footsteps of Franco's military campaigns. In its report on the entrance of Franco's troops into Santander, *Fotos* reported: "The graphic weekly of the Falange can say, without hyperbole, that it materially flooded, in the shortest of instances, the recently liberated streets."[82] With the celebration of its 100th issue on 28 January 1939, *Fotos* proclaimed: "From a ruler and a pencil emerged the most popular magazine in Spain."[83] A graphic illustration accompanied the article to give image to the tally of what had been used in the fabrication of its 100 issues: 840 tons of paper, 45,000 Kg of ink, 11,000,000 individual numbers of the magazine published, and more than 10,000 photographs received (of which 3,500 were published) [FIG. 32].

In contrast to the ambition of *Vértice*, *Fotos*, and *Y* to reach the greatest number of readers and to achieve a level of production that would stir

[78] Manuscript by José Caballero (16 January 1991). Reprinted in *José Caballero Exposición Antológica 1931-1991* (Madrid: Ayuntamiento de Madrid, Centro Cultural de la Villa, 1992), 395.

[79] Letter from Javier de Salas to Dionisio Ridruejo, dated 7 October 1937. Fondo Dionisio Ridruejo 4/25 (14), Archivo General de la Guerra Civil Española, Salamanca.

[80] Letter from Javier de Salas to Dionisio Ridruejo, dated 23 October 1937. Fondo Dionisio Ridruejo 4/25 (15), Archivo General de la Guerra Civil Española, Salamanca.

[81] "A Nuestros Lectores," *Vértice* 1 (April 1937), n.p.

[82] "Fotos en Santander," *Fotos* 28 (1 September 1937), n.p.

[83] Alfredo R. Antigüedad, "*Fotos* cumple hoy 100 números," *Fotos* (28 January 1939), 21.

admiration in its readers from Spain and abroad, magazines like *Jerarquía* in Pamplona or *Dardo* in Málaga produced very different kinds of magazines from those emerging out of San Sebastián. *Jerarquía* was not illustrated, and yet it stands as an intentionally monumental work of design [CAT. 129 p. 212]. As José Carlos Mainer succinctly explained in his study on *Falange y Literatura*: "The magazine appeared as several beautiful black volumes, printed in four inks and in which were repeated various invariable *mottos*."[84] In the magazine itself, Ángel María Pascual praised the art of typography in moral terms, equating the beauty of a well-designed book to the fulfillment of the national sindicalist ideal of the unification of the work of the artisan with that of the intellectual.[85] If *Jerarquía*'s aesthetic was meant to embody in its form a doctrinal truth, *Dardo*'s betrayed the history of the print shop that produced it and the lingering ties between the main Falangist magazine in Málaga and the publication of experimental literary magazines prior to the war. *Dardo* is unclassifiable in terms of the other, more "orthodox" Falange publications, though perhaps similar to the early issues of *Vértice* in its broad inclusion of a diverse range of artistic styles and techniques, from illustrations by Sáenz de Tejada, photographic portraits of José Antonio, and doctrinal texts to more experimental uses of typography and design. It is, frankly, an unusual, idiosyncratic, and unpredictable magazine that has been overlooked by scholars who have focused solely on other centers of publication [CATS. 58-60 pp. 175, 210]. Fabricated in the "Imprenta Sur" (founded in 1925 by Manuel Altolaguirre and Emilio Prados), which was later changed to "Imprenta Dardo," the magazine came out of the same workshop that had produced Málaga's avant-garde *Litoral* in the 1920s. In looking at *Dardo*, one has the sense that its founding director José María Amado and artistic director Guillermo González (a Dominican who had received his architecture degree from Yale University) took advantage of the left over colored paper, modern types, and photographic clichés to compose each issue with a different cover that complimented the equally startling variety of images and design elements, including photomontages that appear to have been specifically commissioned for the magazine.

In contrast to the Falange's late publication of illustrated magazines and Ridruejo's difficulty in finding artists, in Barcelona the Comissariat's organization was relatively straight forward, widely written about in the press, and a working partner with many of the city's leading artists, writers, and designers. Having been established in October 1936, Miravitlles boasted in an interview with *Mi Revista*: "I am pleased to affirm that the Comisarriat de Propaganda of the Generalitat de Catalunya was the first official propaganda institution of Loyalist Spain."[86] Miravitlles set up an ambitious program for the Comissariat, which was summarized as follows in the *Mi Revista* article:

> National press; foreign press; "Catalans d'América"; very complete files; section for printing with the most modern machinery for "Offset" lithography; editions; exhibitions; photographic laboratory for copies; section for film, with an excellent projector and salón for the showing of movies; archive; artistic section; religious section and distribution, which occupies the entire lower level of the building, which is six stories.

Over and over, we hear about the modernity and scope of the Comissariat's propaganda efforts. In addition to *Nova Iberia* [CATS. 174, 175 p. 189], the Comissariat published bulletins (among these the *Boletín de Información Religiosa*) [CAT. 31 p. 195], postcards, pamphlets, posters (though not many), and other illustrated magazines, portfolios, and books [CAT. 13 p. 194]. The photographic albums of the Comissariat, which catalogued the

[84] José Carlos Mainer, *Falange y Literatura* (Barcelona: Editorial Labor, 1971), 40.

[85] Ángel María Pascual, "Tipografía y virtud de los oficios," *Jerarquía* 2 (1937), 170-177.

[86] Juan M. Soler, "La Comisaría de Propaganda de la Generalidad," *Mi Revista* (1 May 1937): n.p.

images used by the Comissariat in its publications and are now held by the Arxiu Nacional de Catalunya in Sant Cugat, are full of photographs of current events, life in the rear guard, and, of special interest to this discussion, publicity photographs of the Comissariat's own propaganda [CATS. 300, 303 PP. 191, 193]. We see in these photographs an emphasis on marketing that extended beyond any other propaganda agency in Spain during the war. In some of the photographs, magazines are set up like a still life, immaculately lit and beautifully cropped. The Comissariat's workshops, printing presses, offices, and temporary exhibition stands throughout the city (especially for the Feria del Libro and to collect books and magazines for the front), are all documented in the albums as well. Miravitlles understood that the Comissariat was making history. The artists and writers he employed were similarly aware of the importance of not only producing propaganda, but marketing the Comissariat itself as culturally aware, politically responsible, and internationally connected [CATS. 76, 314 PP. 199, 198].

The artists who worked for the Comissariat had their roots in some of the most advanced publications of the 1930s, including the popular illustrated magazine *D'Ací i d'Allà* [FIG. 33], which had become a landmark of visual modernity in print under the artistic direction of Josep Sala, who designed posters and took photographs for the Comissariat's publications. Pere Català-Pic, who Miravitlles had selected as Head of Publications, was one of the city's leading theorists and practitioners of modern photography, as well as having had a leading role in the pre-war magazines *Publi-Cinema*, *Publicidad y Ventas* [FIG. 34], and *Claror*. Gabriel Casas, who had made a reputation for himself publishing photographic reports for the short-lived *Imatges*, created complex photomontages for the *Butlleti Trimestral* of the Generalitat's Conselleria de Economia [CATS. 33, 34 P. 200]. Agustí Centelles, who was a pioneer photojournalist, was also widely featured in the Comissariat's magazines, especially *Visions de Guerra i de Reraguarda*, which was published in two series, "retrospective" and "current." The illustrators and painters employed by the Comissariat were equally active, designing covers for magazines and publishing limited edition print portfolios. What is most striking in reviewing the Comissariat's publications is the diversity of styles, in addition to the scope of their contents. While *Nova Iberia* was large format with an exquisite interior design, *Visions de Guerra i de Reraguarda* was a small format photographic magazine primarily aimed at local audiences (its covers displayed schematic renditions of warfare and were published on rougher paper than *Nova Iberia*). The *Boletín de Información Religiosa* was meant as a newsletter of sorts with the visual content limited to its cover page. Understanding that not all propaganda fits every audience, Miravitlles and Català-Pic took the surprisingly modern strategy of aiming for niche markets at home and abroad.

The impact of the Comissariat on others working on propaganda in Barcelona must have been great. As an energizing force and employment center for the city's leading artists and writers, Miravitlles was setting a very high standard for quality printed materials during the war. Other artists and agencies seemed to take their cue from both the Comissariat and the unions, and as a result Barcelona's kiosks were filled with high production value illustrated magazines. *Aire* [CATS. 4-8 P. 205] and *Ímpetu* [CATS. 123, 124, 126 PP. 202, 290] were spiral bound illustrated magazines that were clearly modeled after *D'Ací i d'Allà*.[87] The earlier review of union publications from Barcelona further demonstrates that while there were a number of competing propaganda organizations operating at once, there was a shared com-

[87] The artist Salvador Ortiga, who had experimented with collage during the 1930s, was the artistic director and designer for *Aire*. Ortiga was friends with the surrealist artist Antoni García Lamolla, who contributed drawings to the magazine *Espectáculo* during the war. Both were actively involved in the modern art group ADLAN (Amics de l'Art Nou) during the Second Republic.

mitment to design that cut across party lines and extended from the most humble of hand-made periodicals to the largest format, mural sized magazines. We also have in Barcelona, and within the Comissariat itself, a combination of long running and single-issue magazines; whereas *Catalans! El Magazine Popular* [CAT. 36 p. 276] published more than thirty issues, *Inten* [CAT. 127 p. 203] only appeared once.

While politically the communists and the anarchists in Barcelona were spilling blood to gain control of the city, there was nonetheless cross over in terms of the shared investment in visual culture (and sometimes the literal sharing of artists whose work appeared in the publications of both parties, as was the case with Eduardo Vicente and Josep Renau). Although communist and anarchist magazines alike benefited from the city's long history of graphic design and excellent resources, sharp differences emerged with respect to the appearance and goals of their wartime publications. The short run children's magazine, *Mirbal*, which included in one of its issues the Comissariat's then famous photographs of children killed by Insurgent bombs, was the focus of both praise and critique in the Catalan press [CAT. 152 p. 178]. *La Gaceta de las Artes Gráficas* remarked: "*Mirbal* could be the perfect children's magazine of this hour.... The format of *Mirbal* is splendid. The illustrations are delicious; all of them."[88] Two issues of *Mirbal* were published [CATS. 151, 152 p. 178], so it is likely that this reviewer responded to the first issue, which did not include the Comissariat's photographs of dead children. While *La Gaceta*'s reviewer was sympathetic to the magazine's attempt to raise children's "internationalist" conscience, Ramón Calopa in the anarchist magazine *Ideas* attacked the editors of *Mirbal* for creating confusion between the world of children and that of adults[89] [FIG. 35]. Instead of a magazine filled with communist ideology (which Calopa identified not only in the magazine's prose but also in its illustrations), the review advocated for a children's magazine that would be spontaneous, humane, and free of the intentional design of the Soviet-inspired editors.

Amidst the proliferation of anarchist and communist publications, a single issue of *Norte: Revista Gráfica Socialista* [CAT. 169 p. 186] appeared in Barcelona in August 1938. The debate leading up to its publication dated back at least to the year before in Madrid. In the records for a socialist party meeting from July 17-21, 1937, the issue of propaganda was made a central focus for debate. One member observed: "We have to make propaganda; a Party without propaganda can't be anything. It is indispensable so that things enter through the *eyes* of the people"[90] After which, he made a bold suggestion: "I would like to allow myself to propose the following, which for some of you is a huge monstrosity: that we spend the money from the subscription [to help the victims of fascism] on the creation of a Secretaría de Propaganda because in my judgment it would be shameful for a Party to have in the bank 293,000 pesetas without having a mouthpiece to express what the Party thinks"[91] Further, he stated that a modern political party had to organize itself to "edit pamphlets, publish single sheets with interesting articles, and make graphic magazines" [CAT. 290 p. 185].

Norte is a beautiful magazine that wears the mark of its Barcelona manufacture on the cover: bold typography and geometric design frame a photograph of the masses. It is not all that dissimilar from the last issue of the architectural magazine *A.C.: Documentos de Actividad Contemporánea* [CAT. 1 p. 187], which was published just before the war's end and only partially distributed. In contrast to its strident, conspicuous modernity, the editorial

[88] "Nuevas publicaciones en Cataluña," *La Gaceta de las Artes Gráficas* 5 (May 1937): 11.

[89] Ramón Calopa, "*Mirbal* o las publicaciones comunistas para los niños," *Ideas* 30 (11 August 1937): 3.

[90] Fundación Pablo Iglesias, AH-III-4 (PSOE-CN/ACTAS. Actas del CN del Partido Socialista Obrero Español, 17-21 July 1937, 186, ISIH), page 104.

[91] Ibid., page 105.

salutation that introduced readers to the publication stressed the magazine's simplicity: "The war only left us with the time to publish the indispensable... From now on we are taking a small license to give light to this Magazine."[92] The editors declared to their readers: "we publish a Magazine without pretensions." Compared to the price of other civil war magazines published in Loyalist Spain, *Norte* was expensive. Its sole issue was put on sale for three pesetas. Correspondence between the editors and subscribers of *Norte* conserved in the Archivo General de la Guerra Civil Española in Salamanca indicate that a second number was planned, but never appeared. The difficulties of war alluded to in the letters could have ranged from lack of funds and paper to personnel. In January 1939 the editors were still promising their readers a second issue, though they were by then returning money to subscribers perhaps in recognition of their premonition that their "license could expire with the imperatives of our fight." Shortly thereafter the magazine passed into history almost unaccounted for, a passage that seemed to already be predicted in José Prat's essay for *Norte* "The Propaganda of the Party and the Propaganda of the State," [FIG. 36] in which he reflected: "It would be a great service to future historical investigations to create a great museum of propaganda, conserving for future generations the documented record of such a great effort."[93] Ironically, the "museum" where the records from *Norte* are conserved began initially as part of Franco's Delegación del Estado para la Recuperación de Documentos (State Delegation for the Recuperation of Documents), an indication that while both sides recognized the value of propaganda as a persuasive instrument in forging public opinion during the war, it was under Franco that these same publications became incriminating pieces of evidence against those who participated in their production.[94]

6. THE POLITICS AND AFTER-EFFECTS OF PHOTOGRAPHY AND MONTAGE: PERE CATALÀ-PIC AND JOSEP RENAU

In reviewing the magazines surveyed up to this point, it is clear that photography played a central role in the fabrication of propaganda across Spain, and spanned every political party and union organization [CATS. 269, 272 pp. 236, 250-251]. Though degrees of sophistication and frequency varied, using manipulated photographs as a compositional element in mastheads, as part of full-page spreads, or framed off as illustrations on their own was a technique shared by Loyalist and Insurgent artists with radically different intentions and audiences, from Tolosa's covers [CATS. 17, 166 p. 266] for the Valencian anarchist magazine *Argos* to Compte's mulit-page photographic layouts for the Falange's illustrated magazine *Vértice*. Like artists who used pencil, ink, or other printing processes, by the 1930s photomontage was employed by artists internationally and in contexts that ranged from international exhibitions to widely circulating newspapers [CAT. 165 p. 267]. Already visible in designs for posters, magazines, and book jackets prior to the war, Spanish artists continued to be in contact with other international artists who used photography [CAT. 55 p. 158] through the circulation of printed matter from the Soviet Union, France, Germany, and Italy.

Throughout the 1930s, the two strongest influences on the adoption of photomontage and photocollage by Spanish artists came from advertising, on the one hand, and politically committed art (mostly Soviet and German), on the other. Though one might assume that these two contexts were diametrically opposed, many avant-garde artists in the early twentieth century saw in adver-

92 "Saludo," *Norte* 1 (August 1938): 1.

93 José Prat, "La propaganda de Partido y la propaganda de Estado," *Norte* 1 (August 1938): 28.

94 See for example, Josep Cruanyes, *Els papers de Salamanca. L'espoliació del patrimoni documental de Catalunya* (Barcelona: Edicions 62, 2003).

tising a revolutionary tool that could be used in commercial practice, or adopted for more experimental purposes.[95] In Spain these areas were not separated entirely from each other either. Many of the artists who were active making posters and magazine layouts during the war had been trained in advertising, and several who had participated in making some of the most notable political propaganda during the war continued to work in commercial graphic design under Franco or in exile.[96]

Of those dedicated to photography and publicity during the 1930s, it was Pere Català-Pic and Josep Renau who most significantly marked the path between commercial design and political propaganda. Renau, worked primarily out of Valencia and Madrid. He was a founding member of the communist party in Valencia and took a leading role throughout the 1930s in articulating a polemical position on what he believed to be the necessary, and critically aware, practice of using design to promote the connection between political ideals and artistic choices. In addition to his commissioned work, which ranged from posters for Valencian tourism to photographic montages and drawings for the anarchist magazines *Orto* and *Estudios*, Renau was also the editor of the illustrated antifascist magazine *Nueva Cultura* through 1937. Català-Pic began as a studio photographer in the town of Valls outside of Tarragona, a city about sixty miles to the south of Barcelona. After establishing a successful business, he relocated to Barcelona and quickly became known as an early adopter of modern photographic techniques within the Catalan arts community. He embraced the rational use of experimental practices in his design work and supported the application of the field of *psicotécnica* (the use of psychology to study labor, technology, and perception) to the development of publicity. As a theorist and commercial photographer, Català-Pic was less interested in debating the social role of the artist (as was Renau's focus) than in exploring and implementing the idea of the photo-technician who utilized psychology and photographic experimentation in publicity.

Barcelona had more publications devoted to publicity, both books and magazines, than any other city in Spain.[97] It was the location of the nation's first government sponsored programs and it was temporary or full-time home to the country's leading practitioners and theorists, including Juan Aubeyzon, Rafael Bori, José Gardó, and Pedro Prat-Gaballí. The director of the Catalan government's Institut d'Orientació Professional (later renamed the Institut Psicotècnic) was the prominent psychologist Dr. Emili Mira i López, who would introduce Català-Pic to Jaume Miratvilles.[98]

In Català-Pic's contributions to the Institut's *Butlletí del Seminari de Publicitat*, he laid out his theories on publicity and guided readers in the practical application of photography in advertising. Among the different techniques that he outlined (including the use of the camera-less photogram as a key method for incorporating greater abstraction into design), he dedicated most of his attention to photomontage. One of Català-Pic's most extensive articles on photographic technique in the 1930s

[95] Maud Lavin, "Advertising Utopia: Schwitters as Commercial Designer," *Art in America* LXXIII. 10 (October 1985): 134-9.

[96] Bardasano and others worked for advertising agencies prior to the outbreak of the war; Emeterio Melendreras, one of the leading poster designers on the republican side during the war, edited the magazine *Arte Comercial* after the war. For details on many of the artists featured in this exhibition and their work in design before and after the war, see Enric Satué, *El diseño gráfico en España. Historia de una forma comunicativa nueva* (Madrid: Alianza Editorial, 1997).

[97] See Raúl Eguizábal Maza and Mª Luisa García-Ochoa Roldán, *La publicidad y los libros 1920-1972* (Madrid: Biblioteca Universidad Complutense, 2001).

[98] For more on the relation of psychology to publicity in Barcelona during the Second Republic, and its relation to Català-Pic's work, see Jordana Mendelson, "Desire at the Kiosk: Publicity and Barcelona in the 1930s," *Catalan Review* 18.1-2 (2004): 191-207.

was his "Technique of Publicity Photography," which appeared in the Institut's *Butlletí* in 1933. The essay begins by reviewing what readers may know about publicity and the artistic techniques associated with it: drawing and painting. After introducing photography in relation to these media, he acknowledged photography's value to advertising because of its ability to represent objects in all of their detail. However, even more than photography's use as a recorder of reality, Català-Pic insisted on the potential for the medium to stimulate an emotional response in the viewer through distortion. While most readers would be familiar already with the value of photography as an objective medium, he argued that it was in its other, more experimental, applications that photography was of most use to advertisers. He outlined the ways in which photography opened the door to unexpected images by describing the camera's ability to transform reality through such processes as abstraction, multiple exposure and combination printing. Rather than such image transformations distracting from the object's planned function, however, Català-Pic advocated that it was just such changes in the image's appearance that would awaken viewer response (making photography ideal for propaganda).

Català-Pic repeated many of the central ideas from this essay in his other publications and lectures, demonstrating the degree to which he sought to popularize his views on publicity photography for both general and specialized publics. In each text, he emphasized that photography must go beyond its beginnings as an objective recording device; it was the technician's job to transform the medium into a useful tool for the communication of more than just the materiality of an object. The photo-technician had to make something much less tangible — the subjective states of emotion — real through the production of dream-like images that were nonetheless obtainable through purchase. Thus, he explained in his essay on "Publicity Photography" published in *Mirador* in 1932: "we concede to photography not only a documentary, objective value, but also a subjective value capable of communicating a psychological state."[99] It was in this same essay that Català-Pic inferred what would later become a significant idea during the war: individual emotional states were part of the larger psychological component of the social sphere, and in altering an individual's response one would also be able to address collective psychological states. He articulated this idea at the close of his essay when proposing the establishment by the Catalan government of an archive of publicity posters, which should pay attention to the conservation of publicity photography: "We shouldn't forget that publicity also reveals, in a great way, a people's degree of civilization."

While he was working for the Comissariat, Català-Pic published articles on art and culture in the magazine *Meridià* (the title given to the wartime version of the literary-arts magazine *Mirador* after it was collectivized). His work as a critic along with his position at the Comissariat left him little time to compose posters, with the exception of *Aixafem el feixisme*, which became one of the war's most famous and memorable visual slogans: a foot wrapped in the popular Catalan rope-soled sandal hovers forcefully over a cracked swastika. No words are needed, the message is clear: popular revolution has the power to defeat fascism.

In Català-Pic's 1937 article for *Nova Iberia*, titled "Framework for New Propaganda" [FIG. 37], he argued for the centrality of publicity to the economic and political work of the country. If before his main focus was on the role of the photo-technician in the development of publicity, his concern in this essay was to demonstrate the vital relationship between well-planned propaganda and the saving of lives. Acknowledging that a shift took place during the war from the promotion of commerce to politics, he pointed out that while the process may be the same (in terms of design and the study of human emotion) the stakes were, of course, much higher: the success of a publicity campaign must now be measured against the cost of human life. For Català-

[99] Pere Català-Pic, "Fotografía publicitaria," *Mirador* 196 (1932), n.p.

Pic, the outpouring of creative activity that accompanied the revolution in "defense of the cause" promised to be the start of the production of "propaganda of great proportions and great prospects."

In Madrid, Renau was named Director General de Bellas Artes and oversaw the government's efforts to save the nation's artistic patrimony during the war. He was actively involved in the Spanish Pavilion for the 1937 Exposition Internationale des Arts et Techniques dans la Vie Moderne in Paris, coordinating the photo-murals that extended throughout the pavilion and assisting in the collection of other materials for the various displays on Spanish culture, industry, and the war.[100] He created posters for the communist party and the popular army [CATS. 310, 316 pp. 254, 255], including *El Comisario, Nervio de Nuestro Ejército Popular*, a poster that drew on a few simple photographic elements to communicate the centralization of the armed forces under the Soviet model of the comissar. In 1938, when the government moved to Barcelona, Prime Minister Juan Negrín named him Director of Graphic Propaganda for the Comisariado General del Estado Mayor Central. He supervised the publication of magazines like *Boletín de Información Cultural del Ministerio de Instrucción Pública y Sanidad* [CAT. 27 p. 256], which shared with Renau's poster a focus on monumentalized photographs of military figures. In the final year of the war, Renau created what some have considered his most dynamic photomontages to illustrate Negrín's *13 Puntos de la Victoria* (13 Points of Victory).[101] The series was reproduced widely in Loyalist and foreign magazines, from *Ímpetu* in Madrid and *Meridià* [CAT. 145 p. 253] in Barcelona to *Levante* in Valencia [CAT. 277 p. 252].

If in Català-Pic's writing we see the evolution of a designer from studio photographer to phototechnician, and from advocate of publicity photography to initiator of political propaganda, in the case of Renau there is a much more constant connection in his writings between his work as an artist and his ideas about art as a political tool. Nevertheless, like Català-Pic he drew ideas about montage from both research in publicity and the international avant-garde. That said it is important to note that whereas Català-Pic supported the work of photographers like Man Ray and Henri Cartier-Bresson, Renau leaned toward the more politically informed experiments of German and Soviet artists. Even more, his own writings provided a commentary and critique on both the development of the publicity poster, and its relationship to what he characterized as the "abstract" practices of contemporary art. Thus, it is important to understand how Renau both connected with and differentiated himself from the discourse around publicity and political montage during the war.

Renau was a frequent contributor to many politicized art journals during the Second Republic. The covers of poet-activist Rafael Alberti's Madrid-based magazine *Octubre* featured Renau's constructivist montages [FIG. 38], which have clear connections to the propaganda designs by Soviet artists Gustav Klucis and El Lissitzky. At the same time, Renau continued to contribute designs for the covers of the Valencian anarchist journals *Orto* and *Estudios*, both of which circulated widely and became well known, like *Octubre*, for their striking covers. In the work that he did for all of these journals, Renau blended images from international publications with those taken directly from Spanish sources. His style of montage varied throughout these years and became even more fully developed in serial form through his editorship of *Nueva Cultura*, for which he designed the covers and interior pages as a complete work, often using double page spreads to create a complex montage of image and text [CAT. 171 p. 257]. During the war, Renau's political engagement with Soviet communism brought him into contact with pro-Soviet cultural magazines [CAT. 285 p. 264] published in Spain like *Rusia de Hoy* [CAT. 283 p. 262-263], *AUS* [CAT. 2 p. 261], and *Cultura Soviética* [CAT. 54 p. 260], and the military magazines *Mundo Obrero* [CAT. 164 p.

[100] See Mendelson, *Documenting Spain*, 125-72.
[101] Forment, Albert, *Josep Renau. Història d'un fotomuntador* (Catarroja, Valencia: Afers, 1997), 160-1.

258] or *Nuestra Bandera* [CAT. 176 p. 259]. When he was in Barcelona, he likely also saw the magazine *Companya* [CATS. 49-51 p. 265] and its Soviet-inspired montage covers.

It should come as no surprise then that Renau used magazines as a forum to initiate a discussion on the role of the poster artist during the war. Based on the lectures that he gave at the University of Valencia in 1936, Renau published a multi-part essay on the "Social Function of the Publicity Poster" [CAT. 311 p. 245] which was edited into book form shortly after by Nueva Cultura. This text has become a benchmark in the history of visual culture in Spain and was reprinted with other Renau texts in 1976 as *Función Social del Cartel*. In 1978, Renau also published *La Batalla per una Nova Cultura*, an anthology of his recent writings and earlier texts from the 1930s. As a third in this series of republished essays and autobiographical reflections, Renau published *Arte en peligro 1936-1939* in 1980, a book that recounted his experiences saving the nation's artistic patrimony during the war.

As published in *Nueva Cultura*, "Función social del cartel publicitario" is both an overview of the history of poster art and a call for the relevance of the poster to Spain's current political situation. In the course of his discussion of the poster's development, from serving the needs of capitalist culture to being transformed into a political weapon by Soviet artists using photography, Renau is careful to indicate the place of Spain's artists within this international context. Each of the essay's ten sections address a specific element within Renau's tracking of the poster's evolution, from a discussion of the difference between painting and poster titled '"Work of Art, Poster, and the Public" to his conclusion on "Our Political Poster should Develop the Legacy of Spanish Realism." The commentary he developed about the relation of publicity to national psychology, capitalism, concurrent practices in the visual arts, and the attitude of the public to the arts is both intricate and ambitious. That Renau should first launch this text from the pages of his magazine *Nueva Cultura* is compelling as it leads one to extend his analysis of posters into the field of graphic design and print culture more broadly.

The model for Renau's explanation of the social function of the poster was Soviet, especially the photographic poster, which he wrote was "the pure creation of Bolshevik Russia." He admitted that despite its Soviet origin, the use of photography in posters was perfected within capitalist countries because of the more sophisticated technological means available. He observed that once perfected, the technique that originated in Russia (and here Renau was thinking no doubt about photomontage as well) was now being used in Nazi Germany and Fascist Italy. Renau's awareness of the appropriation of montage by competing political forces demonstrates his understanding that montage as a form was not limited to a specific political ideology, but rather was a mobile technique that, once introduced, became available for wide spread use, to be employed in both political and publicity posters.

When turning to the Spanish case, and describing the transformation forced upon artists with the urgent task of producing wartime posters, Renau described the situation from the perspective of one whose political commitments had already made his connection to the public's social concerns part of his daily life; for other artists, among whom Renau might have included Català-Pic, this experience was both shocking and violent:

> 18 July 1936 surprised the majority of artists, as often has been described vulgarly, in their under shirts. The poster-artist finds himself, all of a sudden, before new motives which, breaking the empty routine of bourgeois publicity, fundamentally turns upside down his professional function. Undoubtedly, it is no longer an issue of announcing a specific [medicine] or liquor. War is not a brand of automobiles.[102]

[102] Josep Renau, "Función social del cartel publicitario. II. Hacia un nuevo realismo," *Nueva Cultura. Información. Crítica y Orientación Intelectual* 3 (May 1937): 9.

Witnessing the immediate response of artists to their new found situations, Renau both acknowledged the "easy adaptation to the causes of the revolution and the war" of formulas from publicity and cautioned that there hadn't yet been an appropriate resolution in the form of the poster to the "reality in whose name [the poster-artist] pretends to speak."

How Renau understood photography in the context of war, and his insistence on the commitment of artists to respond to their new wartime situations using the most efficient modes of communication (which for Renau was photography and photomontage), was elaborated through a series of public exchanges with other artists. The correspondence with the artist Ramón Gaya published in *Hora de España* revealed the contentious nature of photomontage as an expressive and propagandistic form during the war.[103] Gaya argued that montage was too utilitarian, too brutal for the Spanish public and was best suited for foreign propaganda (where showing the atrocities of war might serve to generate political and economic support for the Republic). He insisted that artists had the responsibility to maintain a space away from war, and to communicate this vision creatively to the public as a form of resistance. Renau, countered that this was merely an insistence on "pure" art and that the artist had a social responsibility to provide images that documented and reflected the conditions of war, conditions that the artist shared with his public.

In his 1938 essay "Between Life and Death," published in the Barcelona newspaper *La Vanguardia*, Renau recognized a shift in montage practice from the caustic juxtapositions of the German Dadaists to the greater reliance on documentary realism in Soviet art. Renau argued that the literal depiction of reality was a powerful weapon; instead of disjunction and fragmentation, Renau argued in this late text for the journalistic photograph. The public, Renau argued, needed both the evidence of their struggle and positive images of hope. Even his own writing style here shifts away from the condemnatory evaluation of artists' engagement with the public (which was evident in his 1937 *Nueva Cultura* essays) to a sympathetic meditation on the difficulty artists have confronting violence: How, Renau asks, should artists deal with the presence of death in life? As a partial answer to Renau's pressing question, this exhibition has proposed that one of the ways that artists dealt with the challenges of war, and "the presence of death in life," was to focus their attention on a different kind of armament, that of the illustrated press.

* * *

> "Modern memory is above all archival. It relies entirely on the materiality of the trace, the immediacy of the recording, the visibility of the image." Pierre Nora, "Between Memory and History: Les Lieux de Mémoire"[104]

This exhibition has sought to bring out from the archive and into the museum visual and material artifacts from the Spanish Civil War that have heretofore resisted entrance into art historical narratives about the war. Magazines are complex, multivalent objects. The artists who contributed to them were diverse, their political commitments were varied, and their prior experience with print culture ranged from expert to novice. As different forms of magazines emerged during the war — from preestablished journals with long histories to single issue hand-crafted wall-newspapers — so too did accompanying discourses around their production, distribution, and reception. In revisiting the intersecting histories of artists, editors, printers, distributors, subscribers, readers, and collectors, it is in the magazine's dual status as immediate and ephemeral, present and historical, serial and unique that we might begin to trace back into our histories of the Spanish Civil War the fragile violence, and distracting enjoyment of the illustrated press. [FIGS. 39 and 40]

[103] Miguel Ángel Gamonal Torres, *Arte y política en la Guerra Civil Española. El caso republicano* (Granada: Diputación Provincial de Granada, 1987), 174-180.

[104] Pierre Nora, "Between Memory and History: Les Lieux de Mémoire," *Representations* 26 (Spring 1989): 8.